Die Todesstrafe ist keine Strafe

Criminalia

Herausgegeben von Klaus Volk

Band 35

Peter Lang
Frankfurt am Main · Berlin · Bern · Bruxelles · New York · Oxford · Wien

Antonia Seitz

Die Todesstrafe ist keine Strafe

Von der Beteiligung bedeutender Mediziner an Fragestellungen um Verbrechen und Strafe, unter besonderer Berücksichtigung der Todesstrafe 1865 bis 1933, im deutsch-italienischen Vergleich

Peter Lang
Europäischer Verlag der Wissenschaften

Bibliografische Information Der Deutschen Bibliothek
Die Deutsche Bibliothek verzeichnet diese Publikation in der Deutschen Nationalbibliografie; detaillierte bibliografische Daten sind im Internet über <http://dnb.ddb.de> abrufbar.

Zugl.: München, Univ., Diss., 2002

Umschlaggestaltung:
Pierre Mendell

D 19
ISSN 0945-1811
ISBN 3-631-50498-5

www.peterlang.de

Criminalia

Abhandlungen aus den gesamten Strafrechtswissenschaften

Der Herausgeber der Reihe ist Vorstand des "Instituts für die gesamten Strafrechtswissenschaften" der Universität München. Das Programm der Reihe ist im Untertitel genannt. In ihr werden veröffentlicht Schriften zum Strafrecht und Strafverfahrensrecht, zu Kriminologie und Kriminalpolitik, zu den rechtstheoretischen und rechtssoziologischen Grundlagen des Strafrechts und zu seiner Geschichte. Die Reihe läßt deutsche und ausländische Wissenschaftler zu Wort kommen und will dazu einladen, an der Fortentwicklung aller Bereiche des Strafrechts über die Grenzen hinaus mitzuwirken.

Vorwort

Die Arbeit hat der juristischen Fakultät der Ludwig-Maximilians-Universität München im Wintersemester 2001 als Dissertation vorgelegen. Tag der mündlichen Doktorprüfung war der 2. Juli 2002. Das Manuskript wurde Oktober 2002 abgeschlossen.

Mein herzlicher Dank gilt zunächst Herrn Prof. Dr. Klaus Volk. Während meiner Mitarbeit am Institut für die gesamten Strafrechtswissenschaften der Universität München konnte die Arbeit mit jeglicher Unterstützung seinerseits in einer sehr konstruktiven und anregenden Atmosphäre geschrieben werden. Ebenfalls danke ich Herrn Prof. Dr. Heinz Schöch für seine Unterstützung und seine fachlichen Anregungen im Bereich der Kriminologie. Herzlichen Dank auch Herrn Privatdozent Dr. Thorsten Verrell für seine überaus hilfreichen Vorschläge während der Erstellung dieser Arbeit und die spätere prompte Erstellung des Zweitgutachtens. Zudem danke ich Herrn Dr. Semeraro, Dozent an der Universität von Bologna, Italien für fachlichen Rat und Unterstützung im Bereich des italienischen Rechts.

Mein Dank gilt darüber hinaus allen, die mich während meiner Promotionszeit mit fachlichem Rat und persönlicher Unterstützung begleitet haben.

München, im Dezember 2002

Antonia Seitz

„Die Todesstrafe ist keine Strafe“

Beteiligung der Juristen FERRI und V. LISZT und bedeutender Mediziner, insb. Psychiater, an Fragestellungen um Verbrechen und Strafe unter besondere Berücksichtigung der Todesstrafe 1865 – 1933 im deutsch-italienischen Vergleich

Inhaltsverzeichnis

Personenverzeichnis

Abkürzungsverzeichnis

Deutschland

Allg. Z. Psych.	Allgemeine Zeitschrift für Psychiatrie und psychisch – gerichtliche Medizin
Arch. Psych. Nervenkr.	Archiv für Psychiatrie und Nervenkrankheiten
Gerichtssaal	Der Gerichtssaal
Grenzfr. Nerv. Seele	Grenzfragen des Nerven- und Seelenlebens
Gross Archiv	Archiv für Kriminalanthropologie und Strafrechtsreform
JZ	Juristische Zeitung
Jur. psych. Grenzfr.	Juristisch – psychiatrische Grenzfragen
MschrKrim.	Monatsschrift für Kriminalpsychologie und Strafrechtsreform
Mschr Psych. Neur.	Monatsschrift für Psychiatrie und Neurologie
Psych. Neurolog. Wschr.	Psychiatrisch – Neurologische Wochenschrift,
Z. ger. Med.	Zeitschrift für die Gesamte gerichtliche Medizin
Z. Med. Beamte	Zeitschrift für Medizinalbeamte
Z. Neur. Psych.	Zeitschrift für gesamte Neurologie und Psychiatrie
ZStW	Zeitschrift für die gesamten Strafrechtswissenschaften

Italien

Ann. Dir. Pen.	Annali di diritto e procedura penale
Atti di Antr.	Atti della Società di Antropologia
Archivio	Archivio di Psichiatria, Antropologia criminale e scienze penali
Giorn. Psich. Manic.	Giornale di Psichiatria clinica e tecnica manicomiale
Riv. Dir. Penit.	Rivista di Diritto penitenziario:
Riv. Fil. Scient.	Rivista di Filosofia Scientifica
Riv. Pen.	Rivista Penale
Riv. Sper. Fren.	Rivista Sperimentale di freniatria e di medicina legale
Scuola Positiva:	La Scuola positiva nella giurisprudenza civile e penale

Der Zeitschriftenanalyse liegen folgende Zeitschriften zugrunde:

Deutschland

Archiv für Kriminalanthropologie und Strafrechtsreform, Bd. 1 (1899) – Bd. 64 (1915/16)

Monatsschrift für Psychiatrie und Neurologie, Bd. 1 (1897) – Bd. 91 (1935)

Allgemeine Zeitschrift für Psychiatrie und psychisch – gerichtliche Medizin, Bd. 1 (1880) – Bd. 110 (1933)

Zeitschrift für gesamte Neurologie und Psychiatrie, Bd.1 (1910) – Bd. 148 (1933)

Monatsschrift für Kriminalpsychologie und Strafrechtsreform, Bd. 1 1904/05 – Bd. 26 (1935)

Zeitschrift für die Gesamte gerichtliche Medizin, Bd. 1 (1922) – Bd. 17 (1933)

Juristisch – psychiatrische Grenzfragen, Bd. 1 (1904) – Bd. 10 (1914 – 1919)

Grenzfragen des Nerven- und Seelenlebens, Bd. 1 (1902) – Bd. 9 (1913 – 1914)

Zeitschrift für die gesamten Strafrechtswissenschaften, Bd.1 (1881) – Bd. 55 (1935)

Der Gerichtssaal, Bd. 23 (1870) – Bd. 106 (1935)

Italien

Atti della Società di Antropologia, vol. 1 (1893) – vol. 13 (1907)

Annali di diritto e procedura penale, vol. 1 (1932) – vol. 4 (1935)

Rivista di Diritto penitenziario, vol. I (1931) – vol. VI (1935)

Rivista Penale, vol. 1 (1874) – vol. 57 (1930)

Rivista Sperimentale di freniatria e di medicina legale, vol. 1 (1875) –vol. 61 (1935)

La Scuola positiva nella giurisprudenza civile e penale, 1900 – 1933

Archivio di Psichiatria, Antropologia criminale e scienze penali, vol. 1 (1880) – vol. 55 (1935)

Giornale di Psichiatria clinica e tecnica manicomiale, vol. 1 (1921) – vol. 14 (1934)

Literaturverzeichnis

Ackerknecht, Erwin, Kurze Geschichte der Psychiatrie, 1. Auflage, Stuttgart, 1957, 3. Auflage, Stuttgart, 1985

Alexander, Franz; Staub, Hugo, Der Verbrecher und seine Richter, Ein Psychoanalytischer Einblick in die Welt der Paragraphen, Wien, 1929,

Allen, Francis, Rafaele Garofalo, in: Pioneers of Criminology, Editor: Mannheim, Hermann, London, 1960, p.254 – 275

Amnesty International, The Death Penalty, London, 1987

Angelucci, Contribuzioni alla psicologia dell' uomo delinquente, II. Gli omicidi di fronte all' esecuzione capitale, Riv. Sper. Fren., Vol. II, 1876, p. 685 – 696

Antonini, Giuseppe, I Principi Fondamentali della Antropologia Criminale – Guida per i Giudizi medico – forensi nelle questioni di imputabilità, Milano, 1906

Aschaffenburg, Gustav, Das Verbrechen und seine Bekämpfung, Kriminalpsychologie für Mediziner, Juristen und Soziologen, ein Beitrag zur Reform der Strafgesetzgebung, 1. Auflage, Heidelberg, 1903; 2. Auflage, Heidelberg, 1906; 3. Auflage, Heidelberg , 1923; ins englische übersetzt: Bosten 1913 und New York 1968

- Enrico Ferri, Das Verbrechen als soziale Erscheinung, Bd.18, 1998, S.358 – 371
- Kriminalpsychologie und gerichtliche Psychiatrie, ZStW, Bd. 19, 1899, S.252 – 279
- Kriminalpsychologie und gerichtliche Medizin, ZStW, Bd. 22, 1901, S.824 – 848
- Gerichtsärztliche Wünsche bei der Revision der Strafgesetzgebung, MonKrim., Bd. 1, 1904/05, S.435 – 438
- Kriminalpsychologie und Strafrechtsreform, MschrKrim., Bd. 1, 1904/05, S.1 – 7
- Gutachten über die strafrechtliche Behandlung von Rückfall, gewohnheitsmäßigem und gewerbsmäßigem Verbrechertum, in: Verhandlungen des 28. Deutschen Juristentages, Berlin, Bd. 2, 1906, S.3 – 20
- Die Sicherung der Gesellschaft gegen gemeingefährliche Geisteskranke, Berlin, 1912
- Die Abschaffung des Strafmaßes, Z. Neur. Psych., Bd. 55, 1926, S.45 – 55
- Psychiatrie und Strafrecht, Rede gehalten bei der Gründungsfeier der Universität Köln am 5. Mai 1928, Köln, 1928
- Verminderte Zurechnungsfähigkeit, in: Die Reichsgerichtspraxis im Deutschen Rechtsleben (6 Bände), Band 5, Strafrecht und Strafprozess, Leipzig, 1929, S. 242 – 252
- Einheitlichkeit der Sicherungsmaßnahmen, MschrKrim., Bd. 22, 1931, S. 257 – 265

- Kriminalanthropologie und Kriminalbiologie, in: Handwörterbuch für Kriminologie, Berlin, 1933, S.825 – 840
- Wirkt die Todesstrafe abschreckend? MschrKrim., Bd. 24, 1933, S.116 – 117
- Rückblick und Ausblick, MschrKrim., Bd. 26, 1935, S.531 – 535
- Der Einfluss Kraepelins auf die Kriminalpsychologie und Kriminalpolitik, Arch. Psychiat. Nervenkr., Bd. 87, 1929, S. 87 – 95
- Gustav Aschaffenburg, in: Deutschsprachige Psychiater und Neurologen. Ein biographisch – bibliographisches Lexikon von den Vorläufern bis zur Mitte des 20. Jahrhunderts, von Anna Kreuter, München u.a., 1996, Bd. 1, S.46 – 49

Aschaffenburg – Partenheimer (Herausgeber): Bericht über den VII. Internationalen Kongress für Kriminalanthropologie, Heidelberg, 1912

Augenti, La pena di morte nella storia e nella critica, Scuola Positiva, 1925, p.145 – 154

Baumgartner, Arthur, Der neue Vorentwurf zu einem italienischen Strafgesetzbuch, MschrKrim., Bd. 13, 1923, S.1 – 30

Beer, Hermann, Die Todesstrafe vor dem Forum der Psychiatrie, Allg. Wiener med. Ztg., Bd. 14, 1869, Teil 1: S.198, Teil 2: S.211

Beccaria, Cesare, Dei delitti e delle pene, Livorno, 1764, ins deutsche übersetzt von K. Esselborn: Über Verbrechen und Strafen, Leipzig, 1905

Becker, Peter, Der Verbrecher als „monströser Typus", in: Der Falsche Körper, Beiträge zu einer Geschichte der Monstrositäten, herausgegeben von Michael Hagner, Göttingen, 1995, S.147 – 173

Beling, Ernst, Die Vergeltungsidee, München, 1908

Bellmann, Elisabeth, Die Internationale Kriminalistische Vereinigung (1889 – 1933), Diss., Frankfurt, 1993

Bertazzoni, Andrea, Enrico Ferri, Stampato in Italia, 1970

Bertolani, Emil Kraepelin, Riv. Sper. Fren., 1926, p.663 – 671

Betti, Lettera al Prof. Livi, abgedruckt im: Giornale per l` abolizione della pena di morte, vol. II, Bologna, 1862, p.408 – 416

Bianchi, Leonardo, Eugenica, igiene e profilassi mentale, Napoli, 1925

Binding, Karl, Die gemeinen Deutschen Strafgesetzbücher, Leipzig, 1877
- Handbuch des Strafrechts, 1. Band, Leipzig, 1885
- Grundrisse des Deutschen Strafrechts, Allgemeiner Teil, 1. Auflage, Leipzig 1890, 2. Auflage 1902, 7. Auflage, Leipzig, 1907, 8. Auflage, Leipzig, 1913
- Die Normen und ihre Übertretung, Bd. I – IV, Leipzig, 1890, 1914, 1916, 1918, 1919
- Das Problem der Strafe in der heutigen Wissenschaft, in: Karl Binding, Strafrechtliche und Strafprozessuale Abhandlungen, München/Leipzig, 1915, S.61 – 94

v. Birkmeyer, Karl, Strafe und sichernde Maßnahmen, München, 1906

- Was lässt v. Liszt vom Strafrecht übrig? Eine Warnung vor der modernen Richtung im Strafrecht, München, 1907
- Schutzstrafe und Vergeltungsstrafe, in: Der Gerichtssaal, Bd. 67, 1906, S.400 – 423
- Beiträge zur Kritik des Vorentwurfs zu einem Deutschen Strafgesetzbuch, Leipzig, 1910

Blasius, Dirk, Einfache Seelenstörung, Geschichte der Deutschen Psychiatrie, 1800 – 1945, Frankfurt am Main, 1994

Bleuer, Eugen, Zur Behandlung Gemeingefährlicher, MschrKrim., Bd. 1, 1904/1905, S. 92 – 99
- Eugen Bleuer, in: Deutschsprachige Psychiater und Neurologen. Ein biographisch – bibliographisches Lexikon von den Vorläufern bis zur Mitte des 20. Jahrhunderts, von Anna Kreuter, München u.a., 1996, Bd. 1, S.147 – 152

Böhm, Alexander, Die spezialpräventiven Wirkungen der strafrechtlichen Sanktion, herausgegeben von Jörg – Martin Jehle, Wiesbaden, 1996, S.263 – 290

Bohnert, Cornelia, Zu Straftheorie und Staatsverständnis im Schulenstreit der Jahrhundertwende, Pfaffenweiler, Diss., 1992

Bondolfi, Alberto, Pena e pena di morte, Termini etici nella storia, Bologna, 1985

Bonne, Georg, Das Verbrechen als Krankheit - Seine Entstehung, Heilung und Verhütung, München, 1927

Bresler, Johannes, Karl Bindings „letzte Tat für die leidende Menschheit“, Psych. Neurolog. Wschr., Bd. 20, 1920, S. 289 – 290
- Johannes Bresler, in: Deutschsprachige Psychiater und Neurologen. Ein biographisch – bibliographisches Lexikon von den Vorläufern bis zur Mitte des 20. Jahrhunderts, von Anna Kreuter, München u.a., 1996, Bd. 1, S.181 – 186

Brufa, Die Wissenschaftliche Leitung Italiens auf dem Gebiet des Strafrechts, ZStW, Bd. 1, 1881, S. 130 – 154

Canuto, G., Le disposizioni dei nuovi concetto penale che interessano il medico, Bocca, Torino 1932

Carnevale, E., La questione della pena di morte, Scuola Positiva, 1932, p.529 – 537

Carrara, Francesco, Preclusione letta nella Regia Università di Pisa all' apertura dell'anno accademico 1862 – 63, Opuscoli di diritto criminale, vol. 2, 1864, p.1 – 40Il
- Il processo Lemaire e la pena di morte, Pisa, 1867, Opuscoli di diritto criminale, vol. 5, Lucca, 1867, p.103
- Dottrina fondamentale della tutela giuridica, Opuscoli criminali, vol. 6, Firenze, 1886, p.230 – 241

Carrara, Mario, Antropologia Criminale, Milano, 1906
- Die biologische Grundlage der partiellen Zurechnungsfähigkeit, MschrKrim.., Bd. 19, 1926, S.428 – 237
- Appunti sul Progetto del nuovo Codice penale, Archivio, vol. 47, 1927, S.1027 – S.1036

- Der Entwurf des italienischen Gesetzbuchs 1927 vom gerichtsärztlichen und anthropologischen Standpunkt aus betrachtet, in: Deutsche Zeitschrift für gesamte gerichtliche Medizin, Bd. 12, 1928, S.12 – 22
- L' elemento antropologico nell' codice penale, Scuola Positiva, 1931, p.97 – 106
- Il delinquente per istintiva tendenza nell' Progetto Rocco, e l' antropologia criminale, Scuola Positiva, 1928, p.801 – 814

Chicca, G., Ancora della pena di Morte, Scuola Positiva, 1926, p.30 – 35

Conklin, John, E., Criminology, 1. Edition, New York, 1986, 5. Edition, New York, 1995

Casalinuovo, A., Disciplina giuridica della Pena di morte, Bologna, 1939

Cuboni, Guglielmo, Veramente la morte non è una pena? Riv. di Diritto, vol. VI, 1935, p.843 – 853

Daniel, Gerhard, Die Aufnahme des Strafgesetzbuches in Italien, ZStW, Bd. 49, 1929, S.498 – 515

- Enrico Ferri, ZStW, Bd. 50, 1929, S.475 – 491

Delaquis, Ernst, Die italienische Kommission für die Reform des Strafgesetzbuches von 1889, ZStW, Bd. 42, 1921, S.286 – 292

De Nicola, Le due scuole penali, in: Scritti in onore di Enrico Ferri, Torino, 1929

Di Tullio, Benigno, Anlage und Kriminalität, ZStW, Bd. 50, 1930, S.492 – 498

- Die Kriminalanthropologie und das italienische Strafgesetzbuch, MschrKrim., Bd. 22, 1931, S.342 – 346
- Antropologia Criminale, 1. Edizione, Roma, 1928, 2. Edizione, Torino, 1940

Dreher, Eduard, Für und Wider die Todesstrafe, ZStW, Bd. 70, 1958, S.548 – 565

Dorsch, Psychologisches Wörterbuch, 13. Auflage, Bern/Stuttgart, 1998

Düsing, Bernhard, Die Geschichte der Abschaffung der Todesstrafe in Deutschland, Offenbach, 1952

Ebermeyer, Denkschrift und Vorentwurf zu einem italienischen Strafgesetzbuch, ZStW, Bd. 42, 1921, S.649 – 665

Ellero, Piedro, Della Pena Capitale, Venezia, 1860

- Della Pena Capitale, Venezia, 1860
- Delle recenti discussioni al Parlamento subalpino sull'abolizione della pena di morte, Pordenone, 1860
- Sul rapporto all'Istituto veneziano delle Scienze intorno al libro della pena capitale, Pordenone, 1860
- Programma del Giornale per l'abolizione della pena di morte, Milano, 1861
- Ragioni contro la supposta necessita della pena capitale, Bologna, 1863
- Stato della questione sulla pena capitale in Italia, Bologna, 1864
- Ordinazione per l'abolizione della pena capitale, Bologna, 1865

v. Engelhardt, Dietrich, Kriminalität zwischen Krankheit und Abnormalität im wissenschaftlichen Denken des 19. Jahrhunderts, in: Festschrift für Heinz Leferenz, Heidelberg, 1983, S.261 – 278

Evans, J. Richard, Rituals of Retribution, Capital Punishment in Germany, 1600 – 1987, Oxford, 1996

- Rituale der Vergeltung, Die Todesstrafe in der deutschen Geschichte 1532 – 1987, Hamburg, 2000

Ferri, Enrico, La teoria dell' imputabilità e la negazione del libero arbitrio, Firenze, 1878

- Sui limiti fra diritto penale ed antropologia criminale, Archivio, 1880, vol. 1, p.444 – 483
- Dei sostituiti penali, Archivio, vol. I, 1880, p.67 – 93, p.218 – 250, p.224 – 225
- I nuovi orizzonti del diritto e della procedura penale, Bologna, 1881
- Studi sulla criminalità in Francia dal 1826 – 1878 (1881), in: Studi sulla criminalità, Torino, 2. Edizione, 1926, p.16 – 57
- Il diritto di punire come funzione sociale, Archivio, vol. 3, 1882, p.51 – 85
- La scuola positiva nel diritto penale, Siena, 1883
- Educazione, ambiente e criminalità, Archivio, vol. 5, 1884, p.26 – 43
- Studi sulla criminalità ed altri saggi, Torino, 1901
- Polemica in difesa della scuola criminale positiva, 1886, in: Studi sulla criminalità, Torino, 2. Edizione 1926, p.167 – 24
- Sociologia Criminale, 3. Edizione Torino, 1893, 4. Edizione, Torino, 1900, 5. Edizione, Torino, 1930
- Educazione, ambiente e criminalità, Archivio, vol. 5, 1884, p.26 – 43
- Prefazione alla seconda edizione de: Il nuovo Codice penale italiano annotato da Giulio Fioretti, Napoli, 1891
- Das Verbrechen als soziale Erscheinung, Grundzüge einer Kriminalsoziologie, Deutsche Fassung 1896, nach der italienischen 3. Auflage Sociologia Criminale, Leipzig, 1892
- Die Reform der Strafjustiz in Italien, ZStW, Bd. 41, 1920, S.473 – 494
- Un secolo di omicidi e di suicidi in Europa, Roma, 1925
- La prevenzione della criminalità, Scuola Positiva, 1926, p.109 – 114
- L' Antropologia Criminale, in: Studi sulla criminalità, Torino, 2. Edizione, 1926, p.737 – 800
- Progetto preliminare, 1921, in: Ferri, Enrico, Principi di Diritto Criminale, Delinquente e Delitto nella scienza, Legislazione, Giurisprudenza, Torino, 1928, p.602 – p.785

Frommel, Monika, Präventionsmodelle in der Deutschen Strafzweck – Diskussion, Berlin, 1986

Fleckstein, Martin, Die Todesstrafe im Werk Carl Joseph Anton Mittermaiers, Diss., Frankfurt am Main, 1991

Fletsch, Max, Gehirn und Veranlagung des Verbrechers, Beiträge zur Aufhebung der Todesstrafe und zur Einführung eines Verwahrungsgesetzes, Berlin, 1929
- Max Fletsch, in: Deutschsprachige Psychiater und Neurologen. Ein biographisch – bibliographisches Lexikon von den Vorläufern bis zur Mitte des 20. Jahrhunderts, von Anna Kreuter, München u.a., 1996, Bd. 1, S.355 – 356

Frankowski, Stanislaw, Die Todesstrafe in den USA, ZStW, Bd. 100, 1988, S.951 – 973

Gadebusch – Bonsio, Mariaclara, Die Rezeption der kriminalanthropologischen Theorien von Cesare Lombroso in Deutschland von 1880 – 1914, Abhandlungen zur Geschichte der Medizin und der Naturwissenschaften, Diss. Med., Husum, 1995

Garofalo, Raffaele, Un criterio positivo della penalità, Napoli, 1880
- Criminologia, Studio sull' delitto, sulle sue cause, e sui mezzi di repressione, Roma, Torino, Firenze, 1885, 2. Edizione, Torino 1891
- Il concetto di Kraepelin, Archivio, vol. 3, 1883, p.420 – 421
- Alcune osservazioni sul progetto del codice penale, Archivio, vol. 4, 1883, p.461 – 679
- Pena di Morte, Archivio, vol. 9, 1888, p.135 – 144
- Conto Corrente, Pensieri sulla proposta abolizione della pena di morte nel Progetto del nuovo Codice penale italiano, Napoli, 1888, p.51
- Nuovo Codice Penale, La Palestra del Diritto, vol. 3, 1927, p.7 – 8
- Ancora sulla pena di morte, Scuola Positiva, 1933, p.481 – 485

Gibson, Mary, The „Female Offender“, and the Italian School of Criminal Anthropology, in: European Studies, Vol. 12, 1982, p.155 – 165

Göppinger, Hans, Die gegenwärtige Situation der Kriminologie, 1964
- Strafe und Verbrechen, Tübinger Universitätsreden, Tübingen, 1965
- Arzt und Recht, Medizinisch-Juristische Grenzprobleme, herausgegeben von H. Göppinger, 1966
- Kriminologie, 4. Auflage, München, 1980, 5. Auflage, bearbeitet von Michel Bock und Alexander Böhm, München, 1997,
- Angewandte Kriminologie und Strafrecht, Heidelberg, 1986

Grassberger, Roland, Hans Gross, in: Pioneers in Criminology, von Mannheim, Hermann, 1960, S. 241 – 253

Gross, Hans, Vorwort, Gross Archiv, Bd. 1, 1899, S.1 – 4.
- Zur Frage der Kastration und Sterilisation, Gross Archiv, Bd. 51, 1913, S 316 – 325

Gruhle, Hans, Aufgaben der Kriminalpsychologie, ZStW, Bd. 51, 1930-31, S.469 – 480
- Vererbungsgesetze und Verbrechensbekämpfung, MschrKrim.., Bd. 23, 1932, S.559 – S.568
- Schwachsinn, Verbrechen, Sterilisation, ZStW, Bd. 52, 1932, S.424 – 432
- Der Täter, MschrKrim., Bd. 34, 1943, S.65 – 74

- Hans Gruhle, in: Deutschsprachige Psychiater und Neurologen. Ein biographisch – bibliographisches Lexikon von den Vorläufern bis zur Mitte des 20. Jahrhunderts, von Anna Kreuter, München u.a., 1996, Bd. 1, S.482 – 485

Gruhle, Hans, Sievert, Rudolf, Zum Geleit, MschrKrim., Bd. 36, 1953, S.1 – 5 Gustav Aschaffenburg zum 60. Geburtstag, Allg. Z. Psych., Bd. 85, 1927, S.136

Haberda, Über die Art des Vollzuges der Todesstrafe, Gross Archiv, Bd.9/10, 1902, S.230 – 262

Häußling, Joseph, M., Der Tätertyp zwischen Strafrecht und Kriminologie, in: Sozialpädagogik und Strafrechtspflege, Gedächtnisschrift für Max Busch, Pfaffenweiler, 1995, S.278 – 298

Hassemer, Winfried, Strafziele im sozialwissenschaftlich orientierten Strafrecht, in: Hassemer/Lüderssen/Nauke, Fortschritt im Recht durch die Sozialwissenschaften, Heidelberg, 1983, S.39 – 66

Hering, Karl-Heinz, Der Weg der Kriminologie zur selbstständigen Wissenschaft, Hamburg, Kriminalistikverlag, 1966

v. Hentig, Hans, Zur selektiven Funktion des Strafrechts, Bd. 33, 1913, S.493 – 495

- Strafrecht und Auslese, Berlin, 1914
- Der Italienische Strafgesetzentwurf vom Jahre V, MschrKrim., Bd. 19, 1928, S.1 – 8
- Sterilisation als Strafmittel, MschrKrim., Bd. 21, 1930, S.553 – 554
- Die Strafe, Ursprung – Zweck – Psychologie, Stuttgart/Berlin, 1932, S.169
- Anselm v. Feuerbach und die Strafe des Stranges, MschrKrim., Bd. 24, 1933, S.362 – 363
- Die Todesstrafe in Italien, MschrKrim., Bd. 24, 1933, S.48
- Besprechung, MschrKrim. Bd. 22, 1930, S.248
- Abgeschreckt, in: MschrKrim., Bd. 23, 1932, S.745
- Gustav Aschaffenburg, in: Pioneers of Criminology, Editor: Mannheim, Hermann, London, 1960, p.327 – 334

v. Hippel, Rudolf, Vorentwurf, Schulenstreit und Strafzwecke, ZStW, Bd. 30, 1910, S.871 – 918

Hoche, Alfred, Die Freiheit des Willens vom Standpunkt der Psychopathologie, Grenzfr. Nerv. Seele, Heft 14, Wiesbaden, 1902

- Hoche, (zur Todesstrafe) in: Mugenast, Der Mörder und der Staat, 1928, S.52 – 55
- Die Todesstrafe ist keine Strafe, in: MschrKrim., Bd. 23, 1932, S.553 – 558, italienische Übersetzung von R. Vozzi, La pena di morte non e una pena, Riv. Dir. Penit., anno V, 1934, p. 32 – 37
- Die klinischen Grundlagen der gerichtlichen Psychiatrie, in: Handbuch der gerichtlichen Psychiatrie, Berlin, 3. Auflage 1934, S.236 – 401

- Alfred Hoche, in: Deutschsprachige Psychiater und Neurologen. Ein biographisch – bibliographisches Lexikon von den Vorläufern bis zur Mitte des 20. Jahrhunderts, von Anna Kreuter, München u.a., 1996, Bd. 2, S.584 – 587

Hoche, Alfred, Binding, Karl, Die Freigabe der Vernichtung lebensunwerten Lebens, 1. Auflage, Leipzig, 1920, 2. Auflage, 1922

v. Holtzendorff, Franz, Das Verbrechen des Mordes und die Todesstrafe – Criminalpolitische und psychologische Untersuchungen, Berlin, 1875

Livi, Carlo, La Pena di Morte, in: Giornale per la abolizione della pena di morte, Bologna 1862, p.22 – 25

- La pena di morte al lume della fisiologia e patologia, Riv. Sper. Fren., Vol.1, 1875, p.209 – 235; p.462 – 482
- Del metodo sperimentale in freniatria e medicina legale, Discorso che potrebbe servire a uso di programma, Riv. Sper. Fren., Vol.1, 1875, p.1 – 10
- Commemorazione di Carlo Livi, in: Rivista sperimentale di freniatria , vol. 46, 1923, p.656 – 671

Jäger, Fritz, Zu Hoches Auffassung: „Die Todesstrafe ist keine Strafe“, MschrKrim., Bd. 23, 1933, S.359 – 362

Jescheck, Hans-Heinrich, Weigend, Thomas, Lehrbuch des Strafrechts, Allgemeiner Teil, Berlin, 1996

Kahl, Wilhelm, Eine Vorfrage zur Revision des Strafgesetzbuches, DJZ, 1902, S.301 – 303.

- Über die Notwendigkeit einer Strafrechtsreform, in: Max Alsberg, Wilhelm Kahl, Berlin, 1929

Kaiser, Günter, Was wissen wir von der Strafe? in: Festschrift für Paul Bockelmann, München, 1979, S. 923 – 942

- Alternative zum Strafrecht?, in: Festschrift für K. Lackner, Berlin/New York, 1987, S. 1027-1046
- Kriminalpolitik, in: kleines kriminologisches Wörterbuch, herausgegeben von Kaiser, Kerner, Sack, Schellhoss, 3. Auflage, Heidelberg, 1993, S.280 – 286
- Kriminologie, 3. Auflage, Heidelberg, 1996

Kammeier, Heinz, Maßregelrecht, Berlin/New York, 1996

Kaufmann, Arthur, Um die Todesstrafe, 1957, in: Schuld und Strafe, Studien zur Strafrechtsdogmatik, von Arthur Kaufmann, 2. Auflage, Köln/Berlin, 1983, S.1-10

Keller, Dieter, Die Todesstrafe in kritischer Sicht, Berlin, 1968

Kempe, G., Th., v. Liszt und die Kriminologie, in: ZStW, Bd. 81, 1969, S.804 – 824

Kihn, B., Die Ausschaltung der Minderwertigen aus der Gesellschaft, Allg. Z. Psych., Bd. 98, 1932, S.387 – 404

- Kihn, B., in: Deutschsprachige Psychiater und Neurologen. Ein biographisch – bibliographisches Lexikon von den Vorläufern bis zur Mitte des 20. Jahrhunderts, von Anna Kreuter, München u.a., 1996, Bd. 2, 708 – 709

Klaesi, J., Eugen Bleuer, in: Große Nervenärzte, herausgegeben von Kurt Kolle, Stuttgart, 1956, S.7 - 16
Kolle, Kurt, Emil Kraepelin, in: Große Nervenärzte, herausgegeben von Kurt Kolle, Stuttgart, 1956, S.175 – 186
Köhler, August, Die neue italienische Strafgesetzgebung, Gerichtssaal, Bd. 102, 1931, S.161 – 208
Koriath, Heinz, Über Vereinigungstheorien als Rechtfertigung staatlicher Strafe, Jura, 1995, S. 625 – 635
Kraenel, Die kriminalpolitische Konzeption von Carl Stooss im Rahmen der geschichtlichen Entwicklung von Kriminalpolitik und Strafrechtstheorien, 1981
Kraepelin, Emil, Die Abschaffung des Strafmasses, Ein Vorschlag zur Reform der heutigen Strafrechtspflege, Stuttgart 1880
- Il concetto scientifico della pena, Rivista di Filosofia Scientifica, vol. II, 1882/83, p.620 – 649
- „Compendium der Psychiatrie", 1. Auflage Leipzig, 1883, 2. Auflage, Leipzig, 1887, 3. Auflage, Leipzig, 1889, 4. Auflage, Leipzig, 1893, 5. Auflage, Leipzig, 1896, 6. Auflage 2 Bände, Leipzig, 1899, 7. Auflage 2 Bände, Leipzig, 1904, 8. Auflage, Leipzig, Bd. I 1909, Bd. II, 1909, Bd. III, 1913, Bd. IV 1915; 9. Auflage 2 Bände, herausgegeben von Johannes Lange, Leipzig, 1927
- Zur Psychologie des Verbrechens, Gerichtssaal, Bd. 38, 1885, S. 98 – 104
- Lombrosos „l'uomo delinquente", ZStW, Bd. 5, 1885, S.669 – 680
- Die strafrechtliche Behandlung der geistig Minderwertigen, in: 27. Deutscher Juristentag, 1904, Verhandlung 4, S. 418 – 434
- Zur Frage der geminderten Zurechnungsfähigkeit, MschrKrim., Bd. 1, 1904/05, S.477 – 493
- Das Verbrechen als soziale Krankheit, MschrKrim., Bd. 3, 1906/07, S.257 – 279
- Hundert Jahre Psychiatrie, Ein Beitrag zur Geschichte menschlicher Gesittung, Berlin, 1918, S.253
- Emil Kraepelin, in: Deutschsprachige Psychiater und Neurologen. Ein biographisch – bibliographisches Lexikon von den Vorläufern bis zur Mitte des 20. Jahrhunderts, von Anna Kreuter, München u.a., 1996, Bd. 2, S.762 – 766

Kühlwein, Hans, Peter, Grundlegung zu einer Kritik der Strafrechtstheorien im Lichte der modernen Kriminologie, Diss., Hamburg, 1986
Kurella, Hans, Die Naturgeschichte des Verbrechers, Grundzüge der criminellen Anthropologie und Criminalpsychologie, Stuttgart, 1893
- Die Grenzen der Zurechnungsfähigkeit und die Kriminalanthropologie, Halle a. S., 1903
- Anthropologie und Strafrecht, zwei Vorträge, Würzburg, 1912

- Hans Kurella, in: Deutschsprachige Psychiater und Neurologen. Ein biographisch – bibliographisches Lexikon von den Vorläufern bis zur Mitte des 20. Jahrhunderts, von Anna Kreuter, München u.a., 1996, Bd. 2, S.808 – 809

Lacassagne, A., Des résultats positifs et indiscutables que l'anthropologie criminelle peut fournier à l'élaboration des lois; in: 5ieme Congrès International d'Anthropologie Criminelle, I. Tome: Rapports, Amsterdam: Debussy 1901, S.230-232
- Peine de mort et criminalité, Paris, 1908
- Compendio di Medicina legale, in Zusammenarbeit mit M. Carrara, Bologna, 1909

Lange, Richard, Die Todesstrafe im Deutschen Recht, Coimbra, 1967

Lattes, Leone, Il „delinquente per istintiva tendenza“, del progetto di C.P., Archivio, vol. 47, 1927, p.3 – 6

Leder, Karl – Bruno, Todesstrafe: Ursprung, Geschichte, Opfer, München, 1980

Lederer Max, Die Kastration als sichernde Maßnahme, ZStW, Bd. 28, 1908, 446-448 u

Leferenz, Heinz, Die Stellung der Kriminologie zwischen Jurisprudenz und Psychiatrie, 1959, in: Festschrift für Eberhart Schmidt, S.119 – 126

Liebmann, Moritz, Strafrechtsreform und Schulenstreit, ZStW, Bd. 28, 1908, S.1 – 21
- Die Todesstrafe, Ein Gutachten, Berlin, 1912

v. Lilienthal, Karl, Franz von Liszt, in: ZStW, Bd. 40, 1919, S. 535/536

v. Liszt, Franz, Lehrbuch des Deutschen Strafrechts, 3. Auflage, Berlin/Leipzig, 1888, 19. Auflage, Berlin, 1912, 21. und 22. Auflage, Berlin/Leipzig, 1919; 26. Auflage, Berlin/Leipzig, 1932
- Marburger Programm, in: Ostendorf, Heribert, Von der Rache zur Zweckstrafe, 100 Jahre Marburger Programm von Franz v. Liszt, Frankfurt am Main, 1982
- Der italienische Strafgesetzentwurf von 1887, 1888, VuA I, S.252 – 289
- Kriminalpolitische Aufgaben, 1889 - 1892, v. Liszt, Franz, Strafrechtliche Vorträge und Aufsätze, Band 1, Berlin 1905, S.290 – 468
- Die Zukunft des Strafrechts, 1892, in: v. Liszt, Franz, Strafrechtliche Vorträge und Aufsätze, Band 2, Berlin 1905, S.1 – 24
- Deterministische Gegner der Zweckstrafe, ZStW, 1893, Bd. 13, S.325 – 370
- Die Forderungen der Kriminalpolitik und der Vorentwurf eines Schweizer Strafgesetzbuches 1893, in: v. Liszt, Franz, Strafrechtliche Vorträge und Aufsätze, Band 2, Berlin 1905, S.94 – 132
- Über den Einfluss der soziologischen und anthropologischen Forschungen auf die Grundbegriffe des Strafrechts, 1893, in: v. Liszt, Franz, Strafrechtliche Vorträge und Aufsätze, Band 2, Berlin 1905, 75 – 93
- Die bedingte Verurteilung in Preußen, 1896, in: v. Liszt, Franz, Strafrechtliche Vorträge und Aufsätze, Band 2, Berlin 1905, S.160 – 169
- Die psychologischen Grundlagen der Kriminalpolitik, 1896, in: v. Liszt, Franz, Strafrechtliche Vorträge und Aufsätze, Band 2, Berlin 1905, S.170 – 213

- Die strafrechtliche Zurechnungsfähigkeit, Vortrag 1896, in: v. Liszt, Franz, Strafrechtliche Vorträge und Aufsätze, Band 2, Berlin 1905, S.214 – 229
- Das Verbrechen als sozialpathologische Erscheinung, 1898, in: v. Liszt, Franz, Strafrechtliche Vorträge und Aufsätze, Band 2, Berlin 1905, S.230 – 250
- Die Aufgaben und die Methode der Strafrechtswissenschaft, 1899, in: v. Liszt, Franz, Strafrechtliche Vorträge und Aufsätze, Band 2, Berlin 1905, S.284 – 298
- Das gewerbsmäßige Verbrechen, 1900, in: v. Liszt, Franz, Strafrechtliche Vorträge und Aufsätze, Band 2, Berlin 1905, S.308 – 330
- Die Kriminalität der Jugendlichen, 1900, , in: v. Liszt, Franz, Strafrechtliche Vorträge und Aufsätze, Band 2, Berlin 1905, 331 – 355
- Nach welchen Grundsätzen ist die Revision des Strafgesetzbuches in Angriff zu nehmen, 1901, in: v. Liszt, Franz, Strafrechtliche Vorträge und Aufsätze, Band 2, Berlin 1905, 365 – 410
- Die gesellschaftlichen Faktoren der Kriminalität, 1902, in: v. Liszt, Franz, Strafrechtliche Vorträge und Aufsätze, Band 2, Berlin 1905, 433 – 447

Lobedank, Emil, Rechtsschutz und Verbrecherbehandlung, – Ärztlich – Naturwissenschaftliche Ausblicke auf die künftige Kriminalpolitik, Grenzfr. Nerv. Seele, Heft 42-47, Wiesbaden, 1906,

- Das Problem der Seele und der Willensfreiheit in Theorie und Praxis, ZStW, Bd. 31, 1911, S.424 – 466

Lombroso, Cesare, L'uomo delinquente, 1. Edizione, Milano, 1876, 2. Edizione, Torino, 1878, 5. Edizione, due parte, Torino, 1896/1897

- Sull' incremento del delitto in Italia e sul mezzi per arrestarlo, Torino, 1879
- Über den Ursprung, das Wesen und die Bestrebungen der neuen anthropologisch – kriminalistischen Schule in Italien, in: ZStW, 1881, Bd. 1, S.108 – S. 129
- La pazzia morale e il delinquente nato, Arch. Psich., vol. 3, 1882, p.365 – 379
- Pro scuola mea, ZStW, Bd. 3, 1883, S. 455 – S.470
- Troppo presto, in: Appunti al nuovo codice penale, Torino, 1889, p.1 – p.45
- Der Verbrecher, Teil II, Deutsche Auflage, Hamburg, 1890
- La donna delinquente, la prostituta e la donna normale, Torino, 1893
- Der Verbrecher, Teil I, Deutsche Auflage, Hamburg, 1894
- Entartung und Genie, neue Studien von Cesare Lombroso, Leipzig, 1894
- Die Ursachen und Bekämpfung des Verbrechens, Deutsche Auflage Berlin, 1902 nach der italienischen Auflage 1899
- II Grido del popolo, Torino, 1906
- Crime: Its Causes and Remedies, Boston, 1913

Lombroso e Bianchi, Leonardo, Misdea e la scuola penale, Torino 1884

Lombroso e Laschi, Rodolfo, La pena nel delitto politico, in: Archivio, vol. 11, 1890, p.139 – 180

- La pena nel delitto politico, in: Arch. Psich., vol. 11, 1890, p.139 – 180

- Der politische Verbrecher und die Revolutionen, in juristischer, anthropologischer und staatswissenschaftlicher Beziehung, Hamburg, 1891

Lombroso – Ferrero, Gina, Lombroso e la pena di morte, Archivio, vol. 46, 1926, p.691 – 693

- Il tipo di „delinquente nato“ nel modo criminale é scientificamente una realità?, Scuola Positiva, 1968, vol. 4, p.201

Lombroso e Garofalo, Raffaele, Programma, Archivio, vol. 1, 1880, p.1 –2

Lombroso, Paola, I caratteri della personalità, Torino, 1909

Lucchini, L., Il progetto riveduto dalla Commissione senatoria, Rivista Penale, 1874, vol. I, pag. 422

Lüderssen, Klaus, Abschaffen des Strafens? Frankfurt am Main, 1995

- Kriminologie, Einführung in die Probleme, Baden – Baden, 1984

Koriath, Heinz, Über Vereinigungstheorien als Rechtfertigung staatlicher Strafe, Jura, 1995, S. 625 – 635

Magnam, V., Les dégenéres, Paris, 1896.

Maiocchi, Roberto, Scienza Italiana e razzismo fascista, Firenze, 1999

Maiwald, Manfred, Moderne Entwicklungen der Auffassung vom Zweck der Strafe, 1980

Mannheim, Hermann, Introduction, in: Pioneers of Criminology, edited by Mannheim, Hermann, 1960, p.1 – 35

Marro, Antonio, I caratteri dei delinquenti, Torino, 1887

Martis, Roderich, Die Funktion der Todesstrafe – Eine kritische Analyse zur Realität der Todesstrafe in der Gegenwart, Diss. Tübingen, Bonn, 1991

Martschukat, Jürgen, Inszeniertes Töten, Köln, Weimar, Wien, 2000

Marvin E. Wolfgang, Cesare Lombroso, in: Pioneers of Criminology, Editor: Mannheim, Hermann, London, 1960, S.168 – S. 227

Maurach, Reinhart, Juristische Argumente gegen die Todesstrafe, in: Todesstrafe? Theologische und juristische Argumente, Stuttgart, 1960, S.24 – 40

- Die Frage der Todesstrafe, 12 Antworten, München, 1962

Middendorf, Wolf, Todesstrafe – Ja oder Nein? Rombach, 1962

Mitteilungen der IKV, Berlin und Brüssel, Bd. 1, 1889; Bd. 5, Bd. 6, 1896; Bd. 11, 1904, Bd. 19, 1912

Mitteilungen zur Todesstrafe, Die Justiz, 1927, S.624

Mittelstädt, Otto, Gegen die Freiheitsstrafen, Ein Beitrag zur Kritik des heutigen Strafrechtssystems, Leipzig, 1879

Mohn, Carel, Sinnlos aber nützlich, Die Politik der Todesstrafe in den Vereinigten Staaten, Berlin, 1997

Moser, Tillmann, Psychoanalyse und Strafrecht, in: Repressive Kriminalpsychiatrie, Frankfurt, 1971, S.226 – 236

Morel, Benedikt – August, Traite des degenerescences physiques, intellectuelles et morales de l’espèce humaine, Paris, 1857

- De la formation du type dans les varies degeneres, Paris, 1864

Morselli, Enrico, Die philosophischen Grundlagen der Lehre Lombrosos, in: MschrKrim., Bd. 8, 1912, S.330 – 332

Müller-Dietz, Heinz, Prävention durch Strafrecht: Generalpräventive Wirkungen, in: Kriminalprävention und Strafjustiz, herausgegeben von Jörg – Martin Jehle, Wiesbaden, 1996, S.227 – 262.

Müller, Frank, Streitfall Todesstrafe, Düsseldorf 1998

Müller, Helga, Der Begriff der Generalprävention im 19. Jahrhundert, Diss., Frankfurt am Main, 1984

Näcke, Paul, Referat über den 3. Internationalen Kriminalanthropologenkongress, in: Allg. Z. Psych., Bd. 49, 1893, S.310 – 317

- Verbrechen und Wahnsinn beim Weibe, Statistisch, klinische und kriminalanthropologische Untersuchungen, Allg. Z. Psych., Bd. 49, 1893, S.396 – 484, weiter S.540 – 613
- Untersuchungen von 16 Frauenschädeln, darunter solche von 12 Verbrecherinnen, Arch. Psych. Nervenkr., Bd. 25, 1893, S. 227 – 247
- Verbrechen und Wahnsinn beim Weibe mit Ausblicken auf die Kriminalanthropologie überhaupt, Wien, 1894
- Degeneration, Degenerationszeichen und Atavismus, Gross Archiv, Bd. 1, 1899, S.200 – 221
- Die Kastration bei gewissen Klassen von Degenerierten als ein wirksamer sozialer Schutz, Gross Archiv, Bd. 3, 1899, S.58 – 84
- Über sog. Degenerationszeichen, Allg. Z. Psych., Bd. 58, 1901, S. 706 – 707
- Drei kriminalanthropologische Themen, Gross Archiv, Bd. 6, 1901, S. 261 – S. 271
- Die Hauptergebnisse der kriminalanthropologischen Forschung im Jahr 1901, Gross Archiv, Bd. 9, 1902, S. 141 – 156
- Über die sogenannte moral insanity, Grenzfr. Nerv. Seele, Heft 18, 1902
- Die Unterbringung geisteskranker Verbrecher, Halle, 1902
- Gedanken eines Mediziners über die Todesstrafe, Gross Archiv, Bd. 9, 1902, S. 316 – 326
- Macht des persönlichen Faktors, Gross Archiv, Bd. 9, 1902, S.364 – 365
- Nochmals: Pro und contra Todesstrafe, Gross Archiv, Bd. 11, 1903, S.263 – S.266
- Sind wir dem anatomischen Sitz der Verbrecherneigung wirklich näher gekommen, wie Lombroso glaubt, Gross Archiv, Bd. 12, 1903, S. 218
- Buchbesprechung, Gross Archiv, Bd. 12, 1903, S. 218
- Über den Wert der Degenerationszeichen, in: MschrKrim., Bd. 1, 1904/1905, S.99 – 111
- Rasse und Verbrechen, Gross Archiv, Bd. 25, 1905, S.64 – 73

- Einige Punkte aus der Lehre der sog. „moral insanity“, psychiatr. neurol. Wschr., Bd. 8, 1906, S. 126 – 129, S. 133 – 137
- Sind die Degenerationszeichen wirklich wertlos, Vjschr. gerichtl. Med., Bd. 32, 1906, S. 45 – 56
- Über Kastration bei gewissen Entarteten, Gross Archiv, Bd. 31, 1908, S.174 – 175
- Die erste Kastration aus sozialen Gründen auf europäischem Boden, Gross Archiv, Bd. 32, 1909, S.343 – 344.
- Die neue Definition der Zurechnungsfähigkeit, Gross Archiv, Bd. 43, 1911, S.345
- Die Überbleibsel der Lombroso'schen kriminal – anthropologischen Theorien, Gross Archiv, Bd. 50, 1912, S. 326 – 339
- Paul Näcke, in: Deutschsprachige Psychiater und Neurologen. Ein biographisch – bibliographisches Lexikon von den Vorläufern bis zur Mitte des 20. Jahrhunderts, von Anna Kreuter, München u.a., 1996, Bd. 2, S.1007 – 1012

Naucke, Wolfgang, Die Abhängigkeit Zwischen Kriminologie und Kriminalpolitik, Vortrag vom 21.09.1976, Kiel, 1977

- Die Kriminalpolitik des Marburger Programms, ZStW, Bd. 94, 1982, S. 525 – 564

Nipperdey, Thomas, Deutsche Geschichte, 1866 – 1919, 1. Band, Arbeitswelt und Bürgergeist, München, 1990, S.663

Noelle-Neumann/Köcher, Allensbacher Jahrbuch der Demoskopie, Bd. 9, 1984 – 1992, München, 1993

Ostendorf, Heribert, Von der Rache zur Zweckstrafe, 100 Jahre Marburger Programm von Franz v. Liszt, 1982

Notizen zur Frage der Todesstrafe, ZStW, Bd. 51, 1931, S.982.

Ottolenghi, Salvatore, La personalità del delinquente nel progetto del nuovo codice penale "Rocco", in: Zacchia, vol. 6, 1927, p.139 – 146

Orazio Viola, Bibliografia italiana della pena di morte, Bologna, 1904

Pessina, Enrico, Dello svolgimento storico della Dottrina della Espiazione come fondamento del Diritto penale, in: Discorsi vari, vol. VII, Napoli, 1914

- Il nuovo Codice penale Italiano, con le disposizioni transitorie e di coordinamento e brevi note delucidativi, parte I, Milano, *1890*

Pick, Daniel, Faces of Degeneration, A European Disorder, 1848 – 1918, Cambridge/New York, 1989

Pisanelli, Giuseppe, Sulla pena di morte, a cura di Hervé A. Cavallera, Lecce, 1990

Pollak, Michael, Rassenwahn und Wissenschaft, Frankfurt am Main, 1990

Pschyrembel, Klinisches Wörterbuch, 257. Auflage, Berlin/New York, 1994

Radbruch, Gustav, Abschaffung der Todesstrafe als Symbol der Strafrechtsreform (1931), abgedruckt in: Wassermann, Rudolf, Gustav Radbruch, Gesamtausgabe 1992, S.321 – 322,

- Von Cesare Lombroso zu Alfredo Rocco, MschrKrim. Bd. 22, 1931, S.363
- Lesefrüchte, MschrKrim., Bd. 24, 1933, S.92 – 97
- Rechtsphilosophie, 3. Auflage 1932, herausgegeben und abgedruckt bei Erik Wolf, Stuttgart, 1970

Radzinowicz, Leon, Rückschritte in der Kriminalpolitik, ZStW, 105, 1993, S. 247 – 270

Ranieri, Silvio, Franz v. Liszt und die positive Strafrechtsschule in Italien, ZStW, Bd. 81, 1969, S. 700 – S. 722

Reik, Theodor, Gedächtniszwang und Strafbedürfnis, Wien, 1925,

Rossi, Paolo, La pena di morte e la sua critica, Genova 1932

Roxin, Claus, Strafrecht AT, Bd. I, 3. Auflage, München, 1997

Rüdin, Ernst, Wege und Ziele der biologischen Erforschung der Rechtsbrecher mit besonderer Berücksichtigung der Erbbiologie, Bd. 31, 1931, S.129 – 135

- Ernst Rüdin, in: Deutschsprachige Psychiater und Neurologen. Ein biographisch – bibliographisches Lexikon von den Vorläufern bis zur Mitte des 20. Jahrhunderts, von Anna Kreuter, München u.a., 1996, Bd. 3, S.1214 - 1216

Sacerdote, Anselmo, Progetto preliminare di un nuovo codice penale, in rapporto all' Antropologia Criminale, Archivio, Vol. 47, 1927, p.857 – 860

Saporito, Filippo, Il progetto Rocco di codice penale dal punto di vista biologico, Scuola positiva, nuovo edizione, vol. 8, 1928, p.20 – 37

Scheffler, Uwe, Grundlegung eines kriminologisch orientierten Strafrechtssystems, Diss., Europäische Hochschulschriften, Frankfurt am Main, 1987

Schmidt, Eberhard, Einführung in die Geschichte der Deutschen Strafrechtspflege, Göttingen, 3. Auflage 1965

Schmidt, Magnus, Gustav Aschaffenburg. In: Neue Deutsche Biographie Bd. 1, 1953, S.410

Schöch, Heinz, Das Marburger Programm, ZStW, Bd. 94, 1982, S.864 – 887,

- Gesellschaftliche Organisation der Kriminologie – Rückblick und Ausblick, in Gedächtnisschrift für Hilde Kaufmann, Berlin/New York, 1986, S.355 – 372
- Klassifikation und Typologie, in: kleines kriminologisches Wörterbuch, herausgegeben von Kaiser, Kerner, Sack, Schellhoss, 3. Auflage, Heidelberg, 1993, S.214 – 217
- Rechtswirklichkeit und Effizienz strafrechtlicher Sanktionen, in: Kriminalprävention und Strafjustiz, herausgegeben von Jörg – Martin Jehle, Wiesbaden, 1996, S. 291 – 328

Schüle, Heinrich, Zum Kampf um die Todesstrafe, Gross Archiv, Bd. 45, 1912, S.298 – 303

Schüler – Springorum, Horst, Zum Verhältnis von Kriminologie und Kriminalpolitik, in: Entwicklungslinien der Kriminologie, herausgegeben von Gerhard Kühlwein, Köln/Berlin, 1985, S.13 – 29

Scott, Peter, Henri Maudsley, in: Pioneers of criminology, edited by Hermann Mannheim, London 1960, p.144 – 176
Seelig, Die Grundlegung der modernen Kriminalwissenschaft durch Hans Gross, ZSchSt, 1948, 63. Bd. S.11/12,
Seifert, Dorothea, Gustav Aschaffenburg als Kriminologe, Diss. Freiburg, 1981
Sellin, Thorsten, The Death Penalty, Philadelphia, 1959
- The Penalty of Death, Beverly Hills/London, 1980
- Enrico Ferri, in: Pioneers of criminology, Editor: Hermann Mannheim, London, 1960, p.277 – 300

Simoncelli, Alfredo, Die Wiedereinführung der Todesstrafe in Italien, Diss., Bern, 1934
Sommer, Robert, Die Criminalpsychologie, Allg. Z. Psych. Bd. 51, 1895, S. 782 – 798
- Kriminalpsychologie und strafrechtliche Psychopathologie auf naturwissenschaftlicher Grundlage, Leipzig, 1904
- Die Forschungen zur Psychologie der Aussage, Jur. psych. Grenzfr., Bd. 2, 1905
- Familienforschung und Vererbungslehre, 1. Auflage 1907, 2. Auflage 1922; erweitert zu Familienforschung, Vererbungs- und Rassenlehre 3. Auflage, Leipzig, 1927
- Zur Psychologie der Zeugenaussage, MschrKrim., Bd. 6, 1907/1908, S.181 – 182
- Der gegenwärtige Stand der Kriminalpsychologie, in: Aschaffenburg – Partenheimer, Bericht über den VII. Internationalen Kongress für Kriminalanthropologie, Heidelberg, 1912, S.265 – 276
- Die Beziehungen zwischen Psychologie, Psychopathologie und Kriminalpsychologie vom Standpunkt der Vererbungslehre, in: Bibliothek der sozialen Medizin, Heft 3, 1910
- Genealogie und Vererbungslehre von psychiatrischen Standpunkt, Deutsche Medizinische Wochenschrift, Bd. 37, 1911, S.1733 – 1746
- Geistige Veranlagung und Vererbung, in: Aus Natur und Geisteswelt, 1919
- Psychiatrische Erblichkeitsforschung und psychische Hygiene, in: Veröffentlichungen des Deutschen Verbandes für psychische Hygiene, 1929, S.96 – 100
- Familienforschung und psychische Hygiene, in: Zeitschrift für psychische Hygiene, Bd. 6, 1933, S.66 – 72
- Robert Sommer, in: Deutschsprachige Psychiater und Neurologen. Ein biographisch – bibliographisches Lexikon von den Vorläufern bis zur Mitte des 20. Jahrhunderts, von Anna Kreuter, München u.a., 1996, Bd. 3, S.1373 – 1376

Stati, La pena di morte e eutanasia, Scuola Positiva, 1929, p.214 – 224
Stooss, Carl, Zur Natur der sichernden Maßnahme, MschrKrim., Bd. 8, 1911/1912, S.368 – 374

Stransky, Erwin, Angewandte Psychiatrie, Motive und Elemente zu einem Programmentwurf, Allg. Z. Psych., Bd.74, 1918, S.22 - 53

Stratenwerth, Günter, Juristische Argumente zur Todesstrafe, in: Geiger, Max; Saner Hans, Stratenwerth, Günter, Nein zur Todesstrafe, Basel, 1978

- Was leistet die Lehre von den Strafzwecken? Berlin, 1995
- Strafrecht und Sozialtherapie, in: Festschrift für Paul Bockelmann S. 902 – 921

Streng, Franz, Beitrag der Kriminologie zu Entstehung und Rechtfertigung staatlichen Unrechts im „Dritten Reich", MschrKrim., Bd. 76, 1993, S.141 – 168

Stumpfl, Friedrich, Kriminologie und Psychiatrie, in: Psychiatrie und Gesellschaft, Ergebnisse und Probleme der Sozialpsychiatrie, herausgegeben von H. Bernhard, Bern u.a., 1958, S.243 – 250

Tamburini, Cesare Lombroso, Riv. Sper. Fren., 1909, I – XII

Telp, Jan, Ausmerzung und Verrat, zur Diskussion um Strafzwecke und Verbrechensbegriffe im Dritten Reich, Diss., Frankfurt am Main u.a., 1999

Tessitore, Giovanni, Fascismo e pena di morte, Consenso e Informazione, Milano, 2000

Trenckmann, Ulrich, Ein Wegweiser durch die Psychiatrie, Bonn, 1988, S.236

Vedrani, Alberto, Documenti per la storia dell' opera di Kraepelin, L' abolizione della misura di pena, Giorn. Psich. Manic., 1927, p.301 – 312

Venè, Gian Franco, Pena di morte, quelli di Villarbasse, gli ultimi giustiziati in Italia, Milano, 1984

Vidoni, G., La criminalità nello studio dei riferimenti biologici, 1929

Villa, Renzo, Il Deviante e i suoi Segni, Lombroso è la nascita dell' Antropologia Criminale, Milano, 1985

Vocca, Ornella, Evoluzione del Pensiero criminologico sulla pena di morte, Da Cesare Beccaria al Codice Zanardelli, Napoli, 1984

Wassermann, Rudolf, Gustav Radbruch, Strafrechtsreform, Gesamtausgabe, Heidelberg, 1992

Weingart, Peter, Politik und Vererbung, in: Wissenschaft auf Irrwegen, Biologismus – Rassenhygiene – Eugenik, herausgegeben von Peter Propping und Heinz Schrott, Bonn/Berlin, 1992

Weingart, Kroll, Bayertz, Rasse, Blut und Gene, Geschichte der Eugenik und Rassenhygiene in Deutschland, Frankfurt am Main, 1988

Wetzell, Richard, Inventing the Criminal. A History of German Criminology, 1880-1945, Capital Hill, 2000

Wilmanns, Karl, Psychiatrische Bemerkungen zum Vorentwurf des Dt. Strafgesetzbuches, Z. Neur. Psych., Bd. 1, 1910, 171 – 205

- Die praktische Durchführbarkeit der Bestimmungen über die verminderte Zurechnungsfähigkeit im Vorentwurfe, *MschrKrim*. Bd. 8, 1911/1912, S. 136 – 142

- Die sog. verminderte Zurechnungsfähigkeit, in: allg. Z. Psych., Bd. 71, 1914, S. 691 – 709 und Bd. 92, 1930, S. 518 – 524
- Zustände verminderter Zurechnungsfähigkeit einst und jetzt, ZStW, Bd. 44, 1924, S.89-96,
- (Zur Todesstrafe) in: Der Mörder und der Staat, herausgegeben von Mugenast, 1928, S.60 – S. 63
- Karl Willmanns, in: Deutschsprachige Psychiater und Neurologen. Ein biographisch – bibliographisches Lexikon von den Vorläufern bis zur Mitte des 20. Jahrhunderts, von Anna Kreuter, München u.a., 1996, Bd. 3, S.1588 – 1590

Wolf, Jean – Claude, Verhütung oder Vergeltung? Einführung in ethische Straftheorien, Freiburg/München, 1992

Ziertmann, P., Die Unfruchtbarmachung sozial Minderwertiger, MschrKrim., Bd. 5, 1909, S.734 – 742

Einleitung

A. Das Thema

In der Monatsschrift für Kriminalpsychologie und Strafrechtsreform aus dem Jahr 1932 findet sich der Aufsatz von PROF. ALFRED HOCHE „Die Todesstrafe ist keine Strafe“[1]. Dieser Aufsatz befasst sich eingehend und aus neuer Perspektive mit der Problematik der Todesstrafe. HOCHE ist kein Jurist, sondern Professor der Psychiatrie. Ein Mediziner schreibt über die Todesstrafe aus strafrechtlichen Gesichtspunkten.[2]

Trotz dieser offensichtlichen Beteiligung von Medizinern zur Frage der Todesstrafe fehlt bislang in der geschichtlichen Darstellung die Untersuchung eines gesonderten, expliziten Standpunkts von Seiten der Mediziner. Dieser Aufgabe soll nun im Folgenden nachgegangen werden. Dabei wird die Auseinandersetzung zur Frage der Todesstrafe im Rahmen des gesamten Themenkreises von „Verbrechen und Strafe“[3] dargestellt und untersucht. Um die Argumentation der Mediziner im strafrechtlichen Kontext bewerten zu können, wird zudem der Vergleich zu bedeutenden Juristen und deren Standpunkt hergestellt.

Der gewählte zeitliche Rahmen beginnt vor dem Inkrafttreten des deutschen und gesamtitalienischen Strafgesetzbuches. In Deutschland tritt das Strafgesetzbuch für das

---

[1]Hoche, Die Todesstrafe ist keine Strafe, MschrKrim., 1932, S.553 – 558.

[2]Die Beantwortung der Frage, welches die rein strafrechtlichen oder allgemeiner gehalten, die juristischen Argumente in der Frage der Todesstrafe sind, wird durch die Abtrennung der Frage der Berechtigung der Todesstrafe im Verhältnis zwischen dem Staat und den Individuen ermöglicht. Die strafrechtlichen Argumente setzten damit praktisch eine Stufe tiefer an. Diese Unterscheidung trifft auch Maurach. Für die Frage der Todesstrafe im Verhältnis Staat und Bürger schreibt er: „Darf der Staat töten oder darf er es nicht? ...diese Frage ist keine Rechtsfrage, sie ist eine Frage der Weltanschauung, des Glaubens, des Gewissens, persönlicher Überzeugung, des Gefühls, ganz wie Sie wollen, aber mit juristischen Argumenten kann man dieser Kardinalfrage – Darf der Staat töten? – schwerlich beikommen.“ Maurach, Juristische Argumente gegen die Todesstrafe, in: Todesstrafe? 1960, S.24. Die juristische Diskussion setzt bei dieser Teilung dann eine Stufe tiefer an und fragt danach, ob sich die Todesstrafe auf der jeweiligen Grundlage der Strafe rechtfertigen lässt. Als Grundlage der Strafe und damit als deren Rechtfertigung fungieren der Vergeltungsgedanke und Präventionsgedanken. Damit wird mit juristischen Argumenten zur Todesstrafe letztlich die Todesstrafe in Beziehung zu den denkbaren Grundlagen der Strafe gesetzt. Klarzustellen ist dabei natürlich, dass die Rechtfertigung der Todesstrafe auf der Grundlage des Präventionsgedankens dann problematisch wird, wenn bereits im Vorfeld alle Zweckerwägungen ausgeschieden werden sollen. So ist Arthur Kaufmann der Ansicht: „Auch wenn die Todesstrafe der Verbrechensbekämpfung zweckdienlicher wäre als andere, weniger einschneidende Maßnahmen, würde daraus nicht ihre Zulässigkeit folgen. Das bloß zweckmäßige ist darum nicht auch schon rechtmäßig. Wir müssen unbedingt einmal Schluss machen mit der unsinnigen Parole, Recht sei, was nützt.“ Kaufmann, Schuld und Strafe, in: Studien zur Strafrechtsdogmatik, 1983, S.2. Wie sich die Diskussion um die Jahrhundertwende zur Zweckmäßigkeitsfrage gestellt hat, wird im Rahmen der Arbeit aufgezeigt.

[3]Die Thematik „Verbrechen und Strafe“ umfasst Fragen aus dem Bereich des Strafrechts, der Kriminologie und der Kriminalpolitik gleichermaßen und ist daher im weitesten Sinne zu verstehen.

Deutsche Reich am 15. Mai 1871, in Italien am 30. Juni 1889 in Kraft. Die Darstellung endet für Deutschland mit der Machtergreifung der nationalsozialistischen Machthaber.[4] In Italien wird die Betrachtung, wegen der langsam voranschreitenden Radikalisierung in die Zeit der ersten Jahre des Faschismus ausgedehnt.[5]

Italien für einen Vergleich heranzuziehen, bietet sich dabei in mehrfacher Hinsicht an. Hier bestehen zunächst fast parallele Entwicklungen in der Strafrechtswissenschaft, die dann ihren jeweiligen unterschiedlichen Ausdruck in den Werken der Juristen FRANZ V. LISZT und ENRICO FERRI finden. Weiter nimmt Italien in der Entwicklung der Kriminologie eine besondere Stellung ein, die durch das Lebenswerk des Mailänder Psychiaters CESARE LOMBROSO entscheidend mitgeprägt wird. Hinzu kommt die unterschiedliche Ausgangssituation in Hinblick auf die Todesstrafe, da diese im italienischen Gesetzbuch von 1889 nicht mehr verankert wird, wo hingegen das Gesetzbuch für das Deutsche Reich von 1871 sich für deren Beibehaltung ausspricht. Natürlich darf in Italien auch die historische Komponente in der Frage der Todesstrafe nicht unerwähnt bleiben. Stammt doch CESARE BECCARIA (1738 – 1794) aus Italien, der mit seinem berühmten Werk „Dei delitti e delle pene" von 1764[6] die Diskussion um die Todesstrafe nachhaltig beeinflusst hat.

Die Todesstrafe ist auch heute noch ein aktuelles Thema; dies bedarf keiner weiteren Erörterung. Daran ändert auch der Umstand nichts, dass sie seit geraumer Zeit in Deutschland[7] und in Italien[8] abgeschafft ist, solange sie in vielen anderen Ländern und auch in führenden Industrienationen[9] noch existiert und vollzogen wird. Oder, um

---

[4]In Deutschland beginnt mit der Ernennung ADOLF HITLERS zum Reichskanzler am 30.01.1933 die „Machtergreifung" der Nationalsozialisten, die „nationalsozialistische Revolution". Sie ist von Beginn an von ideologischen Vorstellungen beherrscht, insbesondere von der „Rasseideologie".

[5]Der Faschismus entwickelt sich in Italien im November 1921 als Gegenbewegung zu der sich sozialistisch organisierenden ärmeren Bevölkerung (Fabrikarbeiter, Landarbeiter) von einer Bewegung (movimento) zur Partei (partito), der Partito Nazionale Fascista P.N.F.. Die „Machtergreifung" nach dem „Marsch auf Rom" 1922 findet in der legalen Form eines Regierungswechsels statt. Leitfigur des Faschismus in Italien wird BENITO MUSSOLINI. Erst nach dem Staatsstreich 1925 wird mit Hilfe der „leggi fascistissime" der Weg zur Diktatur eingeschlagen. „Rasseideologie" wird dabei aber erst ab 1938, im Zusammenhang mit der nun engen Zusammenarbeit mit dem Nationalsozialismus propagiert.

[6]Beccaria, Dei delitti e delle pene, 1764; ins deutsche übersetzt: Über Verbrechen und Strafen, von K. Esselborn, Leipzig, 1905. GUSTAV RADBRUCH schreibt über BECCARIA: „Auf der Grundlage der individualistischen Ideen war ein Italiener, bisher als Ruhm Italiens betrachtet, der erste Gegner der Todesstrafe gewesen: Cesare Beccaria (Dei delitti e delle pene). Er führte den Beweis für die Unvereinbarkeit der Todesstrafe mit einer individualistischen Staatsauffassung in der Form der Lehren vom Gesellschaftsvertrage." Radbruch, Rechtsphilosophie, 1932, S.270.

[7]Am 23. Mai 1949 wird die Todesstrafe für die BRD abgeschafft. Dies ist in Art. 102 Grundgesetz verankert.

[8]In Italien wird die Todesstrafe direkt nach dem Sturz MUSSOLINIS durch einen Erlass im Jahr 1944 abgeschafft und in der Verfassung vom Dezember 1949 verankert. Dies gilt jedoch nur für alle Straftaten in Friedenszeiten. Vgl. detailliert zur Abschaffung der Todesstrafe in Italien: Tessitore, Fascismo, 2000, p.559 – 584.

[9]Das beste Beispiel der westlichen Länder ist hier die USA. Seit der Oberste Gerichtshof 1977 ein Moratorium aufgehoben hat, das ein Jahrzehnt lang in Kraft war und Hinrichtungen verhindert hat, ist die Todesstrafe nunmehr in der Mehrzahl der Einzelstaaten, sowie im Bundesrecht vorgesehen. Die Todesstrafe wird auch voll-

einen neutralen Standpunkt einzunehmen, wird man solange von der Aktualität der Frage der Todesstrafe ausgehen können, solange sich Länder welche die Todesstrafe weiter beibehalten und Länder, die sie abgeschafft haben, gegenüberstehen und ein einheitlicher Standpunkt[10] in dieser Frage nicht absehbar ist.

B. Die innere Verknüpfung der Fragestellungen

Der historische Schulenstreit, der im zu betrachtenden Zeitraum ausgetragen wird, befasst sich, wie darzustellen sein wird, insbesondere mit der Frage, ob und wenn ja, welche Zwecke mit der Strafe verfolgt werden sollen, können oder dürfen. Die Beantwortung der Frage, welche Zwecke mit der Strafe im konkreten Fall verfolgt werden können, wendet sich dann an den Forschungsgegenstand der Kriminologie. Zuletzt hat die Beantwortung der Frage nach dem Sinn und Zweck der Strafe[11] erhebliche Auswirkungen auf die Beurteilung der Frage der Todesstrafe.[12] Denn lässt man den Vergeltungsgedanken als einen der Begründungsansätze im Schulenstreit beiseite, ist es die den Präventionstheorien zugrundeliegende Frage der Zweckmäßigkeit,[13] die auch in der Frage der Todesstrafe ein Ergebnis liefern könnte.[14] Dabei ist es insbesondere die Frage nach der abschreckenden Wirkung der Todesstrafe, die gestellt wird.[15]

---

streckt, dies mit zunehmender Tendenz. Vgl. Jescheck, AT, 1996, S.755. Da die öffentliche Meinung die Anwendung der Todesstrafe stützt (vgl. z. B. Frankowski, Die Todesstrafe in den USA, ZStW, 1988, S.971 – 973) und die Todesstrafe sogar als Wahlkampfmittel eingesetzt wird, ist ungewiss, ob sich an dieser Rechtslage in naher Zukunft etwas ändert. Auch in Japan ist die Todesstrafe Gesetzesbestandteil und wird auch vollstreckt.

[10] Die Einstellung der Öffentlichkeit zur Frage der Todesstrafe ist derzeit mehr ablehnend. Eine Meinungsumfrage im Jahr 1993 ergibt, dass sich in den westdeutschen Bundesländern 56% der Bevölkerung gegen und 24% für die Todesstrafe und in den ostdeutschen Bundesländern 49% gegen und 29% für die Todesstrafe aussprechen. Noelle-Neumann/Köcher, Jahrbuch der Demoskopie 9, 1993, S.607; zur Entwicklung der öffentlichen Meinung in der Frage der Todesstrafe: Dreher, Für und Wider die Todesstrafe, ZStW, 1958, S.548 – 565.

[11] Eine noch weitergehende Verbindung zwischen der Beantwortung der Frage der Todesstrafe und den Strafzwecklehren erkennt Kaiser. Er ergeht davon aus, dass die Trendverlagerung bei der Lehre von den Strafzwecken in „gewisser Hinsicht" auch eine gewandelte Einschätzung der Todesstrafe mit sich bringe. Mit der Tendenz der Abkehr vom Gedanken der Spezialprävention hin zur Generalprävention, die 1977 ihren Höhepunkt erreicht habe, hätte auch die Befürwortung der Todesstrafe einen Auftrieb bekommen. Einleuchtend ist dabei jedenfalls, dass der Resozialisierungsgedanke der Todesstrafe fremd ist, während eine Begründung über den generalpräventiven Abschreckungsgedanken jedenfalls möglich erscheint. Kaiser, Was wissen wir von der Strafe? FS Bockelmann, 1979, S 930.

[12] Vgl. insoweit die juristischen Argumente zur Todesstrafe, oben Fn. 2, vgl. aber auch Lange, Die Todesstrafe im Deutschen Recht, 1967, der darauf hinweist, dass die Frage der Todesstrafe allein unter kriminalpolitischen Gesichtspunkten beantwortet werden müsse. So entfiele die emotionale Belastung dieser Frage. Auf kriminalpolitischer Grundlage spricht sich Lange 1958 bei den Beratungen der Großen Strafrechtskommission für die Wiedereinführung der Todesstrafe aus.

[13] Vgl. aber auch oben Fn. 2 am Ende.

[14] Und auch in der Praxis zeigt sich, wenn die Frage der Todesstrafe wieder einmal zum Thema der öffentlichen Diskussion wird, dass es neben der philosophischen Frage nach der Berechtigung des Staates seine Bürger zu töten gerade die Strafzwecktheorien sind, die bemüht werden, um eine Antwort zu geben.

[15] Die Nachweisbarkeit der abschreckenden Wirkung der Todesstrafe wird heute angezweifelt: So schreibt Göppinger schon 1965 als Reaktion auf die Forderung der Öffentlichkeit nach Wiedereinführung der Todesstrafe:

Und wieder wendet sich die Fragestellung an das Forschungsgebiet der Kriminologie als empirische Wissenschaft. Welche Rolle nun die Medizin und hier vor allem die Psychiatrie bei diesen Fragestellungen einnimmt, wird im Rahmen dieser Arbeit aufgezeigt.

Interessant ist dabei schon hier, dass der historische Hinweis auf die besondere Bedeutung einer empirischen Begründung der Todesstrafe nicht nur von einem Mediziner stammt, sondern auch die Medizin zu deren Beantwortung aufruft. So fordert der französische Arzt LACASSAGNE im Jahr 1908: „Bisher habe man in der Frage nach der Berechtigung der Todesstrafe zu wenig die nackten naturwissenschaftlichen und statistischen Tatsachen zu Rate gezogen. Hier das Wort zu ergreifen ist Aufgabe des gerichtlichen Mediziners.“[16]

C. Der Aufbau

In ihrem 1. Teil widmet sich die Arbeit der Aufgabe, die geschichtlichen Rahmenbedingungen aufzuzeigen. Im einzelnen wird dabei die strafrechtliche Grundlagendiskussion um die Strafzwecke und die Reformbestrebungen, die Anfänge der Kriminologie und die der Situation der Todesstrafe im Gesetz, wie in der damaligen Diskussion aufgezeigt.

Im 2. Teil werden die beiden bedeutendsten Vertreter der sogenannten modernen Strafrechtsschule in Deutschland und Italien FRANZ V. LISZT und ENRICO FERRI herausgegriffen, die mit ihren Arbeiten die gesamte Strafrechtsentwicklung bis in die 30er Jahre des 20. Jahrhunderts entscheidend beeinflussen und deren große Bedeutung bis heute fortwirkt. Die Untersuchung konzentriert sich dabei auf die Teile ihres Werkes, die gerade für die folgende Analyse der medizinischen Beteiligung von Interesse sind.

„Man kann aber doch so viel sagen, dass wir anhand des uns zur Verfügung stehenden Materials keinerlei Anhalt dafür haben, dass durch die Einführung der Todesstrafe die Zahl der damit bedrohten Verbrechen nachlasse oder dass sie bei der Abschaffung der Todesstrafe zunehme.“ Und zur umgekehrten Fragestellung: „ ...Dazu ist zu sagen, dass nach moderner Wissenschaftstheorie ein solcher Beweis erfahrungswissenschaftlich überhaupt nicht erbracht werden kann.“ Wenn man aber schon die Frage aufwirft so müsse man aber auch untersuchen, woraus genau sich die abschreckende Wirkung herleiten soll, aus der Androhung, Verurteilung oder Vollstreckung. Göppinger, Strafe und Verbrechen, 1965, S.15 – 16. 1959 weist Sellin nach, dass die abschreckende Wirkung der Todesstrafe nicht belegbar ist, Sellin, The Death Penalty, 1959. Vgl. auch zur kriminalpolitischen Nutzlosigkeit der Todesstrafe: Amnesty International, The Death Penalty, 1987, p.162ff; Sellin, The Penalty of Death, 1980, p.121ff; Conklin, Criminology, 1986, p.401ff, welcher der Todesstrafe vielmehr Vorbildcharakter nachweist. "Nach alledem drängt sich die Schlussfolgerung auf, dass es bei dem Verzicht auf die Todesstrafe bleiben muss, und zwar nicht nur aus moralischen Gründen, sondern auch aus empirischer Sicht . Die fragliche Sanktion ist zur Generalprävention ungeeignet.“ Kaiser, Kriminologie, 1997, § 94, Rn. 26 – 33, m. w. N..

[16]Lacassagne, Peine de mort et criminalité, Gross Archiv, 1908/09, S.348.

Ziel des 3. Teils ist es dann, die Beteiligung an Fragestellungen um Verbrechen und Strafe im Allgemeinen und an der Diskussion um die Todesstrafe im besonderen von medizinischer Seite aufzuzeigen und zu analysieren.[17] Einige der vorgestellten Mediziner sind auch für den Juristen und Kriminologen weitgehend unbekannt; dies hat historische und interdisziplinäre Gründe. Hier eine disziplinübergreifende, vergleichende, geschichtliche Darstellung zu geben ist Ziel dieser Arbeit, um zuletzt nochmals die Frage nach einem expliziten Standpunkt in der Frage der Todesstrafe aufzuwerfen.

[17]Soweit sich Wiederholungen nicht vermeiden lassen, sollen Gemeinsamkeiten der Ansichten verkürzt dargestellt werden.

1. Teil: Die geschichtlichen Rahmenbedingungen

A. Die Grundströmung

Zunächst ist kurz die Ausgangsposition der Psychiatrie und der Strafrechtswissenschaft im letzten Drittel des 19. Jahrhunderts wiederzugegeben, die den Hintergrund für die folgende Darstellung bildet. Die Rede ist vom sog. „Positivismus", dem vielgedeuteten Begriff, der für die Psychiatrie und die moderne Richtung in der Strafrechtswissenschaft gleichermaßen den geistesgeschichtlichen Hintergrund darstellt. In seiner engen Fassung erkennt dieser naturwissenschaftliche Positivismus (nicht zu verwechseln mit dem Rechtspositivismus)[18], der sich in den 30er Jahren des 19. Jahrhunderts entwickelt, allein positiv feststellbare, d.h. messbare und jederzeit überprüfbare Fakten als wissenschaftliche Daten an. Alles was über die Seinswissenschaft hinausgeht, wird als Metaphysik abgestempelt.

Die Entwicklung geht einher mit dem großen Aufschwung der Naturwissenschaften in der zweiten Hälfte des 19. Jahrhunderts. Die Naturwissenschaftler sind stolz auf ihre exakte Methode und werden durch die Fortschritte und Ergebnisse ihrer Wissenschaft in ihrem Selbstbewusstsein bestärkt. Man glaubt nun ein streng exaktes „System vom Werden der Welt, vom Sinn und Zweck menschlichen Daseins aufstellen" zu können. CHARLES DARWINS „Origin Of Species" erscheint 1859 und der Entwicklungs- aber auch Auslesegedanke wird über die Naturwissenschaft hinaus zu einer Weltanschauung, die auch die Rechtswissenschaft ergreift.[19] Die Bedeutung der 1864 von AUGUST MOREL ausgehenden sog. Degenerationstheorie wird noch näher aufgezeigt.[20]

Die Medizin, vor allem Chirurgie und inneren Medizin, macht im letzten Drittel des 19. Jahrhunderts enorme Fortschritte, die zum Durchbruch der unangefochtenen Autorität der Ärzteschaft führt. Diese naturwissenschaftlich begründeten Erfolge werden zum Vorbild einiger „Irrenärzte". Die neue Strömung in der Psychiatrie ist bestrebt,

---

[18]Andere Maßstäbe als der naturwissenschaftliche Positivismus setzt im Recht der sog. „Rechtspositivismus" wie ihn KARL BINDING vertritt, der das im geschriebenen Gesetz niedergelegte logische System von juristischen „Setzungen" in den Mittelpunkt rückt. „Diese rigorose Lehre, dass die Strafe ohne Blick auf die Folgen zu vollziehen sei,...(hat) ihren Grund darin, dass das Individuum als Person dem Staat strikt entzogen bleibt. Kurz, eine kantisch-humane Ethik der autonomen Person verbindet sich mit der strengen Normativität des Gesetzesrechts." Nipperdey, Deutsche Geschichte, 1866 – 1919, 1990, S.663.

[19]Vgl. zur Bedeutung des Entwicklungsgedankens im Werk ADOLF MERKELS und später auch seines Schülers V. LISZT, Schmidt, Rechtsgeschichte, 1966, S.310 – 313, S.364 – 368 und weiterführend im Zusammenhang dargestellt bei Frommel, Präventionsmodelle, 1986.

[20]Vgl. unten unter Teil 1 D I 1

diese als naturwissenschaftliche Teildisziplin zu etablieren.[21] Da jedoch die großen Behandlungserfolge der Chirurgie und der inneren Medizin in der Psychiatrie ausbleiben, verlagern sich die Psychiater vielfach auf gesamtgesellschaftliche Maßnahmen zur Vorbeugung. „Aus der Logik einer für den Einzel – „Fall“ nicht möglichen Hilfe erwuchsen Heilungsversprechen für alle“[22], eine Entwicklung, deren Ausweitung auf den Bereich Verbrechensbekämpfung im 3. Teil exemplarisch dargestellt wird.

Vor diesem Hintergrund werden nun die Situation der Rechtswissenschaften und die Anfänge der Kriminologe dargestellt.

B. Der Diskussionsschwerpunkt in der Strafrechtswissenschaft

I. Der Schulenstreit

Gegen Ende des 19. Jahrhunderts, unter dem Eindruck des naturwissenschaftlichen Positivismus, entwickelt sich in Deutschland und in Italien eine lebhafte Grundlagendiskussion unter den Strafrechtswissenschaftlern. Es kommt zu einer Auseinandersetzung der Lehrmeinungen,[23] die in Deutschland als sog. Schulenstreit in die Geschichte eingegangen ist. Da sich auch in Italien ein Kampf um die Grundlagen des Strafrechts entwickelt, bei dem sich verschiedene Schulen gegenüberstehen, passt der Begriff des Streits der Lehrmeinungen oder „Schulen“ hier gleichermaßen, auch wenn er so nicht geprägt wird.[24]

---

[21]Die Psychiatrie als gleichberechtigte Teildisziplin soll der somatischen Medizin nachgestaltet und als gesellschaftlich anzuerkennende Realität akzeptiert werden. Gadebusch schreibt über die charakteristische Tendenz der italienischen Psychiatrie nach 1850: „...die grundsätzliche Ablehnung philosophischer Fragestellungen sowie derjenigen über die Natur des menschlichen Körpers oder über die Beziehungen zwischen Körper, Seele und Geist ansehen. Auch die Aufnahme einer positiven Methode, die auf der Beobachtung der natürlichen Phänomene basiert, wird zur Voraussetzung dieser materialistischen Psychiatrie, deren Ziel in der Erforschung der und Erklärung von nüchternen Tatsachen besteht.“ Experimentismus und Empirismus in der Forschung, sowie Agnostizismus bezüglich philosophischer Fragestellungen charakterisieren die Psychiater der „neuen“ Generation. Gadebusch – Bonsio, Theorien von Cesare Lombroso in Deutschland, 1995, S.54 – 57, 56. Vgl. zur Etablierung der Psychiatrie als medizinische Disziplin S.66 – 68 und für Deutschland Kammeier, der weiter kritisch anmerkt: „Wie die naturwissenschaftlich geprägte somatische Medizin den Menschen auf Körperlichkeit reduzierte und ihn objektivierte, so engte auch die sich als Naturwissenschaft entwickelnde Psychiatrie ihren Wahrnehmungshorizont auf den Körper ein.“ Kammeier, Maßregelrecht, 1996, S.15 – 26, S.16, S.18.

[22]Trenckmann, Ein Wegweiser durch die Psychiatrie, 1988, S.236.

[23]Der Schulenstreit bewegt sich dabei nicht allein auf dem Gebiet theoretischer Lehrmeinungen, die praktischen Konsequenzen der Auseinandersetzung, die sich in zahlreichen Reformforderungen widerspiegeln, werden unten 1.Teil C dargestellt.

[24]Die Auseinandersetzung in Italien ist nicht mit dem Begriff des historischen „Schulenstreits“ umschrieben, ohne dass sich andere Unterschiede ergeben. Da es sich, wie dargelegt wird, um die gleichgeartete Auseinandersetzung zwischen verschiedenen Strömungen in der Strafrechtswissenschaft handelt, findet die Verwendung des in Deutschland historisch geprägten Begriffs auch hier keinen Widerspruch.

Dieser „Schulenstreit" beschreibt eine Situation, die Ende des 19. Jahrhunderts beginnt und deren Ausläufer bis in die 30er Jahre des 20. Jahrhunderts hinein andauern. Diese fasst sich wie folgt zusammen.

Im Rahmen des Schulenstreits tritt einer traditionellen Strafrechtsschule eine sogenannte moderne Strafrechtsschule gegenüber. Maßgeblich für die gegensätzlichen Ansichten ist der unterschiedliche theoretische Begründungsansatz für die Strafe. Die traditionelle Schule vertritt einen absoluten Begründungsansatz. Diese absolute Straftheorie[25] sieht den Sinn[26] der Strafe allein im Vergeltungsgedanken und die Strafe bleibt von jeder Zweckerwägung frei. Da diese Theorie gegen Ende des 19. Jahrhunderts in Italien und Deutschland vorherrscht, bezeichnen sich ihre Vertreter als klassische oder traditionelle Schule bzw. Scuola Classica.

Die moderne Schule hingegen vertritt als Gegenposition eine sogenannte relative Theorie,[27] die Strafe ist das Mittel zur Einwirkung auf den Täter (Spezialprävention) je nach Ansatz aber auch auf die Allgemeinheit (Generalprävention), um der Aufgabe des Strafrechts zu dienen, künftige Straftaten zu verhindern und so die Gesellschaft zu schützen. Die relativen Theorien sind der Auffassung, nur ein auf diesen Zweck gerichtetes Strafrecht habe eine Existenzberechtigung. In Deutschland spricht man bei der neuen Richtung von der „soziologischen Schule", in Italien wird der Name „Scuola Positiva" geprägt.

Auf der Grundlage dieser Extrempositionen im Schulenstreit,[28] die sich in eine klassische Schule als Anhänger der Vergeltungstheorie und eine moderne Schule als Anhänger insbesondere der Spezialprävention polarisieren lässt, soll im folgenden die zeitliche und inhaltliche Entwicklung näher dargelegt werden. Da diese in Deutschland und Italien einen ähnlichen Verlauf nimmt und zwischen den Beteiligten ein länderübergreifender Austausch stattfindet, erfolgt eine gemeinsame Darstellung, wo sie sich anbietet.

[25]von lat. absolutus = losgelöst, da für die absolute Theorie der Sinn der Strafe von ihrer gesellschaftlichen Wirkung unabhängig ist. vgl. Roxin, Strafrecht AT, 1997, S.41

[26]An dieser Stelle ist nicht ohne Grund vom Sinn der Strafe die Rede. Denkbar wäre nämlich ebenso, von der gerechten Vergeltung als Zweck der Strafe zu sprechen. Ob dies so gehandhabt werden darf, ist umstritten und hängt davon ab, ob man den Zweckbegriff nur auf soziale, empirische Ziele oder auch auf die Verwirklichung einer Idee (der Gerechtigkeit) für anwendbar hält. Vgl. Roxin, Strafrecht, AT, 1997, S.41.

[27] von lat. referre = bezogen auf, denn sie sind auf den Präventionszweck bezogen.

[28]Dass die Einteilung jedenfalls in dieser Absolutheit nicht möglich ist, wird unten 1. Teil B III klargestellt. Aus Gründen der Übersichtlichkeit ist jedoch eine klare Unterscheidung sinnvoll, zumal das Ineinandergreifen der Strafbegründungsansätze der einzelnen Vertreter des Schulenstreits im Rahmen dieser Arbeit nicht aufgezeigt und bewertet werden soll.

1. Der Beginn des Schulenstreits in Deutschland und seine Vertreter

Wenn man den Beginn des Schulenstreits in Deutschland genauer zeitlich fixieren will, bietet es sich an, diesen mit dem Erscheinen des Marburger Programms von v. LISZT (1851-1919) aus dem Jahr 1882/83 gleichzusetzen[29]. Dem war seit den 70er Jahren des 19. Jahrhunderts schon eine allgemeine Unzufriedenheit über die Uneffektivität des Strafrechts in der Frage der Verbrechensbekämpfung vorausgegangen,[30] der v. LISZT schließlich im Marburger Programm, der berühmten Antrittsvorlesung an der Universität von Marburg, deutlich Ausdruck verleiht.

Er berichtet selbst, seine Abhandlung sei eine Reaktion auf „das wachsende Entsetzen über die in der Kriminalstatistik zum unwiderleglichen Ausdruck gelangte Ohnmacht der doktrinären Strafrechtspflege."[31] Als unmittelbaren Anlass nennt er zudem MITTELSTÄDTS Schrift „Gegen die Freiheitsstrafen"[32].

Das Marburger Programm und die folgenden Arbeiten machen v. LISZT zum Begründer der modernen „soziologischen" Schule[33] in Deutschland. Er stellt im Marburger Programm die Frage nach dem Zweck im Recht und legt ein kriminalpolitisches Programm vor, wie die Forderung nach einem Zweckstrafrecht umgesetzt werden kann. In der Folgezeit bildet sich eine Gruppe von Vertretern dieser modernen Richtung im Strafrecht, die seine Gedanken aufgreifen und teilweise zu einer Vereinigungslehre[34] fortentwickeln. Zu nennen sind u.a. ROBERT V. HIPPEL, MORITZ LIEBMANN, FRANZ EXNER, GUSTAV RADBRUCH und EBERHARD SCHMIDT.

2. Der Beginn des Schulenstreits in Italien und seine Vertreter

Auch in Italien bildet sich im gleichen Zeitabschnitt die Scuola Positiva. Diese entsteht unter dem maßgeblichen Einfluss des Juristen ENRICO FERRI (1856 – 1929).

Soll auch für Italien ein konkreter Zeitpunkt für den Beginn dieser Auseinandersetzung genannt werden, so kann man das Erscheinen der Abhandlung FERRIS „I nuovi

[29]Anders jedoch Frommel, die darauf hinweist, dass diese Datierung eine Überakzentuierung der unmittelbaren Wirkung der theoretischen Schrift v. LISZTS darstellt und auf die spärliche, unmittelbare Reaktionen auf das Marburger Programm hinweist. Frommel, Präventionsmodelle, 1986, S.42, 97.

[30]Vgl. zur strafrechtlichen Grundlagendiskussion vor dem Schulenstreit, Frommel, Präventionsmodelle, 1986, S.169 – 178

[31]V. Liszt, Marburger Programm, 1882, S.2.

[32]Mittelstädt, Über die Freiheitsstrafen, 1879. In dieser Schrift stellt MITTELSTÄDT fest, dass die Freiheitsstrafen nicht ausreichend abschreckend, überhaupt nicht bessernd und damit auch nicht schützend wirken.

[33]V. LISZT ist Begründer und Wortführer der sog. soziologischen Schule. Vgl. stellvertretend für alle Jescheck/Weigend, Strafrecht AT, 1996, S.74, Roxin, Strafrecht AT, 1997, S.41. Der Frage, wie „soziologisch" v. LISZTS Schule tatsächlich ist, wird im 2. Teil nachgegangen.

[34]Vgl. Zur Vereinigungslehre und Einordnungsproblematik unten Teil 1 B III.

orizzonti del diritto e della procedura penale“[35] aus dem Jahr 1880 herauszugreifen.[36] Hier bekennt sich FERRI ausdrücklich zum Strafzweck der Spezialprävention und die Gefährlichkeit des Täters soll Maßstab der staatlichen Sanktion werden.
Die vorausgehende Entwicklung,[37] die letztlich zur allmählichen Herauskristallisierung der Scuola Positiva als Gegner der Scuola Classica führt und dann insbesondere in FERRIS Abhandlung zum Ausdruck kommen, wird kurz skizziert.

Zunächst bestehen in Italien nur verschiedene Lehrpositionen innerhalb einer traditionellen Schule. Zu Uneinigkeiten kommt es hier, als PETRO ELLERO verkündet, der Hauptzweck der Strafe sei die Verhütung von Verbrechen und zu diesem Zweck solle die Strafe vor allem durch die Besserung des Verbrechers beitragen. Es ist dabei interessant zu erwähnen, dass dieses Bekenntnis zu einer Präventionstheorie im Rahmen einer Abhandlung über die Todesstrafe erfolgt.[38] Diese, erstmals 1861 vertretene Auffassung wiederholt ELLERO insbesondere in seiner Antrittsvorlesung an der Universität von Bologna, wo er seit 1861 den Lehrstuhl für Strafrecht inne hat. Jetzt fühlt sich FRANCESCO CARRARA (1805 – 1888), herausgefordert und antwortet unverzüglich mit seiner Antrittsvorlesung zum Strafrechtslehrstuhl in Pisa. Hierin betont er die Prinzipien der klassischen Schule als die einzigen und unumstößlichen Grundlagen des Strafrecht.[39] Auch ENRICO PESSINA, der seit 1881 den Strafrechtslehrstuhl an der Universität von Neapel inne hat, unterlässt es in Folge nicht, sich ebenfalls zu den klassischen Grundlagen des Strafrechts zu bekennen. Dem wiederum tritt RAFFAELE GAROFALO (1851 – 1937) entgegen, der in „Un criterio positivo della penalità“ im Jahr 1880[40] ebenfalls ein am Zweckgedanken orientiertes Strafrecht fordert.

Zudem ist als mitentscheidender Faktor für die Entstehung der Scuola Positiva ein weiterer Wissenschaftler zu nennen. Es ist der Mediziner CESARE LOMBROSO (1835-1909). Seine Forschung beginnt mit Untersuchungen des Verbrechers.[41] Er wird zum Begründer der kriminalanthropologischen Schule, deren Grenzen zur mehr juristisch-dogmatisch geprägten Scuola Positiva, fließend verlaufen.[42]

---

[35]FERRIS Abhandlung „Neue Horizonte im Strafrecht und Strafprozess“ ist die Antrittsvorlesung für seine erste Professur 1880 in Bologna. Vgl. Ferri, I nuovi orizzonti, 1881.

[36]Die Bedeutung dieser Schrift wird auch bei Kaiser deutlich, der jedoch die Kriminologie mit FERRIS Abhandlung oder alternativ LOMBROSOS Verbrecherstudien beginnen lässt. Kaiser, Kriminologie, 1996, S.114.

[37]Vgl. zu den folgenden Ausführungen und weiterführend: Vocca, Evoluzione del Pensiero criminologico, 1984, p.165 – 223.

[38]Ellero, Della Pena Capitale, 1860, zu ELLEROS Ansicht und Bemühungen um die Abschaffung der Todesstrafe, siehe unten Teil 1 E III 2.

[39]Die von CARRARA im einzelnen vorgetragenen Grundlagen der klassischen Schule werden unten Teil 1 B II 1 b dargestellt.

[40]Garofalo, Un criterio positivo della penalità, 1880.

[41] Vgl. eingehend zu LOMBROSO zunächst die Darstellung der Entwicklung der Kriminologie (unten Teil 1 D I 1, 2) und dann weiterführend unten 3. Teil B.

[42]Grund des Ineinandergreifens der beiden Schulen ist nicht nur die enge Verbindung zwischen ihren Gründern FERRI und LOMBROSO, sondern auch die gemeinsame Bestrebung, das Verbrechen zu studieren, um Mittel für

Fasst man diese Entwicklung zusammen, steht damit fest, dass sich in Italien spätestens mit dem Erscheinen der „Neue Horizonte im Strafrecht und Strafprozess" von FERRI ein Gegenpart zur klassischen Schule herausentwickelt. Diese neue „moderne" Schule fordert, das Strafrecht auf neue Grundlagen zu stellen. Der Inhalt dieser Forderungen wird nun genauer dargestellt.

II. Die Grundpositionen im Schulenstreit

Mit den gegensätzlichen Grundpositionen, die zwischen den Schulen in der Frage der richtigen Straftheorie bestehen, rückt die Frage nach dem „Zweck der Strafe", d.h. der Frage, ob mit der Strafe Zwecke der General- oder Spezialprävention verfolgt werden sollen und dürfen, oder ob allein der Vergeltungsgedanke das Strafrecht dominiert, in das Zentrum des Schulenstreits.[43] Verstrickt ist diese Frage mit der Diskussion um die Willensfreiheit, die Aufgabe des Strafrechts, der Frage des Schuldbegriffs und den Wesensmerkmalen der Strafe. Nimmt man diese Fragestellungen in ihrer Bedeutung für die historische Diskussion zusammen, so sind es Grundlagen oder Grundprinzipien des Strafrechts die zur Diskussion stehen und im folgenden eingehend betrachtet werden sollen.

Fasst man nochmals die Extrempositionen der Straf(zweck)theorien zusammen, so lassen sich ein vergeltender Ansatz, ein spezialpräventiver und ein generalpräventiver Ansatz unterscheiden. Diese Extrempositionen und ihre berühmten Vertreter, werden nun näher betrachtet. Die Darstellung erfolgt auf der Grundlage eines jeweils vergeltenden, spezialpräventiven und generalpräventiven Ansatzes, d.h. ohne die Frage aufzuwerfen, ob die Straftheorien von den vorgestellten Vertretern überhaupt in ihrer

---

dessen Bekämpfung zu entwickeln. Zeitlich betrachtet haben die Anfänge der Forschung LOMBROSOS die Entstehung der Scuola Positiva mit vorbereitet. FERRI selbst stellt schon 1892 fest, dass ursprünglich die positive Strafrechtsschule mit der kriminalanthropologischen Schule gleichgesetzt wurde und schreibt weiter: „Wenn dieser Name die Sache heute nicht mehr deckt, weil die positive Strafrechtsschule in den wenigen Jahren ihres Bestehens auch die Tatsachen der Psychologie, Statistik und Soziologie aufgenommen und verarbeitet hat, so bleibt die Tatsache doch bestehen, dass die neue Schule den ersten Impuls kriminalanthropologischen Untersuchungen verdankt." Ferri, Das Verbrechen, 1896/1892, S.22. Eine inhaltliche Schwerpunktsetzung ist damit dahin denkbar, dass die Scuola Positiva mehr für die soziologische Ursachenforschung und die rechtliche Umsetzung der Erkenntnisse von Verbrechen und Strafe steht, während die kriminalanthropologische Schule mit den Erkenntnissen über die Person des Verbrechers die notwendigen Grundlagen zu schaffen sucht. GAROFALO stellt insoweit ausdrücklich fest, die Scuola Positiva sei keine kriminalanthropologische, sondern eine juristische Schule. Garofalo, Congresso di Antropologia, 1885, p.135. Diese formale inhaltliche Trennung ist nur richtungsweisend und wird von ihren Vertretern häufig überschritten. So unternimmt auch FERRI kriminalanthropologische Untersuchungen und Lombroso setzt sich in seinem späteren Werk umfassend mit der Verbrechensentstehung und Bekämpfung auseinander und macht konkrete Gesetzesreformvorschläge.

[43] Der Gegenstand der Diskussion um die Strafzwecke, ist, auf welche Weise die Strafe wirken soll, darf und kann. Er ist zu unterscheiden (und in diesem Sinne spricht sich auch Roxin aus: Roxin, Strafrecht AT, 1997, S.41) von der Frage nach der Aufgabe des Strafrechts in seiner Gesamtheit, d.h. der Frage welchem generellen Ziel das Strafrecht dienen soll. Hat man die Aufgabe des Strafrechts benannt, so ist die Strafe ein Mittel zur Erfüllung dieser Aufgabe (in diesem Sinne auch Telp, Ausmerzung und Verrat, 1998, S.37) soweit man der Strafe überhaupt gestattet, Mittel zur Erfüllung einer Aufgabe zu sein.

Reinform vertreten werden. Auf diese Problematik wird erst anschließend eingegangen. Weitere strafrechtliche Grundlagenfragen werden dann im Zusammenhang dargestellt.

1. Die klassische Schule

a. Die Vergeltungstheorie

Die Vergeltungstheorie sieht den Sinn der Strafe nicht in der Verfolgung sozial nützlicher Zwecke, sondern darin, dass sie durch Auferlegung eines Übels die Schuld, die der Täter durch seine in der Vergangenheit liegende Tat auf sich geladen hat, in gerechter Weise vergilt, ausgleicht und sühnt.[44] Damit ist die Strafe aufs engste mit der Schuld des Täters verbunden, die der Strafe ein Maßprinzip liefert.

Die „bloße" Sicherung des Rechtsbrechers aus Gründen des Gesellschaftsschutzes und damit die Einordnung der Maßregeln unter den Strafbegriff ist vom Standpunkt der Vergeltungstheorie nicht denkbar. Wo die schuldproportionale Vergeltung dem Sicherheitsbedürfnis nicht genügt und die Vertreter der klassischen Schule dies nicht ignorieren, muss daher eine Lösung außerhalb der Strafe gefunden werden.[45]

---

[44] Roxin, Strafrecht AT, 1997, S.41 – 42.

[45] Das Bedürfnis der Sicherung des Rechtsbrechers über die schuldproportionale Vergeltungsstrafe hinaus führt auf Gesetzesebene zur Schaffung der sog. Maßregeln der Sicherung und Besserung. Diese Entwicklung wird noch näher aufgezeigt. Lehrreich ist aber an dieser Stelle schon die Betrachtung des Vertreters der klassischen Schule, V. BIRKMEYERS. Er stellt hier fest, dass Strafe und Maßregel auf einer Zeitachse unterschiedliche Zielrichtungen hätten. Während die Strafe rückwärts gerichtet sei, deute die sichernde Maßnahme nach vorne. (S.6) Dies bedeute für die Struktur der Maßregel, dass ein vergangenes Verbrechen nicht Ursache, sondern lediglich Anlass zur Ergreifung einer sichernden Maßregel sei. Dabei sei nicht einmal das Verbrechen schlechthin für sie kausal, sondern allein die Gefährlichkeit. Ihr Wesen zeichne sich durch Prävention aus, also gerade nicht durch Vergeltung von vergangenem Verbrechen, sondern lediglich durch Sicherung vor drohendem Verbrechen. (S.16) Und er stellt klar: „Wir halten eine Sicherung der Gesellschaft gegenüber gemeingefährlichen Personen durchaus für wünschenswert; wir betrachten sie nur als keine eigentlich strafrechtliche Aufgabe." (S.52) „Als reine Präventionsmaßregel gehören die sichernden Maßnahmen prinzipiell nicht zum Wirkungskreis der Gerichte, sondern der Verwaltungsbehörden, der Polizei." (S.17) v. Birkmeyer, Was lässt v. Liszt vom Strafrecht übrig? München, 1907. Welche Gefahr aus dieser Zuordnung resultiert, beschreibt dann Kammeier: „1. Die Maßregeln stellen einen empfindlichen Eingriff in die persönliche Freiheit des Individuums dar. Deshalb bedürfe es zu ihrer Anordnung der richterlichen Unabhängigkeit. 2. Die Rechtssicherheit leide, wenn der Strafrichter die Straffähigkeit und der Verwaltungsrichter den gefährlichen Zustand verneine und damit wegen der unterschiedlichen Beurteilung des gefährlichen Zustandes weder Strafe noch Maßregel angeordnet werden würden. 3. Schließlich sprächen prozessökonomische Gründe dafür, dem Strafrichter auch die Anordnungskompetenz für die Maßregeln zu übertragen." Kammeier, Maßregelrecht, 1996, S.70/71. Diese Gefahren sieht auch V. BIRKMEYER und spricht sich daher trotz der systematischen Unsauberkeit aus Gründen praktischer Notwendigkeit und Rechtssicherheit für die Aufnahme der Maßregeln in das Strafgesetz aus.

b. Die berühmtesten Vertreter

Für den betrachteten Zeitraum ist KARL BINDING (1841 – 1920) als leidenschaftlicher Verteidiger der Vergeltungstheorie und prominenter Vertreter der klassischen Schule zu nennen. Daneben vertritt aber auch V. BIRKMEYER (1847 – 1920) den Vergeltungsgedanken mit großer Autorität. Beide sehen nicht nur eine Gefahr für das Strafrecht von Seiten der modernen Strafrechtsschule, sondern auch aus den Reihen der Medizin, insbesondere der Psychiatrie.[46]
In Italien sind insbesondere die bereits erwähnten Professoren CARRARA, PESSINA aber auch LUCCHINI als eiserne Verfechter eines auf dem Vergeltungsgedanken aufgebauten Strafrechts zu nennen.

c. Die weiteren Grundlagen

Für die Grundprinzipien der klassischen Schule kann CARRARA zitiert werden, der diese anlässlich des Antritts seiner Lehrtätigkeit an der Universität von Pisa im Jahr 1866 darlegt. Danach sind diese:

„....die metaphysische Begründung des Rechts, unabhängig von Zeit und Raum;
die dem Verbrechen proportionale Strafe, deren Zweck die ethische Vergeltung ist;
der formell – juristische Verbrechensbegriff;
die Gleichstellung des normalen Täters mit den übrigen Menschen;

---

[46]An dieser Stelle sollen nun kurz BINDINGS und V. BIRKMEYERS Angriffe gegen die Psychiatrie dargestellt werden. V. BIRKMEYER empfindet das Verhalten der Psychiater als unzulässige Einmischung. Er trifft seine Aussage anlässlich der Diskussion um die Einführung der sog. verminderten Zurechnungsfähigkeit in das Strafgesetzbuch. Er behauptet, die hervorragendsten Psychiater seien Gegner einer jeden Bestrafung der vermindert Zurechnungsfähigen. (S.56) Und er schreibt weiter, sie seien im ganzen überhaupt keine Freunde des Strafrechts. (S.53) Dies schon spricht ihm gegen die Anerkennung einer Gruppe der vermindert Zurechnungsfähigen. „Die Entscheidung darüber, ob der vermindert Zurechnungsfähige überhaupt gestraft werden soll, wird in der Hand von Männern liegen, die eine Abneigung gegen das Strafrecht im allgemeinen haben und speziell jede Bestrafung von vermindert Zurechnungsfähigen aus Gründen ihrer Wissenschaft missbilligen....Die Mediziner werden also, wenn wir die besondere Bestimmung über verminderte Zurechnungsfähigkeit in unser Strafgesetzbuch aufnehmen, erreichen, dass sie über kurz oder lang das strafrechtliche Schicksal eines jeden Menschen in die Hand bekommen...Damit hat die letzte Stunde des Strafrechts geschlagen; die Psychiater, die Feinde des Strafrechts haben dann die Bresche gefunden, durch welche sie in die belagerte Festung eindringen und sie zerstören können."(S.61ff) v. Birkmeyer, Was lässt v. Liszt vom Strafrecht übrig? 1907.
BINDING schreibt über die Bestrebungen der modernen Schule, die er wegen der Erfahrungen der Vergangenheit als überholt betrachtet, folgenden Rundumschlag, in dem er neben den Bestrebungen in Deutschland vor allem nach Italien zu blicken scheint. „Beeinflusst von ausländischen Dilettanten im Verein mit inländischen, wurde gerade auch von ihnen die alte Weise wieder aufgenommen. Nicht aus dem Recht, sondern aus den Naturwissenschaften, besonders der Anthropologie, ferner aus der sogenannten Soziologie sollte die Strafe abgeleitet werden – und auf die Strafe des Rechts und der Geschichte begann eine wilde Jagd mit dem Ziel, von ihr nicht mehr übrig zu lassen, als ihren Namen zur falschen Etikettierung der Polizeimaßregel, die an ihre Stelle treten sollte. Ärger ist das Strafproblem nie misshandelt worden, als gerade in den letzten Jahrzehnten des 19. und den ersten des 20. Jahrhunderts." Binding, Das Problem der Strafe in der heutigen Wissenschaft, 1915, S.65 – 66. Inwieweit V. BIRKMEYER und BINDING mit ihren Angriffen recht behalten, erschließt sich im 2. und 3. Teil.

die auf der Willensfreiheit beruhende und danach abgestufte Zurechnungsfähigkeit."[47]

Noch deutlicher wird V. BIRKMEYER: „Wollen wir aber mit der Strafe vergelten, so müssen wir das Strafrecht auf die Annahme der Willensfreiheit gründen. Es kann keine gerechte Vergeltung geben ohne Schuld und es gibt keine Schuld ohne Willensfreiheit. Wenn der Mensch das Böse, was er will, wollen muss, wenn er nicht anders kann als verbrecherisch wollen und handeln, dann kann von Schuld und damit auch von Vergeltung keine Rede sein." Und den Inhalt des Vergeltungsstrafrechts fasst er wie folgt zusammen: „ einmal: keine Strafe ohne Schuld; sodann: Wo genügend Schuld vorliegt, da muss auch gestraft werden; und endlich: Die Strafe muss der Schuld proportional sein."[48]

Klarzustellen ist dabei, dass V. BIRKMEYER keine objektive Proportionalität meint, d.h. die Folgerung die Strafe müsse nur zu der objektiven Schwere der Tat proportional sein. „Es ist nicht richtig, dass wir Vertreter der klassischen Schule für die Strafe nur die Tat und ihren Erfolg wollen maßgeblich sein lassen, wie V. LISZT uns imputiert. Die Vergeltungsstrafe richtet sich gegen den bösen Willen des Verbrechers, wie er sich in der Tat verkörpert hat. Wir wollen den Verbrecher strafen nicht wie V. LISZT für das, was er ist; wir wollen ihn aber auch nicht strafen, für das, was er getan hat; sondern wir wollen ihn strafen für das, was er getan und gewollt hat."[49]
Trotz mancher Begründungsunterschiede im Detail,[50] lassen sich die Strafrechtsgrundlagen der Klassischen Schule in eine absolute Begründung der Strafe, als eine der Schuld proportionale Vergeltung, sowie der Verknüpfung der Frage der Willens-

[47]Carrara, Dottrina fondamentale, 1868, p.239.
[48]Birkmeyer, Schutzstrafe und Vergeltungsstrafe, Gerichtssaal, 1906, S.404.
[49]Und weiter stellt auch BIRKMEYER fest: „Der Verbrecher ist, wenn er anders geistig gesund ist, ein Mensch wie alle anderen Menschen, von der selben physischen und psychischen Beschaffenheit...Und wir werden daher annehmen müssen, dass jeder der ein Verbrechen begangen hat, auch den Weg des Verbrechens wieder Verlassen und auf die Bahn des Rechts zurückkehren kann. Gibt es aber keine verbrecherische Eigenart, so ist jeder Versuch, die Verbrecher nach ihrer Eigenart einzuteilen verfehlt." Birkmeyer, Schutzstrafe und Vergeltungsstrafe, Der Gerichtssaal, 1906, S.406, 413.
[50]PESSINA erblickt die Grundlage des Strafrechts in einer rechtlich begründeten Sühne, vgl. Pessina, Dello svolgimento storico, Discorsi vari, 1890, p.95. BINDING schreibt hierzu: „An den freien Willen müssen sich die Verbote der Tötung, des Diebstahls, des Ehebruchs wenden; denn nur durch diesen Willen sind sie realisierbar." Und über die Definition der Strafe: „So lässt sich die Strafe definieren als das gegen den Delinquenten geltend gemachte Recht auf Befolgung der staatliche Normen behelfs notwendiger Bewährung der Autorität des jeweiligen Gesetzes. Gegenüber dem Verbrecher rechtfertigt sie sich lediglich durch dessen Tat: weil er das Recht missachtet hat, empfindet er dessen Macht am eigenen Leibe, und diese Macht kann ihn nur dadurch bewiesen werden, dass dasselbe Recht, welches ihn mit Gütern ausstattet und ihn in deren Besitz schützt, ihn nun dieser Güter und des ihnen gewährten Schutzes entkleidet....Man würde mich völlig missverstehen, wenn man als meine Ansicht ausgäbe, die nötige Abschreckung wandle das Strafecht in eine Strafpflicht. Die Strafe soll nicht abschrecken und kann es nicht: denn die meisten Verbrechen werden in der Hoffnung der Heimlichkeit, also der Straflosigkeit begangen." Binding, Das Problem der Strafe, 1915, S.81, 84.

freiheit mit der Schuldfrage und damit der Frage der Straffähigkeit, zusammenfassen. Dabei wird mit den Straftatbeständen ein begriffslogisches System aufgebaut.[51]

d. Die Kritik der modernen Schule

Die Kritik an der schuldproportionalen Vergeltungstheorie und der Willensfreiheit ist die Ausgangssituation für die Reformbestrebungen der modernen Schule. Sie geht vor allem dahin, dass ein vergeltungs- und schuldorientiertes Tatstrafrecht und dessen praktische Konsequenzen dem Präventionsgedanken, als der von ihnen dargelegten eigentliche Aufgabe der Strafe, widerspreche. Ein rein am Vergeltungsgedanken orientiertes Strafrecht, dass auf die in der Vergangenheit liegende Straftat blickt, habe keine Impulse für eine individuelle Täterbehandlung. Außerdem sei „gerechte Vergeltung“ unmöglich. Nicht nach der Tat, sondern nach dem Täter müsse sich die Strafe bemessen.

2. Die moderne Strafrechtsschule

a. Die Spezialprävention

Wie bereits angeklungen steht die spezialpräventive Theorie im diametralen Unterschied zur Vergeltungstheorie, denn die Strafe muss einem Zweck dienen und dieser besteht darin, den individuellen Täter von künftigen Straftaten abzuhalten um (d.h. zu dem Zweck) die Gesellschaft zu sichern.

Für die einzelnen Aspekte der Spezialprävention kann man V. LISZT, den Begründer der modernen Schule in Deutschland,[52] herausgreifen. Er stellt im Marburger Programm die einzelnen spezialpräventiven Zwecke der Strafe vor. Diese sind die Sicherung der Gesellschaft durch Einsperren des Verbrechers, die Abschreckung des Verbrechers vor der Begehung weiterer Straftaten und die Vorbeugung der Rückfälligkeit durch Besserung.

Während, wie noch eingehend aufgezeigt wird, für V. LISZT der Zweck der Gesellschaftssicherung durch das Strafrecht darin besteht, diese vor weiteren Straftaten durch den Verbrecher zu schützen, wird von anderen, insbesondere von seinem Schüler HANS V. HENTIG der übergeordnete Zweck des Strafrechts als Mittel der sozialen Auslese betont.[53] „Mit der Einreihung aller strafrechtlichen Maßnahmen unter den

---

[51]Vgl. auch Tessitore, Fascismo e pena di morte, 2000, p.88.
[52]Vgl. schon oben Teil 1 B I 1.
[53]HANS V. HENTIG überträgt DARWINS Theorie der natürlichen Auslese in das Gebiet des Strafrechts. „Die Rechtswissenschaft ist eine Zweckwissenschaft, d.h. sie ist angewandte Kausalitätserkenntnis, künstliches Setzen von Ursachen, genannt Wirkungen... Fragen wir, welches ist letzten Endes der Zweck des Rechts, besonders

obersten Gesichtspunkt der sozialen Auslese werden die alten Zwecksetzungen der Besserung, der Abschreckung, der Sicherung und der Heilung nicht überflüssig. Wir werden nur zu zeigen haben, wie sich diese Unterziele dem Selektionsgedanken einordnen."[54] Die Gesellschaft soll durch die Hinderung oder Ausschaltung bestimmter Individuen aus der Fortpflanzung geschützt werden, eine Zielsetzung, bei der das Strafrecht eines der Mittel zur Verwirklichung werden soll.[55]

b. Weitere berühmte Vertreter

Neben v. LISZT treten in Italien vor allem FERRI und GAROFALO als Vertreter der „Scuola Positiva" im Strafrecht und Verfechter des Präventionsgedankens hervor. Daneben sind auf italienischer Seite EUGENIO FLORIAN und FILIPPO GRISPIGNI, ein Schüler FERRIS, und auf deutscher Seite gerade v. LISZTS Schüler ROBERT v. HIPPEL, MORITZ LIEBMANN und GUSTAV RADBRUCH zu nennen. Diese gehen jedoch über einen rein spezialpräventiven Ansatz hinaus.[56]

c. Weitere Grundlagen der positiven Schule

So wie die positive Schule die täterbezogene Zweckdienlichkeit des Rechts betont, so verwahrt sie sich gegen jede Form schuldproportionaler Reaktion auf die Tat. Nicht die Tat, sondern der Täter müsse bestraft werden. Entscheidend wird dann dessen Gefährlichkeit für die Gesellschaft. Vor allem die Scuola Positiva signalisiert, dass sie dazu der induktiven Methode folgen wolle, das Strafrecht sei positiv zu begründen.[57]

---

des Strafrechts, so möchte ich dafür die Antwort in Vorschlag bringen: alles Recht dient der Selektion." Dabei widersprächen die Zwecke der Besserung und Abschreckung nur vermeintlich der „selektiven Funktion". Menschen die gebessert sind oder sich von der Tatbegehung abschrecken lassen, „haben damit gezeigt, dass sie vielleicht keine sozialen Idealtypen, sicherlich aber doch im Stande sind, nach erfolgter körperlicher oder psychischer Korrektur sich in die Bedingungen des menschlichen Gemeinschaftslebens einzufügen." Und nebenbei stellt er fest, von der Todesstrafe müsse man noch gar nicht reden. v. Hentig, Zur selektiven Funktion des Strafrechts, ZStW, 1913, S.493 – 495. Auf v. HENTIGS Auffassung, welche Rolle der Todesstrafe aber auch der Sterilisation in der Frage der sozialen Auslese zukommt, wird noch eingegangen. Vgl. dazu unten Teil 1 E II 2.

[54] V. Hentig, Die Strafe, 1932, S.169.

[55] V. HENTIG schreibt dabei anlässlich einer Auseinandersetzung zur Frage der verminderten Zurechnungsfähigkeit und verminderten Schuld, wenn mit ihr auch geringere Strafe einhergehen soll: „Die gemindert Zurechnungsfähigen können sich ungehindert fortpflanzen, sie können wegen der Kürze der Strafe nicht einmal pädagogisch genügend nachhaltig beeinflusst werden..." v. Hentig, Die Strafe, 1932, S.188. Dass sich v. HENTIG mit der seinen Ansichten zugrundeliegenden These von der Erblichkeit des Verbrechens auf eine von medizinisch – psychiatrischer Seite stammende, wenn auch häufig in sich widersprüchliche Tradition stützen kann, wird sich im 3. Teil zeigen. Als Strafe hingegen lehnt v. HENTIG die Sterilisation ab, vgl. v. Hentig, Sterilisation als Strafmittel, MschrKrim 21, 1930, S.553 – 554. Auch wenn er bereits sehr früh (1913 bzw. 1914) den Auslesegedanken zum entscheidenden Strafzweck erklärt, darf darauf hingewiesen werden, dass er sich von Anfang an gegen die nationalsozialistischen Einflüsse auf die Kriminologie und die Rechtswissenschaft wendet. Weiterführend zu v. HENTIG mit dem Ziel „einer gewissen Ehrenrettung" für die „Zunft der juristischen Kriminologie" im Dritten Reich bei: Streng, Beitrag der Kriminologie im „Dritten Reich", MschrKrim, 1993, S.166.

[56] Vgl. dazu unten Teil 1 B II

[57] Vgl. dazu auch: Tessitore, Fascismo e pena di morte, 2000, p.88.

FERRI sagt dazu: „...um Regelungen zu formulieren, welche die Verbrechen, die Strafen und die Verbrecher betreffen, ist es erst notwendig...die Verbrecher und die Gefängnisse zu studieren, um den Theorien Fakten vorauszuschicken."[58] Darüber hinaus lehnen die modernen Schulen die Freiheit des menschlichen Willens ab und bekennt sich zum Determinismus.
Welche Konsequenzen aus diesen Ansichten für das Strafrecht folgen, wird noch dargestellt. Vorangestellt sei jedoch, dass letztlich in der Abschaffung des Strafmasses eine Möglichkeit erblickt wird, die individuelle Täterbehandlung zu gewährleisten. Auch „Tätertypologien" [59] werden entwickelt.

d. Die Kritik der klassischen Schule

Die Klassiker erblickten in der modernen Schule die „Auflösung des Strafrechts". Dies kommt exemplarisch in der Auseinandersetzung V. BIRKMEYERS mit den Forderungen V. LISZTS zum Ausdruck.[60] Hauptkritikpunkt der Vertreter der Vergeltungstheorie an einem rein spezialpräventiven Ansatz ist der Vorwurf, es fehle an einem Maßprinzip wie der Größe der Schuld, eine Verbrechereinteilung helfe hier auch nicht

---

[58] Ferri, Polemica in difesa della scuola criminale positiva, 1886, p.173. Die moderne Schule ist sich einig, dass die kriminalpolitischen Forderungen für das „neue Strafrecht" letztlich auf den Ergebnissen der Erforschung des Verbrechers und des Verbrechens basieren sollen und damit entsteht ein erhöhtes Bedürfnis nach kriminologischer Forschung und Förderung derselben.

[59] In Hinblick auf den 2. und 3. Teil sei hier eine kurze Begriffsklärung vorangestellt. In der Literatur werden die Begriffe der Verbrechereinteilung, -klassifizierung und -typisierung austauschbar verwendet. Alle Begriffe dienen der Systematisierung, Gruppierung und Einteilung von Verbrechern. Die Klassifikation ist dabei die „logisch stringente (definitorische) Einteilung von Erscheinungsformen in Klassen oder Gruppen (evtl. mit Untergruppen)" In der Typologie „sollen Personen, Taten oder Objekte mit vergleichbaren körperlichen, psychischen oder sozialen Merkmalausprägungen zusammengefasst werden." Schöch beschreibt die Klassifizierung weiter dahin, dass sie auf höherem Abstraktionsniveau sämtliche Einheiten des Forschungsgegenstandes einteile. Die Typologie hingegen bewegt sich demgegenüber zwischen Individualität und Verallgemeinerung, sie ist meist mehrdimensional angelegt weist fließende Übergänge auf und führt u.U. zu Restgruppen oder Mehrfachzuordnungen. Schöch, Klassifikation und Typologie, kriminologisches Wörterbuch, 1993, S.214. Während begriffliches oder klassifizierendes Denken definiert, soll die Typologisierung zuordnen. Es wird sich zeigen, dass nahezu alle Verbrechereinteilungen nicht den Anspruch erheben, dass für alle Verbrecher eine exakte Zuordnung möglich ist, aber dennoch eine Einteilung in Hinblick auf die strafrechtliche Verwertbarkeit ihrer Ergebnisse für notwendig halten. Auf der anderen Seite sind die historischen Einteilungen nicht empirisch fundiert. Göppinger (Bock/Böhm) schreibt in Anspielung auf historische Verbrechereinteilungen: „Viele der sogenannten Verbrechertypologien stellten sich bei näherer Betrachtung doch als rein begriffliche Klassifizierungen dar, die für eine Anwendung auf den Einzelfall nicht in Betracht kamen, weil ihr erfahrungswissenschaftlicher Gehalt unklar blieb." Göppinger, Kriminologie, 1997, S.189 – 190. Im folgenden wird es sich immer um Beschreibungen handeln, den Anspruch, eine aus der Erfahrung heraus gewonnene kriminologische Typologie darzustellen, kann keine der Einteilungen beanspruchen. Zudem kann von Mehrdimensionalität keine Rede sein, da zumeist nur das jeweilige Wissen des Forschungsgebietes, zumeist aus der Psychiatrie oder Anthropologie verwendet wird. Jedoch wird man von den Versuchen einer Typologie sprechen dürfen. Vgl. zum Ganzen auch Göppinger, Kriminologie, 1980, S.437 – 440, insb. mit einzelnen Bewertungen zu LOMBROSO, FERRI, ASCHAFFENBURG, GRUHLE und V. LISZT.

[60] V. Birkmeyer, Was lässt v. Liszt vom Strafrecht übrig? 1907 und in gekürzter aber prägnanterer Form: V. Birkmeyer, Schutzstrafe und Vergeltungsstrafe, Gerichtssaal, 1906, S.400 – 423.

weiter.[61] Außerdem sei im Unterschied zu dem in die Vergangenheit blickenden Vergeltungsgedanken bei konsequenter Verfolgung des spezialpräventiven Ansatzes denkbar, auf einen kriminalitätsgefährdeten Menschen zu reagieren, ohne dass eine konkrete Straftat vorausgegangen ist.[62] Dieser Gedanke sei aus Gerechtigkeitsgründen genauso untragbar wie die Straflosigkeit nicht Besserungsbedürftiger, die eine konsequente Verfolgung der Schutztheorie mit sich bringe.[63] Und gegen das unbestimmte Strafurteil wird eingewandt, dass es wohl nie gelingen wird, die rechte Form zu finden, um die bürgerliche Freiheit vor der Willkür der Verwaltung zu schützen.[64] Außerdem verstoße ein Besserungsbestreben gegenüber dem Rechtsbrecher, das wider seinen Willen erfolgt, gegen dessen Rechte.

Inwiefern diese Kritik auch tatsächlich die konkreten Forderungen der modernen Schulen trifft, wird bei FERRI und V. LISZT näher betrachtet.

e. Die Generalprävention und ihre Vertreter

Ergänzend ist auch der generalpräventive Ansatz hinzuzufügen. Im Schulenstreit nimmt er jedoch keine eigenständige, unabhängige Stellung ein. Während V. LISZT seine Strafrechtstheorie allein auf den Gedanken der Spezialprävention zu gründen sucht, im übrigen spricht er von „Reflexwirkungen", wird von FERRI und in besonderem Maße von GAROFALO auch die generalpräventive Zwecksetzung zur Aufgabe des Strafrechts erklärt. Will man jedoch einen berühmten Vertreter eines rein auf den Ge-

---

[61] V. Birkmeyer stellt fest, eine Verbrechereinteilung könne für eine Begrenzung nicht dienen. Außerdem könne die moderne Richtung gemeingefährliche Geisteskranke und gemeingefährliche Verbrecher, die Bewahrung der ersteren und die Unschädlichmachung der letzteren begrifflich nicht mehr trennen, für V. BIRKMEYER „eine unerträgliche praktische Konsequenz." Birkmeyer, Schutzstrafe und Vergeltungsstrafe, Der Gerichtssaal, 1906, S.414. Zu welchen Konsequenzen Tätertypologisierungen später im Strafrechtssystem des Dritten Reiches führen, ist bekannt. Sie ermöglichen bereits bei geringen Vergehen drastische Sanktionen auszusprechen, sobald der Täter als zum Tätertypus z.B. als „Volksschädling" zugehörig identifiziert wird. Vgl. auch Streng, Kriminologie und Unrecht im Dritten Reich, S.155 – 158.

[62] BIRKMEYER macht hier auf die Konsequenz aufmerksam, dass letztlich das ganze Strafrecht durch den Satz ersetzt werden könne „Der antisozial gesinnte und daher gemeingefährliche Mensch muss unschädlich gemacht werden" und genügend müsse sein, dass sich die antisoziale Gesinnung irgendwie dokumentiere. Birkmeyer, Schutzstrafe und Vergeltungsstrafe, Der Gerichtssaal, 1906, S.414. Und BELING stellt fest, warum man denn überhaupt die Tat abwarten solle, wenn das Interesse anderes erheischt. Wozu sich an die angedrohten Übel halten, wenn sie in concreto dem Präventionszweck nicht entsprechen. Außerdem richte sich die Prävention nach der Größe der Gefährlichkeit, nicht nach der Schuld, deshalb auch Prävention ohne Schuld. Beling, Die Vergeltungsidee, 1908, S.105.

[63] V. Birkmeyer, Schutzstrafe und Vergeltungsstrafe, Der Gerichtssaal, 1906, S.406, vgl. auch Roxin, Strafrecht AT, 1997, S.48. Anders fordert hingegen V. LISZT die „Abschreckung der nicht besserungsbedürftigen Verbrecher" v. Liszt, Marburger Programm, 1882, S.36.

[64] BINDING schreibt hierzu: „Nach weitaus den meisten relativen Theorien findet eine tiefe Herabwürdigung des verurteilten Schuldlosen statt, die in dem Vorschlag der unbestimmten Verurteilung eine geradezu unheimliche Missachtung seiner Rechtspersönlichkeit erreicht." Binding, Das Problem der Strafe, Strafrechtliche Abhandlungen, 1915, S.69 – 70. Vgl. auch Birkmeyer, Schutzstrafe und Vergeltungsstrafe, Gerichtssaal, 1906, S.414.

danken der negativen Generalprävention gegründeten Strafrechts nennen, so ist es ANSELM VON FEUERBACH (1775-1833).[65]

Die generalpräventive Theorie sieht den Zweck der Strafe in der Beeinflussung der Allgemeinheit. Die negative Ausprägung der Generalprävention liegt dabei in der Abschreckung des kriminalitätsbereiten Menschen, die positive Ausprägung soll die Allgemeinheit durch gerechte Strafgesetze und deren maßvolle und gleichmäßige Anwendung in ihrem Rechtsbewusstsein stärken[66] und zu freiwilligem Rechtsgehorsam erziehen.[67]

f. Kritikansatz und Konsequenzen

Im Gegensatz zur Spezialprävention kann die Generalprävention erklären, warum auch ohne individuelle Rückfallgefahr auf Strafe nicht verzichtet werden soll und setzt sich somit nicht der Kritik der Vertreter der Vergeltungstheorie aus. Außerdem ist eine genaue Tat und Rechtsfolgenbeschreibung wesentliche Voraussetzung für ihre Wirkung, während bei der Spezialprävention an sich schon die Gefährlichkeitsprognose genügt. Ein Maßstab für die Strafdauer fehlt aber auch hier. Der Täter wird um der Allgemeinheit Willen bestraft und läuft Gefahr, dass wegen der Abschreckungswirkung besonders hohe Strafen verhängt werden. Mit der Vergeltungstheorie teilt sie, dass keine Impulse für den Strafvollzug geliefert werden können, da die Täterpersönlichkeit nicht berücksichtigt wird.[68]

3. Zusammenfassung

Damit sind die Möglichkeiten, welche die einzelnen Straftheorien für eine Ausgestaltung des Strafrechts schaffen, im theoretischen Ansatz dargelegt. Wie weit diese Positionen dann auch die Grundlage der von medizinisch – psychiatrischer Seite angestellten Betrachtungen von Verbrechen und Strafe darstellen, wird im 3. Teil dargelegt. Zunächst ist aber klarzustellen, dass die Zuordnungen der Vertreter im Schulenstreit bei näherer Betrachtung ihrer Theorien keinem starren Schema folgen.

---

[65]Die Strafdrohung sollte „Generalprävention durch psychischen Zwang“ bewirken, während der Vollzug der Strafe nur noch zeigen sollte, dass der Staat mit seiner Strafdrohung auch ernst mache. Vgl. zu Feuerbachs Straftheorie, Müller, Der Begriff der Generalprävention im 19. Jahrhundert, 1984.

[66]Roxin unterteilt hier nochmals in einen Vertrauenseffekt in die Tätigkeit der Strafjustiz und einen Befriedigungseffekt (sog. Integrationsprävention). Roxin, Strafrecht AT, 1997, S.50 – 51.

[67]Jescheck/ Weigend„ Strafrecht AT, 1996, S.68.

[68]Roxin, Strafrecht AT, 1997, S.42.

III. Die Einordnungsproblematik im Schulenstreit

Bislang ist die Darstellung davon ausgegangen, dass sich die klassische Schule das Strafrecht allein auf den Vergeltungsgedanken aufbaut, während die moderne Richtung dem Strafrecht einen präventiven Ansatz zugrundelegt. Dabei hat sich schon angedeutet, dass eine klare Betonung allein des spezialpräventiven Ansatzes allenfalls von v. LISZT versucht wird. Zudem ist bislang unangesprochen geblieben, dass sich sowohl in Deutschland als auch in Italien eine „Dritte Schule" oder „Terza Scuola" während des Schulenstreits bildet.

Schon die Grundlagen der Dritten Schule in Deutschland beweisen, dass auch in den Zeiten des Schulenstreits ein vermittelndes Miteinander der verschiedenen Straftheorien nicht für unmöglich gehalten wird.[69] Für diesen vermittelnden Standpunkt und damit für eine sog. Vereinigungstheorie stehen in Deutschland vor allem ADOLF MERKEL[70], MORITZ LIEPMANN[71] und ROBERT V. HIPPEL[72].

Auch in Italien bildet sich eine Terza Scuola[73]. Im Gegensatz zur Dritten Schule in Deutschland, wo zeitgleich zwischen einer klassischen und einer modernen Strafrechtsschule eine dritte Richtung entsteht, entwickelt sich in Italien die Terza Scuola praktisch aus der Scuola Positiva heraus. Den Vertretern dieser Schule gehen die Anlehnungen der Scuola Positiva vor allem an die Kriminalanthropologie und Soziologie[74] zu weit und so betonen sie wieder die Stellung des Strafrechts als führende Wissenschaft, was v. LISZT für die moderne Richtung in Deutschland nie angezweifelt

---

[69]So werden auch heute zumeist vermittelnde Lehren vertreten, die den Präventions- und Vergeltungsansatz einander ergänzend verbinden (Maiwald, Auffassung vom Zweck der Strafe, 1980, S.295) oder jedenfalls das Schuldprinzip als entscheidendes Moment der Vergeltungslehre in ihre Vereinigungstheorie integrieren. In diesem Sinne spricht sich Roxin aus, für den eine Berücksichtigung der Vergeltung im Rahmen einer Vereinigungslehre nicht in Betracht kommt, der aber das Schuldkriterium als Obergrenze für die Strafe gleichsam aus der Vergeltungslehre ausschneidet. Seine Theorie stelle so eine „präventive Vereinigungstheorie" dar. Roxin, Strafrecht AT, 1997, S.54 – 62.

[70]Eine differenzierte Darstellung der Straftheorie MERKELS findet sich bei Frommel, Präventionsmodelle, 1986, vor allem S.45ff, ebenfalls bei Bohnert, Zu Straftheorie und Staatsverständnis im Schulenstreit, 1992 S.25ff, 35 – 38. Eine kürzere Auseinandersetzung gibt: Koriath, Über Vereinigungstheorien, 1995, S.625 – 635

[71]vgl. z.B. LIEBMANN, Strafrechtsreform und Schulenstreit, ZStW, 1908, S.21. Hier schreibt LIEBMANN über die vermeintlich unvereinbaren Standpunkte im Schulenstreit: „Eine Einigung ist nicht bloß möglich, sondern notwendig, sobald man erkennt, dass beides (Vergeltung und Prävention) zu den Aufgaben des Rechts zu rechnen ist."

[72]Vgl. zu V. HIPPELS Straftheorie: Koriath, Über Vereinigungstheorien, 1995, S.628 – 630, im Zusammenhang dargestellt bei Frommel, Präventionsmodelle in der Deutschen Strafzweck – Diskussion, 1986

[73]Vgl. zur „Terza Scuola" auch Ranieri, v. Liszt und die positive Strafrechtsschule in Italien, ZStW, 1969, S.718 – 719.

[74]Wie bereits dargelegt, verschwimmen in Italien die Konturen zwischen Kriminalanthropologie, Kriminalsoziologie und Strafrechtswissenschaft. Erst die sog. „Terza scuola" betont in der Folge wieder die Selbstständigkeit der Strafrechtswissenschaft gegenüber der Kriminalanthropologie und Kriminalsoziologie, eine Entwicklung die aber von FLORIAN und GRISPINI aber auch von FERRI, der gerade gegen Ende seines Lebens nochmals mit hervorragenden juristischen Arbeiten hervortritt, vgl. Dazu unten Teil 1 C II, schon vorbereitet und begleitet wird.

hat.[75] Als berühmte Vertreter kann man hier ALIMENA, CARNEVALE, VACCARO UND LONGHI nennen.

Im Ergebnis zeigt sich, dass Kombinationen der Strafzwecke schon in den Zeiten des Schulenstreits vertreten werden. Genauso zeichnet aber auch die soeben dargestellte Zuordnung des Gesamtwerks der verschiedenen Vertreter der klassischen und modernen Richtung zu den verschiedenen Strafbegründungen ein zu starres Bild. Dass eine entsprechend eindeutige Zuordnung nicht möglich sei, wurde schon mehrfach betont. So könne man die Vertreter der modernen Schule nicht auf einen rein spezialpräventiven Ansatz reduzieren,[76] während in der klassischen Schule überwiegend Präventionsmodelle vertreten worden seien.[77] Dieser gesamten Einordnungsproblematik will und muss sich die vorliegende Arbeit aber nicht stellen.[78]

Es genügt an dieser Stelle festzuhalten, dass sich Ende des 19. Jahrhunderts unter dem Namen der modernen bzw. positiven Schule eine Gruppe von Rechtswissenschaftlern hervorhebt, die sich, jedenfalls in der Ablehnung einer rein absoluten Theorie als Grundlage der Strafe, einig sind. Die vorliegende Arbeit wird dann im 2. Teil die zwei berühmten Vertreter der modernen Richtung FRANZ V. LISZT und ENRICO FERRI herauszugreifen, um anhand ihres Werkes einen Einblick in die behandelten Fragestellungen und Lösungsvorschläge um Verbrechen und Strafe zu geben. Zunächst soll jedoch das historische Umfeld weiter nachgezeichnet werden.

---

[75] V. LISZTS „soziologische" Schule hingegen zweifelt bei aller Hinwendung zur Verbrechenserforschung nie an der Vorrangstellung des Strafrecht als der maßgeblichen Wissenschaft. Eingehend bei V. LISZT im 2. Teil.

[76] Dass FERRI der Strafe auch eine generalpräventive Zwecksetzung zudenkt, wird sich im 2. Teil zeigen. GAROFALO setzt sogar überwiegend auf die generalpräventive und spezialpräventive Abschreckung der Strafe. Ihr sei die ausschlaggebende gesellschaftsschützende Wirkung zuzumessen. Später befürwortet er dann auch, insoweit konsequent, den durch Strafschärfung geprägten Codice Penale 1929. Garofalo, Nuovo Codice Penale, La Palestra, 1927, p.7 – 8.

[77] Frommel spricht hier von „Verdeckt – relativen Theorien im absoluten Gewand" und kommt zu dem Schluss: „Der Vergeltungsbegriff der sogenannten klassischen Schule (insb. BINDING und BELING) lässt sich nicht in das Schema absoluter und relativer Theorien einordnen. Der Sache nach vertraten auch V. Liszts Gegner Präventionsmodelle. Man kann sie als verdeckt – relative Theorien zusammenfassen, da ihr „Zweck" der Strafe nur indirekt, etwa mit der Notwendigkeit der Bewährung der Rechtsordnung umschrieben wurde. Allein BIRKMEYERS Theorie könne als „Renaissance des naturrechtlichen Vergeltungsbegriffs" gedeutet werden. Frommel, Präventionsmodelle, 1986, S.104 – 114. Vgl. zu BINDINGS und BELINGS Straftheorie auch: Bohnert, Zu Straftheorie und Staatsverständnis im Schulenstreit, 1992, S.72 – 103.

[78] Vgl. zur Frage der Einordnung der Vertreter des Schulenstreits allen voran: Frommel, Präventionsmodelle, Berlin, 1986.

C. Die Strafrechtsreform

Parallel zu dieser wissenschaftlichen Diskussion um die Grundlagen des Strafrechts gewinnt die Auseinandersetzung unter den Strafrechtswissenschaftlern (der „Schulenstreit") auch eine praktische Dimension. So treten neben die wissenschaftliche Auseinandersetzung konkrete kriminalpolitische Forderungen nach einer Reform des deutschen und italienischen Strafgesetzbuches, denn diese werden in der Kriminalitätsbekämpfung als unzulänglich empfunden. Die modernen Schulen fordern, wie dargelegt, die täterbezogene Zweckdienlichkeit des Rechts und damit insbesondere die verstärkte Berücksichtigung der Täterpersönlichkeit und eine vielseitigere Gestaltung und individuelle Anpassung der Strafen an den Täter.[79] Gleichermaßen sind aber auch die Vertreter der klassischen Schulen mit dem geltenden Recht unzufrieden, wenn auch ihr Reformprogramm im Grundsatz an die klassischen Grundlagen des Rechts angelehnt bleibt.

Diese Bestrebungen, die von politischer Seite mitgetragen werden, führen in Italien wie in Deutschland gleichermaßen zu zahlreichen Gesetzentwürfen, die sich durch mehr oder weniger weitreichende Kompromisslösungen auszeichnen. Die Eckpunkte der Reform sind insbesondere die Behandlung von Rückfalltätern, die bessere Anpassung der Freiheitsstrafe an den Täter (bedingte Verurteilung, Entlassung zur Bewährung, Abschaffung der kurzen Freiheitsstrafen) und Regelungen zur Frage der verminderten Zurechnungsfähigkeit. Die Grundzüge der Deutschen und Italienischen Strafrechtsreform stellen sich dabei wie folgt dar:

I. Die Reformbestrebungen in Deutschland

In Deutschland gilt seit 1871 das am 15. Mai 1871 in Kraft getretene Gesetzbuch für das Deutsche Reich. Dem Ziel, dieses Strafgesetzbuch grundlegend zu reformieren, widmen sich die Vertreter der modernen wie der klassischen Richtung nun gleichermaßen, denn jedenfalls in der Feststellung, das Strafgesetzbuch sei in seiner bisherigen Form nicht haltbar, besteht Einigkeit.[80] WILHELM KAHL formuliert in diesem Zusammenhang, das Reichsstrafgesetzbuch sei bereits unter dem Zeichen der Reformbedürftigkeit ins Leben getreten.[81]

---

[79] Vgl. dazu insbesondere die Forderungen der IKV unten Teil 1 D II. Es sollen die kriminalpolitischen Forderungen für das „neue Strafrecht" letztlich auf den Ergebnissen der Erforschung des Verbrechers und des Verbrechens basieren. Damit entsteht ein erhöhtes Bedürfnis nach kriminologischer Forschung und Förderung derselben.

[80] Spätestens seit der Jahrhundertwende ist die Reformbedürftigkeit des Strafrechts allgemeine Auffassung.

[81] Kahl, Über die Notwendigkeit einer Strafrechtsreform, in: Max Alsberg, S.98.

Inhaltlich ist die Grundtendenz der Reform in Deutschland wieder von der Zweckfrage dominiert. Da das Deutsche Strafgesetzbuch straftheoretisch eine in den Dienst der Generalprävention gestellte Vergeltungstheorie widerspiegelt, versuchen die Vertreter der modernen Schule, den Spezialpräventionsgedanken als Basis für das reformierte („neue“) Strafrecht durchzusetzen, von dem sie sich eine positive Beeinflussung der Kriminalitätsentwicklung erhoffen.[82]

Die Vertreter der klassischen Schule verteidigen hingegen die Vergeltungstheorie und die Schuldproportionalität der Strafe und weisen auf die Gefahren der Reformforderungen der modernen Strafrechtsschule hin, denen insbesondere in der Reihe „Kritische Beiträge zur Strafrechtsreform“[83] Ausdruck verliehen wird.

Da aber beiden Positionen bewusst ist, dass „der Schulenstreit“ dem schnellen Vorantreiben der Reformbestrebungen nicht zuträglich sein kann, beginnt Anfang des 20. Jahrhunderts eine Zusammenarbeit ungeachtet dieser theoretischen Grundlagenkontroverse.[84] Im Rahmen dieses Miteinanders wird auf Initiative des Reichsjustizsamtes eine Kommission gebildet, die als Grundlage der Reform eine rechtsvergleichende Darstellung aller in Betracht kommenden strafrechtlichen Materialien geben soll, die dann 1909 als „Vergleichende Darstellung des Deutschen und Ausländischen Strafrechts“ in 16 Bänden vorgelegt wird. Der Kommission gehören neben den Vertretern der klassischen Schule V. BIRKMEYER, V. KAHL und WACH, drei Vertreter der modernen SCHULE V. LISZT, V. LILIENTHAL, V. HIPPEL und zwei Vertreter der vermittelnden Richtung, VAN CALKER und FRANK an. Ca. 50 weitere Fachleute, insbesondere Hochschulprofessoren unterstützen die Kommission. BINDING hingegen verweigert seine Mitarbeit.

Die Reformbestrebungen der Folgezeit werden von zahlreichen Gesetzesentwürfen[85] begleitet. Hinzu treten Bestrebungen zur Reform des Strafprozessrechtes und des Strafvollzuges.[86] Noch im Jahr 1909 erscheint der von einer Praktikerkommission

---

[82]Vgl. auch Schmidt, Einführung in die Geschichte der Deutschen Strafrechtspflege, 1965, S.343 – 345.

[83]Die von V. BIRKMEYER und NAGLER herausgegebenen kritischen Beiträge zur Strafrechtsreform (1908 – 1914) enthalten in insgesamt 16 Heften Darstellungen von verschiedenen Strafrechtlern, die sich umfassend gegen die Bestrebungen der modernen Schule wenden.

[84]Bahnbrechend war in Deutschland für die Reformbestrebungen, dass im Jahre 1902 WILHELM KAHL, als Vertreter der sog. klassischen Schule, und V. LISZT, als Vertreter der modernen Schule, in der Deutschen Juristenzeitung für die Notwendigkeit einer praktischen Zusammenarbeit unbeschadet theoretischer Meinungsverschiedenheiten eintraten. KAHL spricht sich in der DJZ dafür aus, dass bei der Revision des Strafrechts der Schulenstreit insoweit zurückstehen müsse, als dies für die praktischen Aufgaben der Gesetzgebung unerlässlich ist. Kahl, Vorfrage zur Revision des Strafgesetzbuches, DJZ, 1902, S.301. V. LISZT unterstützt dies und bekundet als Anmerkung zu V. KAHLS Ausführungen seine Zustimmung und signalisiert damit, dass der Schulenstreit der Strafrechtsreform nicht im Wege stehen dürfe. DJZ 1902, S.303.

[85]Zu den einzelnen Entwürfen vgl. Schmidt, Geschichte der Deutschen Strafrechtspflege, 1965, S.394 – 413.

[86]Weiterführend zur Strafprozessreform und zur Gefängnisreform: Schmidt, Geschichte der Strafrechtspflege, 1965, S.413 – 424.

geschaffene „Vorentwurf zu einem Strafgesetzbuch“. Sein Inhalt zeigt, dass die Forderungen der modernen Schule nicht ignoriert werden. Zwar hält er an der Vergeltungsstrafe fest, jedoch in Form einer Vereinigung mit den übrigen Strafzwecken.[87] Insbesondere wird das Strafensystem[88] durch eine Reihe sichernder und bessernder Maßnahmen ergänzt, wie die Verwahrung zwecks Sicherung oder Besserung für den gemeingefährlich Geisteskranken oder vermindert zurechnungsfähigen Verbrecher. Darüber hinaus kann herausgreifend genannt werden: die Einführung einer erhöhten „Sicherungsstrafe“ für gewerbs- oder gewohnheitsmäßige Rückfalltäter, aber auch die Heraufsetzung der Strafmündigkeit vom 12. auf das 14. Lebensjahr, die Betonung des Erziehungsgedankens bei Jugendlichen und die Erweiterung der Ermessensfreiheit des Richters bei der Strafzumessung. Dies soll der besseren Berücksichtigung der Täterpersönlichkeit Rechnung tragen.

Von besonderem Interesse, gerade auch unter medizinisch – psychiatrischen Gesichtspunkten, ist hier die Aufnahme der sogenannten verminderten Zurechnungsfähigkeit in den Vorentwurf und deren Verknüpfung mit Maßregeln der Sicherung und Besserung. Die verminderte Zurechnungsfähigkeit soll einen Zustand des Rechtsbrechers zwischen Zurechnungsfähigkeit und Unzurechnungsfähigkeit berücksichtigen. Der Frage der Aufnahme[89] und Behandlung[90] dieser Gruppe wird dabei von medizinisch - psychiatrischer Seite, die gesamten Reformbestrebungen begleitend, ein hohes Maß an Aufmerksamkeit geschenkt[91]. Wenn für die sog. vermindert Zurechnungsfä-

[87]Der Entwurf verweist ausdrücklich in seiner Begründung darauf, dass er keiner Theorie im Schulenstreit folge, sondern alle Strafzwecke zu berücksichtigen sind. V. Hippel, Schulenstreit und Strafzwecke, ZStW, 1910, S.872

[88]Die dogmatischen Bestimmungen im Bereich der allgemeinen Lehren hingegen gelten als wenig geglückt. Schmidt, Einführung in die Geschichte der Deutschen Strafrechtspflege, 1965, S.396.

[89]So hofft z.B. WILMANNS, der später unter dem Hinweis auf die Gefahr von Willkür sich als entschiedener Gegner der Einführung entwickelt, dass in der Frage des Wesens und der Verbreitung der verminderten Zurechnungsfähigkeit zunächst noch „psychiatrisch gründlich verarbeitetes Material gesammelt werde.“ Wilmanns, Verminderte Zurechnungsfähigkeit im Vorentwurfe, MschrKrim, 1911/1912, S.142. Der ganzen Debatte liegt dabei eine sehr unterschiedliche Auslegung des Begriffs der verminderten Zurechnungsfähigkeit, sowohl zwischen Juristen und Medizinern, aber vor allem unter den Medizinern selbst, zugrunde. Vgl. zur Debatte um die verminderte Zurechnungsfähigkeit auch die Ausführrungen im 2. und 3. Teil aber auch Kammeier, Maßregelrecht, 1996, S.63.

[90]Uneinigkeit besteht auch hinsichtlich der Behandlung der Gruppe der sog. Vermindert Zurechnungsfähigen, ob als Folge fakultative oder obligatorische Strafmilderung eintreten soll. So sprechen sich der Entwurf 1919 und 1923 für eine obligatorische Strafmilderung aus, während der Entwurf 1927 eine fakultative Strafmilderung vorsieht.

[91]Es wird sich noch zeigen, dass von Seiten der Medizin, gerade der Psychiatrie, häufig die Forderung auftaucht, die Behandlung der Verbrecher, gerade eine bestimmte Gruppe von sog. minderwertigen Verbrechern, an die Behandlung der Geisteskranken anzulehnen. Diese Idee begegnet dem vehementen Widerstand der klassischen Schule, wie es schon bei V. BIRKMEYER und BINDING aufgezeigt wurde. Vgl. oben Teil 1 B II 1 b. In der Frage der verminderten Zurechnungsfähigkeit erkennen die Mediziner dann die Möglichkeit, ihren Vorstellungen jedenfalls teilweise zu verwirklichen. Und so wird sich noch zeigen, dass sich für viele Mediziner die Frage der verminderten Zurechnungsfähigkeit als Zwischenlösung ihrer Zielverfolgung darstellt, wo sie sich mit der Einführung von Maßregeln kombiniert. Im Ergebnis umgeht die für die vermindert Zurechnungsfähigen vorgeschlagene mildere Bestrafung bei gleichzeitiger Schaffung von Sicherungsmaßregeln das Problem der Vergeltungstheorie, sobald das Maß der Tatvergeltung nicht der Gefährlichkeit des Täters entspricht.

higen dann zugleich Maßregeln vorgeschlagen werden, ist dies Folge aus der Erkenntnis, dass nach der schuldproportionalen Vergeltung, die verminderte Zurechnungsfähigkeit zu verminderter Schuld und damit geringerer Strafe führen muss, damit aber häufig der gesteigerten Gefährlichkeit des Verbrechers nicht Rechnung getragen werden kann.

Betrachtet man weiter die Reaktion auf den Entwurf 1909, so wird dieser in der Strafrechtswissenschaft als geeignete Grundlage der Reform begrüßt.[92] Von neuem demonstrieren bedeutende Vertreter des Schulenstreits ihren Willen zum Miteinander und schaffen zur Förderung der Diskussion 1911 einen sog. „Gegenentwurf". Hier agieren neben V. KAHL wieder V. LISZT und V. LILIENTHAL. Als Vierter beteiligt sich GOLDSCHMIDT, dem eine vermittelnde Rolle zugedacht wird. Besondere Beachtung ist im Rahmen dieses Entwurfes dem Kompromiss zwischen schuldproportionaler Vergeltungsstrafe, im Sinne der klassischen Schule, und dem von der modernen Richtung betonten Sicherungsbedürfnis beizumessen. Erstmalig soll auch bei voll zurechnungsfähigen Rechtsbrechern an die Strafe für gewerbs- oder gewohnheitsmäßige Rückfalltäter eine Maßregel der Sicherung auf unbestimmte Dauer anschließen. In diesem Entwurf zeigt sich, dass V. LISZT bereit ist, seine ursprüngliche Forderung nach unbestimmter Verurteilung, die an späterer Stelle noch eingehend aufgezeigt wird, einem Kompromiss zu opfern. Damit wird entgültig das heutige zweispurige System, das auf den Schweizer Strafrechtslehrer KARL STOOSS zurückgeht,[93] für Deutschland ins Leben gerufen.[94]

---

[92]V. HIPPEL berichtet unter Verweis u.a. auf V. LISZT, V. LILIENTHAL, ASCHAFFENBURG, VAN CALKER und V. BIRKMEYER: „Von Vertretern der modernen wie der klassischen Schule...ist der Vorentwurf – vorbehaltlich aller Einzelkritik – als eine in der Hauptsache erfreuliche Leistung und geeignete Grundlage für die weitere Reform fast einmündig begrüßt worden." Jedoch erfolgt auch der Hinweis, dass V. BIRKMEYER „am weitesten abseits steht" und dem Vergeltungsgedanken jedenfalls die „absolute Herrschaft" über die anderen Strafzwecke sichern möchte. v. Hippel„ Vorentwurf, Schulenstreit und Strafzwecke, ZStW, 1910, S.871,873.

[93]CARL STOOSS (1849 – 1934) forderte in seinen Entwürfen für ein Schweizer Strafgesetzbuch seit 1893 ein Nebeneinander von Strafe und Sicherungsmaßregel. Interessant ist auch sein Verständnis vom Wesen der Strafe im Verhältnis zur sichernden Maßnahme: „Der Strafanspruch und der Sicherungsanspruch sind dem Wesen nach verschieden, wenn auch Strafe und sichernde Maßnahme gemeinsam dem kriminalpolitischen Zwecke dienen, Verbrechen hintanzuhalten." Während STOOSS das Wesen der Strafe in der Reaktion auf eine bestimmte, strafbare Handlung erblickt und diese fest zu bestimmen sei, beziehe sich die sichernde Maßnahme auf den Zustand, in dem sich eine Person zur Zeit der Entscheidung befinde. Er empfiehlt, die sichernde Maßnahme vor der Strafe zu vollziehen, danach solle das Gericht aber nochmals über den Vollzug der Strafe entscheiden. „Das Gericht wird die Strafe aufrechterhalten, wenn die Dauer der erkannten Strafe die Dauer der sichernden Maßnahme bedeutend übersteigt. Da auch die sichernde Maßnahme den Zweck der General- und Spezialprävention erfülle, so ist die Forderung: „Strafe muss sein", im Widerspruch mit der kriminalpolitischen Ökonomie. Gewiss, der ethische Charakter der Vergeltung fehlt der sichernden Maßnahme! Aber der Täter versteht den Unterschied zwischen der Freiheitsentziehung, die ihm zur Strafe oder zur sichernden Maßnahme auferlegt wird, nicht. Sein Rechtsbewusstsein wird sich dagegen auflehnen, dass ihm zweimal die Freiheit entzogen wird, und das Rechtsbewusstsein des Volkes wird ihm Recht geben." Stooss, Zur Natur der sichernden Maßnahme, in: MschrKrim, Bd. 8, 1911/1912, S.368 – 374, S.369,371 – 373, Vgl. insgesamt zu Carl Stooss: Kraenel, Die kriminalpolitische Konzeption von Carl Stooss, 1981.

[94]In das Strafgesetzbuch tatsächlich eingeführt werden die Maßregeln neben der Strafe mit Gesetz vom 24.11.1933 „Gesetz gegen gefährliche Gewohnheitsverbrecher und über Maßnahmen der Sicherung und Besse-

Ein weiterer „Kommissionsentwurf 1913“, geschaffen von einer Kommission überwiegend aus Praktikern (mit Ausnahme von v. KAHL, FRANK und v. HIPPEL), folgt. Dieser übernimmt das zweispurige System und hält bei „gewerbs- und gewohnheitsmäßigen, für die Rechtssicherheit gefährlichen Verbrechern“ neben der Rückfallstrafe Sicherungsverwahrung für notwendig. Wegen des ersten Weltkriegs bleibt er jedoch unveröffentlicht und erscheint erst in umgearbeiteter Form als „Entwurf 1919“, der die Fortschrittlichkeit des Entwurfes 1913 noch übertrifft, insbesondere durch eine erweiterte Verwendung der bedingten Strafaussetzung. Dennoch wird der Entwurf nicht als „Regierungsentwurf“ herausgegeben, da die Reichsregierung bezweifelt, es sei der richtige Zeitpunkt.

Der nächste Entwurf geht auf die Initiative des damaligen Reichsjustizministers[95] GUSTAV RADBRUCH aus dem Jahr 1922 zurück, der diesen auch überwiegend ausarbeitet. Daher erhält er die Bezeichnung Entwurf RADBRUCH,[96] der allerdings in seiner Originalform in dieser Zeit nicht veröffentlicht wird.[97] In dem Entwurf findet sich eine Veränderung des Strafensystems und die Strafbarkeit unter dem StGB soll beschränkt werden.[98] Aber an der „Zweispurigkeit“ der Verbrechensbekämpfungsmittel, den Strafen und sichernden Maßnahmen, wird festgehalten.

RADBRUCH kann sich jedoch mit seinen Forderungen nicht durchsetzen und so enthält auch der „Entwurf 1925“, der eigentlich auf dem Entwurf 1922 aufgebaut sein soll, die meisten Neuerungen nicht mehr. Das Original ist nicht mehr wiederzuerkennen.[99] Fortschrittlich bleibt jedoch die Einweisung gemeingefährlicher Verbrecher in eine Verwahrungsanstalt. „Die Untersuchung dauert so lange, als es der Zweck der Anordnung erfordert“ und der Eingriff sei insbesondere bei Zurechnungsunfähigen, vermindert Zurechnungsfähigen und Gewohnheitsverbrechern zulässig. Noch konservativer gestaltet sich der Entwurf 1927. Der wieder etwas modernere „Entwurf 1930“ scheitert nun insbesondere am Widerstand der radikalen Parteien, insbesondere der Natio-

---

rung“. Die Maßregeln sollen nach kriminalpolitischen Zweckgesichtpunkten im Anschluss an die Strafe spezialpräventiv wirken, entweder im Dienste des Resozialisierungsgedankens (Unterbringung in der Heil- und Pflegeanstalt, in der Trinkerheilanstalt oder im Arbeitshaus) oder zur Unschädlichmachung (Sicherungsverwahrung, Entmannung). Vgl. weiterführend Schmidt, Geschichte der Deutschen Strafrechtspflege, 1965, S.430 – 432, Roxin, AT, 1997, S.134 – 136 m.w.N.

[95] Seine erste Ministerzeit dauert vom 26.10.1921 bis zum 22.11.1922.

[96] Der Entwurf RADBRUCHS für ein Allgemeines Deutsches Strafgesetzbuch bezeichnet den Höhepunkt des rechtspolitischen Wirkens Gustav Radbruchs. Aus heutiges Sicht ist der Entwurf bereits sehr fortschrittlich gewesen. Die Einzelheiten beschreibt Wassermann, Radbruch, Strafrechtsreform, 1992.

[97] Nachzulesen ist der Entwurf 1922 bei Wassermann, Radbruch, Strafrechtsreform, 1992, S.47 – 160.

[98] Das Strafensystem soll nach den Grundsätzen kriminalpolitischer Notwendigkeit und Zweckmäßigkeit unter Abkehr vom Vergeltungsprinzip ausgestaltet werden. Besonderes Anliegen Radbruchs ist dabei die Abschaffung der Todesstrafe. Vgl. dazu Wassermann, Radbruch, Strafrechtsreform, 1992, insb. S.25 – 34 aber auch unten Teil 1 E II 2.

[99] Wassermann, Radbruch, Strafrechtsreform, 1992, S. 25.

nalsozialisten. Die Ereignisse des Jahres 1933 leiten dann eine andere Geschichte deutschen Strafrechts ein.

Für den zu betrachtenden Zeitraum ist daher festzustellen, dass sich zwar seit den Anfängen der Reformbestrebungen Ende des 19. Jahrhunderts die moderne Strafrechtsschule mit zahlreichen Forderungen etablieren kann, die jahrzehntelangen Bemühungen um eine Gesamtreform[100] des Strafgesetzbuches, wie auch die Bestrebungen der Strafvollzugs und Gefängnisreform, bis 1933 aber nicht verwirklicht werden.

II. Die Reformbestrebungen in Italien

Die Reformbestrebungen in Italien, gerade in Hinblick auf die Verwirklichung der Forderungen der modernen Strafrechtsschulen divergiert insoweit von der Situation in Deutschland, als das Italienische Strafgesetzbuch, der „Codice penale“ unter dem Justizminister ZANARDELLI erst 1889 in Kraft tritt. So wird die Auseinandersetzung in der Strafrechtswissenschaft, der sogenannte Schulenstreit, bereits seit vielen Jahren ausgetragen. Daher verwundert es auch nicht, dass der Codice Penale von 1889 bereits inhaltlich von der wissenschaftlichen Auseinandersetzung und ihren praktischen Reformforderungen beeinflusst ist. V. LISZT beschreibt ihn als „Markstein in der Geschichte der Strafgesetzgebung überhaupt.“[101]
Auch wenn die Forderungen der modernen Richtung auf Abkehr von der Schuldvergeltung lautet, hält das Strafgesetzbuch an dieser Grundlage der klassischen Strafrechtsschule fest. Daneben wird es vom Gedanken der Besserung und Erziehung des Rechtsbrechers getragen, der dazu führt, dass sich die Rechtsfolgengestaltung durch eine für die Zeit besondere Milde auszeichnet. Die schuldproportionale Strafe wird insgesamt herabgesetzt. PESSINA schreibt in diesem Zusammenhang: “Eine Reihe von Verbesserungen des Strafensystems zeigt an, dass die im Kampf gegen das Verbrechen eingeschlagene Richtung danach streben soll, nicht den verbrecherischen Menschen, sondern den Verbrecher im Menschen zu zerstören. In diesem Sinne ist sein Strafensystem (des Codice Penale) dazu bestimmt, die soziale Ordnung, die durch das Delikt gestört wurde, wiederherzustellen....”[102]

Auch erste, konkrete Zugeständnisse an die Scuola Positiva sind zu erkennen. Zu nennen sind: eine verbesserte Regelung des Rückfalls, Ersatzmittel (surrogati penali), die

[100]Zu den Teilreformverwirklichungen vgl. Roxin Strafrecht AT, 1997, S.77.
[101]V. Liszt, Der italienische Strafgesetzentwurf von 1887, 1888, VuA I, S.253.
[102]Pessina, Il nuovo Codice penale Italiano, 1890, p.5. Ganz anders beurteilt hingegen GAROFALO die Situation: „Es ist nichts als die bewusste und von der Vernunft gesteuerte Reaktion des Staates, bei der man einer falschen Idee entgegenwirken muss, der man eine falsche Idee, es ist jene der unantastbaren Individualrechte und jene von der Möglichkeit, alle Verbrecher zu erziehen und zu bessern. Und nachdem er aufgezeigt hat, dass mit Abschaffung der Todesstrafe auch die anderen Strafen auf der „scala penale” nach unten gehen würden, schließt er: „Das wäre die völlige Auflösung des repressiven Systems...“ Garofalo, Conto Corrente, 1888, p.51.

an die Stelle kurzer Freiheitsstrafen treten, die bedingte Entlassung, soweit nicht wie bei Rückfälligen ausgeschlossen, und vor allem einige Sicherungsmaßregeln, insbesondere für gefährliche Geisteskranke und Gewohnheitstrinker.[103] Da jedoch die Forderungen der Scuola Positiva oder der Terza Scuola in keiner Weise erschöpfend berücksichtigt werden, gehen die praktischen Reformbestrebungen weiter. In den folgenden 30 Jahren gelingt es den Positivisten und anderen Kritikern des Codice Penale jedoch nicht, mit ihren Reformforderungen weiter durchzudringen.

Das ändert sich erst 1919.[104] In diesem Jahr beruft der italienische Justizminister LUDWIG MORTARA eine Kommission (Commissione reale per la riforma delle leggi penali). Dass hier weit stärker den Bestrebungen der positiven Strafrechtsschule Rechnung getragen werden soll, zeigt schon die Einsetzung FERRIS zum Vorsitzenden der Kommission. Daneben gehören der Kommission an: GAROFALO, FLORIAN, GRISPINI, DE NICOLA, BERNINI, aber auch die Mediziner[105] Biologen, Psychologen und Pathologen DE SANCTIS, FERRARI, OTTOLENGHI und LUSTIG. 1921 wird ein erster Teil eines Vorentwurfes vorgelegt, nebst einer Denkschrift FERRIS, der tatsächlich mit allen klassischen Grundlagen des Strafrechts bricht. Auf das Vergeltungs- und Schuldprinzip wird verzichtet und statt dessen der Gesellschaftsschutz zum obersten Ziel und die Gefährlichkeit des Verbrechers zum Maßprinzip für die Sanktion erklärt, die dann den geisteskranken Verbrecher ebenfalls dem Strafrecht unterstellt. Zur bestmöglichen Anpassung an die Gefährlichkeit wird auch ein umfangreiches Sanktionssystem vorgestellt. Die Abkehr von den herkömmlichen Grundlagen des Strafrechts kommt auch begrifflich deutlich zum Ausdruck, „Strafe" wird durch „Sanktion" und „bestraft" durch „verurteilt" ersetzt. Die Einzelheiten der in diesem Entwurf zum Ausdruck kommenden Grundauffassung erschließen sich im 2. Teil, bei der Analyse von FERRIS Werk. Dort zeigt sich auch, dass der Entwurf 1921 vor allem FERRIS Handschrift trägt und er daher nicht grundlos vielfach als „Entwurf FERRI" bezeichnet wird.

Diese Reformbestrebungen enden jedoch, als Justizminister MORTARA sein Amt verliert und durch den faschistischen Minister ALFREDO ROCCO ersetzt wird. Das faschistische Regime lässt die Strafgesetzreform zunächst einmal ruhen.

[103]Vgl. zu den Zugeständnissen an die Scuola Positiva auch Ferri, Das Verbrechen, 1896/1992, S.19, aber auch v. Liszt, Der italienische Strafgesetzentwurf von 1887, 1888, VuA I, S.252 – 289.
[104]Vgl. zu den folgenden Ausführungen auch Ranieri, v. Liszt und die positive Strafrechtsschule in Italien, ZStW, 1969, S.720 – 721.
[105]Während SANTE DE SANCTIS, GIULIO CESARE FERRARI, SALVATORE OTTOLENGHI als biologische und psychologische Sachverständige berufen sind, ist ALESSANDRO LUSTIG eine Koryphäe im Bereich der Pathologie und der Degenerationsfaktoren.

Justizminister ROCCO setzt im Jahr 1925 ein neues Komitee zur Ausarbeitung des ersten Entwurfes[106] und eine Beratungskommission ein. Aus dieser Zusammenarbeit erscheint ein vorübergehender „Entwurf 1927“ (Progetto preliminare) und unter Vergrößerung des Komitees um weitere fünf Mitglieder der endgültige „Entwurf 1929“ (Progetto definitivo). Dieser wird nach der Überarbeitung der wenigen Änderungswünsche des Senats 1930 als neues italienisches Strafgesetzbuch verabschiedet.

Inhaltlich will sich das neue italienische Strafgesetzbuch in seiner Denkschrift nicht zur Klassischen oder zur Positiven Strafrechtsschule bekennen.[107] Tatsächlich werden aber, gerade im Vergleich zum Vorentwurf 1921 von neuem die maßgeblichen Grundlagen der klassischen Schule verankert. FERRI, der als Berichterstatter eingesetzt ist, kann seine Forderungen nur in geringem Masse durchsetzen[108]. Das Gesetz ist wieder auf dem Grundgedanken der Schuldvergeltung aufgebaut. Es trennt zwischen Zurechnungsfähigkeit und Unzurechnungsfähigkeit, schuldhaftem und schuldlosen Verhalten. Die strafrechtliche Verantwortlichkeit beurteilt sich nach der Frage der Einsichts- und Willensfähigkeit (la capacità d'intendere e volere), die durch Geisteskrankheit, unverschuldeter Trunkenheit und Taubstummheit aufgehoben sein kann.[109] Die strafrechtliche Verantwortlichkeit sei unabhängig von der wissenschaftlichen Indeterminismusdebatte zu lösen.[110]

Die Umstände von Tat und Täter (Schwere der strafbaren Handlung, Böswilligkeit und Gefährlichkeit des Täters) werden bei der Strafzumessung berücksichtigt, eine Regelung, die bei den italienischen Kriminalanthropologen auf große Zustimmung trifft[111]. Interessant ist die Einführung einer Verbrechereinteilung (Gewohnheits- und Berufsverbrecher, Gewohnheits- und Berufsübertreter). Insbesondere wird ein Typus des

---

[106]Dieses Komitee besteht aus den Professoren ROCCO (dem Bruder des Jusitzministers) und MASSARI, dem Regierungspräsidenten beim Kassationsgerichtshof GISMONDI, zwei Richtern, einem Staatsanwalt und zwei Generalprokuratoren. Vertreter der Scuola Positiva werden nicht berufen, jedoch agiert FERRI als Berichterstatter.

[107]Köhler, Die neue italienische Strafgesetzgebung, Gerichtssaal, 1931, S.161 – 162.

[108]Etwas seltsam mutet es sch an, dass FERRI in vier Abhandlungen, ab 1926 dennoch beginnt, die weitgehende Übereinstimmung der Postulate der Scuola Positiva und der faschistischen Kriminalpolitik nachzuweisen. Daniel schreibt hierzu „Hätte FERRI den Entwurf als ganzen öffentlich abgelehnt, die Regierung preisgegeben, als einziger unter den zahlreichen amtlichen Berichterstattern, wäre viel verdorben und nichts gewonnen worden.“ Daniel, Enrico Ferri, ZStW, 1929, S.490 – 491.

[109]Damit wird an die Aufnahme einer Zwischenstufe der verminderten Zurechnungsfähigkeit eine Absage erteilt, die auf heftige Kritik durch die Kriminalanthropologen CARRARA und DI TULLIO stößt. Di Tullio, Die Kriminalanthropologie und das italienische Strafgesetzbuch, MschrKrim, 1931, S.345, Carrara, Appunti sul progetto del nuovo codice penale, Archivio, 1927, p.1029 – 1030.

[110]ALFREDO ROCCO selbst ist Anhänger eines psychologisch geprägten Determinismus, vgl. dazu Simoncelli, Die Wiedereinführung der Todesstrafe in Italien, 1934, S.15.

[111]DI TULLIO schreibt hierzu: „Wir freuen uns feststellen zu dürfen, dass zur Handhabung des neuen italienischen Strafgesetzes alle Richter und Anwälte sich angemessene Kenntnis der Kriminalanthropologie und Psychologie werden aneignen müssen.“. Di Tullio, Die Kriminalanthropologie und das italienische Strafgesetzbuch, in: MschrKrim, 1931, S.343. Auch OTTOLENGHI und SAPORITO nehmen die Reformvorschläge positiv und kritiklos auf. Vgl. dazu noch unten Teil 3 H II.

„delinquente per tendenza istintiva“ (Verbrecher aus instinktiver Neigung) eingeführt, der von den Kriminalanthropologen vordergründig als Errungenschaft betrachtet wird, die dann aber in einem zweiten Schritt ihre Euphorie wieder zurücknehmen, als die Rechtsfolge sich in der Androhung der verdoppelten ursprünglichen Strafdrohung erschöpft.[112] Weiter zeichnet sich das neue italienische Strafgesetzbuch durch eine Vielzahl von Delikten zum Schutz des Staates aus und durch eine allgemeine Verschärfung der Strafen.

Um dem Gedanken der Gefährlichkeit Rechnung zu tragen, wird ein umfangreiches Maßregelsystem eingeführt, welches an das Kriterium der „sozialen Gefährlichkeit“[113] anknüpft. Es ermöglicht die Verhängung von Maßregeln auf unbestimmte Dauer neben oder anstelle der Strafe und unabhängig von der Frage der Zurechnungsfähigkeit.

Das Reformklima bei Schaffung des Gesetzbuches von 1929 beschreibt sich wie folgt[114]: Der „Codice Rocco“ solle die faschistische Geisteshaltung zum Ausdruck bringen. Es wird die energische, rücksichtslose Repression des Verbrechens gefordert. Der alte Codice ZANARDELLI trage „alle Zeichen einer schwächlichen, unentschlossenen, demokratischen Epoche“. Nun, da die faschistische Revolution die Idee von der Suprematie des Staates wieder zu Ehren gebracht hat, gelte es auch im Bereich der Strafgesetzgebung mit überholten Rechtsauffassungen zu brechen und BECCARIAS „allzu idyllische Empfindsamkeit“, die „semianarchischen Anachronismen des Individualismus“ außer Kraft zu setzen.

D. Kriminologische Entwicklungsimpulse aus Strafrechtswissenschaft und Medizin

In der gleichen Zeit, in welcher die Strafrechtswissenschaft mit dem Schulenstreit in die Grundlagendiskussion und in die Reformbestrebungen eintritt, liegen auch die Anfänge der heutigen Kriminologie. Der Begriff „Criminologia“ wird erstmalig 1885 in Italien von GAROFALO verwendet.[115]

[112]Vgl. dazu noch unten Teil 3 H II.

[113]Die soziale Gefährlichkeit ist dabei wie folgt definiert: „Sozial gefährlich ist die Person, welche eine Tat begangen hat, wenn zu befürchten ist, dass sie neue Taten begehen kann, die vom Gesetz als Rechtsverletzungen vorgesehen sind.“ Und „Die soziale Gefährlichkeit bestimmt sich nach Art und Schwere der begangenen Tat und den ...Umständen.“ Daniel, Die Aufnahme des Strafgesetzbuches in Italien, ZStW, 1929, S.507.

[114]Vgl. Daniel, Die Aufnahme des Strafgesetzbuches in Italien, ZStW, 1929, S.499 m.w.N.

[115]GAROFALO verwendet diesen Begriff, der bis heute beibehalten wird, erstmalig für die Bezeichnung eines von ihm verfassten Buches über die Verbrechenserforschung und Bekämpfung. Die Erschaffung des Wortes im Jahre 1879, dessen Ursprung im lateinischen Wort crimen liegt, wird dem französischen Anthropologen TOPINARD zugeschrieben. Mannheim, Pioneers of Criminology, 1960, S.1.

Die Entwicklung der Kriminologie zur selbstständigen Wissenschaft und die Bestrebungen der modernen Schulen in Deutschland und Italien greifen ineinander. Vielfach repräsentieren dieselben Personen, welche die Entwicklung der Kriminologie mitbestimmen auch die modernen Schulen und werden überdies mit Forderungen für ein zukünftiges Strafrecht zu Kriminalpolitikern.[116] Dass eine Trennung der Entwicklungen undenkbar ist, erklärt sich dabei aus dem Forschungsgegenstand der Kriminologie. Dieser lässt sich heute als die eigenständige Lehre vom Verbrechen, Verbrecher und der Verbrechenskontrolle umschreiben[117]. So steht der Forschungsgegenstand der Kriminologie in direkter Verbindung zu den Bestrebungen der positiven Schule.

Neben Juristen kommen die übrigen Wissenschaftler, die zur Entwicklung der Kriminologie als eigenständiger wissenschaftlicher Disziplin[118] beitragen, zumeist aus der Medizin und hier überwiegend aus der Psychiatrie.[119] Da die Entwicklungen sich praktisch gegenseitig bedingen, wird man es dahingestellt lassen dürfen, von welcher Wissenschaft der Grundstein für die Kriminologie als eigenständige Wissenschaft gelegt worden ist.[120]

---

[116]Herkömmlich findet die Kriminalpolitik ihren Schwerpunkt in der Erneuerung des Strafrechts, der Reform der Strafrechtspflege und des Strafensystems. Vgl. Kaiser, Kriminalpolitik, Kriminologisches Wörterbuch, 1993, S.280. Die Beziehungen zwischen Kriminologie und Kriminalpolitik ergibt sich aus Sieverts Definition von der Kriminalpolitik als der angewandten Wissenschaft der Kriminologie. Diese Definition wird von Schüler-Springorum, unter Hinweis auf jüngere Entwicklungen in der Kriminologie, als der „idyllischen Grundkonsens von gestern" bezeichnet. Schüler-Springorum, Kriminologie und Kriminalpolitik, Entwicklungslinien Kriminologie, 1985, S.14.

[117]Eine einheitliche Definition für den Gegenstand der Kriminologie besteht nicht. Innerhalb dieser verschiedenen Definitionen unterscheiden sich aber vor allem zwei Ansätze. Ein Ansatz stellt den Verbrecher selbst in den Vordergrund. Von dieser engeren Auffassung ist die aus der Kriminalsoziologie stammende Lehre vom „labeling approach" zu trennen, deren Entwicklung hier nicht nachgegangen wird. Bei dieser Lehre wird die Perspektive von der Kriminalität und ihren Ursachen auf Prozesse der Kriminalisierung verlegt. Naucke, Kriminologie und Kriminalpolitik, 1976, S.4. Zu weiteren Strömungen, Göppinger, Kriminologie, 1997, S.133 – 134. Hier zugrundegelegt ist die Definition von Kaiser: „Die Kriminologie ist die geordnete Gesamtheit des Erfahrungswissens über das Verbrechen, den Verbrecher, die negativ soziale Auffälligkeit und über die Kontrolle dieses Verhaltens. Ihr Wissenschaftsgebiet ist mit den drei Grundbegriffen Verbrechen, Verbrecher und Verbrechenskontrolle treffend gekennzeichnet." Kaiser, Kriminologie, 1996, S.1.

[118]Mittlerweile hat sich die Kriminologie zu einer selbstständigen Wissenschaft entwickelt und kann nicht nur als „clearing Zentrale" für die Forschungsergebnisse der Bezugswissenschaften Psychiatrie, Psychologie und Soziologie verstanden werden. Göppinger, Angewandte Kriminologie und Strafrecht, 1986, S.10.

[119]So auch Leferenz, der für die Entwicklung der Kriminologie aufzeigt, dass die Psychiatrie und die Rechtswissenschaft die beiden Säulen waren, auf denen die Kriminologie aufbaute. Leferenz, Kriminologie zwischen Jurisprudenz und Psychiatrie, 1959; zustimmend Göppinger, Kriminologie, 1997, S.25.

[120]Kaiser schreibt dazu, es sei wahrscheinlich von nachrangigem Interesse, ob man den Beginn (der Konkretisierung der Kriminologie als eigenes Wissenschaftsgebiet) auf die Vorlage der Verbrecherstudien LOMBROSOS im Jahr 1876 datiert oder auf die nicht minder berühmte Antrittsvorlesung des italienischen Juristen FERRI. Kaiser, Kriminologie, 1996, S.114.

Wieder sind es Italien und Deutschland, die Ende des 19. Jahrhunderts eine tragende Rolle übernehmen. Natürlich kommen auch aus Frankreich[121] und Österreich[122] maßgebliche Impulse in der Entwicklung der Kriminologie, und auch Wissenschaftler aus anderen Ländern[123] treten hervor. Zudem beschäftigen sich neben Juristen und Medizinern gerade auch Soziologen[124] mit kriminologischen Fragestellungen. Für die vorliegende Arbeit sind aber gerade die Entwicklungsimpulse aus Deutschland und Italien von Juristen und Medizinern bedeutsam und werden daher in den Mittelpunkt gestellt. Damit wird der folgende Abschnitt zu einem gewissen Ausschnitt aus der Geschichte der Kriminologie.[125]

I. Kriminologische Beiträge von italienischen und deutschen Medizinern

Seit dem 18. Jahrhundert widmen sich verstärkt Mediziner der Erforschung des Verbrechens. Als besonders bedeutsam für die Fortentwicklung der Kriminologie sind dabei zu nennen P. PINEL (1745 – 1826)[126], F. J. GALL (1758 – 1826), J.H. SPURZHEIM (1776 – 1832), J.C. GROHMANN (1769 – 1848), R. V. KRAFFT – EBING (1840 – 1902), P. DESPINE (1822 – 1892) und J. B. THOMPSON (1810 – 1873).[127]

---

[121] Zu erwähnen ist hier einmal die sog. französische kriminalsoziologische Schule mit ihren Vertretern LACASSAGNE (Mediziner) und TARDE (1843 – 1904/Jurist). Daneben ist es der berühmte EMILE DURKHEIM (1858-1917/Soziologe) zu nennen.

[122] In Österreich formiert sich um den Strafrechtsprofessor GROSS (1847 – 1915) die „Österreichische kriminologische Schule" oder auch „Grazer Schule" genannt. Als Schüler sind ADOLF LENZ (1868 – 1959) und ERNST SEELIG (1895 – 1955) zu nennen. Die großen Verdienste Gross fasst sein Schüler SEELIG zusammen. Seelig, Die Grundlegung der modernen Kriminalwissenschaft durch Hans Gross, ZSchSt, 1948, 63, zur Bedeutung von LENZ und SEELIG im Nationalsozialismus, vgl. Streng, Beitrag der Kriminologie im „Dritten Reich", MschrKrim, 1993, S.141 – 168, insb. S.142 – 144.

[123] Als weitere berühmte Kriminologen sind zu nennen: G. VAN HAMEL (1842 – 1917/Strafrechtsprofessor) aus den Niederlanden, A. PRINS (1845 – 1919/Strafrechtsprofessor) aus Belgien.

[124] Hier ist herausragend der berühmte Soziologe EMILE DURKHEIM (1858 – 1917) zu nennen.

[125] Vgl. weiterführend zu den wichtigsten Kriminologen, Mannheim, Pioneers of Criminology, 1960; einen internationalen Überblich gibt HERING, Der Weg der Kriminologie, 1966 und die Entwicklung der Deutschen Kriminologie fokussiert auf den Nationalsozialismus beschreibt Wetzel, Inventing the criminal, 2000.

[126] KRAEPELIN verweist auf den großen Verdienst PINELS, wenn er an die Zeit erinnert, „in der es als Narrenstreich angesehen wurde, als der französische Irrenarzt PINEL seine Patienten nicht mehr mit Rutenhieben und Hunger, sondern mit liebevoller Humanität zu behandeln pflegte und ihnen die Ketten abzunehmen wagte, in welche die finstere Torheit barbarischer Jahrhunderte jene Unglücklichen geschmiedet hatte." Kraepelin, Die Abschaffung des Strafmasses, 1880, S.68.

[127] Beispielhaft zu nennen ist die sog. „Schädellehre" des Mediziners Gall (1758 – 1828), der von der Größe und Form des menschlichen Schädels Rückschlüsse auf die entsprechende Geistestätigkeit ziehen zu können glaubt und der bereits die These vertritt, dass das Verbrechen in einer organischen Anlage des Gehirns begründet ist, aber noch weitere Umstände hinzutreten müssen, dass es tatsächlich zur Handlung kommt. Vgl. zu Gall und seinen Schülern ausführlich Hering, Der Weg der Kriminologie, 1966, S.33 – 36 und allgemein zu den frühen Beiträgen von Seiten der Psychiatrie, Ackerknecht, Kurze Geschichte der Psychiatrie, 1957, S.32 – 76, eine Zusammenfassung findet sich bei Hering, Der Weg der Kriminologie, 1966, S.36 – 43. Vgl. auch den Überblick bei Göppinger, mit dem Nachweis einer Auswahl von Wissenschaftlern, die sich seit 1775 mit dem Verbrechen auseinandergesetzt haben, ihre Beiträge jedoch entweder deskriptiv blieben oder eine Auseinandersetzung nur mehr oder weniger beiläufig erfolgte. Göppinger, Kriminologie, 1997, S.10 – 11.

1. Die Impulse durch das Erscheinen vom CESARE LOMBROSOS „L'Uomo Delinquente"

Unbestritten kommt im letzten Drittel des 19. Jahrhunderts ein wichtiger Impuls von dem italienischen Psychiater LOMBROSO. Nach längerer Forschung[128] erscheint 1876 sein berühmtes Werk „L' uomo delinquente", dessen Gesamtauflage heute vielfach mit der Konstituierung der Kriminologie, als eigenes Wissenschaftsgebiet schlechthin, gleichgesetzt wird.[129] LOMBROSO vertritt hierin die These, dass es einen Typus des geborenen Verbrechers (delinquente nato)[130] gibt, der einen atavistischen Rückschlag der menschlichen Entwicklung darstellt. Diesen könne man anhand körperlicher (klinischer und anatomischer) Merkmale identifizieren.[131]

Diese Ideen sind im Ansatz zwar nicht neu,[132] aber LOMBROSOS Werk wird man den Verdienst zuerkennen dürfen,[133] seinen Erkenntnissen die Bedeutung von Beiträgen zu einer Wissenschaft vom Verbrecher zu geben,[134] denn er stellt selbst umfassende, eigene Untersuchungen an, auch wenn die Methoden zumeist unzulänglich, das Material unvollständig und die Ergebnisse meist viel zu voreilig sind.[135] Außerdem schafft

---

[128]Vgl. zur frühen Forschung LOMBROSOS insbesondere im Militärkrankenhaus in Turin, Gadebusch, Theorien von Lombroso in Deutschland, 1995, S.18 – 40.

[129]Göppinger weist darauf hin, dass die Geschichte der wissenschaftlichen Kriminologie zumeist mit LOMBROSO oder QUETELET begonnen werde. Göppinger, Kriminologie, 1997, S.10. Auch Kaiser lässt die Kriminologie mit LOMBROSO oder mit FERRI beginnen. Kaiser, Kriminologie, 1996, S.114 Rn. 9, Hering bezeichnet Lombroso als den Begründer der wissenschaftlichen Kriminologie. Hering, Der Weg der Kriminologie, 1966, S.59.

[130]Diese schlagwortartige Verkürzung wird von FERRI eingeführt, vgl. Göppinger, Kriminologie, 1997, S.12.

[131]Eine Idee davon, wie sich der Verbrechertypus darstellt, gibt KURELLA, mit einer der größte Verfechter der Ideen von LOMBROSO: „Der Kern des Gewohnheitsverbrechertums entspricht dem von LOMBROSO aufgestellten Typus, der sich als eine Varietät der heutigen europäischen Bevölkerung darstellt, charakterisiert durch ein unter der Norm liegendes Volumen von Schädelhöhe und Gehirn, namentlich durch geringe Entwicklung des Hirnlappens, und pithecoide Eigentümlichkeiten der Windungsanordnung, ferner durch eine Reihe zum Teil verborgener Varietäten, die ich als primatoid zusammengefasst habe, und durch eine Reihe biologischer und psychologischer Eigentümlichkeiten aus angeborener Disposition, die in ihrer Gesamtheit ein charakteristisches, von den Erscheinungsformen erblicher, psychopathischer Degeneration, durchaus verschiedenes Bild ergeben." Kurella, Die Naturgeschichte Des Verbrechens, 1893, S. 261.

[132]Die Idee eines inneren Zusammenhangs zwischen Körperbau und Charakter wird bereits im Altertum vertreten. Näheres bei Hering, Der Weg der Kriminologie, 1966, S.31 – 32.

[133]Auch unter seinen zeitgenössischen Kritikern wird die Methode LOMBROSOS trotz aller Kritik an den Ergebnissen im Detail als bahnbrechend hervorgehoben. Stellvertretend seien hier ASCHAFFENBURG und FERRI zitiert: „den Dank... den Mannen LOMBROSOS abzustatten, ist die Menschheit dem genialen Bahnbrecher schuldig." Aschaffenburg, Das Verbrechen, 1923, S.226; FERRI schreibt über LOMBROSO: „Was aber ein Mann des Geistes als unauslöschliche Spur in der Welt zurücklassen kann, ist die Methode seines Studiums, die Methode seiner Forschung" Ferri, Die Reform der Strafjustiz in Italien, 1920, S.475.

[134]Hering schreibt zu LOMBROSOS „L'uomo delinquente": „Hier wurde dieser zerstreute Stoff erstmals zusammengefasst, durch neue selbstständige Forschungsresultate bestätigt, sowohl dem Quantum, wie dem Inhalt nach bereichert und ihm, durch Entwicklung der in ihm meistens in nuce enthaltenen Gedanken, noch mehr aber durch Zuhilfenahme kühner und geistreicher Hypothesen eine einheitliche Interpretation gegeben. So entstand zum ersten Mal eine systematische Theorie vom Verbrecher, die rasch Schule machte." Hering, Der Weg der Kriminologie, 1966, S.45.

[135]Die eigenen Untersuchungen gehen dahin, den verbrecherischen Menschen mit dem normalen Menschen zu vergleichen und seine Eigentümlichkeiten zu ermitteln. Dabei sieht man die überdauernde Leistung LOMBROSOS

es LOMBROSO, international Aufmerksamkeit zu erregen und die Forschung voranzutreiben. In Italien wird er zum Begründer der sogenannten kriminalanthropologischen Schule, für deren Forschung sich der Begriff Kriminalanthropologie (Antropologia Criminale) prägt.[136] Die weiteren Entwicklungen in LOMBROSOS Lehre und die Beiträge eines weiteren Mediziners, CARLO LIVI, den man jedenfalls als ideengeschichtlichen Vorreiter der kriminalanthropologischen Schule bezeichnen darf, werden im 3. Teil eingehend dargestellt.

Natürlich ist hier zu ergänzen, dass neben dieser von Italien ausgehenden kriminalanthropologischen Richtung unter LOMBROSO auch in Frankreich ein Mediziner, J.A. LACASSAGNE (1843 – 1924), mit Studien auf dem Gebiet der heutigen Kriminologie hervortritt. Seine Forschung steht im direkten Gegensatz zu LOMBROSO, denn er folgt insbesondere der These, dass jede Gesellschaft die Verbrecher habe, die sie verdiene.[137] Und damit sei das Verbrechen eine Erscheinung, für die das jeweilige Milieu maßgeblich ist und nicht eine angeborene Veranlagung des Verbrechers (sogenannte Milieutheorie).[138] Zudem macht sich der englische Psychiater H. MAUDSLEY (1835 – 1918) einen Namen, der hingegen die Erblichkeit des Verbrechens hervorhebt.[139]

Darüber hinaus ist noch eine Theorie voranzustellen, die Ende des 19. Jahrhunderts wesentlichen Einfluss, nicht nur unter psychiatrischen Spezialisten, sondern auch in Literatur und Politik gewinnt, deren pervertierte Ausläufer sich dann im Nationalsozialismus und im Faschismus finden. Es ist die sog. Degenerations- und Entartungstheorie, deren entscheidende Impulse aus der französischen Psychopathologie stammen

---

heute nicht mehr in seinen Ansichten über das Verbrechen, sondern in der Tatsache, dass er selbst empirische Untersuchungen anstellt. Seine Aussagen werden aber nicht von seiner eigenen Forschung gedeckt, vielmehr verallgemeinerte LOMBROSO seine Ergebnisse ohne Kontrolluntersuchungen zu unternehmen und vermischte sie mit spekulativen Ansätzen. Vgl. auch Göppinger, Kriminologie, 1997, S.11/12.

[136]Anthropologie ist die Wissenschaft vom Menschen, man kann eine natur- sozialwissenschaftliche und philosophische Anthropologie unterscheiden. Der Breite des Begriffs entsprechend gibt es keine feste Abgrenzung, vielmehr lassen sich mehrere Wissenschaften zu ihrem Bereich rechnen. Zur naturwissenschaftlichen Anthropologie gehört die Art- und Rassenlehre des Menschen, einschließlich Abstammungs- Erb und Konstitutionslehre. Dorsch, Psychologisches Wörterbuch, 1998, S.48; vgl. auch: Pschyrembel, Klinisches Wörterbuch, 1994, S.78. Zur Definition der Kriminalanthropologie schreit FERRI: „Wenn die allgemeine Anthropologie ... die Naturgeschichte des Menschen ist, so ist die Kriminal – Anthropologie nichts anderes als die Wissenschaft von einem einzelnen Typus oder einer Varietät des Menschen, sie ist also die Naturgeschichte des Verbrechers..." Und weiter zur Forschungsmethode der Kriminalanthropologen: „...die Kriminalanthropologen....gehen mit direkten, objektiven Untersuchungsmethoden an den Verbrecher heran, sie suchen ihn auf dem Seziertisch, im physiologischen Sanatorium, in Gefängnissen und Irrenanstalten zu erforschen, von der psychischen wie von der biologischen Seite her, indem sie seine Eigenschaften mit denen des normalen Menschen vergleichen." Ferri, Das Verbrechen 1896/1892, S.26.

[137]„Les Sociétés ont les criminels qu'elles méritent." Laccasagne, Des résultats positifs et indiscutables 1901, S.232.

[138]Vgl. auch ausführlich zu LACCASSAGNE: Hering, Der Weg der Kriminologie, 1966, S.97 – S.101.

[139]Ausführlich Scott, Henri Maudsley, in: Pioneers of criminology, 1960, p.144 – 176, aber auch Hering, Der Weg der Kriminologie, 1966, S.42 – S.43.

und mit den Namen BENEDICT-AUGUST MOREL (1809 – 1873) und V. MAGNAM verknüpft werden können.

MOREL tritt erstmals 1857[140] mit einer sog. Degenerationstheorie hervor, die später von MAGNAM[141] fortgeführt wird. Es wird hier die Degeneration als die krankhafte Abweichung vom normalen Menschentypus bezeichnet, eine vererbliche und fortschreitende Entwicklung von Generation zu Generation in den Verfall, wobei auch Milieufaktoren eine degenerationsfördernde Rolle spielen sollen. MOREL bezieht dabei seine Degenerationstheorie nicht nur auf Familien, sondern sagt den Niedergang der Zivilisation schlechthin voraus.[142] Für die Verbrechenserklärung bietet die Degenerationstheorie dann die Möglichkeit, Irrsinn und Verbrechen jeweils der erblichen Anlage, der Degeneration zuzuschreiben.[143] Im deutschen Sprachraum gelten vor allem H. SCHÜLE[144] und R. V. –EBING[145] als psychiatrische Degenerationstheoretiker.[146]

2. Beteiligung weiterer Mediziner an Fragestellungen der Kriminologie, Befürworter und Kritiker der Lehre LOMBROSOS

Das lebhafte interdisziplinäre Interesse am Verbrecher und an LOMBROSO Forschung im speziellen[147] begünstigt die Fortentwicklung der kriminologischen Forschung. Hierbei sind es unter den Medizinern überwiegend Psychiater[148] und Gerichtsmediziner, die sich einschalten.

[140]Morel, Traite des degenerescences, 1857; Morel, De la formation du type dans les varies degeneres, 1864

[141]Magnam, Les dégenéres, 1896.

[142]Vgl. auch: Ackerknecht, Kurze Geschichte der Psychiatrie, 1957, S.50 – 55.

[143]v. Engelhardt, Kriminalität zwischen Krankheit und Abnormalität, FS Leferenz, 1983, S.273, zu Degenerationslehre und Darwinismus, Gadebusch – Bondio, Theorien von Lombroso in Deutschland, 1995, S.94 – 97.

[144]HEINRICH SCHÜLE (1840 – 1916) ist Psychiater und leitet im Laufe seines Lebens zahlreiche psychiatrische Kliniken. Später wird er zum Geheimrat ernannt.

[145]Prof. KRAFFT – EBING (1840 – 1902) ist ein herausragender Psychiater seiner Zeit und beschäftigte sich intensiv mit Themen auf dem Gebiet der forensischen Psychiatrie und Gerichtsmedizin. In der Frage der Verbrechensursachen hebt er die krankhaften, degenerativen und erblichen Faktoren des Verbrechens und ihre Nähe zu den Geisteskrankheiten hervor. Eine Behandlung seiner Person im 3. Teil erfolgt jedoch nicht, da er sich ungeachtet seiner kaum übertroffenen Publikationsfülle in seinem gesamten Lebenswerk kein einziges Mal zur Todesstrafe äußert. Dies ist umso erstaunlicher, als sich eine Vielzahl seiner Abhandlungen mit Mord und Todschlag und der Problematik der Zurechnungsfähigkeit auseinandersetzen. Zudem ist KRAFFT – EBING der Enkel CARL JOSEPH ANTON MITTERMAIERS, welcher der Todesstrafe Teile seines Lebenswerkes widmet.

[146]Vgl. auch v. Engelhardt, Kriminalität zwischen Krankheit und Abnormalität, FS Heinz Leferenz, 1983, S.274.

[147]Das erhebliche medizinische Interesse ist gerade auch vor dem Hintergrund zu sehen, dass die medizinische Seite hier die Möglichkeit erkennt und auch begrüßt, mehr Einfluss in den Bereich der Strafrechtswissenschaft hinein zu erlangen. Vgl. auch Evans, Todesstrafe, 2000, S.535. Wie weit sich gerade Psychiater in den Bereich der Strafrechtswissenschaft begeben, wird sich im 3. Teil erschließen.

[148]Als Wissenschaft von den seelischen Störungen und ihrer Heilung oder Verhütung liegt es auf der Hand, dass sich die Psychiatrie bei der Frage nach (seelischen) Auffälligkeiten der Verbrecherpersönlichkeit beschäftigt. Bei der Erforschung des seelisch Abnormen fußt sie auf der Somatologie und Psychopathologie.

Für die deutsche Beteiligung an der Verbrechenserforschung, gerade auch in Auseinandersetzung mit LOMBROSO, sind dabei besonders hervorzuheben: HANS KURELLA (1856 – 1916), der eifrigste Verfechter der Lehre LOMBROSOS in Deutschland,[149] EUGEN BLEUER (1857 – 1939), ROBERT SOMMER (1864 – 1937), ROBERT GAUPP (1870 - 1953) und EMIL KRAEPELIN (1856 – 1926), die jedenfalls den geborenen Verbrecher nicht ablehnen, jedoch seine äußere Erkennbarkeit bestreiten.[150] Bekennende Gegner der lombrosianischen Theorien sind vor allem PAUL NÄCKE (1851 – 1913) und später auch GUSTAV ASCHAFFENBURG (1866 – 1944).

Auf italienischer Seite bildet sich um LOMBROSO die italienische kriminalanthropologische Schule. Zu ihren Anhängern zählen ANTONI MARRO (1840 - 1913), ARRIGO TAMASSIA (1849 – 1917), SALVATORE OTTOLENGHI (– 1934), GIUSEPPE ANTONINI, MARIO CARRARA (1866 – 1937), ENRICO MORSELLI (1852 – 1929), LEONARDO BIANCHI und AUGUSTINO TAMBURINI (1848 – 1919).[151] Später tritt vor allem BENIGNO DI TULLIO hervor.

Ein Überblick über die Teilnehmer an der „kriminalanthropologischen Forschung" nach der Jahrhundertwende erschließt sich aus der fast 300 Personen umfassenden Teilnehmerliste des VII. Internationalen Kongress für Kriminalanthropologie 1912 in Köln.[152] Besonders unter den deutschen und italienischen Teilnehmern hervorzuheben[153] sind: PROF. ASCHAFFENBURG, DR. ANTONINI, PROF. CARRARA, DR. LOMBROSO – FERRERO, PROF. FERRERO, PROF. DEL GRECO (zu dieser Zeit Leiter der Provin-

---

[149] Der Nervenarzt HANS KURELLA unterstützt neben zahlreichen eigenen anthropologischen Veröffentlichungen (z.B. Die Naturgeschichte des Verbrechens 1893, Die Grenzen der Zurechnungsfähigkeit und die Kriminalanthropologie 1903, Anthropologie und Strafrecht, 1912) die Verbreitung der Lehre LOMBROSOS durch zahlreiche Übersetzungen, z.B. Der politische Verbrecher, 1891, Entartung und Genie, 1894, Die Ursachen und Bekämpfung des Verbrechens, 1902, Die Übersetzung des L' uomo delinquent hingegen stammt von Fraenkel. KURELLA ist der einzige deutsche Mediziner, der LOMBROSOS Forschung schon nahezu übereifrig verteidigt: „...der Verbrechertypus im Sinne LOMBROSOS ist mit seinen wesentlichen Merkmalen bei fast 100 % derjenigen Gefangenen nachzuweisen, die aufgrund ihrer Vergangenheit als unverbesserliche Gewohnheitsverbrecher zu gelten haben." Kurella, Naturgeschichte des Verbrechens 1893, S.11, vgl. ausführlich zu den Verteidigern der Lehre LOMBROSOS in Deutschland, Gadebusch – Bondio, Theorien von Lombroso in Deutschland, 1995, 101 – 122.

[150] Sommer stellt hierzu klar, wichtig sei es, folgende zwei Fragen nicht zu vermischen, ob es geborene Verbrecher gibt und ob diese moralische Abnormalität sich in signifikanten morphologischen Kennzeichen ausdrücke, nur letztere sei zu verneinen. Sommer, Kriminalpsychologie, 1904, S.311, vgl. weiter zu Anhängern und Kritikern der Lehre LOMBROSOS, Hering, Der Weg der Kriminologie, 1966, S.79 – 86.

[151] Vgl. FERRI, der auf MORSELLI, TAMASSIA, VIRGILIO, SERGIS und BIANCHI hinweist. Ferri, Das Verbrechen 1896/1892, S.16. Im Nachruf für CESARE LOMBROSO zählt TAMBURINI u.a. OTTOLENGHI, MORELLI, BIANCHI, DESANCTIS aber auch die Juristen ELLERO, FERRI und NICEFORO zu jenen, die sich durch Lombrosos Forschung anregen haben lassen. Tamburini, Cesare Lombroso, Riv. Sper. Fren. 1909, IX. Von den Genannten erscheinen dann auch zahlreiche Veröffentlichungen im Archivio, vgl. zum Archivio auch unten Teil 3 B II.

[152] Die Teilnehmerliste ist dem Bericht über den VII. Internationalen Kongress für Kriminalanthropologie entnommen, herausgegeben von Gustav Aschaffenburg und Dr. Partenheimer, 1912.

[153] Die Zeitschriftenanalyse weist die hier aufgelisteten Mediziner dadurch aus, dass von ihnen die Mehrzahl der Veröffentlichungen im Bereich „Kriminalanthropologie" stammt. Hervorzuheben ist zudem die Teilnahme vieler bedeutender Universitätsprofessoren der Rechtswissenschaften: FERRI, GRAF GLEISPACH, G.A. VAN HAMEL (Holland), J.A. VAN HAMEL (Holland), V. KAHL, V. LILIENTHAL, V. LISZT, ROSENFELD, THYRÉN (Schweden).

zialirrenanstalt und Privatdozent), DR. KURELLA (NERVENARZT), DR. LATTES (zu dieser Zeit Assistent bei CARRARA später Prof. der gerichtlichen Medizin in Modena), PROF. LACASSAGNE, DR. LEPPMANN (zu dieser Zeit Medizinalrat), PROF. OTTOLENGHI (zu dieser Zeit Prof. für gerichtliche Medizin an der Univ. Rom), PROF. PUPPE (zu dieser Zeit Direktor gerichtliche Medizin, Univ. Königsberg), PROF. SOMMER, DR. SAPORITO (zu dieser Zeit Direktor der Kriminalirrenanstalt Aversa), PROF. SCHULZE (zu dieser Zeit Prof. der Psychiatrie in Greifswald), PROF. ZUCCARELLI (zu dieser Zeit Direktor des Instituts für Kriminalanthropologie in Neapel). Viele dieser Mediziner werden im 3. Teil eingehend gewürdigt.

3. Inhalt der Auseinandersetzung

a. Die Suche nach individuellen Verbrechensursachen

Betrachtet man die medizinische Forschung vor der Jahrhundertwende, dominiert zunächst die von LOMBROSO aufgeworfene Frage, ob der Verbrecher ein bestimmter Typus des Menschen sei. [154] Schnell jedoch wird der besondere „atavistische" Verbrechertypus und seine körperlichen Merkmale von der Suche nach Verbrechensursachen als erbliche oder pathologische „krankhafte" Erscheinung überlagert. Die Ursachen und Wirkungen des krankhaften Zustandes werden dabei sehr unterschiedlich erklärt, wobei zumeist eine Degenerationstheorie in Anlehnung an MOREL vertreten wird. Die Degenerationstheorie ermöglicht wie dargestellt, Verbrechen und Geisteskrankheit aus der gleichen Ursache heraus zu erklären.

Will man die Entwicklung der Forschung am verbrecherischen Menschen nachvollziehen, bietet sich auch der Blick auf die verschiedenen Themen der Internationalen Anthropologenkongresse[155] an. ASCHAFFENBURG berichtet hier, dass auf dem erstmalig 1884 in Rom abgehaltenen Kongress überwiegend die Frage der körperlichen Verbrechensmerkmale diskutiert wird. Über die Fortentwicklung der Forschungs- und Diskussionsinhalte schreibt er in Hinblick auf den 7. Internationalen Anthropologenkongresses 1912 in Köln, dass ihm mittlerweile die Bezeichnung Anthropologie unzutreffend und schief erscheine. „Von Anthropologie war kaum noch die Rede, höchstens in Form kritischer Ablehnung. Umso stärker war das Suchen nach der psychologischen Eigenart bestimmter Verbrechergruppen. Immer stärker trat in den Fordergrund, dass nur die psychische Persönlichkeit von Bedeutung sei. Auch hier ist in den

---

[154]Gesucht wird weiter nach äußeren Merkmalen für seine Identifikation, die insbesondere zu umfangreichen kraniologischen Arbeiten führt. Vgl. zur Beteiligung an der kraniologischen Forschung, Hering, Kriminologie, 1966, S.79.

[155]Der erste Kongress findet 1884 in Rom statt, der zweite 1889 in Paris, der dritte 1892 in Brüssel, der vierte 1896 in Genf, der fünfte 1901 in Amsterdam, der sechste 1906 in Turin und zuletzt 1912 in Köln. Eine eingehende Auseinandersetzung mit den Kongressen in Rom, Amsterdam und Köln findet sich bei: Ferri, L' Antropologia Criminale, Studi sulla criminalità, 1926, p.737 – 800.

letzten Jahren ein Wandel eingetreten. Ausgehend von KRETSCHMERS Darstellungen des engen Zusammenhangs zwischen Körperbau und Charakter, hat die Kriminalbiologie, d.h. die Wissenschaft die sowohl den Körperbau und die Körperfunktionen, wie die psychologischen Eigenschaften studieren bestrebt ist, an Boden gewonnen.“[156] Mit der Kriminalbiologie tritt die Frage der Erblichkeit des Verbrechens in den Vordergrund, die von Sterilisationsdebatten begleitet wird.

Diese Hinwendung zu einer kriminalbiologischen Verbrechenserklärung verdichtet sich in der Folgezeit nach dem ersten Weltkrieg bis zu ihrer Pervertierung im Nationalsozialismus. Die These der Erblichkeit des Verbrechens gewinnt immer mehr Befürworter. Neben KRETSCHMERS konstitutionsbiologischen Studien zu „Körperbau und Charakter“ wird diese Entwicklung von KURT SCHNEIDERS Psychopathentypen und den erbbiologischen Untersuchungen von JOHANNES LANGE und später WILHELM KRANZ und FRIEDRICH STUMPFL mitbeeinflusst.[157] 1924 wird zur Datengewinnung in Bayern unter Leitung von VIERSTEIN erstmals eine kriminalbiologische Sammelstelle geschaffen[158]. VIERSTEIN wird dann auch Mitglied des Vorstandes der 1927 in Wien gegründeten kriminalbiologischen Gesellschaft[159].

Eine ähnliche Entwicklung wie sie soeben von ASCHAFFENBURG aufgezeigt wird, berichtet auch der italienische Mediziner VIDONI (Direktor des Kriminalanthropologischen Institutes in Genua). „Im Studium der Kriminalität, praktisch als überzogene Gegenreaktion auf die anthropologischen Merkmale der Schule LOMBROSOS, war es zu einer überwiegend psychologischen Ausrichtung gekommen, während wir heute wieder zu morphologischen Bewertungen und zu einer verstärkten Betonung der Anlagefaktoren...zurückzukehren pflegen.“[160] Und DI TULLIO schreibt 1930: “Die Er-

---

[156]Aschaffenburg, Der Einfluss Kraepelins, Allg. Z. Psych., 1929, S.87, vgl. ausführlich Aschaffenburg – Partenheimer, Bericht über den VII. Internationalen Kongress für Kriminalanthropologie, 1912.

[157]Da die Beteiligung KRETSCHMERS, SCHNEIDERS, LANGES und KRANZ auf die Erforschung dieser Einzelphänomene beschränkt und eine, darüber hinausgehende Teilnahme am Forschungsgebiet der Kriminologie nicht stattfindet, wurden die Genannten nicht für die Darstellung im 3. Teil ausgewählt. Erwähnenswert ist in diesem Zusammenhang, dass außer KRETSCHMER und STUMPFL, hinzuzufügen ist aber HANS GRUHLE, alle der genanten Mediziner in direkter oder indirekter Verbindung zu EMIL KRAEPELIN stehen, dessen herausragende Stellung im 3. Teil dargelegt wird und der über seine eigene Aktivität hinaus, viele seiner Schüler an der kriminologischen Forschung interessieren kann. Welchen Beitrag die Vererbungs- und Sippenforschung KRETSCHMERS, SCHNEIDERS, LANGES und KRANZ u.a. in der Rassenideologie des Dritten Reiches einnimmt und wie nur bewusst zielorientierte Interpretationen die gewünschten Erblichkeitsnachweise liefern, weist Streng für eine Reihe von Kriminologen nach. Er spricht von „ideologisch indiziertem Wunschdenken“. Streng, Beitrag der Kriminologie...im „Dritten Reich“ MschrKrim, 1993, S.145 – 152.

[158]Vgl. zur Geschichte der Kriminalbiologischen Sammelstelle, die auf Vorschlag des Gefängnisarztes THEODOR VIERSTEIN errichtet und von ihm geleitet wird (erst in Straubing und ab 1930 als Teil der Deutschen Forschungsgesellschaft in München), deren Tätigkeit als auch zu den kontroversen Ansichten hierüber, Streng, Beitrag der Kriminologie im „Dritten Reich“, MschrKrim, 1993, S.141 – 168, Wenzell, Inventing the Criminal, 2000, S.128 – 142.

[159]Vgl. zur betont biologischen Betrachtung des Verbrechens durch die kriminalbiologischen Gesellschaft Schöch, Gesellschaftliche Organisation der Kriminologie, GS H. Kaufmann, 1986, S.362 – 364.

[160]Vidoni, La criminalità nello studio dei riferimenti biologici, Rivista Penale 1930, p.1011.

kenntnisse dieses biologischen Anteils an der Ätiologie der Kriminalität bestätigt die Grundbegriffe der Theorie LOMBROSOS und bestärkt uns in unserer Forderung, Prophylaxe und Therapie des Verbrechers mehr und mehr im Sinne der LOMBROSOSCHEN und positivistischen Leitgedanken zu orientieren."[161]

Die vermeintlichen Ergebnisse und die Richtungsweisung der Veranlagungs- und Erblichkeitsforschung, gepaart mit der Angst einer „negativen sozialen Auslese" finden ihren Ausdruck in allgemeinen, vielfach von medizinischer Seite mitgetragenen[162], eugenischen Forderungen,[163] die Gesellschaft soll „geheilt" werden. Dieser Ansatz wird schließlich im Nationalsozialismus und im Faschismus aufgegriffen und weitergeführt.[164] Die besondere Bedeutung dieser Entwicklung für die Reaktion auf dem Verbrecher werden im 3. Teil dargestellt.[165]

Die verschiedenen Forschungsschwerpunkte, denen dann jeweils unterschiedliche Ursachentheorien für das Verbrechen zugrunde liegen, lassen sich in Deutschland aber auch anhand der unterschiedlichen Bezeichnungen nachvollziehen. So ändert sich die Bezeichnung der Forschung auf dem Gebiet der Verbrechensentstehung von Kri-

---

[161] Di Tullio, Anlage und Kriminalität, ZStW, 1930, S.498.

[162] STRANSKY verkündet 1918 in der Allgemeinen Zeitschrift für Psychiatrie, die Verbindung von Gesellschaftsschutz und Rassenhygiene müsse oberstes Ziel der Arbeitsinteressen der Ärzte sein. Stransky, Angewandte Psychiatrie, Allg. Z. Psych., 1918, S.29. In der Z. Med. Beamte, Allg. Z. Psych. erscheinen zahlreiche Auseinandersetzungen. Später tritt das Archiv für Rassen- und Gesellschaftsbiologie hinzu. KIHN (1895 – 1965), Professor für Psychiatrie und Neurologie, stellt 1932 folgende Mittel vor, damit sich die Gesellschaft nicht in den Verfall fortentwickle: „I. Eheberatung, Auswahl geeigneter Ehepartner, Eheverbot an Untaugliche. 2.Vernichtung lebensunwerten Lebens. 3.Asylierung fortpflanzungsungeeigneter Männer und Frauen. 4. Sterilisation und Kastration all derjenigen, deren Nachkommenschaft der Gesellschaft unerwünscht ist." Wobei er hier insbesondere an Gewohnheitsverbrecher denkt. Kihn, Ausschaltung der Minderwertigen, Allg. Z. Psych., 1932, S.391, 393.

[163] KIHN fragt, symptomatisch für den Zeitgeist, danach, ob vom ärztlichen Standpunkt „einen Untergang des Abendlandes" bevorstehe, Kihn, Ausschaltung der Minderwertigen, Allg. Z. Psych., 1932, S.388. Die Annahme, dass diese Gefahr besteht, begründet sich neben den vermeintlichen Ergebnissen der frühen Humangenetik, in der Annahme, dass sich die höheren Schichten, die „tüchtiger" seien, nachweislich weniger Kinder hätten, als die „sozial zurückgebliebenen Schichten". Daher lautet die Forderung der Rassehygieniker und Eugeniker die Produktion zahlreicher und „minderwertiger" Kinder zu verhindern und die Vermehrung „gut qualifizierter" Kinder zu fördern. Die eugenischen Maßnahmen erscheinen dabei in zwei Richtungen: positive Eugenik, die die erwünschte Fortpflanzung fördern soll und negative Eugenik, wie Heiratsverbote, Zwangsasylierung und Kastration bis zur Realisierung der Vernichtung „lebensunwerten Lebens" im Nationalsozialismus. Zur Förderung der eugenischen Bestrebungen entstehen dann in Deutschland und Italien entsprechende Gesellschaften und Zeitschriften werden gegründet. 1924 findet in Italien der erste Congresso di Eugenica Sociale statt. Vgl. zum Begriff, Pschyrembel, 1994, S.444, zur Entwicklung der Eugenik Weingart, Politik und Vererbung, in: Wissenschaft auf Irrwegen, 1992.

[164] Vgl. dazu Weingard, Kroll, Bayertz, Rasse, Blut und Gene, Geschichte der Eugenik und Rassenhygiene in Deutschland, Frankfurt, 1988, Maiocchi, Roberto, Scienza Italiana e razzismo fascista, Firenze, 1999. Den Beitrag der kriminologischen Forschung zur Entwicklung im Dritten Reich erarbeitet Streng: Beitrag der Kriminologie zu Entstehung und Rechtfertigung staatlichen Unrechts im „Dritten Reich", 1993, S.141 – 168 und auf die Psychiatrie fokussiert unter dem Titel „Die Psychiatrie auf dem Weg in den Faschismus": Kammeier, Maßregelrecht, 1996, S.20 – 26.

[165] Die Auswirkungen für den Verbrecher erscheinen auf zwei Ebenen. Einmal wird auch der Verbrecher Objekt der Sterilisationsdebatte, auf der anderen Seite erlangt die Strafe eine neue Zwecksetzung. Sie wird Mittel der „künstlichen Auslese". Die Einzelheiten werden im 3. Teil dargestellt.

minalanthropologie über Kriminalpsychologie zu Kriminalbiologie. In Italien hingegen wird die Bezeichnung „Antropologia Criminale“[166] beibehalten. Schon hier deutet sich der fortdauernde Einfluss LOMBROSOS auf die italienische Forschung bis zum zweiten Weltkrieg an.

Fasst man die Entwicklung nach der Jahrhundertwende zusammen, so dominiert neben einigen Ansätzen, das Verbrechen unter psychologischen und psychoanalytischen[167] Gesichtspunkten zu betrachten, eine „biologische“ Erklärung des Verbrechens. Vererbungs- und Degenerationsursachenstehen stehen wieder im Fordergrund. Zwar hat damit der Begründungsansatz seit LOMBROSO eine Veränderung erfahren,[168] jedoch zeigt sich, dass viele Jahre später wieder eine starke Betonung des Anlagedenkens die Forschung beeinflusst.

b. Die sozialen Ursachen des Verbrechens

Neben den „individuellen“ bzw. „biologischen“ Ursachen des Verbrechens verschließen sich die Mediziner aber ebenfalls nicht dem Gedanken, dass auch die äußeren Umstände bei der Verbrechensbetrachtung zu berücksichtigen sind, ohne dabei jedoch vertieft in soziologische Studien einzutreten.[169] Dabei reichen die Ansichten von völliger Ablehnung des Einflusses sozialer Faktoren, wie im frühen Werk LOMBROSOS, bis zu der Ansicht, dass die sozialen Faktoren die maßgebliche Ursache des Verbrechens seien. Das Zusammenspiel der Einflüsse kann vereinfacht als „Anlage – Umwelt“ Formel bezeichnet werden,[170] über deren Gewichtung der Streit im besagten Zeitraum geführt wird.[171]

c. Die Ursachen und Bekämpfungsmöglichkeiten des Verbrechens

Im Zuge dieser umfassenden Betrachtung des Verbrechensphänomens entstehen nun Entwürfe einer Kriminologie als eigenständiger Lehre vom Verbrechen, Verbrecher und der Verbrechenskontrolle. Neben die Klärung der individuellen und sozialen

[166]Vgl. dazu u.a. Riv. Sper. Fren. In der 1930 noch eine Artikel zur „Antropologia Criminale“ erscheinen.

[167]Beispiele für psychoanalytische Tendenzen in der Zeit vor 1933 sind insbesondere: Reik, Gedächtniszwang und Strafbedürfnis, 1925, Alexander; Staub, Der Verbrecher und seine Richter, 1929, vgl. auch Moser, Psychoanalyse und Strafrecht, Repressive Kriminalpsychiatrie, 1971, S.226 – 236.

[168]Von der Idee des Verbrechers als atavistischem Rückschlag entwickelt sich Ansätze hin zu einer pathologischen und ererbten Belastung.

[169]Die Mediziner beschränken sich, wenn sie sich überhaupt weitergehend mit den sozialen Faktoren auseinandersetzen, auf die Bewertung bestehender Statistiken. Vorbildlich zeigt sich dies bei Aschaffenburg, der das erste Kapitel seines Lehrbuchs über die sozialen Faktoren des Verbrechens, „Ursachen und Bekämpfung des Verbrechens“ auf die Statistik von Mayr und Oettingen und auf die offizielle Statistik des Deutschen Reiches stützt.

[170]Vgl. zur Anlage – Umweltformel, die mittlerweile ihre Bezeichnung und ihren Inhalt verändert hat, Lüdersen, Kriminologie, 1984, S.97 – 98, vgl. auch Göppinger, Kriminologie, 1997, S.11, 15, 50, 209.

[171]Für die Einzelheiten der Gewichtung beim individuellen Verbrecher und dem Verbrechensphänomen überhaupt kann auf den 2. und 3. Teil verwiesen werden.

Verbrechensursachen treten konkrete Vorschläge zur Verbrechensbekämpfung. Hier zeigt sich, dass gerade das Strafrecht, seine Grundlagen und seine Ziele in das medizinisch – psychiatrische Interesse rücken. Stellvertretend ist ASCHAFFENBURG zu nennen, der 1903 mit „Das Verbrechen und seine Bekämpfung" praktisch ein Lehrbuch der Kriminologie, mit Richtungsweisungen für ein zukünftiges Strafrecht, vorlegt. Auch LOMBROSO widmet sich in seinem späteren Werk zunehmend einer umfassenden Erfassung und Bearbeitung des Verbrechens, die er sowohl in seinen späteren Auflagen des „L' uomo delinquente" als auch in „Die Ursachen und die Bekämpfung des Verbrechens", Erstauflage 1896, zum Ausdruck bringt.

Im 3. Teil wird sich zeigen, wie weitgehend deutsche und italienische Mediziner über das Studium des Verbrechers und Fragen der Zurechnungsfähigkeit hinaus, den Anspruch erheben, Konzepte von Verbrechen und Strafe schlechthin zu entwickeln.

II. Förderung der Entwicklung der Kriminologie durch italienische und deutsche Juristen und Gründung der IKV

Dass insbesondere die Vertreter der modernen Strafrechtsschulen ein besonderes Interesse an der Erforschung des Verbrechers haben, wurde bereits dargelegt. Unter den Juristen tritt an dieser Stelle wieder V. LISZT hervor[172]. Er betont die Notwendigkeit „kriminalistischer"[173] Forschung, wenn er sie auch nicht zwingend deshalb selbst durchführt.[174] Zu diesem Zweck gründet er[175] zusammen mit ADOLF DOCHOW schon 1880 die ZEITSCHRIFT FÜR DIE GESAMTEN STRAFRECHTSWISSENSCHAFTEN[176] und fordert die Erweiterung der Strafrechtswissenschaft zur „gesamten Strafrechtswissenschaft", in die neben der Kriminalanthropologie auch die Kriminalpsychologie und Kriminalstatistik einbezogen werden müsse.[177] Das der Strafrechtswissenschaft im

[172]Weiterführend zur Bedeutung V. LISZTS für die Kriminologie und die Bedeutung seiner eigenen praktischen Forschung, vgl. unten Teil 2 A III.

[173]Zu beachten ist, dass sich das Verständnis von Kriminalistik im Laufe der Zeit geändert hat. Während V. LISZT unter Kriminalistik die Zusammenfassung aller Wissenschaften versteht, die sich mit dem „crimen" befassen, versteht man heute unter Kriminalistik im engeren Sinn die Kriminaltechnik, -taktik, -strategie. Vgl. dazu auch Göppinger, Kriminologie, 1997, S.40 – 41.

[174]Von der Seite der Rechtswissenschaft aus gesehen, schreibt Hering: „Die von V. LISZT und der IKV geforderten kriminologischen Forschungen über die Ursachen des Verbrechens wurden auch weiterhin zunächst nicht von Strafrechtlern, sondern hauptsächlich von Psychiatern und Statistikern verwirklicht." Hering, Der Weg der Kriminologie, 1966, S.185.

[175]Darüber hinaus gründet er kriminalistische Seminare und fordert mit Nachdruck die Schaffung kriminalistischer Institute. Berühmt wurde das kriminalistische Seminar an der Universität von Berlin. Auf die Interaktion mit Italien weist hier hin, dass FERRI seinen besten Schüler GRISPIGNI entsendet, um bei V. LISZT zu hören.

[176]Weiterführend zur ZStW unten Teil 2 A.

[177]V. LISZT fordert die Vereinigung materiellen wie prozessualen Strafrechts, einschließlich der strafrechtlichen Hilfswissenschaften (alles Disziplinen der heutigen Kriminologie) und der Kriminalstatistik. Für die kriminalanthropologischen Beiträge fragt er insbesondere bei LOMBROSO an, ob dieser nicht Aufsätze liefern wolle. 1881 und 1883 erscheinen dann auch zwei Aufsätze von LOMBROSO „Über den Ursprung, das Wesen und die Bestrebungen der neuen anthropologisch – kriminalistischen Schule in Italien" 1881 und „Pro scuola mea" 1883. Dann

Verhältnis zur Kriminalanthropologie und Kriminalpsychologie die Führungsrolle zukommen müsse, ist für v. LISZT selbstverständlich: „Unserer Wissenschaft gebührt die Führung in diesem Kampfe".[178]

Natürlich wird die Notwendigkeit der Gewinnung statistischen Materials auch von anderen Juristen betont, um die gewonnen Erkenntnisse in der Kriminalitätsbekämpfung zu verwenden. In Deutschland sind es dann nach dem ersten Weltkrieg vor allem FRANZ EXNER, ADOLF LENZ, EDMUND METZGER und WILHELM SAUER, die kriminologisches Wissen sammeln, es systematisieren und kriminalpolitische Forderungen damit verknüpfen[179].

Ähnliche Bestrebungen verfolgt man in Italien. Unter den Juristen, die sich der Erforschung der Ursachen des Verbrechens widmen, ist als erster FERRI[180] zu nennen. Er gründet in Italien die „Società italiana di antropologia, sociologia e diritto criminale" und ein kriminologisches Institut, die „Scuola d'applicazione giuridico – criminale" (1912). Neben der Übernahme der Forschungsergebnisse LOMBROSOS, die sich mit der Zeit relativieren, tritt er durch eigene statistische und individuelle Erforschung des Verbrechens hervor. Er betont dabei die sozialen Faktoren des Verbrechens.

Im Unterschied zum Deutschen v. LISZT gehen seine Forderungen für das Verhältnis Kriminalanthropologie und Kriminalstatistik zur Strafrechtswissenschaft viel weiter. FERRI fordert, in Zukunft „Kriminal – Soziologie" zu betreiben, in der „die Kriminalanthropologie und die Statistik einerseits, das Strafrecht andererseits ... nur ihre besonderen Kapitel" sind.[181]

Auch GAROFALO ist hier zu nennen, der sich zunächst mit LOMBROSOS geborenem Verbrecher auseinandersetzt. Er ist bestrebt, die Erkenntnisse der kriminalanthropologischen Schule in eine neue Strafrechtslehre umzusetzen. 1885 erscheint dann die erste Fassung seines Werkes „Criminologia"[182], mit der er ein komplettes Werk der Kri-

---

enden seine Publikationen. Dass das Verhältnis v. LISZTS gerade zur kriminalanthropologischen Forschung in Italien und LOMBROSO im speziellen, auch nicht besonders gut ist, wird an späterer Stelle noch näher aufgezeigt.

[178]V. Liszt, Marburger Programm, 1882, S.32. Schöch weist hier darauf hin, dass nicht die Kriminologie oder ihre Bezugswissenschaften als solche gemeint sind, sondern sich der Führungsanspruch auf die Umsetzung der Erkenntnisse in kriminalpolitische Entscheidungen beziehe, da hierfür wie in der Strafrechtswissenschaft letztlich normative Überlegungen ausschlaggebend sind. Schöch, Marburger Programm, ZStW, 1982, S.882 – 883.

[179]Zur Bedeutung im Nationalsozialismus, Streng, Beitrag der Kriminologie im „Dritten Reich", 1993, insb. S.141 – 143, 163 – 165.

[180]Vgl. zu den Einzelheiten seiner Theorie der Verbrechensentstehung Teil 2 B.

[181]Ferri, Das Verbrechen, 1896/1892, S.475, 477.

[182]Garofalo, Criminologia, 1885, 2. Edizione, 1891, GAROFALOS Kriminologie ist in drei Kapitel unterteilt: I. l'azione criminosa e la reazione, II. Le Cause del delitti, III. La repressione. Besonders beachtlich sind GAROFALOS Lösungsvorschläge zum Problem der Normabhängigkeit des Verbrechens. Er will diesem Problem durch die Umschreibung eines sog. natürlichen Verbrechens begegnen, dass der kriminologischen Betrachtung als Grundlage dienen soll. Er greift insoweit jene Wissenschaftler an, die sich nunmehr verstärkt mit dem Verbrechen

minologie vorlegt. Eigene kriminologische Forschung wird von GAROFALO hingegen nicht betrieben.[183]

1889 wird dann die internationale kriminalistische Vereinigung (IKV)[184] gegründet. Gründerväter sind V. LISZT, der BELGIER PRINS und der HOLLÄNDER VAN HAMEL. 1889 tritt FERRI der IKV mit seiner in Italien gegründeten „Società italiana di antropologia, sociologia e diritto criminale" komplett bei. Neben einer überwiegenden Anzahl von Juristen nehmen auch Mediziner und Vertreter anderer Fachrichtungen teil.[185]

In der ursprünglichen Satzung der Vereinigung[186] ließt man u.a., dass „die Ergebnisse der anthropologischen[187] und soziologischen Forschung...von der Strafrechtswissenschaft wie von der Strafgesetzgebung zu berücksichtigen" seien. So wird die IKV bis zum ersten Weltkrieg ein Forum des internationalen Austausches, dass die Notwendigkeit anthropologischer und kriminologischer Forschung betont und sich die wissenschaftliche Erforschung des Verbrechens, seiner Ursachen und der Mittel seiner Bekämpfung zur Aufgabe macht.[188] Nach dem ersten Weltkrieg setzt sich aber der

---

auseinandersetzen würden, ohne sich Gedanken über die Bedeutung des Begriffs zu machen. Er stellt sich die Frage der Grenzen des Verbrechens als natürlich-soziologisches Phänomen und der Soziologe könne sich hier nicht an den Juristen wenden, schon da es für den soziologischen Standpunkt nicht möglich sei, dass in einem Land verschieden Handlungen mal strafbar, mal straffrei seien. Dieses „natürliche Verbrechen" kennzeichne sich durch die Verletzung von „moralischem Empfinden" in Form von Mitleid (Pieta) und Redlichkeit (propina), wie sie im Durchschnittsmenschen zu finden und für das menschliche Zusammenleben unerlässlich seien." Vgl. Garofalo, Criminologia, 1891, p.3 – 5. Auf den entwickelten Begriffen von „Verbrechen" und „Verbrecher" baut er dann ein am Gesellschaftsschutz orientiertes Strafrechtssystem auf. Entscheidend werden in seinem System die Kriterien der Bedrohlichkeit und der Anpassungsfähigkeit.

[164]Vgl. näher zu Person und Strafrechtskonzept: Hering, Der Weg der Kriminologie, 1966, S.75 – 79; Allen, Raffaele Garofalo, 1960, p.254 – 275. Teile einer dogmatischen Umsetzung eines auf dem Kriterium der Gefährlichkeit (pericolosità) aufgebauten Strafrechts werden im 2. Teil bei ENRICO FERRI aufgezeigt, der von GAROFALO inspiriert und als Folge seines positiven Konzepts die „Gefährlichkeit" zum Maßprinzip der Strafe werden lässt.

[184]Zur Geschichte der IKV, Bellmann, Die Internationale Kriminalistische Vereinigung (1889 – 1933), 1993.

[185]Vgl. zu den Teilnehmern: ZStW, 1889, S.369, Die Anzahl der Teilnehmer wächst von 75 Mitgliedern im Jahr 1888 auf eine Zahl von 1122 im Jahr 1904, vgl. Mitgliederverzeichnis in: Mitteilungen der IKV, 1904, S.3ff.

[186]Mitteilungen der IKV, 1889, S.1ff. In der Neufassung 1897 werden einige Passagen gestrichen, insbesondere das Bekenntnis zu einem bestimmten Strafzweck, um die IKV aus der theoretischen Strafzweckdiskussion herauszuhalten. In Abs. I Fassung 1889 ist zu lesen: „Aufgabe der Strafe ist die Bekämpfung des Verbrechens als soziale Erscheinung". Das Grundbekenntnis wird wie folgt formuliert: „Die IKV vertritt die Ansicht, dass sowohl das Verbrechen als auch die Mittel zu seiner Bekämpfung nicht nur vom juristischen, sondern eben auch vom anthropologischen und soziologischen Standpunkt aus betrachtet werden müssen. Sie stellt sich zur Aufgabe die wissenschaftliche Erforschung des Verbrechens, seiner Ursachen und der Mittel zu seiner Bekämpfung." Vgl. zur Satzung im gesamten: Mitteilungen der IKV, 1896, 5. Bd. S.549ff, 6. Bd. S.69.

[187]Wieder ist nicht LOMBROSOS Forschung im engeren Sinne seines geborenen Verbrechers gemeint, sondern die physischen Eigenschaften des Verbrechers im allgemeinen. Dies kann aus der überwiegend ablehnenden Haltung, die gerade LOMBROSOS frühen Thesen entgegengebracht wird, geschlossen werden. Ähnlich auch Hering, Der Weg der Kriminologie, 1966, S.172.

[188]Hering schreibt über die IKV „Die IKV ist also ihren Grundsätzen nach nichts anderes als eine Vereinigung von solchen, die, unbekümmert um den Schulenstreit zwischen absoluten und relativen Theorien, Determinismus und Indeterminismus, für den Kriminalisten die Notwendigkeit soziologischer und anthropologischer Forschung betonen und die wissenschaftliche Erforschung des Verbrechens, seiner Ursachen und der Mittel zu seiner Bekämpfung sich zur gemeinsamen Aufgabe gestellt haben." Hering, Der Weg der Kriminologie, 1966, S.173.

internationale Austausch nicht mehr fort[189] und die Deutsche Landesgruppe wird 1937 von den Nationalsozialisten aufgelöst.
Im Ergebnis kann daher festgehalten werden, dass im Zusammenspiel der medizinischen und juristischen Bestrebungen, eine wissenschaftliche Kriminologie entsteht. Dabei werden bereits komplette Werke vorgelegt, die sich dadurch auszeichnen, dass der Versuch einer empirischen Fundierung unternommen wird, wenn auch vieles gemessen am heutigem Kenntnisstand spekulativ bleibt. Aus der Richtung der Strafrechtswissenschaft geblickt, führt der „Einbruch" der „modernen" Schule in das „klassische" System des Strafrechts zu der Frage, wie die Strafe wirken kann, da nur die wirksame, dem Zweck zuträgliche Strafe das Strafrecht im Sinne der modernen Theorien rechtfertigt.[190]

Da nun auch die historische Situation der Kriminologie dargelegt ist, soll zuletzt auf die Grundlagen der Diskussion um die Todesstrafe eingegangen werden, um den Hintergrund für den medizinisch – psychiatrischen Standpunkt zur Todesstrafe aufzuzeigen.

E. Historische Situation der Todesstrafe in Gesetzgebung und Diskussion

Zunächst wird die gesetzliche Lage der Todesstrafe im besagten Zeitraum dargestellt. Anschließend soll ein Überblick über die Diskussion um die Todesstrafe, geführt von Vertretern der Strafrechtswissenschaft und Politikern, gegeben werden. Die Frage der Todesstrafe reduziert sich dabei immer zuletzt auf die Frage nach der Einführung bzw. Beibehaltung dieser Strafart oder nach ihrer Nichteinführung bzw. Abschaffung.

[189] An ihre internationale Bedeutung, welche die IKV vor dem ersten Weltkrieg hat, kann sie nach dem ersten Weltkrieg nicht mehr anknüpfen. Der Austausch zwischen den Ländern findet nicht mehr statt. Und so formuliert V. LISZT „seinen letzten Wunsch" im Vorwort der 21./22. Auflage seines Lehrbuchs 1919: „Glücklich das Geschlecht, das die Wiederaufrichtung der internationalen Arbeitsgemeinschaft auf dem Gebiet der Wissenschaft erlebt." v. Liszt, Strafrecht, 1919, Vorwort S.IV.

[190] Vgl. auch Göppinger, Kriminologie, 1997, S.18. Denn mit ihrem Postulat, von der Strafe bestimmte Wirkungen zu erwarten, die sie zuvor als ihre Strafzwecke festgelegt hat, ändert sich das Wesen der Strafe von einer „begrifflich-systematischen in eine empirisch-folgenorientierte Inhaltsbestimmung" Hassemer, Fortschritt im Recht, in: Hassemer/Lüderssen/Nauke, 1983, S.44. Die relative Konzeption der Strafe hat Folgen für die Legitimation bzw. Rechtfertigung der Strafe: „Die Legitimationsvoraussetzungen relativ konzipierter Strafe sind...empirischer Natur und siedeln an der Outputgrenze, bei den Folgen der Strafe: ob Strafdrohung, Strafverhängung und Strafvollstreckung tauglich sind um Schaden abzuwehren, Heilung zu erreichen und Rechtlichkeit zu stärken." Hassemer, a.a.O., S.45. Dass die kriminalpolitischen Konzepte Ende des 19. und Anfang des 20. Jahrhunderts ihrer wissenschaftlichen Begründung häufig vorweg eilen, wird sich an einigen Beispielen zeigen.

I. Die Verankerung der Todesstrafe im Strafensystem des deutschen und italienischen Strafgesetzbuches

Das Gesetzbuch für das deutsche Reich von 1871 bestimmt als Strafarten, neben Zuchthaus, Gefängnis, Festungshaft, Haft und Geldstrafe auch die Todesstrafe. Sie ist allein für den Mordtatbestand und hier als absolute Strafdrohung vorgesehen. Diese gesetzlichen Situation ändert sich bis zur Machtergreifung durch die Nationalsozialisten 1933 nicht. Zwar nähert man sich gegen Ende der Weimarer Republik einer „faktischen Abschaffung", dabei handelt es sich jedoch nur um eine kurzfristige Errungenschaft für die Gegner der Todesstrafe, die bereits im Jahr 1930 wieder durchbrochen wird.[191]

Anders ist die gesetzliche Situation hingegen in Italien. Im Italienischen Strafgesetzbuch (Codice Penale) von 1889 ist die Todesstrafe als Strafart nicht mehr vorgesehen.[192] Diese Situation ändert jedoch gegen Ende des zu betrachtenden Zeitraumes. Zunächst bilden mehrere Attentate auf MUSSOLINI den Anlass, der im Jahr 1926 zur Einführung der Todesstrafe durch ein Spezialgesetz für politische Verbrechen[193] führt. Die seit 1926 verstärkt geführten Bestrebungen zur Schaffung eines neuen Strafgesetzbuchs enden schließlich, mit dem am 1.7.1931 in Kraft getreten neuen italienischen Strafgesetzbuch, für die Todesstrafe mit dem Ergebnis ihrer Wiedereinführung.[194] Neben einer Vielzahl von Delikten gegen die „Existenzmacht des Staates" wird die Todesstrafe für einige Verbrechen gegen das Leben verankert.[195] Bei Mord tritt obligatorisch die Ersetzung der Todesstrafe durch Gefängnis ein, soweit strafmildernde Umstände anzunehmen sind.

---

[191]Zu geltendem Recht wird die Abschaffung der Todesstrafe in den Zeiten der Weimarer Republik jedoch niemals. Von einem gewissen Sieg der Gegner könnte man aber insoweit sprechen, als es z.Z. der Weimarer Republik praktisch zu einer faktischen Abschaffung durch Nichtanwendung kommt. Ab 1925 fällt die Zahl der Todesurteile, bis 1929 (noch 39 Verurteilungen). 1929 wird kein einziges der Urteile vollstreckt. Durchbrochen wird diese Praxis der Nichtanwendung seitens der bayrischen Regierung durch Hinrichtung des Mörders Tetzner in Regensburg. In Württemberg wird ebenfalls die Begnadigung des Vatermörders Zett abgelehnt, dessen Hinrichtung dann am 20.6.1930 erfolgt. Vgl. zu Einzelheiten, Evans, Rituals of Retribution, 1996, p.485 – 610.

[192]Anders liegt die Situation hingegen im Militärstrafrecht, dass die Todesstrafe weiter als Strafart vorsieht.

[193]Provvedimenti per la difesa dello stato, Gesetz vom 25.Nov.1926, Nr.2008, vgl. ausführlich zur Wiedereinführung der Todesstrafe in Italien, Tessitore, Fascismo, 2000, p.93 – 292 und zur Folgezeit p.293 – 549.

[194]Der Kassationsgerichtshof spricht von insgesamt 26 mit dem Tode bedrohten Verbrechen. Vgl. Simoncelli, Die Wiedereinführung der Todesstrafe in Italien, 1934, S.50.

[195]Die Todesstrafe ist nunmehr angedroht für Mord Art. 576, Blutbad Art. 422, Seuche Art. 438, Vergiftung Art. 439. Mord ist dabei die unter bestimmten strafschärfenden Umständen begangene vorsätzliche Tötung. Die Todesstrafe ist angedroht, soweit nicht wiederum strafmildernde Umstände hinzutreten. Der Tatbestand des Blutbades setzt eine Handlung voraus, die geeignet ist, die öffentliche Unversehrtheit in Gefahr zu bringen mit der Absicht mehrere Personen zu töten, soweit auch der Tod mehrerer Personen verursacht wird und ähnlich fordert auch die Vergiftung und die Seuche, dass diese den Tod mehrerer Personen zur Folge hatte.

II. Diskussionsumfang der Frage der Todesstrafe in Deutschland

1. Allgemein

In den zu betrachtenden Zeitraum fallen einige Phasen, in denen in Deutschland eine intensive Auseinandersetzung um die Frage der Todesstrafe stattfindet. Ein erster Höhepunkt der Auseinandersetzung liegt im Vorfeld der Schaffung des Strafgesetzbuches von 1871.[196] Unter den Publikationen erregt dabei vor allem das Werk MITTERMAIERS[197] Aufsehen. Es enthält eine erste umfangreiche statistische Auseinandersetzung mit der Frage der Todesstrafe.

Trotz zahlreicher Gegenstimmen aus dem juristischen wie aus dem politischen Lager hält die Todesstrafe dann aber dennoch ihren Einzug in das Strafgesetzbuch. Die Abschaffung der Todesstrafe war durch den Bundesrat schon beschlossen. Dass sie dennoch beibehalten wurde, ist auf das persönliche Eingreifen des Reichskanzlers OTTO VON BISMARCKS zurückzuführen.[198] BINDING schreibt hierzu: „Diejenige Frage aber, die in den Augen des Reichstages wie des Bundesrates alle anderen in den Schatten stellte, war die Frage nach der Aufnahme oder Verwerfung der Todesstrafe – eine Frage, deren hohen Ernst niemand verkennen darf, deren Bedeutung von Seiten der Freunde wie der Gegner dieser Strafart doch wohl überschätzt wird. Sonst wäre es unbegreiflich, wie an dieser Frage das ganze Gesetzgebungswerk fast Schiffbruch erlitten hätte, ...“[199]

Nach Verkündung des „Strafgesetzbuches für das Deutsche Reich“ sind es dann vor allem zwei Werke, welche die Diskussion weiter anregen und weiter um die Entscheidung der Frage im Sinne ihrer Abschaffung kämpfen. Einmal ist es die Veröffentlichung V. HOLTZENDORFFS „Das Verbrechen des Mordes und die Todesstrafe“[200] von 1875 und das Werk MORITZ LIEBMANNS „Die Todesstrafe“[201] aus dem Jahr 1912, das als Gutachten zur Vorlage beim Juristentag entsteht.

---

[196]Vgl. dazu Düsing, Die Geschichte der Abschaffung der Todesstrafe, 1952; Düsing gibt auch einen Überblick über die Stellungnahmen in der Literatur seit 1848. Insbesondere das Werk Mittermaiers, der hier eine statistische Aufarbeitung der Frage der abschreckenden Wirkung der Todesstrafe unternimmt. Umfassend auch Evans, Die Geschichte der Todesstrafe, 2000, S.410 – 434.
[197]Vgl. zu Mittermaiers Lebenswerk fokussiert auf die Todesstrafe: Fleckstein, Die Todesstrafe im Werk Mittermaiers, 1991.
[198]Als im Reichstag des Norddeutschen Bundes 1870 das Strafgesetzbuch verabschiedet wird, stimmten in zweiter Lesung, in der insbesondere der Sozialdemokrat Wilhelm Liebknecht eine leidenschaftliche Rede gegen die Todesstrafe hielt, 118 Abgeordnete gegen und 81 für die Beibehaltung der Todesstrafe. In dritter Lesung beschwört jedoch BISMARCK die Abgeordneten und so stimmten letztlich 127 Abgeordnete für und 119 Abgeordnete gegen die Todesstrafe.
[199]Binding, Die gemeinen Deutschen Strafgesetzbücher, 1877, S.36.
[200]V. Holtzendorff, Das Verbrechen des Mordes und die Todesstrafe, 1875.
[201]Liebmann, Die Todesstrafe, 1912.

Weitere Impulse bekommt die Diskussion aber auch durch die Reformbestrebungen zur Schaffung eines neuen Strafgesetzbuches. Dass diese Reformbestrebungen bereits kurz nach Inkrafttreten des StGBs von 1871 einsetzen, wurde bereits im Rahmen des Schulenstreits dargestellt. Da die Todesstrafe im Strafgesetz verankert ist, können die einzelnen Reformdebatten aber auch die Frage ihrer Beibehaltung oder Abschaffung nicht ignorieren. So begleitet die Diskussion um die Todesstrafe die gesamte Strafrechtsreform[202] bis zur „Machterreifung" durch die Nationalsozialisten.[203] Diskussionsforen sind die Juristentage,[204] die Tagungen der IKV[205] und die Sitzungen des Strafrechtsausschusses des Reichstags. 1927 kommt es zu einer Petition deutscher Juristen an den Reichstag auf Abschaffung der Todesstrafe, initiiert von LIEBMANN.[206] Insgesamt wird dabei die Bedeutung der Frage der Todesstrafe unterschiedlich beurteilt. GUSTAV RADBRUCH geht sogar davon aus, die Frage der Abschaffung der Todesstrafe sei Symbol der gesamten Strafrechtsreform[207]. Es ist jedoch im Ergebnis festzuhalten, dass sich keiner der amtlichen Gesetzentwürfe im Sinne ihrer Abschaffung ausspricht. Nichts anderes ergibt sich bei der Betrachtung der Diskussions- und Gegenentwürfe. Eine einzige Ausnahme bildet der Entwurf, der von RAD-

---

[202]Eine Unterbrechung der Reformarbeiten während des ersten Weltkrieges lässt auch die Diskussion um die Todesstrafe zurücktreten. Hier wie auch an anderen Stellen zeigt sich, wie eng die Diskussion um diese Strafart mit Reformbestrebungen verknüpft ist. Mit Beendigung der Phase des Stillstandes der Reformarbeiten im Frühjahr 1918 beginnt man dann auch wieder von neuem, über die Todesstrafe nachzudenken. vgl. Düsing, Die Geschichte der Todesstrafe, 1952, S.120 - 134.

[203]Von den Gegnern der Todesstrafe treten nach der Machtergreifung nur noch wenige und dies sehr zurückhaltend in Erscheinung. Im Jahr 1933 erscheinen noch wenige leise Kritiken zur Frage der Todesstrafe in der MschrKrim: Radbruch, Lesefrüchte, S.96; Aschaffenburg, Wirkt die Todesstrafe abschreckend, S.362 - 363; v. Hentig, Anselm v. Feuerbach und die Strafe des Stranges, 1933; danach erlischt die Auseinandersetzung. Vgl. weiterführend zur MschrKrim unten 3. Teil F II.

[204]In der Diskussion um die Todesstrafe sind die Juristentage von 1863 in Mainz, 1910 in Danzig und 1912 in Wien hervorzuheben. Während sich vor der Schaffung des Strafgesetzbuches von 1871 die überwiegende Teilnehmerzahl für die Abschaffung der Todesstrafe ausspricht, ist die Stimmung knapp 40 Jahre später für eine Beibehaltung der Todesstrafe. Der Abgeordnete V. KAHL ist Verhandlungsführer. Auch die umfassende Studie LIEBMANNS, die zwei Jahre später auf dem Juristentag in Wien vorgelegt wird, ändert daran nichts, dass die Abgeordneten wieder unter der Führung V. KAHLS für die Beibehaltung der Todesstrafe stimmen. V. KAHL meint, die Volksüberzeugung ermögliche derzeit die Abschaffung noch nicht, aber schätzt jene Länder glücklich, die sich schon jetzt in der Lage befänden, die Todesstrafe abzuschaffen. Nach dem ersten Weltkrieg erfolgt keine intensive Auseinandersetzung auf den Juristentagen mehr. Düsing, Die Geschichte der Todesstrafe, 1952, S.164.

[205]Zu Einzelheiten vgl. Bellmann, Die Internationale Kriminalistische Vereinigung, 1991, S.132 - 133, 157.

[206]Diese Petition wird von 424 Rechtslehrern und Praktikern unterzeichnet und zeigt die Intensität der Abschaffungsbemühungen. Vgl. Mitteilungen zur Todesstrafe, Justiz, 1927, S.624.

[207]Vgl. Radbruch, Abschaffung der Todesstrafe als Symbol der Strafrechtsreform (1931), Wassermann, 1922, S.321: „Durch die Strafe die an der Spitze des Strafsystems steht, wird der Eindruck des gesamten Strafrechts bestimmt. Gipfelt das Strafensystem in der Todesstrafe, so teilt sie allen Strafen etwas von ihrem Blutgeruch mit, von ihrem Vergeltungs- und Rachegeist. Der Geist eines neuen, sozialen Strafrechts kann sich nur durchsetzen, wenn das Gespenst der Todesstrafe gebannt wird." RADBRUCHS Entwurf 1922 zeichnet sich durch eine Ausgestaltung des Strafensystems nach den Grundsätzen kriminalpolitischer Notwendigkeit und Zweckmäßigkeit unter Abkehr vom Vergeltungsgedanken aus. (vgl. auch Wassermann im Vorwort S.25 in: Wassermann, 1992). An späterer Stelle zeigt sich, dass andere bei gleicher Ausgangsposition zur Befürwortung der Todesstrafe allein unter Zweckmäßigkeitsgesichtspunkten kommen.

BRUCH selbst stammt. Dieser Entwurf 1922 sieht die Todesstrafe als Strafart nicht mehr vor.

Es zeigt sich, dass die deutsche Diskussion über die Todesstrafe auf Seiten der Politik und der Rechtswissenschaften nie über einen wirklich langen Zeitraum erlischt. Die gesetzliche Situation der Todesstrafe bleibt jedoch über den gesamten Zeitraum unverändert und die Strafe wird ausgesprochen und vollstreckt.

2. Die Argumente in der Frage der Todesstrafe und der Standpunkt der Vertreter des Schulenstreits

Interessant ist in diesem Zusammenhang, wie sich die Vertreter des Schulenstreits zur Frage der Todesstrafe stellen. Wenn es im 3. Teil um die Prüfung des medizinisch – psychiatrischen Standpunktes in dieser Frage geht, soll hier kurz geprüft werden, ob auf Seiten der „klassischen" und „modernen Strafrechtsschule" in Deutschland einheitliche Standpunkte bestehen und mit welchen Argumenten sich die verschiedenen Vertreter beteiligen. Dass die Frage der Todesstrafe einen Teil der Strafrechtsreform bildet, wurde dargelegt. Vorwegzunehmen ist aber schon hier, dass RADBRUCHS Auffassung von der Bedeutung der Frage der Todesstrafe für die gesamte Strafrechtsreform, kaum geteilt wird.

Zunächst ist auf die Aktivität der Deutschen Landesgruppe der IKV hinzuweisen. Bei Gelegenheit der Essener Tagung am 29. Mai 1931 wird von einigen namhaften Mitgliedern, überwiegend Vertretern der modernen oder vermittelnden Strafrechtsschule, eine Entschließung zur Abschaffung der Todesstrafe unerzeichnet: „...In der Stellung zur Todesstrafe offenbart sich die Grundhaltung des Strafrechts. Zum Schutz von Staat und Gesellschaft gegen die schwersten Formen gemeingefährlicher Kriminalität sind, entsprechend den heutigen kriminalpolitischen Forderungen, unbestimmte Verurteilung oder Sicherungsverwahrung die gebotenen Maßnahmen. Der Todesstrafe bedarf es nicht. Ihre Beibehaltung würde einen verhängnisvollen Widerspruch gegen die Ansätze bedeuten, auch im Strafrecht an die inneren Kräfte eines sozialen Wiederaufbaus anzuknüpfen."[208]

Betrachtet man weiter die einzelnen Aussagen der bereits genannten Vertreter des Schulenstreits, so zeigt sich, dass von einem einheitlichen und konsequenten Standpunkt innerhalb der Schulen in dieser Frage keine Rede sein kann.

---

[208] Notizen zur Frage der Todesstrafe, ZStW, 1931, S.982. Die Erklärung wird von 15 Theoretikern und Praktikern des Strafrechts unterzeichnet. Die unterzeichnenden Professoren sind: DELAQUIS, GOLDSCHMIDT, GRÜNHUT, MITTERMAIER, RADBRUCH, ERIK WOLF, EBERHARD SCHMIDT und als einziger Mediziner auch ASCHAFFENBURG.

Greift man zunächst BINDING als Vertreter der „klassischen Schule" heraus, zeigt sich, dass er zur Frage der Todesstrafe allein deren Voraussetzungen darlegt,[209] eine Auseinandersetzung auf der Grundlage der Vergeltungstheorie erfolgt nicht.[210] Später jedoch treten gerade in der Frage der Todesstrafe Erwägungen in den Fordergrund, die in Hinblick auf eine klassische Begründung der Straftheorie wie ein Fremdkörper wirken und vielmehr biologisch – erblich motivierte Zweckmäßigkeitserwägungen nahe legen. So etwa, wenn BINDING „die Unschädlichmachung dieser Sippschaft" fordert. Interessant ist zudem, dass er sich zumindest zweideutig ausdrückt, wenn er schreibt: „Sollte es sich hier um Wiederholung schwerer Taten handeln – Totschlag, schwere Körperverletzung, Raub, schwerer Diebstahl, Notzucht, Unzucht mit Kindern unter 14 Jahren u.s.w. – , so stände m.E. nichts im Wege, die Rückfallstrafe so zu steigern, dass die Wiederholung, soweit es Menschen überhaupt möglich ist, hintangehalten wird: also eventuell bis zur Todesstrafe oder Freiheitsstrafe auf Lebenszeit."[211] Der Schluss auf BINDINGS Befürwortung der Ausweitung der Todesstrafe auf Gewaltverbrechen ohne Todesfolge hier liegt nahe.

Ein anderer Vertreter des klassischen Ansatzes, V. KAHL, spricht sich zwar zunächst ebenfalls für die Todesstrafe aus. Seine Argumentation entspricht aber nicht dem Gedanken von Vergeltung des begangenen Unrechts, sondern es sei die Überzeugung des Volkes, welche die Todesstrafe derzeit noch unentbehrlich mache.[212] Diese Einschätzung der Volksüberzeugung ändert sich jedoch über die Jahre und parallel auch die Argumentation zur Todesstrafe. 1928 kommt er dann zu dem Ergebnis, dass sich die Rechtsüberzeugung des Volkes nunmehr so verändert habe, dass man die Todesstrafe abschaffen könne.[213]

Nicht ganz so unterschiedlich stellt sich die Ansicht im Rahmen der „modernen Schule" dar. V. LISZT weist auf den Abschreckungsgedanken hin, meint die Frage sei von geringer Bedeutung und ist jedenfalls nicht zu ihren ausdrücklichen Gegnern zu zählen.[214]

Ganz anders ist die Betrachtung seines Schülers und Vertreters der Dritten Strafrechtsschule, LIEBMANN. Er hält diese Frage für äußerst wichtig, wie schon sein Ein-

---

[209] Vgl. dazu Binding, Grundrisse des Deutschen Strafrechts, Allgemeiner Teil, 1890, 1902, 1907, 1913.
[210] Dass BINDING diese Frage auch nicht als allzu relevant empfindet, wurde schon angesprochen, 1. Teil E II 1.
[211] Binding, Grundrisse des Deutschen Strafrechts, 1913, Vorwort S. XVIII. Diese erbbiologisch begründete Eingriffstendenz zeigt sich auch in seiner Forderung nach einer Tötung psychisch Kranker von Staats wegen. Dieser Forderung widmet er zusammen mit dem Mediziner Prof. ALFRED HOCHE eine eigene Abhandlung: Binding, Hoche, Die Freigabe der Vernichtung lebensunwerten Lebens, erste Auflage 1920, zweite Auflage 1922, vgl. zu der schwachen Resonanz, unten Teil 3 I III.
[212] Diese Ansicht bezeugt V. KAHL auf dem Juristentag von 1912, auf dem auch MORITZ LIEBMANN sein umfassendes Gutachten gegen die Todesstrafe vorstellt.
[213] Vgl. zur Entwicklung von V. KAHLS Standpunkt: Düsing , Die Geschichte der Todesstrafe, 1952, S.54 – 67.
[214] Die Einzelheiten der Argumentation werden unter Teil 2 A VI dargestellt.

satz auf dem Deutschen Juristentag von 1912 beweist, wo er sein berühmtes Gutachten vorlegt. Er kommt hierin zu dem Ergebnis, dass die Todesstrafe gerade unter Zweckmäßigkeitserwägungen, insbesondere wegen Nichterweislichkeit ihrer abschreckenden Wirkung abzulehnen sei und zudem die Gefahr eines Justizirrtums bestehe. Ähnliches Gewicht hat die Frage der Todesstrafe auch für Radbruch, der ihrer Beantwortung Symbolcharakter für die gesamte Reform beimisst.[215] Daneben spricht sich auch v. HENTIG umfassend gegen die Beibehaltung aus und zeigt damit, dass er, trotz seiner Orientierung an biologisch – erblichen Zweckmäßigkeitserwägungen, die künstliche Auslese mittels der Todesstrafe nicht befürwortet.[216] Er erkennt zwar diesen Vorteil der Todesstrafe, hält ihn aber auch mit anderen Mitteln für erreichbar.[217] In Hinblick auf den Mordtatbestand verweist er darauf, dass vielfach auch der Mörder besserungsfähig sei, bezweifelt allgemein die Abschreckungswirkung und warnt vor der negativen Wirkung auf das Volksbewusstsein, wenn der Staat Selbst die Unverletzlichkeit des Lebens nicht achte.[218]

Bereits diese kurzen Ausführungen zeigen damit, dass genauso wie die einzelnen Vertreter im „Schulenstreit" sich nicht den Extrempositionen einer reinen Vergeltungs- oder Spezialpräventionstheorie zuordnen lassen, sich auch ihre Argumentation zur Todesstrafe nicht schematisch fassen lässt. Konsequenz zeigen Vertreter der modernen Schule allenfalls insoweit, als die Zweckmäßigkeitsfrage auch bei der Todesstrafe in den Vordergrund gestellt wird. Hinsichtlich ihrer Beantwortung zeichnet sich hier aber allenfalls eine Tendenz ab, diese Strafart abzulehnen. Die Bedeutung der Frage wird schulenübergreifend völlig unterschiedlich beurteilt. Insgesamt ist festzustellen, dass die Zuordnung zur klassischen oder modernen Schule nur wenig darüber aussagt,

---

[215] Vgl. schon oben Teil 1 E II 1. „Die entscheidenden Argumente gegen die Todesstrafe sind auf höherer und auf tieferer Ebene als in der Rechtsphilosophie zu suchen, einerseits in ethischen und religiösen Argumenten, gegen ihre Zulässigkeit, andererseits in statistischen und psychologischen Erfahrungsbeweisen gegen ihre Notwendigkeit." Radbruch, Rechtsphilosophie, 1932, S.275.

[216] Vgl. insbesondere v. Hentig, Die Strafe, 1932, S.200 – 211.

[217] V. HENTIG denkt dabei an endgültige Sicherung, aber auch an Sterilisation. Zur Frage der Sterilisation von Rechtsbrechern aus Gründen der sozialen Auslese stellt er sich dabei ambivalent. Zunächst teilt er den Vorteil gegenüber der Todesstrafe mit, denn diese „soziale Auslese ergreift nicht die individuelle Existenz, unterbricht aber umso wirksamer den Zyklus der Generationen." Weiter verdeutlicht sich sein Glaube an die Erblichkeitsthese: „Nur eines scheint bereits wissenschaftlich gesichert. Sehen wir bei einem Manne starke antisoziale Züge und verbindet sich dieser Mann mit einem anderen weiblichen Wesen, das ebenfalls in sozialer Beziehung erhebliche Minderwertigkeiten zeigt, so dürfen wir annehmen, dass in der Nachkommenschaft ebenfalls Anlagen krimineller Tendenzen auftreten." Und verweist darauf, dass sich der Gedanke der Sterilisation also aufdränge. An anderer Stelle macht er jedoch wieder einen Rückzieher und warnt: „Es ist noch verfrüht, eine Maßnahme anwenden zu wollen, deren Voraussetzungen und Folgen wir nicht übersehen." v. Hentig, Die Strafe, 1932, S.183, 219, 231.

[218] V. HENTIG schreibt: „Der staatliche Tötungsakt wirft sich mit der ganzen Wucht des Ungewöhnlichen und Erregenden auf Millionen von Gehirnen...Der Staat kann also dem Prinzip der Unverletzlichkeit des Lebens...nur dann wirkliches Leben einflößen, wenn er seinen eigenen Grundsatz durch dick und dünn anerkennt....so hat er von allen Suggestionen die stärkste gefunden und angewendet." v. Hentig, Die Strafe, 1932 S.209 – 210.

mit welcher Argumentation, Intensität und vor allem mit welchem Ergebnis die Auseinandersetzung erfolgt.

III. Diskussionsumfang der Frage der Todesstrafe in Italien

1. Allgemein

Wie in Deutschland sind es auch in Italien die Arbeiten zu einem nunmehr einheitlichen Strafgesetzbuch für das seit 1861 geeinigte Italien,[219] die zu Auseinandersetzungen um die Strafart der Todesstrafe führen.[220] Dennoch ist die Diskussion in Italien mit jener in Deutschland nicht vergleichbar, da sie die Deutsche in Intensität und Umfang bei weitem übertrifft.[221] Die Auseinandersetzung geht soweit, dass sogenannte „Abschaffungsgiornale“[222] gegründet werden, z.B. das "Giornale per l'abolizione della pena di morte"[223] von ELLERO[224]. Teilweise erreicht die der Frage der Todesstrafe von Seiten der Gegner eine so große Bedeutung, dass sie die Schaffung eines gesamtitalienischen Strafgesetzbuchs von der Entscheidung über diese Frage abhängig machen wollen.[225]

Die Intensität der Bemühungen der Gegnerschaft und die historische Komponente, dass im großen Königreich Toskana die Todesstrafe schon seit Mitte des Jahrhunderts abgeschafft ist, führt schließlich dazu, dass diese Strafart auch im italienischen Codice Penale (vom 30. Juni 1889, in Kraft seit 1.1.1890) nicht mehr verankert wird und der schwere Kerker (ergastolo) an ihre Stelle tritt.[226]

---

[219] Die Einzelstaaten einigen sich bis 1861 mit Ausnahme von Galizien und Rom und Victor Emanuel II nimmt den Titel „König von Italien“ an.

[220] Vgl. zu den folgenden Ausführungen und weiterführend: Vocca, Ornella, Evoluzione del Pensiero criminologico sulla pena di morte, Da Cesare Beccaria al Codice Zanardelli, Napoli, 1984, p.165 – p.295 und die kurze Zusammenfassung zur Geschichte der Todesstrafe bei Vene, Pena di morte, 1984, p.237 – 251.

[221] Im Vergleich zur deutschen Literatur vor Schaffung des StGB, sind die italienischen Stellungnahmen weit umfangreicher. Diese reichen bis hin zur Gründung eigener Zeitschriften und Organisationen. Wenn Simoncelli für den Zeitraum von 1865 - 1890 von über 200 Publikationen spricht, so ist dies eher zu tief gegriffen. (vgl. Simoncelli, Alfredo, Die Wiedereinführung der Todesstrafe in Italien, Dissertation, Bern, 1934, S.24) Aus der „Bibliografia Italiana della pena di morte“ von Orazio Viola, 1904 lassen sich für den Zeitraum von 1860 – 1890 über 350 Veröffentlichungen zum Thema der Todesstrafe zählen.

[222] Es handelt sich um periodische Veröffentlichungen, die sich überwiegend mit der Abschaffung der Todesstrafe befassen, wie dem "Cesare Beccaria" der Akte der "Società per l'abolizione della pena di morte" von Mailand und der "Biblioteca abolizionista" und dem "Giornale per l'abolizione della pena di morte".

[223] In vier Jahren erfolgen insgesamt 3 Auflagen, Milano, 1861 und 1864, Bologna, 1862, als Autoren gewinnt ELLERO insbesondere auch MITTERMAIER und HOLTZENDORFF.

[224] Vgl. zu ELLERO, dem Strafrechtsprofessor an der Universität von Bologna, schon oben Teil 1 B I 2. ELLERO schreibt selbst, dass er diesen Titel gewählt habe, um keine Zweifel am konkreten (finalen) Ziel (scopo finale) der Zeitschrift aufkommen zu lassen. Ellero, Programma per l'abolizione della pena di morte, 1861.

[225] Vgl. auch Tessitore, Fascismo, 2000, p.75 – 84.

[226] Die Strafe des schwersten Kerkers ist dabei lebenslänglich und wird in besonderen Anstalten verbüßt, in welcher der Verurteilte in Einzelhaft festgehalten wird und nach 10 Jahren besteht bei guter Führung die Möglichkeit zu gemeinsamer Arbeit mit anderen, bei mildernden Umständen tritt an deren Stelle Zuchthaus von 30 Jah-

Mit der Abschaffung der Todesstrafe erlischt für die nun folgenden Jahrzehnte die allgemeine Diskussion. Anders stellt sich die Situation bei den Vertretern der Scuola Positiva, namentlich bei GAROFALO und FERRI dar. Im Rahmen der Arbeiten an einem Strafrechtssystems nach den Grundsätzen der Scuola Positiva betrachten sie die Frage der Todesstrafe unter dem Aspekt, ob diese ihrem neuen System nützlich sein könne. Beachtlich in Hinblick auf die spätere Darstellung ist zudem, dass der Mediziner LOMBROSO schon kurz nach dem Inkrafttreten des gesamtitalienischen Gesetzbuches die Wiedereinführung der Todesstrafe fordert.[227]

Erst seit 1925, im Zuge der Reform ALFREDO ROCCOS, kommt es zu Wiedereinführungsbestrebungen, nicht nur für politische Delikte, sondern auch für Verbrechen gegen das Leben.[228] Zwar entwickelt sich erneut eine Debatte vor allem unter den Juristen und Kriminalisten, aber nur wenige treten hervor, um entschieden an der Wiedereinführung Kritik zu üben. Ein erheblicher Teil der Kritiker verzichtet statt dessen, sich in eine Erörterung über die Todesstrafe einzulassen. Es wird angenommen, dass die Frage ohnehin nicht argumentativ, sondern politisch gelöst werde. Die Beteiligung bleibt insgesamt im Vergleich zur Diskussion vor 1890 äußerst gering.[229]
Vergleicht man die gesetzliche Situation in Deutschland und Italien, so hat sich gezeigt, dass in Deutschland zwar immer Abschaffungsbestrebungen von unterschiedlicher Intensität bestehen, sich aber nie durchsetzen können. Ganz anders in Italien, wo die Todesstrafe im Königreich Toskana und später seit dem Strafgesetzbuch von 1890 für das geeinigte Italien bis zur Wiedereinführung unter MUSSOLINI abgeschafft ist. Während in Italien nach der Abschaffung der Todesstrafe die Diskussion nahezu erlischt, kommt es in Deutschland jedenfalls zu punktuellen Debatten, die sich praktisch über den gesamten Zeitraum erstrecken.

2. Der Standpunkt der Vertreter des Schulenstreits

Betrachtet man nun auch in Italien die Positionen der Vertreter der klassischen und modernen Richtung in der Frage der Todesstrafe, wiederholt sich ein ähnlich indifferentes Bild, wie es auch schon für Deutschland aufgezeigt wurde.

---

ren und anschließender Polizeiaufsicht. V. LISZT stellt hierzu fest, ob nicht dieser „bürgerliche Tod" viel grausamer ist, vgl. zu Einzelheiten, unten Teil 2 A VI.

[227] Die Einzelheiten erschließen sich unter Teil 3 B VII.

[228] Vgl. dazu schon oben Teil 1 E I.

[205] Daniel berichtet von insgesamt 26 Zeitungsartikeln. Daniel, Die Aufnahme des Strafgesetzbuches in Italien, ZStW, 1929, S.498 – 515, S.499. Zu ergänzen ist eine Dissertation der Hochschule Ros (Meli, Il ristabilimento della pena rapitale in Italia) und ein gegen die Wiedereinführung gerichtetes Buch (Rossi, La pena di morte e la sua critica, 1932). Wie sich zeigen wird, ist MARIO CARRARA der einzige Kriminalanthropologe und Mediziner, der zur Frage der Todesstrafe nach 1926 Stellung bezieht.

CARRARA, Vertreter der klassischen Schule in Italien, erweist sich als entschiedener Gegner der Todesstrafe. Er lehnt sie ab, denn „...mit Terror führt man den Menschen nicht zum Guten...Vernunft, Wohlwollen, edelmütige und großzügige Zuneigung ist das unfehlbare Rüstzeug, auf das jeder vertrauen sollte, den die bedeutende Pflicht trifft, das Volk auf dem Weg des Rechts zu begleiten."[230] An anderer Stelle klingt es wie der Ruf in das positive Lager, wenn er zudem argumentiert, die Todesstrafe sei unzweckmäßig und gefährlich.[231] Und LUCCINI ist sich in Hinblick auf die Todesstrafe sicher, dass das Parlament im Zeitpunkt der Entscheidung nur deren Abschaffung beschließen könne, denn man wird nicht „eine derart schwere Kränkung der Ehre der Nation hinnehmen und den Namen Italiens in Hinblick auf ein Strafgesetzbuch beflecken,... von dem die ganze zivilisierte Welt erwartet, dass man dieses nicht des Zeichens des humanen und wissenschaftlichen Fortschritts beraubt."[232]

Auf Seiten der Scuola Positiva zeigt sich FERRI, dessen Standpunkt im 2. Teil noch eingehend dargestellt wird, als Gegner der Todesstrafe, da er ihre abschreckende Wirkung bezweifelt und der Schutz der Gesellschaft auch durch andere Maßnahmen gewährleistet werden könne. Zwar erkennt er daneben eine positive Wirkung der Todesstrafe bei der Frage einer „künstlichen Auslese", weißt jedoch darauf hin, dass dann eine extensive Anwendung dieser Strafart nötig wäre, die er entschieden ablehnt.[233] Schon ELLERO, der den Zweckgedanken bereits im Vorfeld des Schulenstreits (1860) betont, ist entschiedener Gegner der Todesstrafe.[234] Da er die Sicherung der Gesellschaft unter den Gedanken der Besserung des Verbrechers zu erreichen sucht, verwundert es nicht, wenn eines seiner entschiedenen Argumente gegen die Todesstrafe ist, dass dann dieser Besserungszweck nicht mehr verfolgt werden könne. Zudem habe sich erwiesen, dass auch der Mörder besserungsfähig sei. Außerdem sei die Todesstrafe irreparabel und befriedige nicht die Ansprüche der Moralordnung. Zuletzt verweist ELLERO auf die Gefahr der Nachahmung und zieht den Schluss, dass die Todesstrafe im Ergebnis in keiner Weise den Schaden, den sie anrichte auch wieder gutmache.[235]

Interessant ist dann aber der ganz andere Standpunkt, der ebenfalls aus dem Lager der Scuola Positiva kommt. GAROFALO befürwortet entschieden die Todesstrafe. Ein we-

---

[230] Carrara, Preclusione letta nella Regia Università, 1863, Opuscoli 1864, p.31.
[231] Carrara, Il processo "Lemaire" e la pena di morte, 1867, Opuscoli 1867, p.103.
[232] Lucchini, Il progetto riveduto , Rivista Penale, 1874, p.422.
[233] Vgl. ausführlich bei FERRI unten Teil 2 B VI.
[234] Betrachtet man ELLEROS Bestrebungen um die Abschaffung der Todesstrafe, so ist er auch einer der engagiertesten Kämpfer unter den Strafrechtswissenschaftlern, die Todesstrafe nicht in das Italienische Strafgesetzbuch aufzunehmen. Neben der Gründung des "Giornale per l'abolizione della pena di morte" erscheinen von Ellero zahlreiche Auseinandersetzungen mit dem einzigen Ziel, die Illegitimität der Todesstrafe zu beweisen. Vgl. u.a. Ellero, Delle recenti discussioni sull'abolizione della pena di morte, 1860, ders. Sul rapporto all'Istituto veneziano, 1860, ders. Ragioni contro la supposta necessita della pena capitale, 1863, ders. Stato della questione sulla pena capitale in Italia, 1864, ders. Ordinazione per l'abolizione della pena capitale, 1865.
[235] Vgl. zur gesamten Argumentation, Ellero, Della Pena Capitale, Venezia, 1860.

sentliches Argument ist für ihn und damit in gegensätzlicher Arumentation zu FERRI, deren abschreckende Wirkung. GAROFALO geht davon aus, dass ausschließlich die Todesstrafe zur Abschreckung nützlich sei, gerade in Hinblick auf den Delinquente Nato, denn „...der wirkliche geborene Verbrecher erkennt keine andere Strafe als die Todesstrafe".[236] Zudem wird für ihn der Gedanke der künstlichen Auslese (selezione artificiale) zum entscheidenden Argument. GAROFALO lehnt seine Argumentation an DARWIN an und kommt zu dem Schluss: „...auch die Eliminierung schädlicher Elemente ist für eine starke Regierung nichts anderes als eine natürliche Handlung."[237] Und an anderer Stelle weiter: „Eine humane Justiz kann nichts anderes tun, als die Natur zu imitieren und damit jene ausschließen, die an das gesellschaftliche Leben nicht angepasst sind."[238] GAROFALO fasst hier den Typus des geborenen Verbrechers ins Auge. Er stellt klar, dass die Todesstrafe nicht automatisch mit der Begehung eines Mordes einhergehe, sondern nur den gemeingefährlichen geborenen Verbrecher treffe. Insgesamt sei notwendig, dem Verbrecher aus Instinkt jegliches Mitleid zu versagen. Der Staat müsse dazu beitragen, dass es nicht durch milde Strafen zur Vermehrung dieser Verbrecher käme.[239]

GAROFALO unterlässt es nicht, diesen Standpunkt auch in Hinblick auf die Schaffung des Codice Penale 1890 deutlich zu machen, wo er sich gegen deren Abschaffung[240] und im Zuge der Reformbestrebungen seit 1925 für deren Wiedereinführung[241] ausspricht.

Es zeigt sich, dass die gemeinsame Forderung eines „neuen Strafrechts", nach Maßgabe der Scuola Positiva, in der Frage der Todesstrafe zunächst einmal dahinführt, diese an deren Grundprinzipien und damit an der Frage der Zweckmäßigkeit für den Gesellschaftsschutz zu messen. Jedoch wird die Frage dann im Ergebnis konträr beantwortet. GAROFALO sieht den Gesellschaftsschutz gerade durch die Todesstrafe hergestellt, wo sie FERRI für entbehrlich hält.

---

[236]Garofalo, Pena di Morte, Archivio, 1888, p. 139.
[237]Garofalo, Conto Corrente, 1888, p.51.
[238]Garofalo, Rafaele, Criminologia, Torino 1885, p.232.
[239]GAROFALO befürchtet, dass mit der Abschaffung der Todesstrafe und der weiteren Herabmilderung der Strafen eine Jahrhunderte lange Entwicklung unterbrochen werden würde, die durch Selektion eine Rasse herausgebildet habe, die "sanftmütig" und gegenüber "brutalen Trieben widerstandsfähig" sei. Garofalo, Conto Corrente, 1888, p.51 – 52.
[240]Garofalo, Pena di Morte, Archivio, 1888, p.137, GAROFALO betont seinen Standpunkt auch in Hinblick auf die Schaffung des Codice Penale: Garofalo, Raffaele, Alcune osservazioni sul progetto, Archivio, 1883, p.464 – 467 und nochmals vor der Verabschiedung des Codice Penale 1890 in: Garofalo, Conto Corrente, 1888.
[241]Simoncelli berichtet von einem Vortrag GAROFALOS vor dem italienischen Senat und zitiert GAROFALO in Hinblick auf die bevorstehende Strafrechtsreform: „Dann wird sich zeigen, ob allein Italien unter den großen Nationen Europas, und ungeachtet seiner leider höheren Kriminalität, die größten und grausamsten Mörder leben lassen soll..." Simoncelli, Die Wiedereinführung der Todesstrafe in Italien, 1934, S.28.

IV. Zusammenfassung

Betrachtet man die Intensität der Auseinandersetzung, ist festzustellen, dass in der Zeit der Vorarbeiten zu den Strafgesetzbüchern eine besonders umfangreiche Debatte über die Frage der Todesstrafe in Politik, Rechtswissenschaft und in der Bevölkerung geführt wird. In der Quantität wird diese Auseinandersetzung in Italien in dem hier zu betrachtenden Zeitraum nicht mehr erreicht. Hier wird man den Grund zunächst in der Abschaffung der Todesstrafe und später in den politischen Einflüssen suchen können. Für Deutschland bleibt die Frage der Todesstrafe weiterhin Reformthema und mit dieser bis 1933 eng verknüpft.

NÄCKE schreibt 1902 über die Quantität der internationalen Diskussion: „Im Ganzen beansprucht jetzt unser Thema (die Todesstrafe) viel weniger Interesse als früher...da ja nur noch in Ausnahmefällen diese Strafe verhängt wird und in vielen Ländern ganz abgeschafft ist.“ [242]

Für den Diskussionsinhalt wurde für die besprochenen Vertreter der klassischen und modernen Strafrechtsschulen in Deutschland und Italien nachgewiesen, dass von einem einheitlichen Standpunkt in der Beantwortung der Frage der Todesstrafe keine Rede sein kann. Allenfalls beweist die moderne Richtung eine gewisse Stringenz in ihrem Diskussionsansatz, wo hingegen die klassische Schule sogar in eine Zweckmäßigkeitsargumentation verfällt. Und so kann man FERRI recht geben, der schreibt: „Unter den Positivisten gibt es, wie unter den Klassikern, in dieser Frage Konservative und Abolitionisten, aber die Gründe und die Bedeutung der Meinungsverschiedenheiten sind in den beiden Lagern sehr verschieden. Denn während die klassischen Gegner der Todesstrafe sie fast alle als nicht legitim verwerfen, sind die Positivisten alle der Meinung, dass sie legitim ist, und nur ihre Wirksamkeit wird von einzelnen Vertretern dieser Schule bestritten.“ [243]

F. Ergebnis des 1. Teils

In dieser Zusammenfassung der wesentlichen Ereignisse und Entwicklungen um die Strafrechtsschulen, die Reformbewegungen, das Interesse an der wissenschaftlichen Erforschung von Verbrechen und Strafe und die Diskussion um die Todesstrafe hat sich gezeigt, dass alle Bereiche ineinander übergreifen und dass sich seit dem letzten Drittel des 19. Jahrhunderts die Forderung verstärkt, Strafe an Zweckdienlichkeit zu

[242] Näcke, Gedanken eines Mediziners über die Todesstrafe, Gross Archiv, 1902, S.316.
[243] Ferri, Sociologia criminale, Quarta Edizione, Torino, 1900, p.876.

messen. Was zweckdienlich ist, soll naturwissenschaftlich beantwortet werden. Hier entsteht für Mediziner, insbesondere Psychiater, die Möglichkeit, fachübergreifend auch in der Strafrechtswissenschaft Autorität einzufordern. In der Strafrechtswissenschaft deutet sich dabei in der Frage der Todesstrafe schon an, dass gerade Zweckmäßigkeitsüberlegungen eine entscheidende Rolle einnehmen sollen. Inwieweit dies auch für die Mediziner gilt, ob sie dieser Strafart überhaupt besonderes Interesse schenken und ob ein Konsens in der Frage der Todesstrafe, ein einheitlicher medizinisch-psychiatrischer Standpunkt besteht, wird im 3. Teil aufgezeigt.

2. Teil: V. LISZT und FERRI als herausragende Vertreter der modernen Schule

Im Folgenden werden nun FRANZ V. LISZT und ENRICO FERRI und ihr Werke näher analysiert, um einen geeigneten Vergleich für die von medizinischer Seite vertretenen Ansichten zu schaffen. Betrachtet werden dabei ihre Theorien zu den Ursachen des Verbrechens und die Frage nach den vorgeschlagenen Bekämpfungsmöglichkeiten. Von besonderem Interesse sind hierbei die verwendeten Verbrechereinteilungen.[244]

Notwendig ist weiter die Untersuchung der Grundlagen, auf denen das neue Strafrecht basieren soll. Dies ist insbesondere das Bekenntnis zur Spezialprävention, aber auch die Ansichten zu Willensfreiheit und Schuld. Zudem soll die Rolle der Todesstrafe geklärt werden. Interessant sind dabei vor allem die Verbrechergruppen, denen mit den schwersten staatlichen Reaktionen begegnet werden soll. Denn die verbrecherische Tat als solche tritt nach einem konsequent spezialpräventiven Ansatz neben der Tätergefährlichkeit in den Hintergrund.[245] Als schwerste Stufe in ihrer Verbrechereinteilung bildet V. LISZT hier den Sammelbegriff der sogenannten „Unverbesserlichen". FERRI dagegen unterscheidet die Gruppe der „geborenen Verbrecher" und der „Gewohnheitsverbrecher".[246]

A. Der kriminalpolitisch motivierte Ansatz FRANZ VON LISZTS (1851 – 1919) – Der Gründer der „soziologischen Schule"

V. LISZT 1851 in Wien geboren, studiert Rechtswissenschaft in Wien und Graz, insbesondere bei IHERING und habilitiert 1875 in Graz. Hier entsteht eine enge Freundschaft[247] mit dem forensisch stark interessierten Psychiater KRAFFT – EBING[248]. Sein erster Ruf erfolgt 1879 nach Gießen und bereits zwei Jahre später nach Marburg, wo er seine berühmte Antrittsvorlesung, das Marburger Programm vorträgt. Noch im selben Jahr realisiert er seine Forderung nach umfassendem, wissenschaftlichem Austausch auf dem Gebiet des Strafrechts, der Kriminologie und der Kriminalpolitik durch Gründung der ZEITSCHRIFT FÜR DIE GESAMTEN STRAFRECHTSWISSENSCHAFTEN[249]. 1889

[244]Vgl. zur Begrifflichkeit Typologie – Klassifizierung – Einteilung schon oben Teil 1 B II 2 c.
[245]Dass die verbrecherische Tat (insb. der Mord) nicht den Anknüpfungspunkt der Frage der Todesstrafe bilden kann, ist Folge der Postulate der neuen Schule. Inwieweit diese Postulate auch umgesetzt werden, erschließt sich im folgenden.
[246]Vgl. Ferri, Das Verbrechen als soziale Erscheinung, 1896/1892, S.433 – 434.
[247]So beschrieben bei v.Lilienthal, von Liszt,.ZStW 1919, S.535/536.
[248]Vgl. zu KRAFFT – EBING schon oben Teil 1 D I 1.
[249]1881 gründet V. LISZT die ZStW. Schon der Name deutet darauf, dass die der modernen Richtung im Strafrecht zum Sprachrohr werden soll. So enthält sie neben diversen Beiträgen V. LISZTS insbesondere Mitteilungen der IKV und von den Kriminalanthropologenkongressen. Inhaltlich erfolgt allem voran eine Auseinandersetzung

folgt v. LISZT dann dem Ruf nach Halle, um schließlich 1899 den Ruf nach Berlin anzunehmen, wo er bis zu seiner Emeritierung im Wintersemester 1915/16 lehrt.

Dass v. LISZT als berühmter Vertreter und Begründer der „soziologischen" modernen Schule[250] in Deutschland gilt, wurde bereits im 1. Teil aufgezeigt. Seine Mitarbeit bei den Strafgesetzreformarbeiten wurde ebenfalls gewürdigt, genauso wie sein Einsatz auf dem Gebiet der Kriminologie. Die folgende Darstellung widmet sich nun der Auseinandersetzung mit den für die vorliegende Arbeit besonders relevanten Ausschnitten aus seinem umfangreichen Werk.

I. Der „Zweck im Recht"

1. Die Existenz des Zweckgedankens und seine Bedeutung für das Strafrecht der Zukunft – die dogmatische Entwicklung einer Theorie vom Zweckgedanken

Wenn v. LISZTS Ansicht zu den Grundlagen des Strafrechts erschlossen werden soll, fällt der Blick zunächst auf sein „Marburger Programm", in welchem er seine Theorie des Zweckgedankens im Strafrecht entwickelt. Kurz erläutert erschließt sich diese Strafentwicklungstheorie[251] in drei Stufen: Zunächst behandelt sie die Urform der Strafe, welche sie in der Triebhandlung erblickt, als zweite Stufe behauptet die Theorie dann die Objektivierung der Strafe. Diese geschichtliche Entwicklung[252] der Strafe führe nach v. LISZT dann logisch zwingend zur dritten Stufe, der Zweckstrafe.[253]
V. LISZT weiß jedoch, dass sein Nachweis einer historischen Herausentwicklung des Zweckgedankens nur wenig über dessen konkrete Ausgestaltung sagt. Daher lautet sein Schluss aus der Geschichte nur, dass der Zweckgedanke schon im Strafrecht

---

mit den Reformbestrebungen und Gesetzentwürfen. Eine Auseinandersetzungen mit der Frage der Todesstrafe finden sich dort jedoch kaum. In dem gesamten Zeitraum erscheinen weniger als zehn, zumeist kurze oder historische Abhandlungen zu diesem Thema. Anzumerken ist weiter, dass in der ZStW, entgegen v. LISZTS Ziel, ein interdisziplinäres Medium zu schaffen, überwiegend Juristen publizieren. Die Beiträge von Medizinern sind rar. Anfänglich erscheinen einige wenige Aufsätze von LOMBROSO, KRAFFT – EBING, KRAEPELIN und NÄCKE. Im übrigen publizieren nur wenige Mediziner, Ausnahme ist Aschaffenburg, der auch diesbezüglich als Berichterstatter fungiert. Als später ASCHAFFENBURGS die MschrKrim gegründet wird, finden auch die Mediziner ein von ihnen geschätztes Publikationsmedium.

[250] Näheres zur Bezeichnung als „soziologische Schule" sogleich.

[251] Zum Entwicklungsgedanken und der Nähe zu ADOLF MERKEL, vgl. oben Teil 1 A, m. w. N..

[252] Und so schreibt v. LISZT auch noch Jahre später: „Aber wir behaupten (ich wenigstens tue es), dass es an der Zeit sei, die geschichtliche Entwicklung zum Abschluss zu bringen und die „triebartige" Vergeltungsstrafe völlig zur bewussten Zweckstrafe zu gestalten." v. Liszt Deterministische Gegner der Zweckstrafe, ZStW, 1893, S.348

[253] V. LISZT beschreibt seine Straftheorie im Marburger Programm, die ihn letztlich dazu führt, dass allein der Zweckgedanke die richtige Grundlage für das zukünftige Strafrecht sein könne, mit folgenden Feststellungen: „Aber allmählich verändert die Strafe ihren Charakter. Ihre Objektivierung, d.h. der Übergang der Reaktion von den zunächst beteiligten Kreisen auf unbeteiligte ruhig prüfende Organe ermöglicht die unbefangene Betrachtung ihrer Wirkungen. Die Erfahrung erschließt das Verständnis der Zweckmäßigkeit der Strafe. Sie gewinnt durch den Zweckmäßigkeitsgedanken Maß und Ziel; die Voraussetzungen der Strafe (das Verbrechen) sowie Inhalt und Umfang derselben (das Strafensystem) werden entwickelt...".v. Liszt, Marburger Programm 1882, S.5.

selbst verankert ist, fordert jedoch zugleich die Prüfung, worin die Zweckmäßigkeit zu erblicken sei.[254] Im folgenden werden nun die Einzelheiten der geschichtlichen Herleitung der Straftheorie beiseitegelassen[255] und sofort an der Stelle angesetzt, an der V. LISZT die Fortentwicklung des Zweckgedankens für die Zukunft fordert.

Für V. LISZT ist der „Rechtsgüterschutz der Zweck der Strafe“[256], und damit soll das Strafrecht[257] in seiner Gesamtheit dem Rechtsgüterschutz dienen. Aber der Zweck des Rechtsgüterschutzes hat auch Auswirkungen auf das Strafmaß im konkreten Fall: „Unsere Auffassung der Strafe als Rechtsgüterschutz verlangt unabweislich, dass im einzelnen Falle diejenige Strafe (nach Inhalt und Umfang) verhängt werde, welche notwendig ist, damit durch die Strafe die Rechtsgüterwelt[258] geschützt werde.“[259]

Aber der Zweckgedanke liefere hierzu nicht nur das Maß der Strafe, sondern auch deren Begrenzung. Da nur die zur Einhaltung des Zweckgedankens notwendige Strafe[260] eine gerechte Strafe darstelle, fordere dies „die Anpassung des Mittels an den Zweck und möglichste Sparsamkeit in seiner Verwendung. Diese Forderung gilt ganz besonders der Strafe gegenüber; denn sie ist ein zweischneidiges Schwert: Rechtsgüterschutz durch Rechtsgüterverletzung. Es lässt sich eine schwerere Versündigung gegen den Zweckgedanken gar nicht denken, als verschwenderische Verwendung der Stra-

---

[254]In Sinne dieser Zweiteilung äußert er sich über seine Straftheorie: „Sie wendet sich gegen die relativen Theorien, in dem sie den von dem Zweckgedanken durchaus unabhängigen, mithin absoluten Ursprung der Strafe betont, sie bekämpft die absoluten Theorien, indem sie die Weiterbildung der Strafe durch den Zweckgedanken als Ergebnis der bisherigen Entwicklung nachweist und als Forderung für die Zukunft aufstellt...“.V. Liszt, Marburger Programm, 1882, S.7 Wenn V. LISZT, der berühmte Vertreter einer Spezialpräventiven Strafzwecksetzung den absoluten Ursprung der Strafe betont, zeigt sich hierin der Versuch, der klassischen Strafrechtsschule vermittelnd entgegenzutreten, ein Versuch, der sich in echten und vermeintlichen Kompromissangeboten durch V. LISZTS ganzes Werk zieht und noch näher dargelegt wird. Am Rande ist zu bemerken, dass V. LISZTS theoretische Begründung des absoluten Ursprungs der Strafe nicht geeignet ist, eine Brücke zu den Vertretern der klassischen Schule zu schlagen.

[255]Zu V. LISZTS geschichtlicher Herleitung der Straftheorie vgl. Bohnert, Zu Straftheorie und Staatsverständnis im Schulenstreit, 1992, S.9 – 40, und zur Bedeutung des Entwicklungsgedankens für V. LISZT , vgl. oben Teil 1 A.

[256]v. Liszt, Marburger Programm, 1882, S.21.

[257]Zur Beantwortung der Frage, was die Forderung nach der Fortentwicklung des Zweckgedankens inhaltlich bedeutet, bietet sich folgende Zweiteilung an: Zunächst ist zu fragen, welchem Zweck das Strafrecht bei V. LISZT im allgemeinen dienen soll, dann nach dem Zweck der Strafe im konkreten Fall und damit der Frage nach den Strafzwecken im engeren Sinn. Vgl. zu dieser Trennung schon Teil 1 B II. Auch wenn V. LISZT selbst dies begriffliche so nicht vollzieht, ist die Beantwortung unproblematisch möglich, wie sich sogleich zeigen wird.

[258]Es wurde schon vielfach festgestellt, dass damit dem Begriff des Rechtsguts leitende Funktion zukommt, die Beleuchtung des Rechtsgutsbegriff bei V. LISZT soll hier jedoch bei Seite gelassen werden. Vgl. weiterführend Bohnert, Zu Straftheorie und Staatsverständnis im Schulenstreit, 1992, S.40 – 41.

[259]V. Liszt, Marburger Programm, 1881, S.23.

[260]Um diesem Grundsatz von der Notwendigkeit der Strafe zu genügen, müssen die Gesellschaftswissenschaften „das Verbrechen als soziale Erscheinung, die Strafe als soziale Funktion untersuchen, wollen wir die rechtsgüterschützende, verbrechensverhütende Wirkung der Strafe mit wissenschaftlicher Bestimmtheit feststellen.“ v. Liszt, Marburger Programm, 1882, S.22.

fe..."[261]. Und so gewährleiste der Zweckgedanke auch den Schutz der individuellen Freiheit, bis zu der Grenze, „wo dies...unabweislich durch die Bedürfnisse der Rechtsordnung gefordert wird."[262] Damit liefere der Zweck des Rechtsgüterschutzes das Prinzip für Maß und Begrenzung der Strafe.[263] Dass sich die klassische Schule von dieser theoretischen Strafbegrenzung wenig beeindruckt zeigt, wurde am Beispiel V. BIRKMEYERS schon dargestellt.[264]

2. Die spezialpräventiven Wirkungen der Strafe

Ist der Zweck des Strafrechts in seiner Gesamtheit fixiert, kann nun die Frage gestellt werden, welchem Zweck die im konkreten Fall zu verhängende Strafe dienen soll,[265] um das Ziel des Strafrechts, den Rechtsgüterschutz zu erreichen. Dass man sich schon wegen der Fragestellung auf dem Boden der relativen Theorien bewegt, bedarf keiner weiteren Begründung mehr. Interessant ist jedoch der Weg, den V. LISZT bestreitet, wenn er den Zweck der Strafe im konkreten Fall darlegt. Denn er beginnt nicht damit, welchen konkreten Zwecken die Strafe dienen soll, sondern er klärt als ersten Programmpunkt die Wirkungen der Strafe und damit, welchem Zweck die Strafe dienen kann, um dann in einem zweiten Schritt festzustellen, dass sie diesen Zwecken auch dienen soll. Die Straftheorie kann damit positiv begründet werden.

Da für V. LISZT Strafe selbst auch Rechtsgüterverletzung ist, sieht er die Wirkungen der Strafe gleichbedeutend den Wirkungen des Strafvollzuges. Die Strafe ist damit Zwang[266]. Dies verleiht der Strafe eine doppelte Natur: „a) indirekter, mittelbarer, psychologischer Zwang oder Motivation...Sie erscheint als künstliche Anpassung des Verbrechers an die Gesellschaft und zwar entweder

- durch Besserung, d.h. durch Einpflanzung altruistischer, sozialer Motive
- durch Abschreckung, d.h. durch Einpflanzung und Kräftigung egoistischer, aber in Wirklichkeit mit den altruistischen zusammenfallender Motive.

b) Direkter, unmittelbarer, mechanischer Zwang, oder Gewalt. Die Strafe ist Sequestrierung des Verbrechers; vorübergehende oder dauernde Unschädlichmachung, Ausstoßung aus der Gesellschaft oder Internierung in derselben. Sie erscheint als künstliche Selektion des sozial untauglichen Individuums."[267] Daneben seien zwar auch generalpräventive Aspekte, als sog. Reflexwirkungen der Strafe anzuerkennen, die er zwar

[261] V. Liszt, Marburger Programm, 1882, S.22.
[262] V. Liszt, Marburger Programm, 1882, S.22.
[263] „So haben wir im Zweckgedanken das Prinzip des Strafmasses gefunden und es handelt sich nun weiter darum, aus dem Prinzipe das Maß der im Einzelfall zu verhängenden Strafe zu bestimmen." V. Liszt, Marburger Programm, 1882, S.22.
[264] Vgl. zu V. BIKMEYERS Kritik schon oben Teil 1 B I 1 b; c; 2 c.
[265] Vgl. zu dieser Form der Fragestellung bei der Strafzweckdiskussion die Darlegung oben Teil 1 B II.
[266] V. Liszt, Marburger Programm, 1882, S.20.
[267] V. Liszt, Marburger Programm, 1882, S.23.

nicht missen möchte, die aber für ihn nicht bedeutsam genug seien. Namentlich geht es ihm um die Bedeutung der Strafdrohung, die warnend und abschreckend, die vom Verbrechen abhaltenden Motive verstärke.[268]

Der Gedanke der Spezialprävention,[269] also der Einwirkung auf den Täter, wird so zum tragenden Inhalt und Zweck der v. LISZTSCHEN Theorie erklärt, dem die Strafe im konkreten Fall dienen soll.[270] Er bleibt bei der Trennung zwischen unmittelbaren Wirkungen der Strafe und mittelbaren Wirkungen, die er Strafreflexe[271] nennt. Auch seine weiteren Ausführungen lassen daran keinen Zweifel, wenn er die unmittelbaren Wirkungen der Strafe mit denen des Strafvollzuges gleichsetzt: „Besserung, Abschreckung und Unschädlichmachung, das sind demnach die unmittelbaren Wirkungen der Strafe; die in ihr liegenden Triebkräfte, durch welche sie den Schutz der Rechtsgüter bewirkt. Es wird sich diesen Wirkungen des Strafvollzuges nichts wichtiges hinzufügen lassen."[272]

Im Ergebnis erhält die Strafe ihr abstrakt bestimmtes Maß durch den Zweckgedanken. Ziel des Strafrechts ist für v. LISZT der Rechtsgüterschutz und Zweck der Strafe sind Besserung, Abschreckung und Unschädlichmachung. v. LISZT legt damit im Marburger Programm das theoretische Konzept seines Präventionsansatzes vor. Wie er sich Inhalt und Umfang der Strafe dann im konkreten Fall vorstellt und inwieweit er seine Ansichten von Verbrechen und Strafe auf reale Erkenntnisse stützt, wird weiter unten untersucht. Zunächst jedoch Darstellungen zu Willensfreiheit und Schuld, wie sie v. LISZT seiner Theorie zugrundelegt.

II. Willensfreiheit und Schuldbegriff

Das Problem der Willensfreiheit wird von v. LISZT im Sinne einer Aufspaltung[273] gelöst. Demnach existiere ein diesseitiger Determinismus und jenseitiger Indeterminis-

[268]V. Liszt, Marburger Programm, 1882, S.24.
[269]An dieser Stelle sei kurz klargestellt, dass der überwiegend spezialpräventive Standpunkt FRANZ VON LISZTS, keine in ihrem Ansatz neue Theorie war. Vielmehr wird schon STÜBEL der Verdienst zugerechnet eine spezialpräventive Lehre begründet zu haben. Diese fand durch KLEIN und v. GROLMAN Eingang in das allgemeine Landesrecht von 1794. Weitgehend spekulativ gebliebenen spezialpräventiven Ansätze wurden dann durch ANSELM FEUERBACH rasch überwunden.
[270]Dass die Wirkungen der Strafe letztlich auch nur spezialpräventiver Natur sein können, ergibt sich bereits aus v. LISZTS Strafdefinition, wenn man dieser konsequent folgt. Strafe ist Rechtsgüterschutz durch Rechtsgüterverletzung. v. Liszt, Marburger Programm, 1882, S.22.
[271]Neben seinem rein spezialpräventiven Begründungsansatz möchte v. LISZT die generalpräventive Wirkung der Strafe aber nicht missen. Und so schreibt er auch in seinem Lehrbuch als Empfehlung, der Gesetzgeber solle sich entschließen, „von dem einen der beiden Grundgedanken auszugehen, diesen aber nicht in seine letzten Folgesätze durchzuführen, sondern daneben auch den aus dem anderen Grundgedanken sich ergebenden Folgerungen Rechnung tragen." v. Liszt, Lehrbuch des Deutschen Strafrechts, 1919, S.24.
[272]V. Liszt, Marburger Programm, 1882, S.23.
[273]Durch die Aufspaltung in diesseitigen Determinismus und jenseitigen Indeterminismus, versucht von Liszt das Problem der Willensfreiheit dem Strafrecht zu entrücken und damit insbesondere die Kriminalpolitik aus den

mus. Auch in dieser Frage formuliert er einen scheinbar vermittelnden Standpunkt, da die klassische Schule ungebrochen an der Willensfreiheit als Grundlage des Strafrechts festhält. Aber, und so V. LISZT weiter, aus dem diesseitigen Determinismus folge: „Der Verbrecher, der vor uns steht als Angeklagter oder als Verurteilter, ist also für uns Menschen unbedingt und uneingeschränkt unfrei; sein Verbrechen die notwendige, unvermeidliche Wirkung der gegebenen Bedingungen. Für das Strafrecht gibt es keine andere Grundlage als den Determinismus.“[274]

Entscheidend ist jedoch, dass an dieses Bekenntnis zum Determinismus, nicht die Leugnung eines Strafrechts schlechthin geknüpft werden soll. Determiniertheit menschlichen Handelns und strafrechtliche Zurechnungsfähigkeit widersprechen sich nach der Ansicht V. LISZT nicht, da das Wesen der Zurechnungsfähigkeit, also die Voraussetzung der strafrechtlichen Verantwortlichkeit, in der normalen Bestimmbarkeit der Motive liege.[275] Die Zurechnungsfähigkeit, die den geistesgesunden Verbrecher vom Geisteskranken trenne, liege in seiner Empfänglichkeit für die durch die Strafe bezweckte Motivsetzung.[276]

Zur Schuldfrage erklärt sich V. LISZT dann zweideutig. Einmal stellt er fest: „Ohne Wahlfreiheit weder Schuld noch Vergeltung.“[277] V. LISZT lehnt den Schuldbegriff jedoch nicht völlig ab. Nur soweit dieser auf dem Gedanken der Tatvergeltung aufbaue, sei er abzulehnen.[278] „Für mich ist Schuld gleichbedeutend mit der Verantwortlichkeit für den Erfolg. Diese ist begründet bei Zurechnungsfähigkeit des Täters und Zurechenbarkeit des Erfolges (bei Vorsatz oder Fahrlässigkeit).“[279] Aber sein Schuldbegriff „verlange nichts als die unbestreitbare und unbestrittene Voraussetzung, dass alles menschliche Handeln durch Vorstellungen, mithin auch durch die allgemeinen Vorstellungen der Religion, der Sittlichkeit, des Rechts usw. bestimmt (determiniert) und bestimmbar sei.“[280] So bedeute dieser Schuldbegriff keinesfalls, dass der Täter auch

---

philosophischen Querelen des 19. Jahrhunderts herauszuhalten. Vgl. Kühlwein, Grundlegung zu einer Kritik der Strafrechtstheorien, 1967, S.39.

[274] V. Liszt, Einfluss auf die Grundbegriffe des Strafrechts, 1893, VuA II, S.84.

[275] V. Liszt, Deterministische Gegner der Zweckstrafe, ZStW, 1893, S.342.

[276] V. Liszt, Deterministische Gegner der Zweckstrafe , ZStW, 1893, S.343.

[277] V. Liszt, Deterministische Gegner der Zweckstrafe, ZStW, 1893, S.346.

[278] Dass auch die klassische Schule keine objektive Tatvergeltung fordert, stellt V. BIRKMEYER klar, vgl. dazu v. Birkmeyer oben Teil 1 B II 1 c.

[279] V. Liszt, Deterministische Gegner der Zweckstrafe, ZStW, 1893, S.346.

[280] V. Liszt, Lehrbuch des Strafrechts, 1912, S.163. Gegen diese Zurechnungslehre wendet sich FERRI, der V. LISZT in die Gruppe der klassischen und eklektischen Zurechnungstheorien einordnet. Zur Widerlegung schreibt er u.a. „Außerdem ist die Idee des Verbrechens bei sehr vielen verbrecherischen Irren genau dieselbe wie bei geistig gesunden Verbrechern. Sie können sich bewusst sein, eine verbotene Handlung zu begehen, und dann wären sie nach der intellektualistischen Theorie verantwortlich; gerade das leugnet aber diese, wie alle klassischen und eklektischen Theorien.“ Ferri, Das Verbrechen 1896/1893, S.303.

hätte anders handeln können[281] und damit falle zwingend auch der Vergeltungsgedanke, da dieser zwingend die Möglichkeit eines anderen Handelns voraussetze.

Wie sich im weiteren zeigen wird, erlangt der Schulbegriff und das Bekenntnis zu einem diesseitigen Determinismus in seinem kriminalpolitischen Programm keine größere Bedeutung.[282] Das Determinismusbekenntnis hindert nach der Ansicht V. LISZT die Bestrafung nicht. Weitere Konsequenzen, wie eine veränderte Einstellung zum Rechtsbrecher, werden hieraus nicht gezogen. Die Tatschuld, im Sinne einer Verantwortlichkeit des Verbrechers für sein Handeln, bleibt zwar Voraussetzung, dass überhaupt bestraft werden kann. Sie erlangt jedoch keine darüber hinausgehende Bedeutung, insbesondere wird sie nicht zum Maßstab für die im konkreten Fall zu verhängende Strafe, was sich an späterer Stelle noch deutlicher zeigt.

III. V. LISZTS Theorie der Verbrechensentstehung und Forschungsmethoden

V. LISZTS Theorie der Verbrechensentstehung kommt zu dem Ergebnis, das Verbrechen sei Produkt der individuellen Faktoren des Täters einerseits und der gesellschaftlichen, insbesondere wirtschaftlichen Faktoren andererseits.[283] Daher sei das Verbrechen auch von beiden Seiten seiner Entstehung zu erforschen: „Die beiden Arten der naturwissenschaftlichen Behandlung des Verbrechens, die biologische (anthropologische)[284] und die soziologische stehen nicht nur nicht in Widerspruch zueinander, sondern sie ergänzen sich gegenseitig; erst in ihrem Zusammenwirken ermöglichen und sichern sie uns die kausale Erklärung der Kriminalität."[285] Dabei setzt V. LISZT jedoch den Schwerpunkt bei den soziologischen Faktoren[286] und spricht „von der größeren Dignität, von der überwiegenden Bedeutung der gesellschaftlichen Faktoren, ohne

[281] V. Liszt, Deterministische Gegner der Zweckstrafe, ZStW, 1893, S.345.

[282] Das teils widersprüchliche Verhältnis zwischen Schuldlehre und Tätertypologie bei V. LISZT soll im Rahmen dieser Arbeit nicht geklärt werden Eine entsprechende Darstellung findet sich bei Frommel, Präventionsmodelle, 1986, S.83 – 96.

[283] V. Liszt, Das Verbrechen als sozialpathologische Erscheinung, 1898, VuA II, S.234, vgl. auch VuA II S.290/291, S.3.

[284] V. LISZT zieht den Begriff der Kriminalbiologie vor, schon um nicht sofort bei der Nennung Kriminalanthropologie mit LOMBROSOS Forschung gleichgesetzt zu werden.

[285] V. Liszt, Das Verbrechen als sozialpathologische Erscheinung, 1898, VuA II, S.234.

[286] Vgl. dazu auch v. Liszt, Kriminalpolitische Aufgaben, 1889 – 1892, VuA I, S.312, in welchem V. LISZT von einem ungleich größeren Einfluss der sozialen Bedingungen bei der Großzahl der Verbrechen spricht. Die Gewichtungen bei V. LISZT ändert sich scheinbar im Laufe seines Werkes. Stehen anfänglich noch äußere wie innere Faktoren gleichberechtigt nebeneinander, kommt er später zu der Ansicht „dass die gesellschaftlichen Faktoren ungleich größere Bedeutung für sich in Anspruch nehmen dürfen als die individuellen Faktoren." V. Liszt, Das Verbrechen als sozialpathologische Erscheinung, 1898, VuA II, S.235, vgl. auch: v. Liszt, Die gesellschaftlichen Faktoren der Kriminalität, 1902, VuA II, S.433 – 447 . Inwiefern hier tatsächlich eine Umorientierung, hin zu den gesellschaftlichen Faktoren stattgefunden hat sei dahingestellt. Betrachtet man V. LISZT in seinen weiteren Ausführungen, so kann erscheint dies aber zumindest zweifelhaft. Es handle sich bei vielen Verbrechern um eine „parasitäre Bevölkerungsgruppe", die „inmitten des allgemeinen Vorwärtshastens zurückbleiben müssen, weil sie bei ihrer unterdurchschnittlichen körperlichen und geistigen Veranlagung mit den anderen mitzuhalten nicht imstande sind." A.a.O. S.445.

damit die Bedeutung der Individualität zu leugnen oder auch nur herabsetzen zu wollen."[287] Mit dieser Bedeutung der sozialen Faktoren rückt er die Kriminalstatistik als geeignete Methode der soziologischen Forschung in den Fordergrund.[288]

Betrachtet man die individuellen Faktoren des Verbrechens, erkennt er an, dass „zahlreiche Verbrecher die der Psychiatrie längst bekannten Kennzeichen einer körperlichen und geistigen Entartung aufweisen."[289] Er übernimmt auch die Annahme, diese Entartung beruhe in den meisten Fällen auf erblicher Belastung. „Sie hat ihren Grund insbesondere in körperlichen und geistigen Erkrankungen der Eltern... Die Entartung kann aber auch erworben sein oder auf schlechtem Lebenswandel...Krankheiten aller Art beruhen."[290] Gleichzeitig distanziert sich V. LISZT aber von allen Ansätzen, die in Richtung der Anerkennung eines geborenen Verbrechers gewertet werden könnten:[291] „Festzuhalten ist, dass die erbliche Belastung wie die erworbene Schwächung nur in einer mehr oder minder starken Veranlagung, einer Prädisposition, besteht, welche durch geeignete und rechtszeitige Maßregeln, wie jede Veranlagung wirksam bekämpft werden kann, während sie unter ungünstigen äußeren Verhältnissen zu einem chronischen, unheilbaren Zustande sich entwickelt."[292]

Im Ergebnis ist die sog. soziologische Schule V. LISZTS damit keine einseitig an der Soziologie ausgerichtete Schule, sondern betont auch die individuellen „biologischen" Faktoren des Täters.[293] Soweit bei der Gewichtung die besondere Bedeutung der sozialen Faktoren hervorgehoben wird, findet diese in V. LISZTS Präventionskonzept aber keine Entsprechung. Auch wenn die „Sozialpolitik die beste Kriminalpolitik" sei, bleibt er selbst Kriminalpolitiker. Interessant ist es auch zu sehen, dass bei aller Selbstverständlichkeit, mit der V. LISZT seine Ergebnisse präsentiert, er bei seiner Theorie von den Verbrechensursachen nicht von eigenen Forschungsergebnissen ausgeht, denn eine eigene Forschung, die diese Aussage stützen könnte, betreibt er bis auf einige statistische Auswertungen nicht.[294]

---

[287]V. Liszt, Die Aufgaben und die Methode der Strafrechtswissenschaft, 1899, VuA II, S.292

[288]Vgl. zu V. LISZT und die Kriminalstatistik: Frommel, die insbesondere v. Liszts Kritik der damaligen Statistikführung aufzeigt. Frommel, Präventionsmodelle, 1986, S.13 – 41, insb. S.17 – 25.

[289]V. Liszt, Kriminalpolitische Aufgaben, 1889 – 1892, VuA I, S.309.

[290]V. Liszt, Kriminalpolitische Aufgaben, 1889 – 1892, VuA I, S.309 – 310.

[291]Vgl. zu V. LISZTS Auseinandersetzung mit dem geborenen Verbrecher auch die wertende Betrachtung bei Gadebusch – Bondio, Theorien von Lombroso in Deutschland, 1995, S.127 – 129.

[292]V. Liszt, Kriminalpolitische Aufgaben, 1889 – 1892, VuA I, S.309 – 310.

[293]EXNER schreibt über die Schule V. LISZTS: „Er nennt seine Schule die soziologische Schule, aber nicht etwa, weil er einem soziologischen Materialismus gehuldigt hätte. Sein ganzes, auf die Person des Täters abgestelltes kriminalpolitisches Programm zeigt vielmehr aufs klarste, wie sehr es ihm auf die Persönlichkeit angekommen ist." Zitiert nach Schmidt, Geschichte der Deutschen Strafrechtspflege, 1965, S.378.

[294]Kempe schreibt wenig euphorisch über V. LISZTS kriminologische Tätigkeit: „Die kriminologische Tätigkeit v. Liszt war nicht bedeutsamer als die eines monsieur quelconque, wenn man sie vom kriminologischen Standpunkt beurteilt." Kempe, v. Liszt und die Kriminologie, ZStW 1969, S.824. Der Nachweis der großen Bedeutung V. LISZTS für die Kriminologie erschließt sich bei Schöch, Marburger Programm, ZStW, 1982, S.887. Vgl. auch HERING, der sich in Auseinandersetzung mit GROSS dahin äußert: "Ohne V. LISZTS Verdienste um die Krimino-

IV. Die Verbrechereinteilung bei v. LISZT

Ein Produkt v. LISZTS Versuch, die komplexen Vorgänge der Verbrechensentstehung für seine Vorstellung des reformierten Strafrechts greifbar zu machen, ist seine Verbrechereinteilung. Diese steht in engem Zusammenhang mit dem von ihm vertretenen Modell der Strafzwecke und erklärt sich in diesem System schlüssig.[295] Nach der Fixierung der drei Strafwirkungen, ist es ihm eine Selbstverständlichkeit, dass den einzelnen Wirkungen auch drei Verbrecherkategorien entsprechen müssen. „Wenn aber Besserung, Abschreckung und Unschädlichmachung wirklich die möglichen wesentlichen Wirkungen der Strafe und damit zugleich die möglichen Formen des Rechtsgüterschutzes durch Strafe sind, so müssen diesen drei Strafformen auch drei Kategorien von Verbrechern entsprechen. Denn gegen diese, nicht aber gegen die Verbrechensbegriffe, richtet sich die Strafe; der Verbrecher ist der Träger der Rechtsgüter, deren Verletzung oder Vernichtung das Wesen der Strafe ausmacht. Diese logische Forderung wird durch die bisherigen Ergebnisse der Kriminalanthropologie im wesentlichen bestätigt. Doch gestattet die Lückenhaftigkeit und Unsicherheit der bisher gewonnenen Resultate keine abschließenden, ins einzelne gehenden Schlussfolgerungen. Im allgemeinen aber dürfte von folgender Einteilung als Ausgangspunkte weiterer Betrachtungen ausgegangen werden können:

„Besserung der besserungsfähigen und besserungsbedürftigen Verbrecher;
Abschreckung der nicht besserungsbedürftigen Verbrecher;
Unschädlichmachung der nicht besserungsfähigen Verbrecher."[296]

Später ändert sich diese Einteilung von v. LISZT noch dahin, dass Abschreckungsstrafen für die Augenblicksverbrecher, Besserungsstrafen für die besserungsfähigen Zustandsverbrecher und Sicherungsstrafen für die unverbesserlichen Zustandsverbrecher hinzukommen. Diese grundlegende kriminalpolitische Einteilung und die damit verbundenen Forderungen durchzieht das ganze Werk v. LISZTS.[297]

Beachtlich ist dabei, und dies zunächst rein begrifflich und nicht kriminalpolitisch, der Schluss von den Wirkungen der Strafe (Besserung, Abschreckung, Unschädlichmachung) auf die einzelnen Verbrecherkategorien (Besserungsbedürftig, nicht Besserungsbedürftig, Unverbesserlich). Den Einwand, dass durch reine Begriffslogik

---

logie schmälern zu wollen, muss festgestellt werden, dass seine Vorschläge ein theoretisches Programm blieben. Er war weder in der Lage, selbst kriminologische Forschung zu betreiben, noch vermochte er die Kriminologie dem akademischen Wissenschaftsbetrieb der Strafrechtslehrkanzeln auszugliedern.." Hering, Der Weg der Kriminologie, 1966, S.189.

[295] FROMMEL spricht hier von einer „eigenartig „begriffslogischen" Beweisführung". Frommel, Präventionsmodelle, 1986, S.87.

[296] V. Liszt, Marburger Programm, 1882, S.24

[297] V. Liszt, Die psychologischen Grundlagen der Kriminalpolitik, 1896, VuA II, S.208.

menschliche Zustände und Verhaltensweisen nicht erklärbar sein, lässt V. LISZT nicht gelten. Er entgegnet vielmehr, dass diese Entsprechung von Strafwirkung und einzelnen Verbrechertypen „so sein müsse“ und die Arbeiten der Kriminalanthropologie würden diese „logische Folgerung“ „im wesentlichen bestätigen“.[298] Mit dieser Erklärung wird der „Unverbesserlichkeit“ praktisch eine medizinisch-anthropologische Begründung unterlegt. Der „chronisch unheilbare Zustand“, von dem V. LISZT bei den Verbrechensursachen berichtet, ist die (nachträgliche) Begründung für die Unverbesserlichkeit.

Bei dieser Adaption kriminalanthropologischer Ergebnisse für die Begründung der Tätertypologie lohnt sich der Blick auf V. LISZTS Verhältnis zur kriminalanthropologischen Bewegung und namentlich zu LOMBROSO. V. LISZT äußert sich grundsätzlich sehr skeptisch. Er spricht von den revolutionären Ansichten der Italiener, die „mit jugendlichem Ungestüm in der Verwertung kaum gefundener Resultate, aber auch mit jugendlicher Kraft und Begeisterung den Kampf gegen die klassische Kriminalistik aufgenommen (haben).“[299] Später schreibt er: „Es lässt sich nicht leugnen, dass nur in sehr beschränktem Umfange von sicheren Ergebnissen der Kriminalanthropologie gesprochen werden kann, und dass das allgemeine Misstrauen, welchem die kriminalanthropologischen Untersuchungen in den Kreisen der Theoretiker wie in jenen der Praktiker begegnet, nur zu sehr begründet ist.“[300] Sein Ton wird härter, wenn er schreibt: „Wir haben wertvolle Jahre verloren mit den umhertappenden, dilettantischen Suchen nach dem anthropologischen Kennzeichen des delinquente nato und seinen minder gefährlichen Vettern. Heute ist der Traum vom Verbrechertypus ausgeträumt und wir sind zur nüchternen Wirklichkeit zurückgekehrt.“[301]. Was für V. LISZT Wirklichkeit bedeutet, scheint zumindest nach außen seine eigene Verbrechereinteilung darzustellen.

Wenn man nun die gesamte Skepsis V. LISZTS gegenüber der Kriminalanthropologie betrachtet, kann man nicht so recht daran glauben, dass er von seiner Aussage, die Kriminalanthropologie bestätige seine begriffslogischen Schlüsse, auch tatsächlich überzeugt ist. Es drängt sich vielmehr der Schluss auf, dass er bei seiner Tätertypenlehre mehr darum bemüht ist, ein kriminalpolitisch verwertbares System zu schaffen,

---

[298]Dies behauptet V. LISZT schon im Marburger Programm behauptet wiederholt es in späteren Aufsätzen. V. Liszt, Die psychologischen Grundlagen der Kriminalpolitik, 1896, VuA II, S.213. Eberhart Schmidt folgert daraus: „Aber man darf die berühmte Stelle des Marburger Programms doch nicht rationalistischer nehmen, als sie von LISZTS Standpunkt aus gewesen ist und sein sollte...die Wirklichkeitsbetrachtung der verbrecherischen Welt hatte ihm diesen Ausgangspunkt des „Prinzips der Individualisierung“ der Strafe „als durch die bisherigen Ergebnisse der Kriminalanthropologie im wesentliche bestätigt“ dargetan. Zur Wirklichkeitsbetrachtung aber hatte LISZT die aus der Rückfallstatistik entnehmbare große Gefahr des Gewohnheits- oder Zustandsverbrechertums genötigt.“ Schmidt, Geschichte der Deutschen Strafrechtspflege, 1965, S.377.

[299]V. Liszt, Marburger Programm, 1882, S.4.

[300]V. Liszt, Die Aufgaben und die Methode der Strafrechtswissenschaft, 1899, VuA II, S.297.

[301]V. Liszt, Einfluss auf die Grundbegriffe des Strafrechts, 1893, VuA II, S.89.

als seine Gruppen auch wissenschaftlich durch wissenschaftliche Ergebnisse unterlegen zu können.[302]

Bevor den konkreten Reformforderungen nachgegangen wird, zunächst ein kurzer Exkurs zu V. LISZTS Verständnis von Kriminalpolitik.

V. Exkurs: Das Verhältnis zwischen Verbrechensursachen, Strafrecht und Kriminalpolitik

V. LISZT definiert die Kriminalpolitik als die „geordnete Zusammenfassung der Grundsätze (hier im Sinne von Klugheitsregeln) nach welchen der Kampf der Rechtsordnung gegen das Verbrechen zu führen ist."[303]

1. Prävention durch Sozialpolitik

Entsprechend seinem Verständnis der Verbrechensursachen (individuelle und gesellschaftliche, insbesondere wirtschaftliche Verhältnisse), stellt er dann auch fest, dass die Bekämpfung der letzteren Gründe des Verbrechens nicht die eigentliche Aufgabe der Kriminalpolitik sei, sondern vielmehr der Sozialpolitik zugewiesen ist.[304] Entsprechend seiner Gewichtung der Verbrechensursachen ergebe sich dabei die große Bedeutung der Sozialpolitik, welche die beste Kriminalpolitik darstelle.

2. Prävention durch Repression – Kriminalpolitik und Strafrecht

Zur Bedeutung des Strafrechts äußert sich V. LISZT dann dahin: „Aus der ausschlaggebenden Bedeutung der gesellschaftlichen Faktoren ergibt sich unmittelbar die bescheidene Bedeutung der Strafe, unter den Maßregeln, die dem Staat in seinem Kampf gegen das Verbrechen zur Verfügung stehen.. Die Strafe ist eines der Mittel zur Bekämpfung des Verbrechens; aber sie ist nicht das einzige, sie ist insbesondere nicht das wichtigste."[305]

---

[302]In ähnlicher Weise beschreibt auch KEMPE das Verhältnis V. LISZTS zur Kriminologie: „V. LISZT ist in seinen Bemühungen um die neue Behandlung von Delikt und Delinquent nicht von der Kriminologie inspiriert worden und hat noch weniger eine eigene Kriminologie entwickelt. Statt dessen hat er sich an die kriminologischen Entwicklungen, die sich in seiner Zeit vollzogen, in der Hoffnung angelehnt, diese für seine Ziele dienstbar zu machen, die in ihrem Wesen politische Ziele waren." Kempe, v. Liszt und die Kriminologie, ZStW, 1969, S.822, Die empirische Frage, ob es Kriterien für „Unverbesserlichkeit" oder „Gefährlichkeit" gebe, bzw. ob die Tätertypenlehre erfahrungswissenschaftlich belegbar sei, stellt er nicht, vgl. dazu auch Frommel, Präventionsmodelle, 1986, S.97, die die Aussage auf die gesamten Vertreter der klassischen und modernen Schule ausdehnt. Zur unbestritten gossen Bedeutung V. LISZTS für die Fortentwicklung der Kriminologie, Schöch, Marburger Programm, ZstW 1982, S.864 – 887.

[303]V. Liszt, Einfluss auf die Grundlagen des Strafrechts, 1893, VuA II, S.78 – 79.

[304]V. Liszt, Deterministische Gegner der Zweckstrafe, ZStW 1893, S.362.

[305]V. Liszt, Aufgabe und Methode der Strafrechtswissenschaft, 1899, VuA II, S.294 - 295. Seine konkreten sozialpolitischen Vorschläge beziehen sich dabei zumeist auf den Bereich der Verhinderung der Delinquenz von

Trotz dieser Wertung, dass der Strafe nur „eine bescheidene Bedeutung" zukomme, nimmt die Auseinandersetzung um die Strafe als Gegenstand der Kriminalpolitik und mögliche staatliche Reaktion auf das Verbrechen, wie bereits angeklungen, den entscheidenden Raum in V. LISZTS Auseinandersetzung ein. Im einzelnen unterteilt er dabei in vier Bereiche: die Strafgesetzgebung, den Schuldspruch, die Strafzumessung und den Strafvollzug.
Im Bereich der Gesetzgebung „fällt (der Kriminalpolitik) zunächst die Aufgabe zu, die Fälle genau zu umschreiben, in welchen der Schutz durch die staatliche Strafe einzutreten hat; und die anzuwendenden Strafmittel zu bestimmen.... Aber die Abfassung eines Strafgesetzbuches ist in erster Linie ein Akt der Kriminalpolitik."[306] In diesem Bereich siedeln auch die meisten Reformvorschläge V. LISZTS. Weiter bestimmt er den Gegenstand der Kriminalpolitik dahin, dass „Solange unsere Gesetzgebung an dem Satz... festhält: nullum crimen sine lege, ebenso lange ist die Feststellung, dass der Tatbestand eines Verbrechens als der Voraussetzung für den Eintritt der Strafgewalt des Staates vorliegt, ein ausschließlich richterlicher, nach Rechtsgrundsätzen erfolgender Akt. Damit ist, wie bereits erwähnt, die Fortdauer des Strafrechts zweifellos gesichert. Die Kriminalpolitik hat damit gar nichts zu schaffen."[307]

V. LISZT versucht, den Befürchtungen der klassischen Lehre, die in seiner Strafrechtstheorie die Auflösung des Strafrechts erblickten, zu begegnen. Jedoch läuft diese strenge Trennung des „Kernstrafrechts" vom Gegenstand der Kriminalpolitik auf einen Zirkelschluss hinaus. Jedenfalls für den Bereich der Strafrechtsdogmatik solle die Kriminalpolitik ohne Einfluss bleiben. Berühmt ist im Zusammenhang mit der Begrenzung des Strafrechts der Ausspruch, das Strafrechts sei die „Magna Charta des Verbrechers" als „unübersteigbare Grenze der Kriminalpolitik"[308] Betrachtet man nun diese Aussage im Zusammenhang mit der Tatsache, dass V. LISZT die Gesetzgebung der Kriminalpolitik zuweist, so drängt sich die Schlussfolgerung auf, dass so im Ergebnis doch die Kriminalpolitik den Inhalt der „Magna Charta" bestimmt. [309] Dennoch ist offensichtlich, dass V. LISZT die Gefahr erkennt, die Individualinteressen den Gemeininteressen zu opfern. Daher betont er nochmals: „Im Strafrecht verteidigen wir die individuelle Freiheit gegenüber den Interessen der Gesamtheit. Nicht wer „gemeinschädlich" ist, sondern nur, wer ganz bestimmte, im Gesetz genau bezeichnete ge-

---

Jugendlichen. Hier werden von V. LISZT etliche Vorschläge gerade zur Vorbeugung der Jugenddelinquenz gemacht, vgl. auch Bohnert, Zu Straftheorie und Staatsverständnis im Schulenstreit, 1992, S.60 – 62.

[306] V. Liszt Deterministische Gegner der Zweckstrafe, ZStW 1893, S.364 – 365.

[307] V. Liszt Deterministische Gegner der Zweckstrafe, ZStW 1893, S.365.

[308] V. Liszt, Einfluss auf die Grundbegriffe des Strafrechts, 1893, VuA II, S.80.

[309] Ebenso NAUKE, der hierzu feststellt, man dürfe nicht zu optimistisch über diese Sätze urteilen, da das Strafrecht die Kriminalpolitik nicht begrenze sondern sie nur mitteile. Nauke, Die Kriminalpolitik des Marburger Programms, ZStW, 1982, S.540 – 541 . Auch Frommel weist nach, dass V. LISZT selbst der These von der Grenze der Kriminalpolitik durch das Strafrecht nur bedingt Realitätsgehalt beigemessen habe. Frommel, Präventionsmodelle, 1986, S.76 – 83.

meinschädliche Handlung begangen hat, verfällt der Strafgewalt"[310] Er geht hier davon aus, dass die Tatbestandsbestimmtheit um so genauer bestimmt werden muss, je „zielbewusster, intensiver und rücksichtsloser" das Verbrechen bekämpft werde.[311]

Wo die Kriminalpolitik hingegen wieder relevant werden soll, ist der Bereich der Strafzumessung. Dies sei auch unproblematisch, denn bereits im geltenden Recht, so argumentiert V. LISZT sei durch die Bestimmung durch den Richter innerhalb des Strafrahmens der nulla poena sine lege Grundsatz durchbrochen, da dieser Grundsatz folgerichtig die absolute Strafdrohung fordere.[312] Daher lautet die Forderung: „Für die Strafzumessung verlangen wir, in wenigstens scheinbarem Gegensatz zur klassischen Schule, die Herrschaft kriminalpolitischer Erwägungen."[313] Die Strafmittel sollen nach der Eigenart des Täters bestimmt werden.[314] Für V. LISZT bereitet dies in seinem theoretischen Ansatz keine Schwierigkeiten, da er in seinem System davon ausgeht, dass die Strafe durch den Zweckgedanken ihre „gerechte" Begrenzung erfährt.[315] Ganz anders sehen das seine Gegner, die es seiner Straftheorie absprechen, die Freiheitsgarantien der Bürger gewährleisten zu können.[316]

Und was zuletzt den Strafvollzug anbelangt: „Sobald der Strafvollzug einsetzt, ist die Funktion des Strafrechts zu Ende und die Kriminalpolitik tritt in ihr volles Recht. Selbst die Anhänger der Vergeltungsstrafe leugnen nicht, dass der Strafvollzug bestimmte Zwecke zu verfolgen hat."[317]

VI. Inhalt der Verbrechertypologie und kriminalpolitische Forderungen

Die Folgeforderung aus der Tätereinteilung ist, die Zweckstrafe nach den verschiedenen Arten der Kriminalität entsprechend auszubauen.[318] Zu betrachten ist nun, wie sich die Tätertypologie im einzelnen darstellt und welche Schlüsse V. LISZT aus der Tätertypologie konkret für das Strafrecht zieht. Der Schwerpunkt der Betrachtung liegt, wie angekündigt, bei der Gruppe der „Unverbesserlichen". Eine ausführliche Darstellung bietet sich dabei an, da sich etliche Argumentationsmuster später im Rahmen der medizinischen Beteiligung ähneln oder sogar identisch sind.

---

[310] V. Liszt, Einfluss auf die Grundbegriffe des Strafrechts, 1893, VuA II, S.80 – 81.
[311] An anderer Stelle verweist V. LISZT auf die Möglichkeit, einige Vereinfachungen vorzunehmen, wie die Unterscheidung zwischen Mord und Totschlag, Diebstahl und Unterschlagung fallen zu lassen und Qualifikationstatbestände zu beseitigen. V. Liszt, Einfluss auf die Grundbegriffe des Strafrechts, 1893, VuA II, S.87.
[312] V. Liszt, Deterministische Gegner der Zweckstrafe, , ZStW 1893, S.365.
[313] V. Liszt, Deterministische Gegner der Zweckstrafe, ZStW 1893, S.366.
[314] V. Liszt, Einfluss auf die Grundbegriffe des Strafrechts, 1893, VuA II, S.90.
[315] Wie schon oben dargestellt: V. LISZT sieht durch den Zweckgedanken die sparsame Verwendung der Strafen und den Schutz der individuellen Freiheit gewährleistet, v. Liszt, Marburger Programm, 1882, S.22.
[316] Vgl. zur Kritik insbesondere BINDING und V. BIRKMEYER, oben Teil 1 B II 2 d.
[317] V. Liszt, Deterministische Gegner der Zweckstrafe, ZStW 1893, S.366.
[318] V. Liszt, Lehrbuch des Strafrechts, 1919, S.13.

1. Die Unverbesserlichen

a. Die Definition des Typus des Unverbesserlichen Verbrechers

Der Typus eines „unverbesserlichen Verbrechers“ als eindrucksvoller Oberbegriff korrespondiert bei V. LISZT mit weiteren Bezeichnungen. Mal spricht er allgemein von den „Rückfälligen“, dies insbesondere im Zusammenhang mit der Rückfallstatistik. Dieser sei zu entnehmen, „..., dass die Rückfälligen die Mehrheit der Verbrecher, und die Unverbesserlichen die Mehrheit der Rückfälligen ausmache.“[319] Den „Gewohnheitsverbrecher“ beschreibt er dagegen dahin, dass „bei geringfügigem äußeren Anlass“ das Verbrechen „aus der dauernden Eigenart“ erwachse. An anderer Stelle sprich er dann in Kombination dieser beiden Typen vom „unverbesserlichen Gewohnheitsverbrecher“. Eine weitere Begrifflichkeit für Verbrechertypen tritt später mit dem „hochwichtigen“ „gewerbsmäßigen Verbrechertum“ hinzu.[320] Eine Definition von V. LISZT erfolgt jedoch für den gewerbsmäßigen Verbrecher nicht.[321] Insgesamt vermeidet er exakte täterspezifische Definitionen, stellt aber klar, dass „der Gewohnheitsverbrecher existiert, auch wenn wir keine gute Definition für ihn haben.“[322]

Ganz ohne Anhaltspunkte für den Verbrechertypus bleiben aber die Aussagen V. LISZT dann im Ergebnis doch nicht, denn es ist ihm bewusst, dass im übrigen jede kriminalpolitische Umsetzung fehlschlagen würde. Und so schreibt er in vorsichtigem Ton[323]: „Die Unschädlichmachung der Unverbesserlichen denke ich mir in folgender Weise. Das Strafgesetzbuch bestimmt..., dass die dritte Verurteilung wegen eines der oben genannten Verbrechen (Diebstahl, Hehlerei, Raub, Erpressung, Betrug, Brandstiftung, Sachbeschädigung, gewaltsame Unzucht oder Unzucht gegenüber Kindern)[324] auf Einschließung auf unbestimmte Zeit zu erkennen sei...“[325] Damit bestimmen im Ergebnis einzelne Delikte und die Häufigkeit ihrer Begehung den Unverbesserlichen. Man hört V. LISZTS Stimme durch, wenn man 1889 in Art. II der Grundlagensatzung der IKV[326]

---

[319] V. Liszt, Marburger Programm, 1882, S.25.
[320] Vgl. insb. Das gewerbsmäßige Verbrechen, 1900, VuA, S.308 – 330.
[321] Eine Definition erfolgt nur für das gewerbsmäßige Verbrechen: „...und (ich) spreche von gewerbsmäßigen Verbrechen dann, wenn die wiederholte Begehung der strafbaren Handlungen nach der Absicht des Täters die ausschließliche oder doch überwiegende Erwerbsquelle bilden soll.“ V. Liszt, Das gewerbsmäßige Verbrechen, 1900, VuA II, S.312.
[322] V. Liszt, Marburger Programm, 1882, S.25, Fn.72. Diese Aussage zeigt wieder, wie er vom kriminalpolitisch motivierten Wunsch auf die Existenz des Gewohnheitsverbrechers schließt, jenseits wissenschaftlicher Kenntnis seiner Definition. vgl. insoweit auch Frommel, Präventionsmodelle, 1986, S.88.
[323] Den Grund für diese einfache Darstellung im Marburger Programm wird man wieder auf der kriminalpolitischen Ebene suchen dürfen.
[324] Die Aufzählung beginnt V. LISZT mit den Worten, dass man schon heute mit einiger Bestimmtheit den Umkreis der gewohnheitsmäßig begangenen Verbrechen bestimmen könne. Eine Ergänzung dieser Liste auf grund genauerer Beobachtung sei natürlich nicht ausgeschossen.
[325] V. Liszt, Marburger Programm, 1882, S.27.
[326] Mitteilungen der IKV, 1889, 1. Bd. S.1ff.

liest, dass „die Strafgesetzgebung den unverbesserlichen Gewohnheitsverbrecher, und zwar auch dann, wenn es sich um die oftmalige Wiederholung kleinerer Vergehungen handelt, für eine möglichst lange Zeit unschädlich zu machen" habe.

Anhand der Gruppe der gewerbsmäßigen Verbrecher legt er später dar, dass die Voraussetzungen auf Gesetzesebene, für den Eintritt der „Sicherheitsstrafe" seien, dass bei der Verurteilung wegen eines Verbrechens oder Vergehens festgestellt wird, dass der Verurteilte die Begehung strafbarer Handlungen gewerbsmäßig betreibe.[327] „...und (ich) spreche von gewerbsmäßigen Verbrechen dann, wenn die wiederholte Begehung der strafbaren Handlungen nach der Absicht des, die ausschließliche oder doch überwiegende Erwerbsquelle bilden soll."[328] Allein diese Voraussetzung tritt in den Fordergrund der Täteridentifikation.[329] Die wiederholte Tatbegehung[330] und nicht die Täterpersönlichkeit sind damit auslösendes Moment. Der Verbrecher zeigt allein durch mehrmalige Begehung bestimmter Delikte, dass er „unverbesserlich" ist. Der Grund für die Anknüpfung an die Tat ist dabei in der Unsicherheit zu sehen, die V. LISZT letztlich der Erkennbarkeit bzw. „wissenschaftlichen Feststellbarkeit" der Merkmale der „Unverbesserlichkeit" entgegenbringt und demgegenüber den Rückfall als „rohen, aber praktischen Ersatz" betrachtet.

b. Exkurs: Über den Typus vom unverbesserlichen Verbrecher zum Täterstrafrecht?

Was mit Sicherheit festgehalten werden kann, ist die Forderung der gesamten modernen Schule nach einer stärkeren Berücksichtigung der Täterpersönlichkeit im Strafrecht. V. LISZT vollzieht aber nicht den Schritt, dieser Forderung durch Normierung eines Täterstrafrechts auf Gesetzesebene Ausdruck zu verleihen. Seine Umschreibung der „Unverbesserlichkeit" zeigt auf, dass ihm der Typus des „Unverbesserlichen Verbrechers" nicht dazu dienen soll, das geltende Tatstrafrecht in ein Täterstrafrecht[331] umzuwandeln. Wie dargelegt wurde, knüpft er allein an die wiederholte Begehung strafbarer Handlungen an, besondere individuelle Persönlichkeitsmerkmale fordert er

---

[327] V. Liszt, Das gewerbsmäßige Verbrechen, 1900, VuA II, S.328. Hier erwägt V. LISZT einen Kompromiss dahin, dass der Freiheitsentzug bei der ersten Verurteilung wegen Gewerbsmäßigkeit 5 Jahre, bei der folgenden Verurteilung 10 Jahre betrage. Dem Einwand, dass bei zu langer Einsperrung von Strafe im herkömmlichen Sinn nicht mehr gesprochen werden könne, begegnet er mit der Feststellung, dass es ihm auf den Namen nicht ankomme und er daher auch gerne von „Sicherungshaft" spreche.

[328] V. Liszt, Das gewerbsmäßige Verbrechen, 1900, VuA II, S.312.

[329] Es genügt neben einem subjektiven Element allein die wiederholte Begehung strafbarer Handlungen für den Eintritt der Rechtsfolge, dass es sich um dasselbe Delikt handeln muss, wird nicht vorausgesetzt. V. LISZT setzt hiermit die Kritik um, die der im geltenden Recht verankerten Forderung nach der wiederholten Begehung desselben Delikts entgegengebracht wurde.

[330] Nicht verlangt wird hierbei, dass das selbe Delikt verwirklicht wird.

[331] Eine Hinwendung zu einem Täterstrafrecht wäre insoweit einleuchtend, als es mehr von der Person des Delinquenten abhängt, welche Einwirkungen auf ihn zur Verhütung künftiger Straftaten notwendig ist, als die konkrete Tat. Ein Täterstrafrecht käme dabei seiner spezialpräventiven Zwecksetzung entgegen.

hingegen nicht.[332] Damit entwirft er in seinen Beschreibungen nicht das Bild eines kriminologischen Tätertyps.[333] Es steht im Ergebnis nicht die Täterpersönlichkeit, sondern die Sozialschädlichkeit der wiederholten Tatbegehung im Fordergrund. Die Gruppe der Unverbesserlichen entsteht letztlich erst durch eine mehrmalige Begehung bestimmter „einschlägiger" Delikte. Die begangenen Taten nicht die Täterpersönlichkeit sind auslösendes Moment und der Verbrecher zeigt durch mehrmalige Begehung bestimmter Delikte, dass er unverbesserlich ist.

c. Präventives Ausscheiden der Unverbesserlichen?

Der noch weiterreichende Schritt, eines einseitig spezialpräventiv ausgerichteten Ansatzes, nur noch auf die „verbrecherische Gesinnung"[334] oder die Veranlagung des Individuums abzustellen und damit sogar ein präventives Ausscheiden kriminalitätsgeneigter Personen zu ermöglichen, wird dann von v. LISZT auch ausdrücklich abgelehnt. Er antwortet polemisch auf BINDINGS Angriffe gegen die Zweckstrafe, der fragt, warum nur gestraft werde, nachdem verbrochen wurde: „Warum werden nur die Menschen geheilt, welche krank geworden sind; warum heilen wir nicht auch die Gesunden."[335]

Wie jedoch eine spätere Äußerung zeigt, bleibt ihm die Schlüssigkeit dieses Ansatzes nicht verborgen: „Ich muss zugeben, dass es vielleicht in der Konsequenz unserer Anschauung wäre, nur auf die Gesinnung Rücksicht zu nehmen, und nicht erst die Tat abzuwarten; wie ja auch der Hausarzt nicht wartet, bis ein Leiden zum Ausbruch kommt, sondern demselben vorzubeugen trachtet."[336]

---

[332]Ein Vergleich zum Gewohnheitsverbrechergesetz von 1933 zeigt, dass dort zwar auch an die dreimalige Verurteilung angeknüpft wird, hinzu tritt jedoch die täterstrafrechtliche Voraussetzung, dass zudem „die Gesamtwürdigung der Tat ergeben muss, dass der Täter „ein gefährlicher Gewohnheitsverbrecher" ist.

[333]Vgl. zum kriminologischen Tätertyp insb. das „Gewohnheitsverbrechergesetz 1933". Vgl. dazu schon oben Anmerkung Fn zu Teil 1 C I. Eine kurze Zusammenfassung bei Roxin, Strafrecht AT, 1997, S.134 – 136. Die später von den Vertretern des kriminologischen Tätertyps gemachten Versuche, die Bestrafung eines bestimmten Tätertyps mit dem Schuldprinzip in Einklang zu bringen, von denen die Lehre von der sog. Lebensführungsschuld die eindrucksvollste ist, werden von v. Liszt bereits im Ansatz verworfen. Vgl. Roxin, Strafrecht AT, 1997, S.134 – 136. v. LISZT schreibt dazu in einer Kritik gegen MITTELSTÄDT: „Dieser Gedankengang wäre ebenso wenig neu wie überzeugend. Er würde uns dahin führen, nicht wegen der begangenen Tat, sondern wegen der ihr vorangegangenen Lebensführung zu bestrafen. Und dann muss uns auch derjenige als strafbar erscheinen, der durch Ausschweifungen aller Art eine Störung seines Geistes herbeigeführt und in diesem Zustand ein Verbrechen begangen hat." V. Liszt, Deterministische Gegner der Zweckstrafe, ZStW, 1993, S.340.

[334]Der Begriff der „Gesinnung" des Verbrechers taucht bei v. LISZT an unterschiedlicher Stelle auf, z.B. v. Liszt, Nach welchen Grundsätzen ist die Revision des Strafgesetzbuches in Angriff zu nehmen, 1901, VuA II, S.377, 383. An anderer Stelle spricht er dann von Veranlagung. Verdeutlichend ist an dieser Stelle kurz klarzustellen, dass v. LISZT, wenn er von Gesinnung spricht, nicht eine moralische oder gar politische Wertung treffen will. Die Besserung der Gesinnung des Rechtsbrechers ist gleichbedeutend seiner Erziehung zu rechtskonformer Lebensführung, v. Liszt, Die psychologischen Grundlagen der Kriminalpolitik, 1896, VuA II, S.209, und meint keine sittliche Besserung.

[335]V. Liszt, Marburger Programm, 1882, S.31.

[336]V. Liszt, Die Zukunft des Strafrechts, 1892, VuA II, S.16.

Daher sieht er sich dann doch zu einer eingehenden Darlegung seines Standpunkts veranlasst. Er und seine Lehre seien nicht genötigt, diese „letzte äußere Folgerung" zu ziehen, welche die Strafrechtspflege durch soziale Hygiene ersetzen würde, mit der Konsequenz, dass das Strafrecht durch den einzigen Satz „jeder gemeingefährliche Mensch ist im Interesse der Gesamtheit unschädlich zu machen" ersetzt werden könnte.[337] Die Begründung, die V. LISZT schließlich liefert, warum sich der Staat gegen Geisteskranke präventiv schützen dürfe, aber gegen geistig Gesunde das Verbrechen eine Voraussetzung staatlichen Einschreitens bleiben müsse, findet sich wieder in seinen postulierten Grenzen der Kriminalpolitik. Er wiederholt seinen „Magna Charta" – Gedanken: „Strafrecht ist die rechtlich begrenzte Strafgewalt des Staates... das Strafgesetzbuch ist die Magna Charta des Verbrechers, sie verbrieft ihm das Recht, nur unter den gesetzlichen Voraussetzungen und nur innerhalb der gesetzlichen Grenzen bestraft zu werden."[338] V. LISZT bleibt damit seiner Grundaussage im Marburger Programm treu.[339] Präventive Einzelmaßnahmen, im Vergleich zu allgemeinen Vorbeugemaßnahmen, ohne das Verbrechen als Indikator werden von V. LISZT nicht propagiert.

d. Strafrechtliche Reaktion auf Unverbesserlichkeit – V. LISZTS Theorie von der Unschädlichmachung

Die Rechtsfolge, welche die „Unverbesserlichkeit" für den Straftäter nach sich zieht, lautet dann, ihn unschädlich zu machen im Sinne der Sicherung der Gesellschaft gegenüber den unverbesserlichen und gemeingefährlichen Verbrechern.[340] „Unschädlichmachen" bedeutet dabei Einschließung auf unbestimmte Dauer, gegebenenfalls auf Lebenszeit. Dies ist eine Reaktion, die V. LISZT im Marburger Programm noch als Zielsetzung leugnet.[341] Er spricht in diesem Zusammenhang dann auch von „künstlicher Selektion". Welche Rolle dabei die Todesstrafe als Reaktion auf den Unverbesserlichen einnimmt, wird noch dargestellt.

Trotz dieser Einschätzung, verstummt die Frage nach der Besserungsfähigkeit dieser „Unverbesserlichen" nicht ganz. Die Forderung lautet nicht zwingend Einschließung für immer, denn: „Es braucht nicht jede Hoffnung auf Rückkehr ausgeschlossen sein. Irrtümer des Richters bleiben ja immer möglich."[342] Zweifelhaft bleibt auch, ob nicht auch die Persönlichkeit des Täters eine Ausnahme rechtfertigen kann. Von Milde ge-

---

[337] V Liszt, der MITTELSTÄDT hier zitiert in: Deterministische Gegner der Zweckstrafe, ZStW 1893, S.356.

[338] V. Liszt, Deterministische Gegner der Zweckstrafe, ZStW, 1893, S.357.

[339] „Sie gewinnt durch den Zweckmäßigkeitsgedanken Maß und Ziel; die Voraussetzungen der Strafe (das Verbrechen) sowie Inhalt und Umfang derselben (das Strafensystem) werden entwickelt..." v. Liszt, Marburger Programm, 1882, S.5.

[340] V. Liszt, Das gewerbsmäßige Verbrechen, 1900, VuA II, S.309.

[341] Mit dieser Forderung zeigt sich, dass seine Aussage im Marburger Programm, weder die Abschaffung des Strafrahmens noch die Beseitigung der richterlichen Strafzumessung sei das Ziel, mehr beruhigend als ernst gemeint ist .V. Liszt, Marburger Programm, 1882, S.29.

[342] V. Liszt Marburger Programm S.27.

genüber seinem Typus des „Unverbesserlichen Verbrechers" kann jedenfalls keine Rede sein und V. LISZTS stellt selbst klar: „Aber die Hoffnung (auf Rückkehr) müsste eine ganz entfernte, die Entlassung eine ganz ausnahmsweise (sein)."[343] Diese Vorschläge zum Strafvollzug zeigen V. LISZTS radikale und mitleidslose Haltung auf, die er gegenüber den Unverbesserlichen vertritt. Die Unschädlichmachung solle als „Strafknechtschaft" ausgestaltet werden. Prügelstrafe, strenges Fasten und Dunkelarrest seien zur Disziplinierung denkbar.[344] Und auch die alleinige Anknüpfung an die wiederholte Deliktsbegehung, unabhängig von der Schwere der Tat, meint V. LISZT ernst. Er habe keine Bedenken gegen die „Sicherheitshaft" für gewerbsmäßige Bettler und Landstreicher, genauso wenig wie für die lebenslängliche Einsperrung gewerbsmäßiger Taschendiebe und Hochstapler.[345]

e. Kompromissangebote

Da V. LISZT jedoch bewusst ist, dass seine Ansicht einer unbestimmten, gegebenenfalls lebzeitigen, Verurteilung der großen Gruppe der „Unverbesserlichen" dem geltenden Schuldstrafrecht widerspricht, versucht er sich in Vermittlungsversuchen. Er akzeptiert insbesondere den Kompromiss, an die Bestrafung Sicherungsmaßregeln anzuschließen[346]. Dazu schreibt er polemisch: „Dabei soll es auf den Namen, den wir dem Kinde geben wollen, nicht ankommen... Man missverstehe mich nicht. Von meinem grundsätzlichen Standpunkt aus ist und bleibt diese Verquickung einer kurzen und eindruckslosen „Strafe" mit einer langdauernden und einschneidenden „korrektionellen Nachhaft" ein lächerlicher Widersinn. Aber wir verlangen eine Umgestaltung der Gesetzgebung, und dies ist ohne Kompromiss nicht zu erzielen. Kein Kompromiss wird aber leichter werden, als der Verzicht auf einen Namen..."[347]

Für den Strafvollzug betont er schließlich, dass für die Unterbringung keine weitere besondere Strafart geschaffen werden müsse, sondern dass die Zuchthausstrafe ohne weiteres dem Zwecke der Unschädlichmachung dienstbar gemacht werden könne.[348] Diese Behandlung der Unverbesserlichen ist jedoch ein vorgeschobener Kompromiss. Wie sich an anderer Stelle zeigt, hätte V. LISZT an sich die Schaffung einer eigenen Sicherungsverwahrung begrüßt. Er geht noch einen Schritt weiter und stellt fest: „Die Unterscheidung zwischen der Sicherungsstrafe gegen unverbesserliche Verbrecher und

[343] V. Liszt, Marburger Programm, 1882, S.27, später kommen noch etliche Kompromissvorschläge hinzu, mit denen V. LISZT versucht wenigstens Teile seiner Forderung durchzusetzen. Vgl. zu den Kompromissangeboten: V. Liszt, Das gewerbsmäßige Verbrechen, 1900, VuA II, S.328.
[344] V. Liszt, Marburger Programm, 1882, S.27.
[345] V. Liszt, Revision des Strafgesetzbuches, 1901, VuA II, S.401 – 404.
[346] 30 Jahre nachdem V. LISZT dies vorgeschlagen hatte, haben sich mit Einführung der Maßregeln Teile seiner Forderung erfüllt.
[347] V. Liszt Deterministische Gegner der Zweckstrafe, ZStW, 1893, S.368.
[348] V. Liszt, Kriminalpolitische Aufgaben, 1889 - 1892, VuA I, S.405.

der Verwahrung gemeingefährlicher Geisteskranker ist nicht nur praktisch im wesentlichen undurchführbar, sie ist auch grundsätzlich zu verwerfen."[349] Da V. LISZT jedoch glaubt, dass die Zeit für eine entsprechende Wertung im Volksbewusstsein noch nicht erreicht sei, solle man derzeit besser noch von einer Umsetzung absehen.[350]

2. Die Besserungsbedürftigen

Die Gruppe der Besserungsbedürftigen stellt sich praktisch als Vorstufe der Gruppe der Unverbesserlichen dar, jene „... durch vererbte und erworbene Anlagen zum Verbrechen hingeneigten, aber noch nicht rettungslos verlorenen Individuen..."[351], aus denen sich das Gewohnheitsverbrechertum rekrutiere. Daher solle bei ein bis zweimaliger Begehung eines der Delikte, die auf gewohnheitsmäßige Begehung hindeuten und die V. LISZT bereits bei den „Unverbesserlichen" dargelegt hat,[352] die Rechtsfolge für die Besserungsfähigen eintreten.

V. LISZT kann sich zwar auch bei den „Besserungsfähigen" nicht für ein Täterstrafrecht auf der Ebene der Strafbarkeitsvoraussetzungen entschließen, will aber dann die Berücksichtigung der Täterpersönlichkeit auf der Ebene der Strafzumessung und später im Strafvollzug[353] verwirklichen.[354]

Auf der Ebene der Strafzumessung folge daher die Notwendigkeit der Verurteilung zur Einschließung auf unbestimmte Zeit. V. LISZT stellt klar,[355] dass er in der Beseitigung der richterlichen Strafzumessung und der Einführung der unbestimmten Verurteilung eine wichtige Aufgabe der Kriminalpolitik erblicke. Erst im Strafvollzug lasse sich die Persönlichkeit des Täters richtig erfassen, denn erst hier könne die antisoziale Gesinnung des Täters, die Art und Maß der Strafe bestimmen müsse, im Gegensatz zum objektiven Erfolg der Tat, bestimmt werden.[356] Natürlich formuliert V. LISZT auch in diesem Zusammenhang wieder Kompromissvorschläge zur Gegenposition des bestehen-

---

349 V. Liszt, Die strafrechtliche Zurechnungsfähigkeit, Vortrag 1896, VuA II, S.227.
350 V. Liszt, Die strafrechtliche Zurechnungsfähigkeit, Vortrag 1896, VuA II, S.229.
351 V. Liszt, Marburger Programm, 1882, S.28 – 29.
352 Vgl. oben Teil 2 A IV 1 a.
353 Vgl. V. Liszt, Marburger Programm, 1882, S.28.
354 Dass V. LISZT die tragende Bedeutung seiner Tätertypen im Strafensystem erst bei den Rechtsfolgen erblickt, spricht er auch selbst aus: „Die Einteilung in Augenblicksverbrecher einerseits, in besserungsfähige und unverbesserliche Zustandsverbrecher andererseits kann unmittelbar als Grundlage für den Neubau unseres Strafensystems verwendet werden." V. Liszt, Die psychologischen Grundlagen der Kriminalpolitik, 1896, VuA II S.212 – 213.
355 Dies wieder im Gegensatz zu seiner zurückhaltenden Formulierung im Marburger Programm, wo er noch ausdrücklich von einer Forderung nach unbestimmter Verurteilung absieht und sein Vorschlag auf Abgabe des entsprechenden Straftäters an eine Besserungsanstalt lautet. Diese Besserungsanstalten sollen, um deren Erfolg zu sichern, privatrechtlich organisiert sein. In jedem Fall sei eine Besserung aber nur für den Fall einer nicht zu kurz bemessenen Strafe möglich. „Das Minimum der hier eintretenden Freiheitsstrafe dürfte daher mit Einschränkungen nicht unter ein Jahr herabsinken." V. Liszt, Marburger Programm, 1882, S.28.
356 Eingehend dazu V. LISZT, Revision des Strafgesetzbuches, 1902, S.376 – 393.

den Strafrechts. Sein Angebot ist eine zunächst bestimmte Verurteilung[357] oder die Festsetzung allein des Strafrahmens durch den Richter,[358] bei entgültiger Bemessung der Strafe erst während des Strafvollzuges.[359]

Die Besserungsbedürftigen Zustandsverbrecher sollen dabei durch „Gewöhnung an regelmäßige, ehrliche Arbeit“[360] wieder auf die richtige Bahn gelangen. Jedoch ist v. LISZT skeptisch: „Nur soweit der sich entwickelnde, noch nicht völlig festgewurzelte verbrecherische Hang auf Arbeitsscheu beruht, also innerhalb des gewerbsmäßigen Verbrechens, kann von Besserungsfähigkeit des Verbrechers, mithin von Anwendung der Besserungsstrafe die Rede sein.“ [361]

3. Der Gelegenheits- und Augenblicksverbrecher – scheinbares Kompromissangebot an die klassische Schule

Was die verbleibende Gruppe der nicht besserungsbedürftigen Verbrecher anbelangt, so bilden diese das Auffangbecken für alle verbleibenden Rechtsbrecher. v. LISZT fasst sie unter dem Begriff der Gelegenheitsverbrecher zusammen. Eine Besserung dieser Gruppe ist nicht nötig, da „die Gefahr einer öfteren Wiederholung der begangenen strafbaren Handlung eine minimale, eine systematische Besserung daher durchaus zwecklos ist.“ Bei solchen strafbaren Handlungen solle die Strafe die Autorität des übertretenen Gesetzes herstellen, der Verbrecher solle „eine handgreifliche Warnung, einen Denkzettel“[362] erhalten. Er spricht von der „Abschreckung“ der „nicht Besserungsbedürftigen“. V. Liszt übergeht die Problematik, dass ein zukünftiger Rechtsgüterschutz durch das Strafrecht bei nicht bestehender Wiederholungsgefahr aus dem Blickwinkel des strengen Zweckstrafrechts nicht notwendig ist und eine Bestrafung nicht zu rechtfertigen vermag. Eine minimale Gefahr bleibt bestehen, die den „Denkzettel“ vom spezialpräventiven Standpunkt rechtfertigen soll. Dass daneben generalpräventive Erwägungen eine Rolle spielen, auch wenn sie v. LISZT nur sog. „Reflexwirkung der Strafe“ sind, ist offensichtlich.

---

[357] „Wir können zunächst an einem auf eine bestimmte Dauer lautenden Urteil festhalten, aber eine nachträgliche Verkürzung oder Verlängerung der urteilsmäßig erkannten Strafdauer durch das Strafvollzugsamt zulassen....Die Verkürzung ...besitzen wir bereits annähernd in der bedingten Entlassung...Als notwendiges Gegenstück ...betrachte ich aber die Möglichkeit einer nachträglichen Verlängerung...“ VuA I S.336/337. Der andere Vorschlag betrifft dann den gänzlichen oder teilweisen Verzicht auf die richterliche Strafzumessung überhaupt.

[358] V. Liszt, Kriminalpolitische Aufgaben, 1889 – 1892, VuA I, S.339.

[359] V. Liszt, Kriminalpolitische Aufgaben, 1889 – 1892, VuA I, S.333 – 334. Hier spricht er sich für eine entgültige Strafzumessung erst während des Strafvollzuges durch einen zweckmäßig zusammengesetzten Aufsichtsrat aus.

[360] „Diese Anfänger auf der Verbrecherlaufbahn können in zahlreichen Fällen noch gerettet werden. Aber nur durch ernste und anhaltende Zucht.“ V. Liszt, Die psychologischen Grundlagen der Kriminalpolitik, 1896, VuA II, S.209.

[361] V. Liszt, Die psychologischen Grundlagen der Kriminalpolitik, 1896, VuA II, S.209 – 210.

[362] V. Liszt, Marburger Programm, 1882, S.28.

Hinsichtlich der gesetzlichen Reaktion auf die Gelegenheitsverbrecher zeigt sich v. LISZT großzügig. Er spricht sich dafür aus, dass die Strafdrohungen des Strafgesetzbuches grundsätzlich beibehalten werden können. Die Reaktion auf den Gelegenheitsverbrecher ist dann ein weiterer, scheinbarer Kompromissvorschlag an die klassische Schule, den BIRKMEYER jedoch mehrfach als unmöglich ablehnt.[363] „... das Gebiet, das wir... unseren Gegnern zu überlassen bereit sind;...auf dem wie bisher Art und Maß der Strafe bestimmt werden mag nach der objektiven Schwere der Tat."[364] Die Kompromissbereitschaft v. LISZTS schränkt sich jedoch insoweit ein, als er es dennoch nicht unterlässt, eine Anmerkung für die Strafzumessung zu geben „doch würde sich eine... Freiheitsstrafe von nicht zu geringem Minimum (nicht unter 6 Wochen) und nicht zu hohem Maximum (10 Jahre sind mehr als genügend)...am meisten empfehlen...Die Todesstrafe scheint mir entbehrlich, sobald die Unverbesserlichen unschädlich gemacht sind."[365]

Hier wird auch eine der tragenden kriminalpolitischen Bestrebungen v. LISZTS angedeutet, sein Kampf gegen die kurzen Freiheitsstrafen. Diese lehnt v. LISZT grundsätzlich ab, da diese keinem der Strafzwecke dienlich sein könne, da sie weder bessere, abschrecke noch unschädlich mache, dafür aber nur zu leicht den Neuling in die Bahn des Verbrechens weise.[366] Hingegen seien die bedingte Verurteilung und andere Ersatzmittel zu erwägen.[367] Daneben sei der übermäßige Gebrauch der Strafe bedenklich.[368] Betrachtet man alle diese Reformvorschläge, so bleibt fraglich, worin dann tatsächlich noch das Zugeständnis liegen soll, d.h. der Bereich in dem „den Gegnern das Feld überlassen werden solle".

VII. Der Standpunkt v. LISZTS zur Frage der Todesstrafe

Zuletzt ist nun zu klären, welche Rolle die Todesstrafe in v. LISZTS Strafsystem einnimmt. Auch hier zeigt sich, dass er seinem spezialpräventiven, am Täter ausgerichteten, Ansatz des Strafrechts auch im Zusammenhang mit der Todesstrafe zunächst treu bleibt. Ganz in diesem Sinne stellt er fest: „Bedarf es einer besonderen Betonung..., dass ich eben die Strafe nach Art und Umfang demjenigen Strafzweck anpassen muss, dessen Erreichung im einzelnen Falle notwendig und möglich ist? Dass ich durch köp-

[363] BIRKMEYER fragt polemisch, ob er hier, bei den Gelegenheitsverbrechern, die Fehler und Schwächen welche er der Vergeltungsstrafe vorwirft, plötzlich vergessen könne. Und stellt umgekehrt fest, dass auch er sich weder zum Determinismus noch zu einer Gesinnungsstrafe bekennen wolle. „Das können wir doch beide nicht!" Birkmeyer, Schutzstrafe und Vergeltungsstrafe, Gerichtssaal, 1906, S.416.
[364] V. Liszt, Das gewerbsmäßige Verbrechen, 1900, VuA II, S.309.
[365] V. Liszt, Marburger Programm, 1882, S.29.
[366] Z.B. v. Liszt, Lehrbuch des Strafrechts, 1919, S.13 und schon v. Liszt, Kriminalpolitische Aufgaben, 1889 - 1892, VuA I S.340- 359, 391.
[367] V. Liszt, Kriminalpolitische Aufgaben, 1889 - 1892, VuA I, S.359-389.
[368] V. Liszt, Lehrbuch des Strafrechts, 1919, S.14.

fen und hängen den Verbrecher nicht bessern und nicht abschrecken... werde."[369] Zudem ist für V. LISZT auch das vielfach gewählte Argument der abschreckenden Wirkung für potentielle Straftäter verwert, will er seiner Theorie treu bleiben. Denn neben spezialpräventiven Wirkungen der Strafe, ist die Bedeutung der Strafdrohung bei V. LISZT nur von einer untergeordneten Reflexwirkung, ohne die Strafe als solches rechtfertigen zu können.[370]

In der Konsequenz dürfte sich damit, wenn überhaupt, für V. LISZT die Frage der Todesstrafe nur als Mittel der Unschädlichmachung der von ihm beschriebenen Gruppe der „Unverbesserlichen" stellen. Diesem Bild entsprechend schreibt er: „Gegen die Unverbesserlichen muss die Gesellschaft sich schützen; und da wir köpfen und hängen nicht wollen und deportieren nicht können, so bleibt nur die Einsperrung auf Lebenszeit."[371] Und weiter konsequent unter dem Aspekt der Sicherung: „Unter den Sicherungsstrafen würde die Todesstrafe die erste Stelle einzunehmen haben.... "[372]

Die Aussage, dass für ihn das Sicherungsbedürfnis auch durch das Einsperren auf Lebenszeit gewahrt sei, erweist sich dann aber als Feststellung, die er erst auf das umgestaltete Strafensystem bezieht. Für das geltende System hingegen kommt er in den frühen Auflagen seines Lehrbuches zu dem Schluss: „Aber solange die Freiheitsstrafe diese abschreckende und sichernde Wirkung vermissen lässt, muss die Todesstrafe als unentbehrlich bezeichnet werden. Erst die Umgestaltung des Gefängniswesens wird auch die Frage der Todesstrafe zur befriedigenden Lösung bringen."[373] V. LISZT spricht überraschend selbstverständlich und ohne Diskussion von der abschreckenden Wirkung der Todesstrafe. Im Hinblick auf die bereits getroffenen Feststellungen ist dies doppelt verwunderlich. Einmal ist die Abschreckungswirkung, wie sich auch noch weiter zeigen wird, eine der meistdiskutiertesten und vielfach angezweifelte Frage, zudem sind generalpräventive Elemente, wie dargelegt, allenfalls nur Nebenzweck im System von V. LISZTS Zweckstrafrecht.

Vom spezialpräventiven Standpunkt aus konsequent betrachtet, erfolgt dann aber seine Argumentation gegen den absoluten Charakter der Todesstrafe. „Sie steht ohne jede Vermittlung neben den übrigen Strafmitteln, von welchen es keinen Übergang zu ihr gibt, sie zwingt zu absoluten Strafdrohungen... " Und im Rahmen der kriminalpolitischen Forderungen für „Augenblicksverbrecher" stellt er fest: „Die unbedingte Andro-

[369] V. Liszt, Marburger Programm, 1882, S.35.
[370] V. Liszt, Marburger Programm, 1882, S.34.
[371] V. Liszt, Marburger Programm, S.39.
[372] V. Liszt, Die psychologischen Grundlagen der Kriminalpolitik, 1896, VuA II, S.211.
[373] V. Liszt, Lehrbuch, 1888, S.242. Weiter schreibt V. LISZT in seinem Lehrbuch, dass die Todesstrafe die meisten Eigenschaften habe, die ein zweckentsprechendes Strafmittel nicht besitzen soll. Einer abschreckenden und sichernden Wirkung stehe das Mitleid gegenüber, dass das Volk mit dem Hingerichteten habe.

hung der Todesstrafe bei Mord ist völlig verkehrt."[374] V. LISZT verteidigt den Typus der nicht besserungsbedürftigen Augenblicksverbrechers gegen die Todesstrafe. Hinsichtlich der „Unverbesserlichen" bleibt es bei seiner kurzen, ablehnenden Anmerkung im Marburger Programm.

An anderer Stelle zeigt V. LISZT dann, dass er der Frage der Todesstrafe ohnehin keine entscheidende Bedeutung bemisst. Er stellt fest: „In Auseinandersetzungen über Berechtigung und Zweckmäßigkeit der Todesstrafe möchte ich mich nicht einlassen. Eine allgemeine Übereinstimmung ist hier nicht zu erzielen, und es kann sich für uns nicht darum handeln, Fragen aufzuwerfen, an deren Lösung von vornherein verzweifelt werden muss. Wir brauchen Zeit und Kraft für andere Aufgaben. Angesichts der geringen Zahl der in den modernen Strafgesetzbüchern mit dem Tode bedrohten Delikte, angesichts der noch viel geringeren Zahl der vollzogenen Hinrichtungen kann die Frage der Todesstrafe, vom kühlen kriminalpolitischen Standpunkt aus, nicht als eine der brennendsten bezeichnet werden. Wo man die Todesstrafe abgeschafft hat, wird man sie nicht wieder einführen wollen. Die Länder, in welchen die Abschaffung angestrebt wird, mögen das für sich ausmachen."[375]

Unklar bleibt schließlich, warum er gerade in der Frage der Todesstrafe von der Forderung einer Veränderung des geltenden Rechtszustandes absieht. In seiner letzten längeren kritischen Äußerungen zur Todesstrafe 1896 schreibt er: „Für das Deutsche Reich habe ich nicht den Mut, die Abschaffung zu beantragen, wenn ich auch der Meinung bin, dass die Todesstrafe in einem zweckentsprechenden Strafensystem, bei vernünftig geregeltem Strafvollzug sich sehr bald als überflüssig und unzweckmäßig erweisen wird. Ich gehe demnach davon aus, dass die Todesstrafe in demjenigen Umfange beibehalten wird, in welchem das deutsche RStGB sie verwendet."[376] Später kritisiert V. LISZT dann anlässlich des Kommissionsentwurfes von 1913 in Hinblick auf die Todesstrafe nur, dass keine mildernden Umstände vorgesehen seien und spricht sich „unbedingt" gegen eine Ausdehnung des Anwendungsbereiches aus.[377] Völlig unklar ist dann, ob sich in den vorangegangenen Aussagen wenigstens eine gewisse Abneigung dieser Strafart entnehmen lässt, wenn man folgende frühere Aussage betrachtet, mit der V. LISZT sogar feststellt: „Aber ich bekenne gerne, dass ich für meine Person die

---

[374]V. Liszt, Lehrbuch des Strafrechts, 1919, S.15. Und an anderer Stelle: „Dass die Verwertung der Todesstrafe im geltenden Reichsrecht ebenso verkehrt ist, wie die auf das Merkmal der Überlegung aufgebaute Unterscheidung von Mord und Totschlag, scheint mir zweifellos." V. Liszt, Die psychologischen Grundlagen der Kriminalpolitik, 1896, VuA II, S.211.

[375]V. Liszt, Kriminalpolitische Aufgaben, 1889 - 1892, VuA I, S.390 – 391. Und an späterer Stelle betont er wider: „Ich möchte die Erörterung dieser Frage ganz beiseite lassen." V. Liszt, Die psychologischen Grundlagen der Kriminalpolitik, 1896, VuA II, S.211.

[376]VuA I S.390/391 Die psychologischen Grundlagen der Kriminalpolitik, 1896.

[377]V. Liszt in: Mitteilungen der IKV, 1912, S.380.

Todesstrafe gegenüber der lebenslangen Einsperrung immer noch für einen wesentlichen Kulturfortschritt halte."[378]

Insgesamt zeigt sich, dass V. LISZT letztlich keine Verbindung zwischen dem „Unverbesserlichen" und dem Anwendungsbereich der Todesstrafe herstellt. Er lehnt sie nicht ausdrücklich ab, sieht in ihr aber auch kein geeignetes und radikales Mittel im Kampf gegen das Verbrechertum.

VIII. Gesamtbewertung

Im Mittelpunkt der Lehre von V. LISZT steht ausschließlich und bestimmend der Zweckgedanke im Strafrecht. So sollen sich das Maß und die Begrenzung der Strafe (Inhalt und Umfang, Strafart und Strafgröße) ganz im Widerspruch zur klassischen Schule, nur aus dem Zweckgedanken herleiten lassen.[379] Der Zweck des Strafrechts ist der Rechtsgüterschutz, das Strafrecht ist „Schutzrecht" und der konkrete Strafzweck ist die Spezialprävention und damit Abschreckung, Besserung oder Sicherung des Täters. V. LISZT distanziert sich damit von den bisherigen klassischen Strafrechtsgrundlagen.

Der Schluss von den verschiedenen spezialpräventiven Wirkungsmöglichkeiten führt ihn dann zu seiner Tätertypenlehre, die er selbst, wie dargelegt, mehr für kriminalpolitisch eindrucksvoll und wünschenswert als empirisch belegbar hält. Die Forschungen, gerade der italienischen kriminalanthropologischen Schule bewertet er äußerst kritisch und dennoch glaubt er daran, dass zahlreiche Verbrecher den „Stempel der Entartung" tragen. Nach außen präsentiert sich dann die Grenzziehung zwischen den „Unverbesserlichen" einerseits und jenen die andererseits noch zu bessern sind, als selbstverständlich und unproblematisch und stellt so im Ergebnis ein in sich schlüssiges System vor, dass jedoch auf der nur scheinbaren Unproblematik der Zuordnung der Verbrecher in die drei Gruppen basiert. Gemildert wird die Zuordnungsproblematik jedoch dadurch, dass V. LISZT die Rechtsfolge „Unschädlichmachen", die er durch unbestimmte bzw. lebenslange Verurteilung zu erreichen gedenkt, an die mehrfache Tatbegehung anbindet und damit eine Identifikation des „Unverbesserlichen" unabhängig von der Tatbegehung nicht stattfinden muss. Im Rahmen der Reaktion auf Unverbesserlichkeit kommt er dann auch in einer oberflächlichen Auseinandersetzung auf die Frage er Todesstrafe zu sprechen, ohne dass diese Frage eine eigenständige Bedeutung in seinen Forderungen für das zukünftige Strafrecht einnimmt.

---

[378] V. Liszt, VuA I, S.211. Zu dieser Ansicht passt auch die Anmerkung V. LISZTS anlässlich der Abschaffung der Todesstrafe in Italien und der Ersatz durch sog. schweren Kerker (ergastolo): „Aber freilich: ob diese langsame, qualvolle Hinrichtung...ob dieses dahinsiechen lassen...nicht unendlich viel grausamer, raffinierter, für das Gefühl verletzender ist als die Todesstrafe – das zu entscheiden mag denjenigen überlassen bleiben, welche in der Beseitigung der Todesstrafe einen Fortschritt der menschlichen Gesinnung erblicken." Der italienische Strafgesetzentwurf von 1887, 1888, VuA I, S.262.

[379] V. Liszt, Marburger Programm, 1882, S.16.

Gerechtigkeitsbedenken gegenüber der unbestimmten, vielleicht lebenslänglichen Verwahrung, selbst bei der Wiederholung von weniger schweren Delikten, hat er nicht. Die Rechte des Gesellschaftsschutzes stehen für ihn unbeirrt über den Individualinteressen. Trotz der Betonung der sozialen Ursachen des Verbrechens liegt ihm der Gedanke fern, eine Mitverantwortung der Gesellschaft in seine Überlegungen einzubeziehen.
Insgesamt zeigt sich, dass V. LISZT vor einer Umsetzung des spezialpräventiven Ansatzes in seiner Extremform absieht. Die Verbindung zur verbrecherischen Tat wird nicht völlig aufgehoben. Sie bleibt unabdingbare Voraussetzung für die staatliche Reaktion. Aber auch dort, wo weder Besserung und Sicherung notwendig sind, soll nicht von Strafe abgesehen werden. V. LISZT beruft sich diesbezüglich und an sich systemwidrig auf die Notwendigkeit eines „Denkzettels". Deutlich erkennbar wird aber auch der Einfluss einer „Biologisierung" des Täters. Auch wenn er die Bedeutung der sozialen Umstände herausstellt, wird der Gewohnheitsverbrecher als „entartet", „unverbesserlich" und „minderwertig" dargestellt und das Gewohnheitsverbrechertum ist die große Krankheit, der „Krebsschaden"[380], der sich in das soziale Leben frisst.

B. Das umfassende „Schutzstrafrecht" des italienischen Juristen ENRICO FERRI (1856 – 1929) – Der Mitbegründer der „Scuola Positiva"

ENRICO FERRI, in der Nähe von Mantova geboren, studiert und promoviert[381] an der Universität von Bologna.[382] Noch während der Arbeit an seiner Promotion geht er 1877 nach Pisa, wo er vor allem bei FRANCESCO CARRARA hört. Von dort wechselt er 1879 als Dozent an die Universität von Turin, insbesondere um bei LOMBROSO zu lernen,[383] der hier als Professor für Gerichtsmedizin tätig ist.

1880 erhält FERRI seinen ersten Ruf an die Universität von Bologna, wo ihn ELLERO[384] zu seinem Nachfolger ausgewählt hat. Hier erfolgt die bereits erwähnte berühmte Antrittsrede „I nuovi orizzonti", eine grundsätzliche Kampfansage an die klassischen Strafrechtsgrundlagen. Es folgt ein Lehrauftrag für 4 Jahre nach Siena und daran an-

[380] V. Liszt, Marburger Programm, 1882, S.25.
[381] FERRI promoviert bis 1878. Mit seiner Promotion gewinnt er ein Stipendium, dass ihn für ein Jahr nach Paris führt.
[382] Hier insbesondere bei ELLERO.
[383] FERRIS Kontakt mit LOMBROSO beginnt schon sehr früh. 1878 übersendet FERRI seine gerade fertiggestellte Promotion an LOMBROSO, die sich insbesondere mit der Kritik am Indeterminismusgedanken auseinandersetzt. LOMBROSO antwortet FERRI, er sei noch zu wenig „positiv". FERRI bemerkt dazu: „Warum, schlägt LOMBROSO etwa vor, ich, der Jurist, solle hingehen und auch die Köpfe der Verbrecher vermessen um genug Positivist zu sein." Ferri, Polemica in defesa della scuola criminale positiva, 1886, Studi sulla criminalità, p.180.
[384] Vgl. zu dem berühmten Strafrechtler und ersten prominenten Vertreter des Zweckgedankens in Italien oben Teil 1 B I 2, E III 2.

schließend nach Rom. Daneben ist er als Rechtsanwalt tätig und von 1886 bis 1924 Parlamentsabgeordneter.[385] 1890 wird FERRI schließlich Nachfolger CARRARAS in Pisa, bis seine Professur wegen seines Beitritts zur Italienischen Sozialistischen Arbeiterpartei aufgehoben wird, deren Fortkommen sich FERRI in den Folgejahren widmet. In dieser Zeit gründet er neben einer politischen Zeitung auch 1892 zusammen mit LOMBROSO, GAROFALO, und FIORETTI die bekannte italienische juristische Zeitung „LA SCUOLA POSITIVA NELLA GIURISPRUDENZA CIVILE E PENALE" oder in Kurzform „LA SCUOLA POSITIVA".[386] Seine politisches Engagement führt dazu, dass er trotz zahlreicher Bewerbungen erst 1906 wieder einen Lehrstuhl erhält, diesmal in Rom, den er bis zu seinem Tod inne hat. Dass FERRI seit 1919 auch offiziell zur Reform des Strafgesetzbuches berufen wird, wurde im 1. Teil schon dargelegt.[387] In den letzten Jahren seines Lebens entstehen die "Principi di Diritto Criminale" 1928, ein Werk in dem er nochmals die, seiner Ansicht nach wichtigsten Grundlagen und Erkenntnisse der positiven Schule für das Strafrecht darlegt. Außerdem ist besonders seine „Sociologia Criminale"[388] hervorzuheben, die sich umfassend mit der Verbrechensentstehung und Bekämpfung auseinandersetzt und deren 5. Auflage sich gerade in Druck befindet, als FERRI stirbt.

Dass FERRI seit seiner Antrittsrede in Bologna „I nuovi orizzonti" als berühmter Vertreter und Begründer der Scuola Positiva in Italien gilt, wurde bereits im 1. Teil dargelegt. Daneben ist sein Einsatz auf dem Gebiet der Kriminologie schon angedeutet worden.[389] FERRI wird als „... eine der farbenreichsten und einflussreichsten Gestalten in der Geschichte der Kriminologie... "[390] bezeichnet. Die folgende Darstellung[391] wid-

[385]Der parteilose FERRI wird 1886 von der Stadt/Provinz Mantova als Abgeordneter für das nationale Parlament ernannt. Diese Position behält er bis 1924, nachdem er 11 mal wiedergewählt worden war.

[386]Die Scuola Positiva stellt praktisch das Pendant zu LOMBROSOS Archivio auf juristischer Seite dar. Ziel ist es, noch mehr auf die Strafrechtliche Umsetzung der Erkenntnisse der Antropologia Criminale und der Scuola Positiva zu fokussieren. Neben Veröffentlichungen von Juristen über die Frage eines neuen Strafrechts nach den Grundsätzen der modernen Schule ist das Periodikum aber auch bei Medizinern gleichberechtigt neben dem Archivio akzeptiert. Um einige Namen zu nennen: es veröffentlichen CARRARA, DEL SANTIS, DI TULLIO, OTTOLENGHI, VIDONI. Themen sind neben der Antropologia Criminale als Sammelbegriff, einzelne Vorschläge zur Strafrechtsreform. Die Frage der Todesstrafe wird in der Scuola Positiva nach 1926 einige Male in Abhandlungen von Juristen behandelt. Zu nennen sind beispielhaft: Augenti, La pena di morte nella storia e nella critica, Scuola Positiva, 1925, p.145 - 154; Chicca, Ancora della pena di Morte, Scuola Positiva, 1926, p.30 - 35, Stati, La pena di morte e eutanasia, Scuola Positiva, 1929, p.214 – 224, Carnevale, La questione della pena di morte, Scuola Positiva, 1932, p.529 – 537, Garofalo, Ancora sulla pena di morte, Scuola Positiva, 1933, p.481 – 485. Die publizierenden Mediziner hingegen zeigen kein Interesse zu dieser Frage zu publizieren. CARRARA behandelt die Frage der Todesstrafe jedenfalls im Rahmen seiner Auseinandersetzungen mit den Gesetzentwürfen, vgl. unten Teil 3 H III.

[387]Vgl. schon Teil 1 C II.

[388]Das Werk „Sociologia criminale" ist die Fortentwicklung aus FERRIS „I nuovi orizzonti del delitto e della procedura penale" 1881. Die Umbenennung erfolgt mit der dritten Auflage. Das Werk hat mittlerweile eine Stärke von 1000 Seiten erreicht. 3. Edizione 1892, 4. Edizione 1900, 5. Edizione 1930.

[389]Vgl. schon oben Teil 1 B 2; II 2 a – d; D II.

[390]Sellin, Enrico Ferri, Pioneers of criminology, 1960, p.277 – 300, p.277. Und DANIEL schreibt über FERRI im Vergleich zu V. LISZT: „Während aber V. LISZTS Wirkungsfeld im wesentlichen auf das deutsche Sprachgebiet

met sich nun der intensiven Auseinandersetzung mit den für die vorliegende Arbeit besonders relevanten Ausschnitten[392] aus seinem umfangreichen Werk[393].

I. FERRIS Theorie der Verbrechensentstehung

1. Forschung

Im Unterschied zu V. LISZT beginnt die Untersuchung von FERRIS Beteiligung an Fragestellungen um Verbrechen und Strafe mit seiner praktischen Erforschung der Verbrechensursachen. Denn FERRIS Folgerungen für das Strafrecht beruhen nicht, wie dies für V. LISZTS Programm überwiegend nachgewiesen wurde, auf theoretischen Überlegungen, sondern zeichnen sich durch den Versuch aus, seine Forderungen für das Strafrecht von Anfang an durch vielfältige Forschungsprojekte auf dem Gebiet der heutigen Kriminologie zu fundieren.[394] Der Auftrag und die Arbeitsmethode seiner Scuola Positiva beschreibt er dahin: „... um Regelungen zu formulieren, welche die Verbrechen, die Strafen und die Verbrecher betreffen, ist es erst notwendig... die Verbrecher und die Gefängnisse zu studieren, um den Theorien Fakten vorauszuschicken."[395] Dabei propagiert er nicht nur die Notwendigkeit kriminologischer Forschung, sondern fühlt sich selbst dazu berufen, wenn auch seine kriminologischen Beiträge hinter der großen Beachtung seiner Strafreformbestrebungen zurückbleiben.[396] Zu

---

begrenzt blieb, stand für FERRI der ausgedehnte romanische Kulturkreis offen und es gelang ihm, selbst in Japan und den U.S.A. im akademischen Lehrbetrieb Fuß zu fassen..." Weiterführend zur befruchtenden Wirkung auf ausländische Gesetzesvorhaben: Daniel, Enrico Ferri, ZStW, 1929, S.485 – 487.

[391]Dass dabei FERRI im Vergleich zu V. LISZT eine längere Ausführung gewidmet wird, stellt keine qualitative Wertung dar. Grund ist vielmehr die geringere Kenntnis von FERRIS Werk in Deutschland. Zudem ist er für die anschließende Betrachtung von besonderer Bedeutung, als seine Auffassung in einem ungleich größeren Näheverhältnis zu den kriminalanthropologischen, psychiatrischen und psychologischen Strafrechtsansätzen der Mediziner steht, als dies für V. LISZT nachgewiesen wurde. Dies wird sich im 3. Teil noch deutlicher zeigen.

[392]Um die Fortentwicklung in FERRIS Werk nicht zu vernachlässigen, wurden die einzelnen Aussagen FERRIS in seinem Gesamtwerk verglichen. Es bestätigt sich jedoch, wie FERRI auch selbst darlegt – keine Veränderung in der großen Linie – Aus dem umfangreichen Werk FERRIS wurden für die Betrachtung ausgewählt: seine ersten Veröffentlichungen im Archivio di Psichiatria und der Scuola Positiva (1880 ff), seine 3. und 4. Auflage der "Sociologia Criminale"(1900) und sein letztes großes zusammenfassendes Werk, "Diritto criminale"(1928).

[393]Neben etlichen umfangreichen Werken, von denen die "Sociologia Criminale" und "Diritto criminale" herausgegriffen werden können, erscheinen von FERRIS unzählige Auseinandersetzungen um Verbrechen und Strafe in der "Scuola Positiva", aber auch in LOMBROSOS "Archivio".

[394]HERING schreibt über FERRI: „Sein Leben umspannt ein halbes Jahrhundert aktiver Forschungstätigkeit im Dienste der Kriminologie." Hering, Der Weg der Kriminologie, 1966, S.61.

[395]Ferri, Polemica in difesa della scuola criminale positiva, 1886, Studi sulla criminalità, p.173.

[396]Das Postulat der modernen Richtung im Strafrecht, für die Erneuerung des Strafrechts zunächst das Verbrechen zu studieren, trifft auf FERRIS Schaffen in besonderem Maße zu, denn er begnügt sich nicht mit der Sammlung und Bewertung der Erkenntnisse anderer Forscher, sondern forscht selbst. Er erarbeitet zudem, wie zu zeigen sein wird, ein bedeutendes Reformprogramm für das Strafrecht und den Strafvollzug. So auch HERING: „FERRI verdankt seinen Ruf und seine Bedeutung jedoch weniger diesen, seinen zweifellos wertvollen Beiträgen zur Kriminal – Ätiologie, als seinen Reformplänen für das Strafrecht und den Strafvollzug, die er auf die neuen Erkenntnisse des Ursprungs des Verbrechens aufbaut." Hering, Der Weg der Kriminologie, 1966, S.66.

recht[397] bezeichnet er sich auch selbst als „Advokat und Forscher"[398]. FERRI steht dabei den anthropologischen Forschungsergebnissen, im speziellen LOMBROSOS Forschung, nicht misstrauisch, aber zumindest kritisch gegenüber. Er hat aber keine Bedenken für seine Scuola Positiva, die Ergebnisse der Kriminalanthropologie, wo sie ihm gesichert erscheinen, zu übernehmen.[399]. 1881 bemängelt er hierzu, dass sich bislang alle Forschungen nur mit den anthropologischen Faktoren und vielleicht einigen physiologischen Faktoren auseinandersetzen. Er stellt fest: „Es wäre daher ein systematischeres Studium... über die sozialen Faktoren des Verbrecher sehr nützlich..."[400]. Er kommt dieser Forderung dann selbst nach, als er während seines Parisaufenthaltes eine systematische Betrachtung der Kriminalität in Frankreich erstellt.[401]

2. Inhalt der Theorie der Verbrechensentstehung

FERRI trennt in der Frage, welche Ursachen dem Verbrechen zugrunde liegen, grundlegend zwei Ansatzpunkte. Einmal betrachtet er das Verbrechen als Erscheinung im Leben des Einzelnen (individueller Ansatz). Das zweitemal unterscheidet davon die Erscheinung des Verbrechens im Leben der Gemeinschaft (genereller Ansatz).

a. Das Verbrechen als Erscheinung im Leben des Einzelnen

Als Ergebnis seiner Forschung und Beobachtung kommt FERRI bei diesem Ansatz zu einer durch drei Faktoren bestimmten Entstehungstheorie des Verbrechens. Das individuelle Verbrechen sei zunächst einmal das Produkt von anthropologischen[402], physi-

---

[397]Dass FERRI auch Forscher ist, zeigt z.B. eine von ihm durchgeführte dreijährige Studie (ab 1881), bei der er in individuellen Fallstudien 699 Gefangene in den Gefängnissen von Castelfranco Emilia und Pesaro, 301 Geisteskranken in der geschlossenen Anstalt von Bologna und 711 in Bologna stationierten Soldaten studiert. Seine Informationen gewinnt FERRI durch die Aufzeichnungen der Ärzte und Gefängnisverwalter, durch eigene Beobachtung, durch Einzelbefragungen und somatische wie psychologische Untersuchungen. Zuvor schließt er sich in Turin für ein Jahr LOMBROSO und seinen Schülern an, besucht dabei Gefängnisse, Irrenanstalten und Laboratorien. Alles mit dem Ziel, sich ein eigenes Bild von der Natur des Verbrechers zu schaffen.

[398]Ferri, Das Verbrechen als soziale Erscheinung, 1896/1892, S.101.

[399]„Die Anthropologie verhält sich also zur Soziologie, wie die Biologie zur Medizin, d.h. der Kliniker ist nicht verpflichtet, selbst Anatomie und Physiologie zu betreiben, er hat sich nur ihre Ergebnisse anzueignen, um daraus seine Schlüsse für die Diagnose und Therapie zu ziehen...Der Soziologe...verlangt Auskunft, ob der Verbrecher immer oder in einigen Fällen ein normaler oder ein abnormaler Mensch ist; und, wann und wo er abnorm ist, wo die Abnormalität herrührt, ob sie angeboren oder erworben, ob sie besserungsfähig oder unverbesserlich ist." Dies unter dem Hinweis, dass es natürlich immer einen gewissen Vorzug hat, auch eigene Forschung anzustellen, „da die eigene Anschauung immer fruchtbarer ist, als die bloße Lektüre..."Ferri, Das Verbrechen als soziale Erscheinung, 1896/1892, S.28.

[400]Ferri, Studi sulla criminalità in Francia dal 1826 – 1878, 1881, Studi sulla criminalità, p.18.

[401]Ferri, Studi sulla criminalità in Francia dal 1826 – 1878, 1881, Studi sulla criminalità, p.16 – 57.

[402]Die anthropologischen Faktoren zerfallen nach FERRI in die Gruppe der organischen Faktoren (alle Anomalien des Schädels, des Gehirns, der Eingeweide, der Sensibilität, der Reflextätigkeit) und alle übrigen somatischen Faktoren (wie Physiognomie, Tätowierung und dergleichen). Hinzu kommt die psychische Konstitution des Verbrechers, die Anomalien der Intelligenz und des Gefühls, besonders des sittlichen Gefühls, und die Eigenart der geistigen Produktion des Täters (Rotwelsch, Verbrecherliteratur und dergleichen) und zuletzt die persönli-

kalischen[403] und sozialen[404] Faktoren. Ein Ansatz, den er schon in seiner ersten berühmten Antrittsvorlesung darlegt und bis zuletzt beibehält. In einem seiner letzten großen Werk fasst er diesen Standpunkt dahingehend zusammen, dass er bereits seit seiner Antrittsrede "nuovi orizzonti del delitto", gefolgt von den Auflagen der "Sociologia Criminale" und basierend auf den Erkenntnissen einer statistischen Untersuchung in Frankreich,[405] immer von drei Deliktsursachen (fattori individuali, organici e psichici – fattori fisici, ambiente tellurico – fattori sociali, ambiente sociale) ausgegangen sei und weiter die These vertreten habe und noch vertrete, dass jedes Delikt, vom leichtesten bis zum schwersten, das Resultat dieser drei Faktoren sei.[406]

Obwohl sich FERRI politisch dem Sozialismus zugewendet, stellt er klar, dass die Ursachen der Kriminalität nicht auf die wirtschaftlichen Verhältnisse reduziert werden können: „Ich bin jedoch der Meinung, dass der wirtschaftliche Faktor nicht ohne die biologischen Bedingungen Verbrechen herbeiführen würde, ja, dass er nicht einmal eine erste und absolute Ursache von Verbrechen ist."[407]

Vergleicht man dabei FERRIS Auffassung von den individuellen Verbrechensursachen mit LOMBROSO, so nimmt zunächst auch FERRI an, dass sich der Verbrecher durch bestimmte körperliche Anomalien auszeichne, die von äußerlich erkennbaren Verbrechermerkmalen begleitet würden.[408] Außerdem folgt er der Ansicht, dass viele dieser Eigenschaften schon angeboren sein können. Aber er bezweifelt, dass diese für die

---

chen Charaktere, die rein biologische Verhältnisse erfassen, wie Rasse, Alter, Geschlecht und die biosozialen Faktoren, wie Zivilstand, Beruf, Wohnsitz Klassenzugehörigkeit, Bildung und Erziehung. Vgl. dazu: Ferri, Das Verbrechen, 1896/1892, S.125; noch etwas zurückhaltender bei den anthropologische Faktoren: Ferri, Studi sulla criminalità in Francia dal 1826 – 1878 (1881), Studi sulla criminalità, p.17, vgl. auch 1828: Ferri, Principi di Diritto Criminale, 1928, Capitolo II, La classificazione antropologica dei delinquenti, p.255 – 256.

[403]Physikalische Faktoren sind: Klima, Bodenbeschaffenheit, Tagesperioden, Jahreszeiten, Temperatur, meteorologische Erscheinungen, Produktivität des Bodens. Vgl. dazu: Ferri, Das Verbrechen als soziale Erscheinung, 1896/1892, S.125/126, ähnlich auch schon Ferri, Studi sulla criminalità in Francia dal 1826 – 1878 (1881), in: Studi sulla criminalità, p.17.

[404]Soziale Faktoren sind: Anstieg oder Verringerung der Bevölkerung, Bevölkerungswanderung, öffentliche Meinung, Sitten und Religion, die Familienform, politisches, finanz- und Wirtschaftsleben, landwirtschaftliche und industrielle Produktion und Verteilung, öffentlicher Sicherheitsaperrat, Bildung und Wohlfahrt, Zivil- und Strafgesetzgebung..." Ferri, Studi sulla criminalità in Francia dal 1826 – 1878 (1881), in: Studi sulla criminalità, p.17, vgl. auch noch 1828: Ferri, Principi di Diritto Criminale, 1928, p.255 – 256, ähnlich auch Ferri, Das Verbrechen als soziale Erscheinung, 1896/1892, S.126.

[405]Schon in seinen statistischen Untersuchungen über die französische Kriminalitätsentwicklung in den Jahren 1826 – 1878 kommt FERRI zu dem Ergebnis „dass das Verbrechen, wie jede andere menschliche Handlung, das Produkt einer Vielzahl von Ursachen ist, die, obwohl in einem untrennbaren Netz verwoben, dennoch für die Betrachtung separieren werden können. Diese Ursachen des Verbrechens sind anthropologisch oder individuell, physisch und sozial." Ferri, Studi sulla criminalità in Francia dal 1826 – 1878 (1881), Studi sulla criminalità, p.17.

[406]Ferri, Principi di Diritto Criminale, 1928, p.43, vgl. zum Zusammenspiel der Deliktsfaktoren auch Ferri, Sociologia Criminale, 1900, p.178 und fokussiert auf die Umweltfaktoren: Ferri, Educazione, ambiente e criminalità, Archivio, 1884, p.42.

[407]Ferri, Das Verbrechen als soziale Erscheinung, 1896/1892, S.65.

[408]Ferri, Principi di Diritto Criminale, 1928, p.255 – 256.

allgemeinen rechtlichen Bestimmungen nützlich gemacht werden könnten, glaubt aber an ihre Nützlichkeit für die Polizei.[409]

FERRI schränkt seinen Standpunkt diesbezüglich noch weiter ein, denn nach seiner Ansicht könnten die körperliche und mentale Konstruktion des Menschen, die anthropologischen und psychischen Faktoren nur im Zusammenspiel betrachtet werden und vertritt den Standpunkt, dass man sich jedenfalls in einer erheblichen Zahl der Fälle nicht mit einer rein biologischen Erklärung des Verbrechens begnügen könne. Vielmehr zieht er schon früh aus der eigenen Forschung und Beobachtung des Verbrechens den Schluss, dass bei einer großen Anzahl der Verbrecher auch und gerade äußere Faktoren eine Rolle spielen. Daher lautet der Vorwurf an die frühe anthropologische Forschung, sie einseitig ausgerichtet, denn sie betrachte nicht alle Verbrechen, sondern nur die schweren und fände nur den geborenen Verbrecher.
„Ich sage..., dass die anthropologischen Schlussfolgerungen sich nicht auf alle ausdehnen lassen, die Verbrechen begehen. Sie beschränken sich vielmehr auf eine gewisse Zahl derselben, die man geborene, unverbesserliche oder Gewohnheitsverbrecher nennen könnte, außer diesen findet man die Klasse der Gelegenheitsverbrecher..."[410] Und in Auseinandersetzung mit der frühen Forschung LOMBROSOS schreibt er später: „LOMBROSO hat in der ersten und zweiten Auflage seines Werkes die ganze Summe der von ihm gefundenen körperlichen und psychischen Merkmale allen Verbrecher zugeschrieben und aus dem homo delinquens einen allgemeinen Typus gemacht..."[411] und so einfach könne man es sich nicht machen, da zwischen allen Individuen bestimmte Gemeinsamkeiten im Körperbau gefunden werden könnten.[412]

Ein kurzer Vergleich zu V. LISZT zeigt schon hier, welchen entscheidenden Beitrag der Italiener FERRI den anthropologischen Faktoren, wie sie von LOMBROSO studiert werden, bei der Frage der Verbrechensentstehung beimisst, auch wenn er diesem nicht im ganzen folgt. Ganz anders sieht dies V. LISZT, der letztlich wenig an die anthropologischen Forschungsergebnisse glaubt. Für FERRI bestätigt sich die im 1. Teil getroffene Aussage, dass in Italien den anthropologischen Faktoren ein ganz anderes Interesse in der Frage der Verbrechensentstehung beigelegt wird.

b. Das Verbrechen in der Gesellschaft – Die Theorie der sozialen Sättigung

Neben dieser individuellen Ursache kommt FERRI auch zu einer Erklärung der Ursachen des Verbrechens in der Gesellschaft selbst, losgelöst vom Individuum. Aus der Bewertung der entsprechenden Statistik, die eine periodische Schwankung der Ge-

[409]Ferri, Principi di Diritto Criminale, 1928, p.253.
[410]Ferri, Sui limiti fra diritto penale ed antropologia criminale, Archivio, 1880, p.446.
[411]Ferri, Das Verbrechen als soziale Erscheinung, 1896/1892, S.68.
[412]Ferri, Principi di Diritto Criminale,1828, p.253.

samtkriminalität verzeichnet, schließt er auf den großen Einfluss der sozialen Faktoren. FERRI entwickelt die Theorie der sog. sozialen Sättigung: „Wie sich in einem Volumen Wasser bei einer bestimmten Temperatur eine bestimmte Menge einer Substanz auflöst und nicht ein Atom mehr, so kommt es auch in einem sozialen Milieu, unter bestimmten individuellen und sozialen Bedingungen zur Begehung einer fest bestimmten Zahl von Verbrechen, und es wird weder eines mehr noch eines weniger begangen. Unsere unzureichende Kenntnis vieler physischer und psychologischer Gesetze und unzähliger tatsächlicher Bedingungen macht es uns unmöglich, genau den Betrag der Kriminalität vorauszusehen. Er ist aber deshalb nicht weniger das notwendige und unvermeidbare Ergebnis eines bestimmten physischen und sozialen Zustandes. Die Veränderungen dieses Zustandes sind, wie die Statistik zeigt, immer von den entsprechenden Schwankungen der Kriminalität begleitet."[413] Damit stehe das Verbrechen in einer gleichen quantitativen Beziehung zum sozialen Milieu, wobei diese Beziehung jedoch dynamisch ist und sich die Verbrechenszahl mit dem sozialen Milieu verändere.[414] Das Verbrechen wird so zu einer festen Größe und zu einer natürlichen Erscheinung in der Gesellschaft. Es ergibt sich damit aber auch der Schluss, dass Einwirkungen auf das soziale Milieu geeignet sind, die Quantität der Verbrechen zu beeinflussen.

Damit legt FERRI der Verbrechensentstehung beim individuellen Täter, ebenso wie V. LISZT dies tut, auch Anlage- und Umweltfaktoren zugrunde, wobei FERRI den individuellen Faktor ungleich entschiedener, gestützt auf die kriminalanthropologische Forschung, betont. Auf der anderen Seite hält er jedoch bezüglich des Ausmaßes der Gesamtkriminalität, die sozialen Faktoren für ausschlaggebend. Diese Beurteilung spiegelt sich an späterer Stelle in seinem Präventionssystem wieder.

II. Die Verbrechereinteilung bei ENRICO FERRI

FERRI entwickelt aus der von ihm vorgenommene Bewertung der Entstehungsfaktoren des Verbrechens, eine spezifischen Verbrechertypologie und schafft damit einen Bezug zwischen Verbrechensursachen und Verbrechereinteilung. „Ich gehe... in meiner Einteilung von den natürlichen Ursachen des Verbrechens (den individuellen, physischen und sozialen) aus; deshalb entspricht sie besser den theoretischen und praktischen Bedürfnissen der Kriminal – Soziologie."[415]

Da jedem Verbrechen die drei definierten Faktoren der Verbrechensentstehung zugrunde liegen, entscheidet das Verhältnis der einzelnen Faktoren zum begangenen Verbrechen, zu welcher Gruppe der Verbrecher gehört. Und so schreibt er: „Es hängt von dem Vorwiegen eines dieser Faktoren ab, welcher Varietät des Verbrechers ein

[413] Ferri, Das Verbrechen als soziale Erscheinung, 1896/1892, S.149/150.
[414] Ferri, Das Verbrechen als soziale Erscheinung, 1896/1892, S.153.
[415] Ferri, Das Verbrechen als soziale Erscheinung, 1896/1892, S.107.

gegebenes Individuum angehört, unzweifelhaft ist aber jedes Verbrechen jedes Verbrechers stets das Ergebnis des Zusammenwirkens der drei genannten Faktoren."[416] Dies führe zu einer Einteilung in fünf Gruppen. Zu unterscheiden seien:

I. geborene Verbrecher (Delinquente nato o istintivo o per tendenza congenita), II. verbrecherische Irre (Delinquente pazzo), III. Gewohnheitsverbrecher (Delinquente abituale), IV. Gelegenheitsverbrecher (Delinquente occasionale) und V. Leidenschaftsverbrecher (Delinquente passionale).[417]

Dabei relativiert FERRI seine strikte Gruppierung und betont, dass eine Einordnung des individuellen Verbrechers nicht immer möglich sei. Dennoch glaubt er an die Notwendigkeit und den Sinn der „Klassifizierung"[418]. Er hält Kritikern seiner Ansicht entgegen: „Hier wie bei jeder anderen Klassifikation sind die Abgrenzungen nur relativ, das nimmt ihnen aber nicht ihre Bedeutung....So mangelt es nicht an Übergangsformen, ja die ganz reinen und ungemischten Typus sind wie überall so auch hier selten....Aber auch die Anweisung einer solchen Zwischenstellung ist stets eine sichere Klassifikation...."[419]

Im folgenden werden nun FERRIS fünf Verbrechergruppen kurz vorgestellt. Diese sind von besonderem Interesse, da hier mit der Beschreibung der einzelnen Gruppen zugleich eine Gefährlichkeitsbewertung vorgenommen wird, die dann eine Integration der Verbrechergruppierung in das System der Strafrechtsgrundlagen schafft. FERRIS „Klassifikation" gewinnt damit eine, über die kriminalpolitische Wirksamkeit hinausgehende Bedeutung. Diese Integration der Verbrechereinteilung in das Strafrecht selbst, wird von V. LISZT so nicht vollzogen.

1. Der geborene Verbrecher (Delinquente nato o istintivo) und der Gewohnheitsverbrecher (Delinquente abituale)

Die geborenen Verbrecher bilden die Gruppe, in der die individuellen Faktoren der Verbrechensentstehung besonders stark ausgeprägt sind (la anomalia fisio – psichica) und sie repräsentieren, übertragen auf das Strafrecht, die Gruppe mit dem höchsten Grad der Gefährlichkeit. Sie zeichnen sich durch ihren abnormen Willen, ihre Impulsivität und das Fehlen bzw. die Pervertierung jeglichen Moralgefühls aus.[420] Und FER-

[416]Ferri, Das Verbrechen als soziale Erscheinung, 1896/1892, S.108.
[417]Ferri, Principi di Diritto Criminale, 1928, p.265.
[418]Ferri, Principi di Diritto Criminale, 1928, p.253.
[419]Ferri, Das Verbrechen als soziale Erscheinung, 1896/1892, S.100/S.101.
[420]Ferri, Principi di Diritto Criminale, 1928, p.266.

RI geht weiter davon aus, dass nur der Typus des geborenen Verbrechers die Existenz der "Unverbesserlichen" erklären könne.[421]

Der Gewohnheitsverbrecher (delinquente abituale), den FERRI anfangs noch zur Gruppe der geborenen Verbrecher zählt, wird später dahingehend unterschieden, dass bei ihm die individuellen Faktoren weniger ausgeprägt seien und ihm daher nicht diese besondere Gefährlichkeit zu eigen sei.[422]

Die Bedeutung der physischen und sozialen Bedingungen reduziert sich in der vorliegenden Verbrechengruppe dann auf die Funktion als Auslöser für die individuell vorgeprägte Deliktsbegehung.[423] Damit stehen "Unverbesserlichkeit" und der Typus des geborenen Verbrechers für FERRI in folgendem Verhältnis: während Unverbesserlichkeit zwingend den geborenen Verbrecher vorauszusetzen scheint, ist die Deliktsbegehung des geborenen Verbrechers nicht absolut zwingend, bestmögliche soziale Bedingungen können ihn von der Deliktsbegehung abhalten.

2. Der Gelegenheitsverbrecher (Delinquente occasionale)

Der Gelegenheitsverbrecher hingegen habe überhaupt keine angeborene, positive Neigung zum Verbrechen, vielmehr seien die persönliche Lage oder die Umstände ihrer natürlichen oder sozialen Sphäre entscheidend. FERRI geht aber dennoch nicht so weit, einen individuellen, biologischen Faktor hier ganz zu leugnen. „Gewiss wirkt bei ihnen auch ein Etwas aus ihrem Inneren mit, denn wo keine persönliche Anlage ist, da wirkt kein äußerer Impuls entscheidend ein."[424] Dennoch sei seine Gefährlichkeit gering und seine Resozialisierungschancen groß.[425]

Interessant ist es zu sehen, dass sich FERRI entschieden gegen die Anerkennung eines „Typus des normalen Verbrechers" wehrt.[426] Der Verbrecher sei schon deshalb nie-

---

[421] Ferri, Principi di Diritto Criminale, 1928, p.266.
[422] Ferri, Principi di Diritto Criminale, 1928, p.268.
[423] Ferri, Principi di Diritto Criminale, 1928, p.267. Noch weit emotionaler fällt die Beschreibung des delinquente nato knapp 40 Jahre früher aus: „Es sind wilde und brutale oder verschlagene und arbeitsscheue Menschen, die zwischen Morden und Rauben und einem ehrlichen Gewerbe keinen Unterschied finden; sie sind Verbrecher wie andere Arbeiter sind...die Strafe hat für sie nichts abschreckendes, sie betrachten sie als bloßen Betriebsunfall...Diese Verbrechernaturen bilden zusammen mit den Gewohnheitsverbrechern die beiden ausgeprägten Typen des Mörders und des Diebes..." Ferri, Das Verbrechen als soziale Erscheinung, 1896/1892, S.87 – 88.
[424] Ferri, Das Verbrechen als soziale Erscheinung, Deutsche Fassung 1896, nach der italienischen 3. Auflage Sociologia Criminale, 1892 (unter Einarbeitung der Änderungen der 4. Auflage), S.98/99.
[425] Ferri, Principi di Diritto Criminale, 1928, p.270.
[426] Normal ist für FERRI, in Bezug auf den Verbrecher ein Unwort. Er betont vielfach, dass es einen normalen Verbrecher nicht gibt. Das Verbrechen bringe immer eine angeborene oder erworbene, dauernde oder vorübergehende Abnormalität zum Ausdruck und dies gelte auch für den Gelegenheitsverbrecher, wenn dieser den inneren oder äußeren Antrieben nicht widerstehen könne. „Man ist nicht irre, wenn man will; man ist auch nicht Verbrecher wenn man will. Von einem normalen Verbrecher reden, heißt von etwas nicht vorhandenem und selbst Undenkbaren reden." Ferri, Das Verbrechen als soziale Erscheinung, 1896/1892, S.316 – 317. Vgl. dazu ausführlich: Ferri, Principi di Diritto Criminale, 1928, p.259 – 263.

mals normal, da er sich nicht in sein soziales Umfeld einfügen könne. Er schreibt dazu, dass einmal auch der „l' uomo non delinquente“ häufig organische oder psychische Anormalitäten aufweisen und „uomo normale“ bedeute auch nicht „uomo perfetto“, aber es bedeute immer den „Menschen, der weiß, wie er sich an sein Lebensumfeld anpassen kann”, was gerade auch der Gelegenheitsverbrecher nicht könne.[427] Der Ansatz, einen sog. „normalen Verbrecher“ mit den übrigen Menschen gleichzustellen, wie es CARRARA in seinem klassischen Ansatz fordert,[428] ist für FERRI undenkbar.

3. Der Leidenschaftsverbrecher (Delinquente passionale).

Den Leidenschaftsverbrecher beschreibt FERRI dahin, dass dieser das Verbrechen aus Leidenschaft, in Hass oder aus gekränkter Liebe oder Ehre begehe. Unter den „wenigen echten Leidenschaftsverbrechern“, die meist noch jung sind, fände man nie oder nur in Andeutung die organischen Anomalien des Verbrechertypus, jedoch haben sie oft eine „neuropatische“, ja eine „epileptoide“ Konstitution, aus der das Verbrechen hervorgehen könne. In jedem Fall sei der echte Leidenschaftsverbrecher der Ungefährlichste und der Resozialisierungsfähigste unter den Verbrecherklassen.[429]

4. Der verbrecherische Irre (Delinquente pazzo),

Besondere Beachtung verdient noch die Einklassifizierung des verbrecherischen Irren. Während der Geisteskranke bei V. LISZT ganz selbstverständlich nicht in die Klassifikation aufgenommen wird und auch nicht in der Gruppe der Unverbesserlichen aufgeht, schreibt FERRI: „Die Bezeichnung selbst ist durchaus nicht widerspruchsvoll, es ist nicht wahr, dass der verbrecherische Irre nicht zu den Verbrechern gerechnet werden könne...“[430]. Gefährlichkeit und die soziale Wiederanpassung hänge dabei von ihrer individuellen psychopathologischen Konstitution ab.[431]

Wie sich diese Einbeziehung des Geisteskranken in FERRIS Strafrechtskonzeption rechtfertigt, wird weiter unten dargestellt. Festzuhalten ist hier jedoch, dass er mit seiner Verbrechertypologie den Versuch einer Gefährlichkeitsgruppierung verbindet, die unter den Gruppen vom Leidenschaftsverbrecher zum geborenen Verbrecher ansteigt.[432] Wie sich diese dann in sein Reaktionssystem einpasst wird an späterer Stelle dargestellt. Zunächst sollen aber die Grundlagen, auf denen FERRI die Reform des Strafrechts anstrebt, dargelegt werden.

---

[427]Ferri, Principi di Diritto Criminale, 1928, p.259.
[428]Vgl. zum Ansatz CARRARAS schon oben Teil 1 B II 1 c.
[429]Ferri, Principi di Diritto Criminale, 1928, p.275.
[430]Ferri, Das Verbrechen als soziale Erscheinung, 1896/1892, S.86.
[431]Ferri, Principi di Diritto Criminale, 1928, p.267.
[432]Vgl. nochmals eingehend: Ferri, Principi di Diritto Criminale, 1928, p.306.

III. Die „Sociologia Criminale" und ihr Verhältnis zum Strafrecht

FERRIS Verständnis der Sociologia Criminale ist umfassend und geht über V. LISZTS Forderung in diesem Zusammenhang hinaus. Das Strafrecht soll Teil einer gemeinsamen, an der „Wirklichkeit des Verbrechens" orientierten Wissenschaft werden[433] und neben der Kriminologie eine der integrierten Wissenschaften darstellen. Die induktive Methode wird dabei zum Leitprinzip erklärt.[434] FERRI prägt als Oberbegriff die Bezeichnung der Sociologia Criminale, sog. Kriminalsoziologie. Diese sei die Wissenschaft vom Verbrechen und der sozialen Verteidigung,[435] in der „die Kriminalanthropologie und die Statistik einerseits, das Strafrecht andererseits ... nur ihre besonderen Kapitel sind.... Kapitel einer einheitlichen Wissenschaft, deren Gegenstand das Verbrechen als natürliche und soziale, und damit auch als juristische Erscheinung ist, neben der Untersuchung der wirksamsten Mittel für die präventive und repressive Abwehr des Verbrechens."[436] Als Grundthese gehe die Kriminalsoziologie dabei von drei Daten aus: „Die klassische Strafrechtswissenschaft kennt nur zwei Daten: das Verbrechen und die Strafe; die Kriminalsoziologie aber kennt drei: den Verbrecher, das Verbrechen und das geeignete Mittel der sozialen Verteidigung."[437]

Das Strafrecht und dessen Strafmittel bilden dabei nach FERRIS Gewichtung nicht den wichtigsten, aber dennoch auch weiterhin einen für notwendig gehaltenen Teil seiner Kriminalsoziologie. „Ich leugne nicht, dass die Strafen Barrieren für die Deliktsbegehung sein können, aber ich sage, dass sie wenig nützliche und effektive Barrieren sind."[438] Der Beweis für die Richtigkeit dieser Aussage folge aus der Statistik und der Soziologie und den Grund erblickt er in den „verhängnisvollen Keimen", die im sozialen Umfeld bestehen und denen die Strafen nicht entgegenwirken können.[439] Die Vorbeugemaßregeln und die Strafersatzmittel seien daher primäres Mittel für die Verbrechensbekämpfung. „Ich habe diese Mittel indirekter Verteidigung Strafersatzmittel

---

433 Im Gegensatz zu V. LISZT der an der Führungsrolle des Strafrechts im Verhältnis zur Kriminologie nicht zweifelt,(vgl. schon Teil 1 D II), deutet sich hier bei FERRI eine Verschmelzung zwischen Strafrecht und Kriminologie zu einer gemeinsamen Wissenschaft an. Betrachtet man FERRIS Ziel für das Strafrecht in seinem System, so will er ein Strafrecht schaffen, dass der kriminologischen Forschung Rechnung trägt. Daher auch die Forderung an seine positive Strafrechtsschule „die Theorie der Verbrechen und der Strafen mit den Tatsachen in Übereinstimmung zu bringen." Ferri, Das Verbrechen als soziale Erscheinung, 1896/1892, S.2.

434 So beschreibt er auch den Unterschied zwischen seiner Schule mit deren Methoden und der klassischen Strafrechtsschule so: „Der tiefgreifende und entscheidende Unterschied zwischen den beiden Schulen liegt vor allem in der Methode – deduktiv, von abstrakter Logik bei der Scuola Classica, induktiv und die Tatsachen beobachtend bei der Scuola Positiva: jene hat als Objekt "il delitto" als juristisches Gebilde, diese hingegen "il delinquente" als Person, die sich als mehr oder weniger sozial gefährlich zeigt..." Ferri, Principi di Diritto Criminale, 1928, p.45.

435 Ferri, La prevenzione della criminalità, 1926, in: Studi sulla criminalità, p.678.

436 Ferri, Das Verbrechen, 1896/1892, S.475, 477.

437 Ferri, Das Verbrechen als soziale Erscheinung, 1896/1892, S.101.

438 Ferri, I sostituivi penali, Archivio di Psichiatria, 1880, p. 249.

439 Ferri, I sostituivi penali, Archivio di Psichiatria, 1880, p. 249.

genannt; sie sind aber nicht bloße Surrogate...sondern sie müssen die Hauptwerkzeuge der Funktion sozialer Verteidigung werden, während die Strafen wohl immer neben ihnen bestehen bleiben werden, aber doch nur als sekundäres Mittel.“[440]

So steht FERRI inhaltlich v. LISZT in keiner Weise nach, wenn dieser die Sozialpolitik für die beste Kriminalpolitik hält. Im Gegensatz zu v. LISZT erstellt er aber einem umfassenden Vorschlagskatalog, den er etwas irreführend „Strafersatzmittel“ nennt und plädiert für die Schaffung eines Codice di Prevenzione[441]. Die Strafersatzmittel und die Zielsetzung des Präventionsgesetzbuches werden in Folge jedoch nur am Rande dargestellt, das Hauptinteresse gilt vielmehr den Grundlagen und der Ausgestaltung der Strafe.

IV. Die Grundlagen für das „neue Strafrecht“

1. Absage an das Postulat der Willensfreiheit

Schon in seiner Dissertation[442] stellt sich FERRI die Frage der Willensfreiheit als Grundlage des Strafrechts und kommt schon hier zu dem Ergebnis, dass er das Postulat der Willensfreiheit und einer daraus resultierenden Verantwortlichkeit ablehnt. Die Grundlagen der Strafbarkeit, wie sie die klassische Strafrechtsschule sehe, seien nicht mehr haltbar.[443] Diese kritische Aussage wird später, auch im Namen der von ihm geschaffene neue positivistische Schule, mehrfach bestätigt. FERRI stützt dies auf zwei Gründe: „Erstens weil die wissenschaftliche Psychologie (fisio – psicologia positiva)...den Glauben an den freien Willen (libero arbitrio) oder die sittliche Freiheit (libertà morale) vollständig vernichtet hat, da sie nur eine Illusion der Selbstbeobachtung sind. Zweitens weil auf dem Boden dieser Begründung der Straffälligkeit unüberwindliche theoretische und praktische Schwierigkeiten bestehen, wenn sie auf den Einzelfall angewendet werden soll...“[444] Die Bedingtheit des menschlichen Willens und das Bekenntnis zum Determinismus sei dabei zwingende Schlussfolgerung der medizinischen Forschung.[445] Wenn er seine Ansicht zudem mit erhebliche praktischen Schwierigkeiten begründet, geht er davon aus, dass auch auf der Grundlage eines freien Wil-

[440] Ferri, Das Verbrechen als soziale Erscheinung, 1896/1892, S.280/281.
[441] Ferri, Principi di Diritto Criminale, 1928, p.298 – 299.
[442] Die Unvertretbarkeit einer Willensfreiheit und den Austausch einer moralischen Verantwortlichkeit gegen eine rechtliche Verantwortlichkeit vertritt FERRI schon in seiner Dissertation. Jedoch bemüht er sich hier noch, die klassischen Kriterien von Zurechnungsfähigkeit und Schuld mit seiner These in Einklang zu bringen. Ferri, La Teoria dell'imputabilità e la negazione del libero arbitrio, 1878. Anders dann aber schon in: Ferri, Il diritto di punire come funzione sociale, Archivio, 1882, p.51 – 85.
[443] Ferri, Sociologia criminale, 1900, p.467.
[444] Ferri, Sociologia criminale, 1900, p.468.
[445] „Physiologie und Psychopathologie zeigen, wie der menschliche Wille den natürlichen Einflüssen, selbst solchen rein physischer Art, völlig unterworfen ist...“ Ferri, Das Verbrechen als soziale Erscheinung, 1896/1892, S.228.

lens in Zukunft alle Verbrechensentstehungsfaktoren berücksichtigt werden müssten und man sie nicht mehr auf die klassischen Kriterien wie Geisteskrankheit oder Trunkenheit beschränken dürfe.[446] FERRI bezweifelt, dass sich der Richter in diesem Labyrinth abzustufender Verantwortlichkeit zurechtfinden kann und warnt vor falscher Anwendung der anthropologischen und soziologischen Daten. Sobald man am klassischen System festhalte, aber dabei positiv – wissenschaftliche Daten der Kriminalanthropologie und in der Psychopathologie mit einbeziehe, hätte dies zur Folge „...dass gerade die gefährlichsten Verbrecher für unzurechnungsfähig erklärt werden....“[447] FERRI meint, es sei eine Absurdität, dass gerade die weniger gefährlichen Verbrecher vom Strafrecht erfasst würden, die anderen hingegen nicht.[448]

2. Die soziale Funktion der Strafe statt Vergeltung und Schuld[449]

Der Vergeltungsgedanke kann nach FERRI nicht mehr die Grundlage der Strafe sein. Schon aus der Entwicklung zeige sich, „dass die Strafe – worunter die Gesamtheit der von der Gesellschaft im Kampf gegen das Verbrechen angewandten Rechtsmittel verstanden werden soll, vier Entwicklungsphasen zu durchlaufen hat: Die natürliche Phase, die abwehrende oder rächende, individuelle oder soziale, unmittelbare oder verzögerte Reaktion; die religiöse Phase der göttlichen Rache; die ethische Phase, die der mittelalterlichen Sühnetheorie; die juristische Phase, die der klassischen, abstrakten und aprioristischen Strafrechtsschule.“[450] Und er geht davon aus, dass man sich zwar noch in der juristischen und ethischen Phase befände, aber „die Aufgabe unserer Zeit ist es nun, die soziale Phase der Strafe anzubahnen und durchzuführen, in welcher sie aufgrund der Lehren der Kriminalanthropologie und der Statistik über die Herkunft des Verbrechens, nicht mehr in der Vergeltung einer sittlichen Verfehlung durch eine entsprechende Züchtigung besteht, sondern in einem System sozialer, sowohl vorbeugender wie repressiver Maßregeln, die einerseits mehr der Natur des Verbrechens entsprechen, andererseits eine wirksamere und humanere Verteidigung der Gesellschaft darstellen“.[451] Schon FERRIS Verständnis von Strafe deutet an, dass der Strafbegriff in seiner Strafrechtskonzeption eine Wandelung und Erweiterung erfahren soll, die letztlich auch eine Umbenennung mit sich bringen wird.

Und so lautet seine Forderung: „Nachdem das Strafrecht die verschiedenen in ihm enthaltenen Elemente – besonders das ethische Kriterium der Schuld – zur Entwicklung gebracht hat, verlangen wir, dass es zu seinem Ausgangspunkte zurückkehren soll, als eine soziale Funktion, die nicht durch ihrem Wesen fremde, unwirkliche Ideen geleitet

---

[446] Ferri, Das Verbrechen als soziale Erscheinung, 1896/1892, S.241.
[447] Ferri, Sociologia criminale, 1900, p.669.
[448] Ferri, Principi di Diritto Criminale, 1928, p.239.
[449] 1878 greift FERRI die Vergeltungstheorie an in: Ferri, La Teoria dell'imputabilità, 1878, Ferri, I nuovi orizzonti, 1881.
[450] Ferri, Das Verbrechen als soziale Erscheinung, 1896/1892, S.257.
[451] Ferri, Das Verbrechen als soziale Erscheinung, 1896/1892, S.258.

wird, sondern durch die wirkliche Bedürfnisse der menschlichen Gesellschaft und unter Beachtung des durch die Kriminal-Soziologie bedingten Fortschrittes der Erkenntnis. Dabei muss es für immer den ihm aus früheren Entwicklungsphasen anhaftenden brutalen Geist der Rache[452] entfernen und nur die Idee der Abwehr bewahren, welche zur Erhaltung der Gesellschaft notwendig und unentbehrlich ist."[453] Für FERRI liegt die „radikale Neuerung durch die positive Schule" in der Erkenntnis, dass diese „Notwendigkeit der Selbsterhaltung....für die Gesellschaft, unabhängig von jedem Element sittlicher Schuld beim Verbrecher (d.h. bei dem Angreifer auf die natürlichen Existenzbedingungen des Individuums und der Gesellschaft) ist und sein muss."[454]

3. Das Recht der Gesellschaftsverteidigung

Im Ergebnis folgt für FERRI aus der Notwendigkeit der Gesellschaftsverteidigung die Rechtfertigung derselben. Die Verteidigung der Gesellschaft wird für ihn zum ausschließlichen Zweck des Strafrechts. Auch an anderer Stelle betonte er: „dass der natürliche Grund und das fundamentale Prinzip der Repression der Verbrechen einzig in der Notwendigkeit der Selbsterhaltung besteht, welche für jeden individuellen und jeden sozialen Organismus gilt...unabhängig von jedem Element sittlicher Schuld bei dem Verbrecher..."[455]

Und nochmals den Einwand aufgreifend, dass der Verbrecher nicht gestraft werden könne, wo das Verbrechen allein eine notwendige Folge und nicht das Produkt einer freien Willensentschließung gewesen sei, schreibt FERRI mit Blick auf den Gesellschaftsschutz: „Wenn der Verbrecher dem Staat gegenüber die Tatsache geltend machen wollte, dass er durch den Zwang der Notwendigkeit zu seinem Verbrechen gedrängt worden ist, kann der Staat ihm antworten, dass auch er notwendigerweise dazu gedrängt ist, zu strafen, d.h. sich zu wehren."[456]

4. Die soziale Verantwortlichkeit als Grundlage der Strafe

FERRI kommt dagegen nicht zu der Ansicht, dass mit dem Fall der Freiheitshypothese und des Vergeltungsgedankens auch die Möglichkeit entfalle, das Individuum für sein Handeln verantwortlich zu machen. Er verneint die Angriffe der klassischen Schule,

---

[452] FERRI erkennt das Rachegefühl des Menschen als natürliches Gefühl an, glaubt aber, dass es sich gegenüber dem Verbrecher wandeln wird, „wie es dem Irren gegenüber geschwunden ist, die man bis zum Ende des vorigen Jahrhunderts wie Verbrecher peinigte, denn man schrieb dieses „abstoßende Leiden" dem Willen und der persönlichen Schuld des Kranken zu.

[453] Ferri, Das Verbrechen als soziale Erscheinung, 1896/1892, S.260.

[454] Ferri, Das Verbrechen als soziale Erscheinung, 1896/1892, S.261.

[455] Ferri, Das Verbrechen als soziale Erscheinung, 1896/1892, S.261.

[456] Ferri, Das Verbrechen als soziale Erscheinung, 1896/1892, S.285.

ob nicht, wenn man die Willensfreiheit leugne, die Gefängnisse geöffnet und die Gerichtshöfe geschlossen werden müssten.[457]

a. Soziale Verantwortlichkeit des Verbrechers

Die Straffähigkeit sei, bei Bejahung der physischen Identität und Urheberschaft (kein Werkzeug) zwischen dem handelnden und dem zu verurteilenden Individuum gegeben. Denn zur Konstituierung der strafrechtlichen Verantwortlichkeit genüge die physische Verantwortlichkeit.[458] Aus dieser physischen Verantwortlichkeit entstehe eine soziale Verantwortlichkeit (responsabilità sociale). Die Grundidee der sozialen Verantwortlichkeit kann man dahin zusammenfassen, dass jeder Mensch jede seiner Handlungen allein deshalb zu verantworten hat, weil er es ist, der sie getan hat. Der Mensch ist damit verantwortlich, weil er in der Gesellschaft lebt.[459]

FERRI geht davon aus, dass nur seine Theorie den Ergebnissen der Realität Rechnung tragen kann, wie sie die Kriminalanthropologie und in der Psychopathologie ergeben hätten. Für alle Theorien, die zwischen "einem allen Anschein nach normalen Bewusstsein und normaler Intelligenz...und offensichtlich anormalen und pathologischen Zuständen trennen..."[460] gelte das hingegen nicht. Der Grund liege in der zunehmenden Bestätigung der Ansicht, welche die Verbrechensentstehung auf bio-psychischen und die Umweltfaktoren stützt. FERRI stellt fest, dass der „normale" Verbrecher demnach in keiner Weise mehr der wirklichen Persönlichkeit des Verbrechers entspräche und damit die obige Differenzierung letztlich verwischt oder sogar aufgehoben werde.[461]

FERRI glaubt nun, einzig mit der sozialen Verantwortlichkeit, die der rechtlichen Verantwortlichkeit entspricht[462], das Problem der Straffähigkeit lösen zu können. Wenn eine Trennung der einzelnen Erscheinungen des Verbrechers in „normal" und „krankhaft" nicht möglich sei, entspreche nichts mehr dieser Erkenntnis, als eine Theorie der sozialen Verantwortlichkeit aller derer, welche den Existenzbedingungen der Gesellschaft zuwiderlaufende Handlungen begehen. Unabhängig von jeder Form einer sittlichen Zurechnungsfähigkeit (responsabilità morale). [463] Und so erstrecke sich die „Strafbarkeit" aus Gründen der sozialen Verantwortlichkeit auf den geborenen Ver-

---

[457] Ferri, Das Verbrechen als soziale Erscheinung, 1896/1892, S.246.
[458] Ferri, Das Verbrechen als soziale Erscheinung, 1896/1892, S.275.
[459] vgl. dazu insb. Ferri, Principi di Diritto Criminale, 1928, p.237 – 238.
[460] Ferri, Principi di Diritto Criminale, 1928, p.229.
[461] Ferri, Principi di Diritto Criminale, 1928, p.229.
[462] FERRI spricht aus wissenschaftlicher Sicht von der „responsabilità sociale", in praktischer Sicht von der „responsabilità legale". Ferri, Principi di Diritto Criminale, 1928, p.238.
[463] Ferri, Principi di Diritto Criminale, 1928, p.237.

brecher, Verbrecher aus erworbener Gewohnheit, Gelegenheitsverbrecher und Leidenschaftsverbrecher gleichermaßen.

b. Soziale Verantwortlichkeit des geisteskranken Verbrechers

Aber FERRIS Theorie, der sozialen und damit strafrechtlichen Verantwortlichkeit geht noch einen Schritt über die Bejahung der Strafbarkeit, trotz Beseitigung der These des freien Willens hinaus. Seine Theorie erstreckt die Straffähigkeit auf jedes Mitglied der Gesellschaft und jede Handlung, sobald diese physisch vom zu verurteilenden Individuum stammt. Kriterien wie Vorsatz und Schuld verschwinden genauso, wie die Frage des Vorliegens von Geisteskrankheiten. Dass auch der geisteskranke Verbrecher unter dieses Kriterium der Straffähigkeit passt, ist ihm bewusst.

Natürlich weiß FERRI um die Radikalität seiner Ausdehnung des Strafrechts auch auf den geisteskranke Verbrecher, aber er hat keine Bedenken, sobald man im Gesellschaftsschutz die Grundlage des Strafrechts erblicke. „So lange man der Strafe und dem Recht zu bestrafen noch den ethisch-religiösen Sinn einer Vergeltung der Schuld durch Züchtigung zuschreibt, ist es natürlich ein Widerspruch, zu behaupten, dass die irren und die instinktiven Verbrecher verantwortlich und straffähig sind; selbst der Ausdruck „irrer Verbrecher", der für uns nicht bedeutet, dass der Irre ein moralisch schuldiger Verbrecher ist, ist auf dem Boden der moralischen Anschauung ein Widerspruch."[464]

FERRI meint, dass sich das allgemeine Gerechtigkeitsempfinden dann nicht mehr gegen diese Auffassung stellt, wenn deutlich wird, dass auch innerhalb dieses „Strafsystems" Abstufungen nach dem Typus des Verbrechers und seiner Gefährlichkeit getroffen werden. Außerdem mache es vom Standpunkt der öffentlichen Meinung aus betrachtet keinen Unterschied, zwischen seiner Auffassung einer sozialen Verantwortung und der bestehenden Regelung, neben oder anstelle der Strafe im herkömmlichen Sinne, Sicherheitsmaßegeln „misure di sicurezza o di internamento con cura sanitaria" auszusprechen.[465]

Im Ergebnis folgt für FERRI schon hieraus für jedes Gesellschaftsglied, aus dem Grund der Notwendigkeit der Gesellschaftsverteidigung, eine soziale Verantwortlichkeit. Diese begründet zugleich, dass er zum Subjekt entsprechender Abwehrmaßnahmen von Seite der Gesellschaft gemacht werden kann. „Kann man also der Gesellschaft

---

[464]Ferri, Das Verbrechen als soziale Erscheinung, 1896/1892, S.315, vgl. auch schon Ferri, La Scuola Positiva di diritto penale, 1883. Anders äußert sich FERRI hingegen in einem ganz frühen Werk, wo er sowohl die geborenen Verbrecher als auch die geisteskranken Verbrecher aus dem Anwendungsbereich des Strafrechts ausnimmt, vgl. dazu Ferri, Sui limiti fra diritto penale ed antropologia criminale, Archivio, 1880, p.479.
[465]Ferri, Enrico, Principi di Diritto Criminale, 1928, p.245.

nicht das Recht der Verteidigung und Selbsterhaltung absprechen, auch ohne jede Berufung auf den schwankenden Begriff der sittlichen Verantwortlichkeit, so ist nur die soziale oder gesetzliche Verantwortung im Stande, der strafenden oder schützenden Gewalt der Gesellschaft eine positive Grundlage zu geben, frei von jeder mystischen Vorstellung einer ethisch – religiösen Mission der Züchtigung."[466] Mit dieser Auffassung, die jedes Element der Freiheit, der sittlichen Verantwortlichkeit und der Vergeltung und Schuld aus dem Strafrecht eliminiert, wird das Strafrecht im Ergebnis zu einem reinen Abwehrrecht, innerhalb dessen jedes Individuum „strafbar" ist, dass eine, durch das Strafgesetzbuch normierte, gesellschaftsfeindliche Handlung begeht. Mit dem Anknüpfen an die so verstandene soziale Verantwortlichkeit wird die Tatbegehung zur einzigen Voraussetzung für die Strafe, bzw. staatliche Sanktion.[467]

5. Die Strafzwecke: Die Vereinigungslehre ohne den Besserungsgedanken

Wenn Zweck und Rechtfertigung des Strafrechts allein im Gedanken der Gesellschaftsverteidigung liegt, stellt sich zwingend die Frage, welchem Zweck die Strafe, als Sanktion des Strafrechts, dann im konkreten Einzelfall in diesem Verteidigungssystem zukommen soll. Dass dabei der Sicherungsgedanke der Gesellschaft vor dem Täter auch für die Strafe die entscheidende Rolle spielen muss, ist bereits deutlich geworden. Zu den mit der Strafe zu verfolgenden konkreten Zwecken schreibt FERRI dann auch, dass die Strafe als Verteidigungsmittel mit einer dreifachen präventiven Wirkung verbunden sei „welche BENTHAM und einige andere, besonders deutsche Kriminalisten als Spezialprävention (gegen die Erneuerung des Verbrechens durch den Verurteilten), Generalprävention (gegen die Nachahmung des Verbrechens durch hierzu Veranlagte) und indirekte Prävention (als Ermutigung der ehrlichen Naturen und Verstärkung der Abscheu gegen das Verbrechen) bezeichnen."[468] Unter den präventiven Theorien bekennt sich FERRI damit zu einer umfassenden Vereinigungslehre. Auffällig ist dabei, dass er in seine Strafzwecke nicht auch den Besserungsgedanken einbezieht. Grund dafür ist seine Betonung des Sicherungsgedankens. Besserungsziele sind daneben zwar denkbar, aber nicht das Primärziel der Strafe. Gerade in Hinblick auf seine Gruppen der geborenen Verbrecher und Gewohnheitsverbrecher klingt auch die pessimistische Beurteilung einer Besserungsfähigkeit dieser Verbrecher mittels Strafe durch.

FERRI stellt hinsichtlich des Besserungsgedankens fest: „Die in fast allen Strafrechtsschulen noch in Resten enthaltene Vorstellung von der Besserung der Verbrecher ist durch die Erfahrung beseitigt worden, welche zeigt, dass jede Form des Strafvollzuges,

[466] Ferri, Das Verbrechen als soziale Erscheinung, 1896/1892, S.317.
[467] Dass FERRI seine neuen Strafrechtsgrundlagen auch begrifflich zum Ausdruck bringt, wurde schon dargestellt, vgl. schon oben Teil 1 C II.
[468] Ferri, Das Verbrechen als soziale Erscheinung, 1896/1892, S.340.

mag sie noch so streng, oder noch so milde sein, immer typische Verbrecher ungebessert lässt, weil sie organisch und psychisch entartet sind, ganz abgesehen davon, dass die Strafe nicht die Lebensbedingungen ändert, die den Verbrecher zu dem gemacht haben, was er ist und in die er immer wieder zurückkehrt. Die Zweckmäßigkeit und den Besserungszweck der Strafe lässt auch unsere Schule für gewisse Kategorien von Verbrechen gelten, als Prinzipien einer umfassenden Theorie sind sie aber auf die Dauer beseitigt."[469]

V. Das Kriterium der Gefährlichkeit als neues Maß der Strafe.

Bisher steht fest, dass FERRIS Theorie der sozialen Verantwortlichkeit einen sehr weitgehenden Einschnitt in das klassische System vornimmt, insbesondere die Verantwortlichkeit des Verbrechers unabhängig von Vorsatz und Schuld,[470] aber auch von Geisteskrankheit bejaht und sich das Maß der Strafe allein nach der Notwendigkeit des Schutz der Gesellschaft im konkreten Fall richtet. Die Strafe kann und soll „nicht die Züchtigung für eine sittliche Schuld sein, sondern nur ein Verteidigungsmittel der Gesellschaft gegen die Verbrechen..."[471]

FERRI geht nun davon aus, dass die soziale Reaktion der Gesellschaft in Form der Strafe durch das Kriterium der sozialen Verantwortlichkeit ihr Maß aber auch ihre Begrenzung erhält, denn man habe „in diesem Kriterium (der sozialen Verantwortlichkeit) eine feste, objektive, den Bedürfnissen des Lebens entsprechende und den Fakten entnommen Basis, die von der wissenschaftlichen Kriminalsoziologie gestützt werde. In diesem findet die Gesellschaft, die sich gegen das verbrecherische Individuum verteidigt, auf der einen Seite die geeigneten Mittel für die eigene Erhaltung, aber auf der anderen Seite auch die Grenzen...um ihm gleichzeitig seine Rechte zu garantieren..."[472] Bedenken, dass das Individuum dabei vollkommen den Gemeininteressen untergeordnet wird und wie sich diese Gemeininteressen allgemeingültig feststellen lassen, diskutiert er an keiner Stelle.

Bei der Frage der Bemessung der Strafe im konkreten Fall wird dann konsequent die konkrete „Gefährlichkeit" zum entscheidenden Kriterium, die das Delikt, als das Kriterium der Scuola Classica in den Hintergrund drängt.[473] Wie erwähnt, unterscheidet FERRI dabei zwei Formen der Gefährlichkeit, die soziale und die kriminelle Gefährlichkeit. Je nachdem, ob vom betroffenen Individuum bereits ein Delikt begangen wurde oder nicht. Die Reaktion auf die kriminelle Gefährlichkeit des Individuums ist

[469] Ferri, Das Verbrechen als soziale Erscheinung, 1896/1892, S.3/4.
[470] Vgl. dazu auch Ferri, Das Verbrechen als soziale Erscheinung, 1896/1892, S.327.
[471] Ferri, Das Verbrechen als soziale Erscheinung, 1896/1892, S.340.
[472] Ferri, Sociologia criminale, 1900, p.708.
[473] Ferri, Principi di Diritto Criminale, 1928, p.333 – 351.

dann die Aufgabe der „repressiven Sanktion". Die Bestimmung der Gefährlichkeit erfordert dann eine zweifache Aussage.[474] Einmal die Zuordnung des Verbrechers (grado generico)[475] zu einer der fünf Verbrechergruppen, mit der zunächst in der Stufenleiter vom Leidenschaftsverbrecher zum geborenen Verbrecher seine Gefährlichkeitsstufe bestimmt werden soll. Hier wird deutlich, welche neuen Aufgaben dem Richter abverlangt werden. Daher auch FERRIS Forderung, dem Richter die notwendigen psychologischen, anthropologischen und psychiatrischen Kenntnisse zu vermitteln.

Nach der Eingruppierung müsse der konkrete Grad (grado specifico)[476] der Gefährlichkeit ermittelt werden, der von Fall zu Fall unterschiedlich sei. FERRI schreibt hierzu: „Für die Bewertung der Gefährlichkeit des Verbrechers muss man sich an ihren Grad, ihre voraussichtliche Dauer und ihre Tendenz halten."[477] Um Grad, Dauer und Tendenz der Gefährlichkeit dann im individuellen Fall bestimmen zu können, werden drei Maßkriterien vorgeschlagen: die Schwere des Delikts, die Persönlichkeit des Verbrechers und die determinierten Motive.[478]

FERRI klärt die Bedeutung des Delikts als ein Indiz für die Gefährlichkeit. Entscheidend sei dann aber das Kriterium der Motive[479] und die Persönlichkeit des Verbrechers, denn „die Schwere und die Umstände des Delikts...müssen durch die individuellen, familiären und sozialen Verhältnisse des Verbrechers ergänzt und präzisiert werden.[480] Außerdem weist FERRI darauf hin, dass man auch die bei der Deliktsaufklärung beteiligten Personen näher betrachten müsse.[481]
Und weiter betont er, dass jeden Verbrechertypus bei der Strafzumessung nur die, seinem Typus entsprechende, Reaktion treffen dürfe. [482] Es sei immer Voraussetzung, dass die staatliche Reaktion den verschiedenen „bio – psychischen" Individualitäten der Verbrecher angepasst werden entsprechend der Unterscheidung irrer, geborener, gewohnheitsmäßiger, gelegentlicher und durch Leidenschaft bestimmter Verbrecher.[483]

---

[474]Ferri, Principi di Diritto Criminale, 1928, p.288.
[475]Ferri, Principi di Diritto Criminale, 1928, p.351.
[476]Ferri, Principi di Diritto Criminale, 1928, p.351.
[477]Ferri, Principi di Diritto Criminale, 1928, p.306. Was hingegen den geisteskranken Verbrecher betrifft, so genüge bereits die Diagnose seiner Geisteskrankheit. Ferri, Das Verbrechen als soziale Erscheinung, 1896/1892, S.348.
[478]Ferri, Principi di Diritto Criminale, 1928, p.306.
[479]„Die intellektuellen oder Gefühlsmomente sind also nicht nur ein Zeichen, sondern sie sind auch die Ursache der Gefährlichkeit des Verbrechers, während die nach außen tretende Handlung allein nicht zur Beurteilung der individuellen Verantwortlichkeit ausreichen kann...Um beurteilen zu können, ob die Tat antisozial ist, genügen weder die materiellen Umstände der Tat, noch der Charakter des Täters; die Prüfung der Motive, welche sie bestimmt haben, muss dazu kommen..." Ferri, Das Verbrechen als soziale Erscheinung, 1896/1892, S.347, vgl. auch Ferri, Principi di Diritto Criminale, 1928, p.313.
[480]Ferri, Principi di Diritto Criminale, 1928, p.325.
[481]Ferri, Principi di Diritto Criminale, 1928, p.306.
[482]Ferri, Principi di Diritto Criminale, 1928, p.327.
[483]Ferri, Principi di Diritto Criminale, 1928, p.239, 245.

Dieses System FERRIS hat auch erhebliche Auswirkungen auf das Verfahrensrecht. Im Ergebnis ist damit das Ziel des Strafverfahrens ein dreifaches: „Sein Ziel kann nur der Beweis sein, dass der Angeklagte der Urheber des Verbrechens ist; sodann die Ermittlung zu welcher anthropologischen Klasse der Verbrecher gehört, und schließlich der Nachweis welchen Grad gesellschaftsfeindlicher Verderbtheit und welches Maß von Anpassbarkeit seine psycho-physiologische Persönlichkeit darstellt."[484]

Interessant ist, dass FERRI die Frage, inwieweit dann auch im Strafvollzug noch eine individualisierte Behandlung des Verbrechen möglich sei, pessimistisch beurteilt. Er spricht sich zunächst dafür aus, dass die Individualisierung und angepasste Sanktion an sich wünschenswert sei, hält sie aber für praktisch nicht durchführbar. „Bei der großen Schwierigkeit der Frage des Personals in den Strafanstalten glaube ich, dass man fürs erste das undurchführbare Prinzip der Individualisierung durch das der Klassifikation der Verbrecher wird ersetzen müssen, das gleich wirksam, aber leichter anwendbar ist."[485]

VI. Verbrechertypologie und Reaktionssystem

1. Die sog. Strafersatzmittel (sostitutivi penali) und ein "Codice di Prevenzione"

Die sog. Strafersatzmittel (sostitutivi penali)[486] sollen sich als das eigentliche, primäre Gegenmittel gegen das Verbrechen bewähren. Sie sind allgemeine Regelungen und korrespondieren mit FERRIS Theorie der „sozialen Sättigung". Denn das soziale Milieu müsse verbessert werden, die Strafen hingegen hätten nur eine geringe vorbeugende Wirkung,[487] was insbesondere daran liege, dass die Strafe nur den psychologischen Motiven entgegenwirken könne und insbesondere gegen die erblichen und organischen Faktoren machtlos sei.[488] Er spricht sich dabei u.a. für Regelungen auf dem Gebiet des Familienrechts, der Erziehung und des Unterrichts aus.[489]

---

[484]Ferri, Das Verbrechen als soziale Erscheinung, 1896/1892, S.374, und inhaltlich ohne wesentliche Änderung auch noch: Ferri, Principi di Diritto Criminale,1928, p.355.

[485]Ferri, Das Verbrechen als soziale Erscheinung, 1896/1892, S.421.

[486]Ferri, I sostituivi penali, Archivio, 1880, p.67 – 93, p.218 – 250.

[487]Die geringe vorbeugende Wirkung der Strafen zieht Ferri als Ergebnis aus seinen Studien der Kriminalität in Frankreich. Ferri, Sulla criminalità in Francia del 1826 – 1878, 1881.

[488]Und er führt weiter aus: „Stellt man sich die Gesamtheit und die verschiedene Natur der anthropologischen, physischen und sozialen Faktoren des Verbrechens vor, so sieht man leicht, dass die Strafen, nur einen sehr beschränkten Einfluss auf diese Erscheinung der sozialen Pathologie haben können. In ihren charakterlichen Eigenschaften als psychologischer Zwang (Drohung durch das Gesetz) kann die Strafe nicht die äußeren Faktoren neutralisieren, die uns von der Statistik als mächtigste Faktoren der Zu- und Abnahme der Verbrechen nachgewiesen werden. Kräfte, die sich bekämpfen müssen gleich sein..." Ferri, Das Verbrechen als soziale Erscheinung, 1896/1892, S.165-166.

[489]Vgl. insbesondere: Ferri, Dei sostituiti penali, Archivio, 1880, p.67 – 93, p.218 – 250, p.229 – 250. Und an anderer Stelle schreibt er: „Der Gedanke der Strafersatzmittel bedeutet, dass der Gesetzgeber durch die Erforschung des Ursprungs, der Bedingungen und der Wirkungen der individuellen und kollektiven Tätigkeit zur Kenntnis der psychologischen und sozialen Gesetze gelangt, durch welche er einen Großteil der Faktoren, be-

Daneben solle ein „echtes und richtiges Präventionsgesetzbuch“ (Codice di Prevenzione) entstehen. Dieses hat insbesondere das von FERRI als „sozial gefährliche“ identifizierte Individuum im Auge. Damit unternimmt er den Versuch, bereits im Vorfeld der Verbrechensentstehung, kriminalanthropologische Erkenntnisse zu verwerten. Vom präventiven Standpunkt aus betrachtet, ist dieser Ansatz nur konsequent. Die Ansicht, dass dies aus Gerechtigkeitsgründen untragbar sei, wie V. BIRKMEYER vertritt, teilt FERRI nicht. Die Notwendigkeit der Gesellschaftsverteidigung bestehe schließlich unabhängig davon, ob die soziale Gefährlichkeit sich bereits in einem Delikt zur kriminellen Gefährlichkeit konkretisiert habe.[490]

2. Maßregeln der Wiederherstellung, Maßregeln der Repression und Aussonderungsmaßregeln (la prevenzione diretta)

a. Kritik am alten System und Verteidigung gegen den Vorwurf der Milde

Soweit eine Reaktion auf das begangene Verbrechen erfolgen soll, kritisiert FERRI das alte klassische System: „So ist die Strafrechtspflege unserer Tage doppelt irrig und demoralisierend, denn sie ist zu streng gegen den Gelegenheitsverbrecher und zu schwach gegen die gefährlichen und degenerierten Verbrecher.“[491] Gerade hier setze das Ziel der positiven Schule an und daher sei der Vorwurf der Milde nicht gerechtfertigt. Denn absolut genommen komme es weder zu größerer Strenge noch zu sentimentaler Milde gegen die Verbrecher.[492] Und FERRI schreibt weiter: „Die Grundtatsache der Kriminal-Anthropologie, dass die Verbrecher nicht Menschen wie alle anderen sind, sondern in ihren organischen und psychischen Merkmalen, und damit in der Stärke ihrer antisozialen Tätigkeit die verschiedensten Abweichungen erkennen lassen, diese Tatsache ergibt die Regel, nach welcher die verschiedenen Mittel sozialer Abwehr den verschiedenen anthropologischen Kategorien von Verbrechern anzupassen sind. So sind die Aussonderungsmaßregeln für die gefährlichsten unter den irren und den geborenen Verbrechern bestimmt, die Mittel zeitweiliger Repression für die Gelegenheits- und Leidenschaftsverbrecher...“[493]

---

sonders der sozialen Faktoren, beherrschen und so die Bewegung der Kriminalität indirekt, aber um so sicherer beeinflussen kann. Es handelt sich also darum, dass man der Gesellschaft durch politische, administrative, wirtschaftliche und strafrechtliche Maßnahmen – die sich vom Größten bis ins Kleinste erstrecken müssen, eine Verfassung gibt, durch welche die menschliche Tätigkeit zur freien Entfaltung ihrer Kräfte und ungehinderten Befriedigung ihrer individuellen Bedürfnisse indirekt auf nicht verbrecherischen Wegen geleitet wird...“ Ferri, Das Verbrechen als soziale Erscheinung, 1896/1892, S.182.

[490] Ferri, Principi di Diritto Criminale, 1928, p.298 – 299.

[491] Ferri, Das Verbrechen als soziale Erscheinung, 1896/1892, S.244, inhaltlich identisch äußert sich FERRI auch noch knapp 30 Jahre später, vgl. Ferri, Principi di Diritto Criminale, 1928, p.239.

[492] Ferri, Das Verbrechen als soziale Erscheinung, 1896/1892, S.244/245.

[493] Ferri, Das Verbrechen als soziale Erscheinung, 1896/1892, S.341.

b. Die Reaktion auf die einzelnen Verbrecherklassen

FERRI schlägt verschiedene Sanktionen für die einzelnen Verbrecherklassen vor, die innerhalb der jeweiligen Gruppen dann noch anhand der, aufgrund konkreter Umstände festgestellten, individuellen Gefährlichkeit variieren sollen.[494] Daneben sei aber immer auch in die Maßnahmen der Wiederherstellung zu denken.[495]
Soweit sich FERRI im folgenden für eine unbestimmte Verurteilung ausspricht, ist vorab anzumerken, dass der Strafvollzug dann von einem Exekutivorgan beleitet werden solle, das für die weitere Anpassung der Strafdauer an die Gefährlichkeit des Verbrechers und dessen Behandlung zuständig sei. Dieses Gremium sei aus Richtern, Vertretern der Staatsanwaltschaft und der Verteidigung und Gerichtsärzten zusammenzusetzen.[496]

aa. Der geborene Verbrecher (Delinquente nato o istintivo), Gewohnheitsverbrecher (Delinquente abituale)

Für die Klasse der geborenen Verbrecher und der Gewohnheitsverbrecher spricht sich FERRI für Aussonderungsmaßregel aus, dies jedenfalls dann, wenn sich die besondere Gefährlichkeit des Verbrechers bereits gezeigt habe. Der Vorschlag lautet auf Deportation auf Lebenszeit und der Internierung auf unbestimmte Zeit. „Schließt man die Todesstrafe aus, so bleibt gegenüber den geborenen Verbrechern, welche die schwersten Verbrechen begangen haben, nur noch die Wahl zwischen zwei Aussonderungsmaßregeln: der Deportation auf Lebenszeit und der Internierung auf unbestimmte Zeit."[497] Dazu schlägt er Spezialanstalten vor. Interessant ist auch, dass FERRI, ebenso wie V. LISZT, an die Häufigkeit der Tatbegehung anknüpfen will. Er differenziert aber und fordert zudem die Bestimmung der Gruppenzugehörigkeit: „Ich bin der Ansicht, dass die Zahl der Rückfälle, auf Grund welcher Unverbesserlichkeit anzunehmen ist, je nach der Kategorie des Verbrechers und der Verbrechen normiert werden muss...So müsste bei einem Mörder das erste Verbrechen dieser Art genügen...., wenn er ein geborener Verbrecher ist. Für die geringfügigeren Verbrechen, wie Notzucht, Diebstahl, Körperverletzung, Betrug, wären zwei, drei bis vier Rückfälle erforderlich, ehe eine

[494]Ferri, Principi di Diritto Criminale, 1928, p.327.
[495]FERRI verwert sich dagegen, Schadensersatz als eine Forderung des Zivilrechts zu sehen, wo er doch im Strafrecht nur positiv wirken könne. Und so fordert er die Verurteilung des Verbrecher von Amts wegen durch den Strafrichter zu Leistung von Schadensersatz. Und diese Integrierung sei für das gesamte positive System vor allem unter zwei Gesichtspunkten sinnvoll, „Als Sanktion zum Ersatze der Internierung für die geringfügigen Vergehen der Gelegenheitsverbrecher. Als soziale Funktion, welche dem Staate im unmittelbaren Interesse des Geschädigten und in dem nicht weniger wichtigen Interesse des Gesellschaftsschutzes obliegt..." Ferri, Das Verbrechen als soziale Erscheinung, 1896/1892, S.414.
[496]Ferri, Il Congresso d'Antropologia criminale a Ginevra, Studi sulla criminalità, p.761.
[497]Ferri, Das Verbrechen als soziale Erscheinung, 1896/1892, S.441.

Detention in eine Anstalt für Unverbesserliche, wegen gewohnheitsmäßigem Verbrechertum, ausgesprochen werden könnte."[498]

bb. Der verbrecherische Irre (Delinquente pazzo),

Für die geisteskranken Verbrecher sollen sog. Kriminalirrenanstalten geschaffen werden, die nochmals in Anstalten für schwere und gefährliche Verbrecher und Anstalten für harmlose Verbrecher zu unterteilen sein.[499] FERRI verweist an anderer Stelle darauf, dass bereits vielfach die Vorstufe, die Isolierung der freigesprochenen Geisteskranken in entsprechenden Asylen praktiziert werde. [500]

cc. Der Gelegenheitsverbrecher (Delinquente occasionale)

Was die Gelegenheitsverbrecher betrifft, so betont FERRI, wie auch schon V. LISZT, dass die kurze Freiheitsstrafe nur negative Wirkungen haben könne. Aber er verwirft auch nahezu alle anderen Vorschläge wie Hausarrest, Bürgschaftsleistung, richterliche Verwarnung, Arbeitszwang ohne Haft, Aufenthaltsbeschränkung und bedingte Strafaussetzung, als nicht problemlösend. „Meiner Meinung nach hat keine dieser Ersatzregeln...den Anspruch darauf, eine so weite Anwendbarkeit zu finden, wie sie der großen Zahl kleinen Gelegenheitsverbrecher entsprechen würde."[501] Gerade gegen die bedingte Verurteilung, insbesondere wenn diese ohne Schadensersatzleistung erfolge, hat FERRI Bedenken. Und so entsteht sein Vorschlag, „dass bei Gelegenheitsverbrechern, deren Taten geringfügig und unter Umständen verübt worden sind, die ihre geringe Gefährlichkeit erkennen lassen, die Verpflichtung zum Schadensersatz durchaus genügt, ohne dass eine bedingte Verurteilung zu einer Freiheitsstrafe notwendig wird. Begehen solche Rechtsbrecher schwerere Vergehen, bei denen man sich nicht mit der bloßen Entschädigung begnügen kann, so wäre in den Fällen mittlerer Schwere die zeitweise Entfernung vom Orte des Verbrechens hinzuzufügen und in den schwersten Fällen die Absonderung in eine Ackerbaukolonie auf unbestimmte Zeit, unter einer weniger schweren und strengen Disziplin und Arbeit, als sie in den Kolonien für geborene Verbrecher und Rückfällige einzuführen wäre."[502]

VII. FERRIS Standpunkt zur Frage der Todesstrafe

Zuletzt stellt sich nun die Frage, welche Bedeutung der Frage der Todesstrafe in FERRIS Kriminalsoziologie zukommt. Aus den vorangestellten Darstellungen wurde dabei deutlich, dass gegenüber dem geborenen Verbrecher und dem Gewohnheitsverbrecher

---

[498] Ferri, Das Verbrechen als soziale Erscheinung, 1896/1892, S.436.
[499] Ferri, Das Verbrechen als soziale Erscheinung, 1896/1892, S.432.
[500] Ferri, Das Verbrechen als soziale Erscheinung, 1896/1892, S.360.
[501] Ferri, Das Verbrechen als soziale Erscheinung, 1896/1892, S.461.
[502] Ferri, Das Verbrechen als soziale Erscheinung, 1896/1892, S.472.

einschneidende Maßnahmen nicht gescheut werden sollen. Im Hinblick auf die Todesstrafe schreibt er: „Sie ist etwas, was einem zu aller erst und ganz von selbst einfällt, wenn man darüber nachdenkt, was mit den geborenen und den unverbesserlichen Verbrechern überhaupt geschehen soll.“[503] Aber seine Antwort lautet: „Die Todesstrafe kann in ihrer einsilbigen Einfachheit nicht die Lösung einer so verwickelten Frage wie derjenigen der schweren Kriminalität sein.“[504]

Zwar vertritt FERRI in konsequenter Verfolgung des Gesellschaftsschutzes als Grundlage des Strafrechts die Meinung: „Die Todesstrafe im Recht widerspricht nicht der Natur, denn wenn der Tod eines Menschen unbedingt notwendig ist, ist seine Tötung auch legitim, wie im Falle direkter individueller oder sozialer Notwehr.“[505] Aber die Notwendigkeit der Todesstrafe aus diesem unmittelbaren Schutzgedanken heraus, bestehe für ihn derzeit nicht. „Auch bringt das Anerkenntnis, dass die Todesstrafe als äußerste, ausnahmsweise Regel legitim sein kann, noch nicht das Zugeständnis mit sich, dass sie unter den normalen Verhältnissen des gesellschaftlichen Lebens nötig sei, denn hier genügen auch Deportation oder Internierung auf unbestimmte Zeit.[506]

FERRI bezweifelt insgesamt den abschreckenden und vorbeugenden Einfluss der angedrohten Todesstrafe. Daher führe gerade der positivistische Ansatz der Scuola Positiva dazu, die Todesstrafe aus Nützlichkeitserwägungen abzulehnen. Er glaubt, dass nur, wer die wissenschaftlichen Tatsachen aus den Augen lasse, der „starken Anziehungskraft“ der Todesstrafe erliege. FERRI fühlt sich dann offensichtlich von GAROFALO herausgefordert, der die Todesstrafe unmissverständlich für notwendig hält und erklärt deshalb, dass er nun auch im Namen der Scuola Positiva das Wort ergreifen müsse, da in jüngerer Zeit der Versuch gemacht werde, die Notwenigkeit der Todesstrafe als positivistische Folgerung darzustellen.[507] Daher verkündet er: „Ich glaube nicht an die Notwendigkeit der Todesstrafe.“[508] Dies liegt für ihn einmal daran, dass der Verbrecher, gerade der Leidenschaftsverbrecher, im Zeitpunkt der Deliktsbegehung an nichts denke. Andere hingegen würden damit rechnen, nicht ergriffen und bestraft zu werden. FERRI unterstreicht, dass diese Hoffnung angesichts der polizeilichen Ausklärungsquote auch nicht fern liege.[509] Zuletzt fragt er „Wie könnt Ihr außerdem annehmen, dass die Übeltäter vor einer Strafdrohung im Gesetzbuch Angst haben, bei der sie sehen können, dass sie der Schafrichter in der Praxis nie ausführt.“[510]

[503] Ferri, Sociologia criminale, 1900, p.876.
[504] Ferri, Sociologia criminale, 1900, p.876.
[505] Ferri, Sociologia criminale, 1900, p.876.
[506] Ferri, Sociologia criminale, 1900, p.877.
[507] Ferri, Sociologia criminale, 1900, p.877.
[508] Ferri, Sociologia criminale, 1900, p.877.
[509] Ferri, Sociologia criminale, 1900, p.877.
[510] Ferri, Sociologia criminale, 1900, p.877.

FERRIS Aussagen kann hier nochmals[511] eine „positivistische" Stellungnahme GAROFALOS zur Todesstrafe gegenübergestellt werden. Dieser schreibt: „Die einzige Möglichkeit um die überhandnehmende Kriminalität einzudämmen, besteht in der Einführung der Todesstrafe. Genaugenommen kennt der geborene Verbrecher keine andere Strafe als die Todesstrafe. Ihre Androhung wird diese mehr oder weniger aufrütteln...und wenigstens manchmal ihre nicht durch moralische Bedenken gezügelten Gefühle bremsen...Auf der anderen Seite wäre ein Gefängnis, in dem man den Verbrecher...unschädlich machen könnte, eine Qual ohne gleichen, eine Aneinanderreihung von Torturen...die niemand vorzuschlagen wagen und keine Kultur akzeptieren würde."[512]

Kehrt man wieder zu FERRIS Argumentation zurück, so führt er sie durch einen Verweis auf die Statistik fort, in der er keinen Beweis des Zusammenhangs zwischen Verankerung der Todesstrafe und Rückgang der schweren Verbrechen entdecken kann.[513] Diesen Standpunkt verteidigt er auch, als 1925 im Zuge der Reformbestrebungen des Strafgesetzbuches über die Wiederverankerung der Todesstrafe diskutiert wird. Hier dient ihm insbesondere der Verweis auf die ständig sinkende Anzahl der Morde in Italien, deren Nachweis er selbst in umfassender Weise führt,[514] als Argument die Behauptung zu wiederlegen, die Todesstrafe sei schon wegen ihrer abschreckenden Wirkung notwendig.

Beachtlich ist dann seine Auseinandersetzung zur Frage der Todesstrafe als Mittel der künstlichen Auslese. Eine Frage, die in der Diskussion um Strafe und Maßregeln, wie dargelegt,[515] zunehmend an Bedeutung gewinnt. Dabei geht er davon aus, und dies, wie sich noch zeigen wird, inhaltsgleich mit LOMBROSO, dass die Häufigkeit der Anwendung der Todesstrafe eine Ursache dafür sei, dass sich die Anzahl der Verbrecher vermindert habe. Erstaunlich ist, dass FERRI diese Aussage auch nicht dahin relativiert, dass auch die Verbesserung der sozialen Umstände die Reduzierung des Verbrechens mit sich gebracht habe. Zu seiner Auffassung gelangt er dadurch, dass er die Anzahl der Hinrichtungen in italienischen Städten überprüft und z.B. für Rom feststellt, dass dort in der Zeit von 1500 – 1770 5300 Menschen hingerichtet worden waren. Aus den ermittelten Zahlen schließt er „...gewiss verdanken wir dieser Auslese in früheren Jahrhunderten eine Sanierung der Gesellschaft, ohne welche die Verbrecherrasse sich stark vermehrt haben würde." Daneben wird der Ausleseprozess im Daseinskampf als natürlichen Vorgang erklärt, der „natürlich oder künstlich" vollzogen werden könne. „Wenn also die menschliche Gesellschaft durch die Ausstoßung antisozialer, nicht an-

---

[511]Vgl. dazu auch schon oben Teil 1 E III 2.
[512]Garofalo, Pena di Morte, Archivio, 1888, p. 139.
[513]Ferri, Sociologia criminale, 1900, p.878 – 879.
[514]Ferri, Un secolo di omicidi e di suicidi in Europa, 1925.
[515]Vgl. insbesondere die Ausführungen oben Teil 1 D I 3 a.

passbarer Individuen eine künstliche Auslese vollzöge, so entspräche das den Naturgesetzen."[516]

FERRI ist dann aber einer der wenigen, der auf die Gefahr einer entsprechenden Betrachtung aufmerksam macht. Er warnt vor den weiterreichenden Konsequenzen, wenn sie einmal ohne Einschränkung und ohne Herstellung eines Gleichgewichts zwischen den Rechten der Gesellschaft und denen des Individuums auf das Gebiet der Soziologie übertragen würde. Hier zeigt sich, dass eine harte Reaktion auf den geborenen Verbrecher sich nicht in anderen Bereichen fortsetzt. Auch wenn er keine Gerechtigkeitsbedenken gegenüber lebenslänglicher Internierung hat und hier ohne Bedenken bereit ist, den Gesellschaftsschutz in vollem Umfang über die Individualinteressen zu stellen, bleibt er bei der Frage der sozialen Auslese durch die Todesstrafe sensibel. FERRIS Verdeutlichung der möglichen Konsequenzen klingt dabei mit Blick auf die weitere Entwicklung schon fast makaber: „Die absolute Anwendung dieser Idee würde zur Abschlachtung aller mit Defekten geborenen oder unheilbar erkrankten, zur Beseitigung aller durch Schwachsinn, Geistesstörung etc. gesellschaftsfremden Menschen führen."[517]

Darüber hinaus weist FERRI auf die quantitative Konsequenz einer entsprechenden Begründung aus Auslesegesichtspunkten hin: „Will man aber wirklich von der Todesstrafe diesen ihren eigentlichen und einzigen Nutzen, d.h. die künstliche Auslese haben, so muss man auch den Mut besitzen, in Italien jährlich mehr als 1500 Menschen hinzurichten."[518] Aber FERRI stellt klar, dass er dies nicht befürwortet und erklärt sich aus diesem Grund zu einem Gegner der Todesstrafe, da sie ihm, wenn sie nur in wenigen Anwendungen praktiziert wird, nicht nützlich erscheint. „...Und da ich nicht für eine Wiedereinführung der mittelalterlichen Abschlachtungen eintreten kann, bin ich aus praktischen Gründen ein entschiedener Abolitionist, zumal in einem Land wie Italien, in dem eine künstliche und oberflächliche Strömung der öffentlichen Meinung gegen die Todesstrafe geht."[519]

Anders äußert sich FERRI 1926,[520] offensichtlich unter dem Einfluss der aktuellen Situation, für jene politischen Morde, welche „von politischem Schein, inhaltlich aber

---

[516] Ferri, Das Verbrechen als soziale Erscheinung, 1896/1892, S.436.

[517] Ferri, Das Verbrechen als soziale Erscheinung, 1896/1892, S.436 und schon Ferri, Dei sostituiti penali, Archivio, 1880, p.224 – 225.

[518] Ferri, Sociologia criminale, 1900, p.880, in der deutschen Übersetzung der dritten Auflage ist hingegen von über 1000 Menschen die Rede.

[519] Ferri, Das Verbrechen als soziale Erscheinung, 1896/1892, S.441.

[520] Ferri, La pena di morte e difesa dello stato, Scuola Positiva, 1926, p.391. Im übrigen ändert sich FERRIS Einstellung zur Todesstrafe nicht. Schon weil die Mordziffer in Italien seit 1922 gesunken sei, fände er keinen Grund, die Todesstrafe wieder einzuführen. Italien könne deshalb diese „goldene Seite" seiner Strafrechtsgeschichte für die „moralische Hebung der Menschheit" ohne Bedenken beibehalten. Ferri, La prevenzione della criminalità, Scuola Positiva, 1926, p.111.

von wilder Unmenschlichkeit" gekennzeichnet seinen. Hier sei die Todesstrafe als Ausübung legitimer Verteidigung denkbar. Warum FERRI hier von „politischem Schein" spricht, wird verständlich, wenn man LOMBROSOS Auffassung zum politischen Verbrecher vorweg nimmt.[521] Der „echte politische Verbrecher" gehört zur Gruppe der Leidenschaftsverbrecher und er genießt insoweit eine Sonderbehandlung, als seine Motive „altruistisch" seien. Diesen Verbrechertypus will auch FERRI offensichtlich aus dem Anwendungsbereich der Todesstrafe ausnehmen.

Insgesamt zeigt FERRIS Argumentation in der Frage der Todesstrafe, dass er dieser Frage eine weit größere Bedeutung beimisst, wie beispielsweise seinen deutscher Kollege V. LISZT. Er erkennt die Gefahr reinen Zweckmäßigkeitsdenkens, wenn man dieses in die Argumentation der Todesstrafe hineinträgt und verneint im Ergebnis deren Notwendigkeit, jedenfalls in normalen Zeiten.

VII. Gesamtbewertung

Zu welchen Erkenntnissen und Forderungen für die Verbrechensbekämpfung, insbesondere das Strafrecht im weiteren Sinne, gelangt, fasst FERRI selbst in seinem letzten großen Werk, „Die Prinzipien des Strafrechts" zusammen: „Die Unabhängigkeit der Justiz vom Kriterium der Willensfreiheit, der Zweck des Strafrechts ist die soziale Verteidigung, jeder Gesellschaft wohnt das Recht inne, sich gegen Verbrecher zu verteidigen – es gibt drei Faktoren für Kriminalität – Verbrechertypologie, fünf verschiedene Gruppen – „sostituiti penali" als indirekte soziale Verteidigung - die Beweggründe im Vordergrund nicht die objektive Schwere der Tat – das unbestimmte Strafurteil – die Kriminalirrenhäuser – Abschaffung der Jury – bessere praktische Ausbildung der Juristen – und vor allem...das Studium des Kriminellen." [522]

Für FERRI wird die Strafrechtswissenschaft Teil eines umfassenden Instrumentariums der Gegenwehr gegen sozialschädliches Verhalten. „Wie auch die Erscheinungen der Kriminalität eine einheitliche Klasse bilden, so ist auch die ihre Ursachen, Wirkungen und Heilmittel untersuchende Wissenschaft etwas einheitliches."[523] Das Strafrecht wird in ein umfassendes Schutzrecht integriert. Dass er sich mit dieser offensichtlichen Entwertung der Strafrechtswissenschaft den Unmut der klassischen Schule zuzieht, hindert ihn an dieser Zielformulierung nicht. Aber er lässt nicht nur die Strafrechtswissenschaft in die Reihe aller zur Verbrechensbekämpfung dienlichen Wissenschaften treten, sondern tritt für eine extreme Umwertung aller Grundlagen ein, wie sie von der klassischen Schule dem Strafrecht zugrunde gelegt werden. Im Unterschied zu V. LISZT ist er dabei nicht an der Schaffung eines Konsenses im Wege des Kompromisses

---

[521]Vgl. dazu ausführlich, unten Teil 3 B VI.
[522]Ferri, Principi di Diritto Criminale, 1928, p.52.
[523]Ferri, Das Verbrechen als soziale Erscheinung, 1896/1892, S.481.

interessiert. FERRI will das Strafrecht zwar nicht abschaffen, aber seine Bedeutung im Kampf gegen das Verbrechen relativieren und in seinen Grundlagen ändern. So wird jedes Element der Willensfreiheit, sittlichen Verantwortlichkeit, Vergeltung und Schuld aus dem Strafrecht eliminiert und ein reines Abwehrrecht soll entstehen, das auch Geisteskranke erfasst, deren Zustand dann bei der Frage ihrer Gefährlichkeit und auf der Rechtsfolgenseite berücksichtigt wird.

Das Maß findet die soziale Sanktion dann, wie er die Strafe vielfach umbenennt, in der Bewertung der „kriminellen Gefährlichkeit". Dieser korrespondieren schließlich verschiedene Sanktionen. Die aus Gründen des Gesellschaftsschutzes notwendige Reaktion ist dann gerechtfertigt. Gerechtigkeitsbedenken, die Gemeinschaftsinteressen vollkommen über die Individualinteressen zu stellen, kommen FERRI auch unter dem Aspekt nicht, dass die sozialen Faktoren eine große Rolle bei seinen Verbrechensursachen einnehmen.

Die Verbrecherklassifikation soll dann dem Richter seine Aufgabe erleichtern und FERRI glaubt, dass der psychologisch, anthropologisch und psychiatrisch ausgebildete Richter die Zuordnung in die Verbrecherklassen und die weitere individuelle Anpassung durchaus leisten kann. Dabei steht für FERRI allen voran der geborene Verbrecher und der Gewohnheitsverbrecher, der seine Bestätigung in den kriminalsoziologischen Untersuchungen gefunden haben soll. Von Milde in der Behandlung dieser Verbrechergruppe kann keine Rede sein. FERRI denkt als mögliche Reaktion auch über die Todesstrafe nach, verwirft sie jedoch, da er sie für nicht zweckmäßig hält. Gerade aber auch die denkbare Begründung unter Auslesegesichtspunkten ist ihm bewusst und er versucht die Gefahren aus einer entsprechenden Sichtweise aufzuzeigen.

C. Zusammenfassung 2. Teil

Im Ergebnis zeigt sich, dass FERRI mit seinem umfassenden Präventionsansatz noch weit über die Reformvorschläge V. LISZTS hinausgeht. Reformwege, die V. LISZT andenkt, dann aber im Wege des Kompromisses verwirft, werden von FERRI eingeschlagen. Dies kommt beispielhaft in der Integration des Geisteskranken in das Strafrechtssystem zum Ausdruck.

FERRI betont dabei in besonderem Maße den Schutzgedanken des Strafrechts. Aus Gründen des Gesellschaftsschutzes ist für ihn jedes Mittel gerechtfertigt. Wo V. LISZT noch von den Garantien des Verbrechers durch das Strafgesetzbuch spricht, hat FERRI die Individualinteressen schon lange den Allgemeininteressen geopfert. Dass aber insoweit auch V. LISZTS „magna carta“ Postulat nicht überbewertet werden darf, wurde aufgezeigt.

Stellt man nochmals kurz die Ansichten von Verbrechen und Strafe gegenüber, glaubt FERRI, dass die gegenwärtige und zukünftige Forschung genügend Informationen über die Konstitution des Verbrechers liefern wird. Damit werde die Gefährlichkeit des Verbrechers für den Richter sichtbar und er ist in der Lage, die staatliche Reaktion an die Individualität des Täters anzupassen. V. LISZT ist hier zurückhaltend und gestaltet ein mehr theoretisch angelegtes System, dass weniger kriminologisch, als vielmehr kriminalpolitisch motiviert ist.

Und auf FERRIS Präventionsmodell geblickt, geht dieses in seiner Formulierung weit über V. LISZT hinaus, ohne jegliche Kompromissbereitschaft an die klassische Schule. FERRI glaubt, dass sich seine Ideen als die logischste Grundlage für die Verteidigung gegen das Verbrechen durchsetzen müssen. Während man v. Liszt als rationalen Kriminalpolitiker bezeichnen kann, der versucht, den Blick für das Machbare nicht zu verlieren, beschreibt sich FERRI selbst als Idealist.[524]

[524] „In meinem Wesen bin ich ein Idealist weil ich immer geglaubt habe...dass ein Leben ohne Ideale...nicht lebenswert ist.“ Ferri, zitiert nach Sellin, Enrico Ferri, Pioneers of criminology, 1960, p.299.

3. Teil: Sichtung des Werkes bedeutender Mediziner zum Thema Verbrechen, Strafe und Todesstrafe

Die enge Verknüpfung zwischen Strafrechtswissenschaft, Strafgesetzreform, Todesstrafe, Medizin und Kriminologie wurde im 1. Teil dargelegt. Zudem wurde im 2. Teil der Standpunkt v. LISZTS und FERRIS geklärt, wie sie die Verbrechensentstehung beurteilen, welche Reaktionsmöglichkeiten sie vorschlagen und welche Rolle die Todesstrafe in diesen Reformbestrebungen einnimmt.

Im folgenden 3. Teil wird nun das Lebenswerk bedeutender Mediziner zu diesen Fragestellungen analysiert, um zuletzt eine Aussage treffen zu können, wie sich die medizinische Beteiligungen an Fragestellungen um Verbrechen und Strafe[525] gestaltet, welche Unterschiede sich in Italien und Deutschland ergeben, welches Gewicht von medizinisch – psychiatrischer Seite der Frage der Todesstrafe beigelegt wird und ob sich ein gemeinsamer Standpunkt zu dieser Frage feststellen lässt.

Dies führt zu einer Beschränkung der Darstellung insoweit, als im 3. Teil jene Mediziner ausgewählt wurden, die mit ihrem eigenen Werk einen umfassenden Standpunkt zu Verbrechen und Strafe einnehmen, der auch die Frage der Todesstrafe einschließt. Beiträge zur Frage der Todesstrafe von Medizinern, die diese Kriterien im übrigen nicht erfüllen, werden im Zusammenhang dargestellt. In Hinblick auf die Zeitschriftenanalyse ist die Diskussion über die Todesstrafe dabei umfassend aufgezeigt, zudem wurden weitere einschlägige Publikationen verwertet.[526] Im folgenden kann auch nicht auf die unterschiedlichen Strömungen und Personen eingegangen werden, die das medizinisch – psychiatrische Denken der vorgestellten Wissenschaftler beeinflusst haben. Dass dabei die Degenerationstheorie, wie sie schon im 1. Teil vorgestellt wurde, eine besondere Anziehungskraft ausübt, darüber kann sich der Leser selbst sein Urteil bilden.

[525]Begrifflich wird dabei die Diskussion um Verbrechen und Strafe von den Medizinern im Rahmen der Bezeichnung Kriminalanthropologie, Kriminalpsychologie, Kriminalbiologie oder Kriminalsoziologie geführt oder es ist die Rede von Verbrechen und Verbrechensbekämpfung.

[526]Der Suche nach Publikationen von Medizinern, in denen sie auch auf die Frage der Todesstrafe eingehen, liegt eine umfassende Literaturrecherche in den Bibliotheken der Universität von München und Bologna im Fachbereich Strafrechtswissenschaft, Rechtsgeschichte, Medizin, Psychiatrie und Medizingeschichte zugrunde.

A. Der humane Standpunkt von Prof. Carlo Livi (1823 – 1878)

I. Zu Person und Lebenswerk

CARLO LIVI studiert in Bologna Medizin. Nach seiner Habilitation wird er zum Leiter der Irrenanstalt „S. Nicollò“ in Siena ernannt. Die Anstalt befindet sich zu diesem Zeitpunkt in einem sehr schlechten Zustand und wird von LIVI in jahrzehntelanger Arbeit modernisiert. Sie bildete das Zentrum für seine Forschung. LIVI gilt als „mutiger“ und „tüchtiger“ Wissenschaftler und gleichermaßen als hervorragender Leiter der Anstalt.[527] Auch heute würdigt man ihn als einen der wichtigsten Psychiater seiner Zeit.[528] Er fordert ganz im Sinne einer „naturwissenschaftlichen“ oder „positivistischen“ Psychiatrie die Geistes- bzw. Gehirnkrankheiten auf experimentellem Wege zu erforschen und ethische Fragen beiseite zu lassen. Daneben beschäftigen ihn Fragestellungen an der Grenze zwischen Psychiatrie, Jurisprudenz und Soziologie. Sein bedeutendstes Werk ist seine „Gerichtspsychiatrie“ („Frenologia forense“), die erstmals im Jahr 1863 erscheint. Die von ihm entwickelte experimentelle Forschungsmethode legt er 1875 in seinem Werk „Sul Metodo Sperimentale in Freniatria“ vor. Zudem begründet er 1875 die RIVISTA SPERIMENTALE DI FRENIATRIA E DI MEDICINA LEGALE.[529]

II. Fragestellungen um Verbrechen und Strafe im Rahmen der Behandlung der Todesstrafe

1. Allgemeines

Eine allgemeine Auseinandersetzung mit Fragestellungen um Verbrechen und Strafe findet sich in LIVIS Werk nicht. Einmal äußert sich LIVI zur „Tätigkeit des irrenärztlichen Sachverständigen bei Gericht“ und schreibt vor 1889 über seine „kritischen Beo-

---

527 Näheres zu CARLO LIVI: Commemorazione di Carlo Livi, Riv. Sper. Fren. 1923, p.656 – 671.

528 Gadebusch – Bonsio, Theorien von Cesare Lombroso in Deutschland, 1995, S.58.

529 In Deutschland weist die erste Auflage der ZStW Bd. I, 1881, S.147 auf die Zeitschrift hin. Sie vergleicht diese mit LOMBROSOS ARCHIVIO DI PSICHIATRIA E ANTROPOLOGIA CRIMINALE „ähnlich und verwandten Charakters“ und bezeichnet sie als „höchst beachtenswert.“ Tatsächlich entwickelt sich die RIVISTA SPERIMENTALE DI FRENIATRIA E DI MEDICINA LEGALE zu einem bedeutendenden Publikationsorgan. Publiziert wird überwiegend von Medizinern. Stellvertretend sind zu nennen TAMBURINI, ANTONINI, DI TULLIO, OTTOLENGHI, DE SANTIS. Die Beiträge reichen über den Bereich der Psychiatrie und Gerichtsmedizin und entsprechenden Besprechungen der Gesetzesreformvorschläge hinaus und befassen sich unter den Begriffen „Antropologia Criminale“ aber auch „Criminologia“ mit den Fragen der Entstehung und der Reaktion auf Kriminalität im allgemeinen. Insbesondere soll die positiv-experimentelle Forschung auch auf den Verbrecher angewendet werden, vgl. weiterführend zu den Programmsätzen, Livi, Del metodo sperimentale, Riv. Sper. Fren., p.1 – 10. Der gefährliche geisteskranke Verbrecher steht auch hier im besonderen Interesse (vgl. u.a. die Aufsätze von DEL GRECO, 1901; TAMBURINI, 1908; FERRARI, 1924).

bachtungen der Reform zu dem neuen Strafgesetzbuch“[530]. Dennoch wird er in seinem Nachruf als Pionier der „neuen italienischen anthropologisch-juristischen Schule“ bezeichnet.[531] Dass der Nachruf seinem Werk gerecht wird, lässt sich in seiner Auseinandersetzung zur Frage der Todesstrafe nachweisen. Wie weit die Argumentation des Mediziners LIVI die Anfänge der Scuola Positiva und deren Streben nach einem durch Tatsachen begründeten neuen Zweckstrafrecht mitbegleitet und ob er mit LOMBROSO und seiner kriminalanthropologische Schule in der Methode, wie in manchen Ergebnissen Parallelen aufweist, wird sich zeigen.

2. Der Umfang LIVIS Stellungnahme zur Todesstrafe

LIVIS Behandlung der Frage der Todesstrafe ist qualitativ und quantitativ herausragend.[532] Mit dem Anspruch, von einem „medizinischen Standpunkt“ gegen die Todesstrafe zu argumentieren, erscheint 1875 in der Rivista di Freniatria ein Aufsatz in zwei Teilen mit dem Titel „La pena di morte al lume della fisiologia e patologia“.[533] Die Zeitschrift ist ein bedeutendes Periodikum für Veröffentlichungen aus dem gesamten Bereich der Medizin, zu deren Gründervätern auch LIVI zählt.

Zunächst ist der Umfang dieser Publikation beachtlich,[534] die von kaum einer anderen Darstellung seitens der Mediziner übertroffen wird.[535] Zudem gelingt es ihm mit seiner Publikation, und das ist kein selbstverständlicher Verdienst,[536] auch über die Grenzen seiner eigenen Wissenschaft hinaus Aufmerksamkeit und Beachtung zu erlangen.[537]

---

[530] Näheres dazu: Commemorazione di Carlo Livi, Riv. Sper. Fren. 1923, p.656 – 671, vgl. aber auch die Hinweise bei Brufa, Wissenschaftliche Leitung Italiens auf dem Gebiet des Strafrechts, ZStW, 1881, S.147.

[531] Vgl. zu den Ausführungen: Commemorazione di Carlo Livi, Riv. Sper. Fren. 1923, p.661.

[532] LIVI hat schon 1862 zur Todesstrafe veröffentlicht, diese bleiben jedoch in Inhalt und Umfang weit hinter der Darstellung im Jahr 1875 zurück. Vgl. dazu: Livi, La Pena di Morte, Giornale per la abolizione, 1862, p.22 – 25.

[533] „Die Todesstrafe – unter dem Blickwinkel der Physiologie und Pathologie“ Livi, La pena di morte al lume della fisiologia e patologia, Riv. Sper. Fren., 1875, p.209 – 235; p.462 – 482, im folgenden: La pena di morte.

[534] Er umfast in seinem 1. Teil 27 Seiten, in seinem 2. Teil 21 Seiten. Dabei bildet der zweigeteilte Aufsatz nur den Gipfel von LIVIS Bemühungen, Antworten in der Frage um die Todesstrafe zu geben.

[535] Vgl. daneben Lacassagne, Peine de mort et criminalité, Paris, 1908 und die weiteren Ausführungen.

[536] Es wird vielfach bemängelt, dass zwischen der medizinischen und juristischen Disziplin ein Austausch nur selten stattfindet. Diese Aussage gilt umso mehr, wenn Mediziner nicht in juristischen sondern in eigenen Fachzeitschriften veröffentlichen. Noch 1936 zeigt sich ASCHAFFENBURG äußerst pessimistisch über den interdisziplinären Austausch: „...beide Zeitschriften (ZStW und das Archiv für Kriminalanthropologie) wurden wohl nur ausnahmsweise von Medizinern...gelesen. Und gewiss noch seltener das, was aus den einschlägigen Gebieten von den medizinischen und besonders von den psychiatrischen Zeitschriften, überall verstreut, veröffentlicht worden war.“ Aschaffenburg, Rückblick und Ausblick, MschrKrim 1936, S.532.

[537] Vgl. z.B den Brief des Juristen BETTI, Lettera al Prof. LIVI, Giornale per l` abolizione della pena di morte, 1862, p.408 - 416; später finden noch einige Beispiele LIVIS im Rahmen des Werkes: „La pena di morte e gli errori giudiziari“ Erwähnung. In Deutschland weist die erste Auflage der ZStW Bd. I, 1881, S.147 auf die Auseinandersetzung LIVIS in der Frage der Todesstrafe hin. Aber auch zu deutschen Juristen steht Livi in Kontakt, beispielhaft kann hier MITTERMAIER genannt werden, mit dem gerade in der Frage der Todesstrafe ein wissenschaftlicher Austausch erfolgt. Vgl. Livi, Pena di morte, 1875, p.477.

Noch hundert Jahre später verweisen Kollegen anlässlich seines hundersten Geburtstags auf sein großes Engagement um die Abschaffung der Todesstrafe.[538]
Blickt man kurz auf die Rahmenbedingungen der Publikation, so zeigt der Erscheinungszeitpunkt, dass sich das gerade geeinigte Italien nunmehr um die Frage eines gesamtitalienischen Strafgesetzbuches Gedanken macht und eine allgemeine Diskussion über die Todesstrafe entbrannt ist. Vor diesem Hintergrund meldet sich auch der Mediziner LIVI zu Wort. An sich ist bei der bereits dargestellten regen Beteiligung, mit der die Frage der Todesstrafe in Italien vor Schaffung des italienischen Strafgesetzbuches diskutiert wird, auch die Stellungnahme eines Mediziners nichts besonderes.[539] Interessant ist jedoch das Ziel, dass sich LIVI setzt. Sein erklärtes Ziel ist es, die von ihm gefundenen Ergebnisse auf dem Gebiet der Pathologie und der Physiologie dem Leser zugänglich zu machen, um auf diese Weise die Bestrebungen zur Abschaffung der Todesstrafe zu unterstützen, ja sie dem Leser als das „einzig stimmige Ergebnis" aufzuzeigen. Er erklärt, „dass ich jetzt, wo das Parlament sich über die Abschaffung der Todesstrafe Gedanken macht, im Namen meiner Wissenschaft das Wort ergreifen muss, da die Medizin heutzutage den Menschen nicht nur kurieren und heilen sondern auch in seinen Menschenrechten schützen und diese verteidigen muss."[540]

III. Die Frage der Todesstrafe

LIVIS Argumentation zur Todesstrafe, eingebettet in seine grundsätzlichen Ansichten von Verbrechen und Strafe, erschließt sich in drei Teilen. Zunächst zeigt er auf, welcher Methoden er sich bedient, um dann seine so gewonnenen Ergebnisse im Allgemeinen und für die Frage der Todesstrafe im besonderen darzulegen.

1. Die Methode der Erkenntnisgewinnung

LIVI hat das Ziel vor Augen, im Namen seiner Wissenschaft das Wort zu erheben. Die negative Abgrenzung formuliert er dahin, dass es gerade nicht um die juristische Widerlegung der Todesstrafe gehen solle, da die Diskussion ohnehin bereits abschließend geführt sei.[541] Vielmehr gelte es, die pathologischen und physischen Erkenntnisse aus der medizinischen Forschung für die Frage der Todesstrafe fruchtbar zu machen. Dass er dann letztlich dennoch mit seinen Erkenntnissen die Widerlegung der juristischen Argumente für die Todesstrafe versucht, wird an späterer Stelle deutlich. LIVI geht bei

---

[538]Commemorazione di Carlo Livi, Riv. Sper. Fren., 1923, p. 656 – 671.
[539]Dabei ist ein grundliegendes Interesse eines Mediziners an der Frage der Todesstrafe an sich nicht außergewöhnlich. Es wurde schon eingangs ausgesprochen, dass in der Frage der Todesstrafe seit jeher eine fächerübergreifende Diskussion stattfindet und die Todesstrafenproblematik in keiner Weise auf die Strafrechtswissenschaft begrenzt ist. So ist es auch keine Voraussetzung für einen Mediziner, sich bei der Frage der Todesstrafe mit strafrechtlichen und kriminologischen Fragestellungen zu beschäftigen.
[540]Livi, Pena di morte,1875, p.209.
[541]Livi, Pena di morte,1875, p 209.

seiner Darstellung davon aus, wenn er erst einmal den Beweis geführt habe, dass Fakten aus dem Bereich der Pathologie und Physiologie gegen die Todesstrafe sprechen, dann könne diese Frage nur noch mit einer Verneinung der Todesstrafe beantwortet werden. Selbstverständlich ist ihm dabei, dass nur Zweckdienlichkeit und Nützlichkeit die Frage der Todesstrafe entscheiden können. Schon hier zeigt sich damit die Hinwendung zu einer positiven Argumentation und Begründung des Strafrechts, die ihm als die allein richtige Methode erscheint.

Weiter schreibt LIVI über die von ihm angestrebte Beweisführung: „Wir nehmen unsere Gründe von außerhalb der juristischen Wissenschaft aus unserer medizinischen Wissenschaft, genauer aus der Physiologie und der Pathologie. Und in diesem Studium folgen wir unseren experimentellen Methoden, das heißt, wir lassen uns von Fakten leiten, denn diese sprechen eine Sprache, die auch zu den größten Zweiflern spricht...Ich werde diese Fakten in der physischen und moralischen Natur des Menschen suchen....“[542] bzw. im Bereich der Pathologie, der krankhaften Zustände des Nervensystems.[543]

Dieser Zielsetzung widmet sich nun die gesamte Abhandlung. Dabei beginnt LIVI zunächst damit, die Natur des gesunden und kranken Menschen abstrakt darzustellen, um in einem zweiten Schritt die formulierten Erkenntnisse auf die Fragestellung der Todesstrafe anzuwenden. LIVI will, wie es später FERRI als allgemeinen Programmsatz für die Scuola Positiva formuliert, erst den Menschen studieren um hieraus eine Lösung in der Frage der Todesstrafe zu entwickeln.

2. Die „physische Natur“ des Menschen und „pathologische Zustände“

LIVI fokussiert seine Betrachtung der Natur des Menschen auf den Bereich, den er die „la facoltà imitativa“, die Fähigkeit der Nachahmung nennt.[544] Er stellt fest, dass die äußeren Gegebenheiten für den Menschen und sein Verhalten von ganz entscheidender Bedeutung sind. So setzte der Mensch bestimmte Wahrnehmungen in seiner Umwelt teils bewusst teils unbewusst um und verinnerliche sie in seiner eigenen Person. Der Sehsinn hinterlasse dabei vielleicht den größeren Eindruck, der dann zur Nachahmung führen könne. Aber auch das Gehör habe die Eigenschaft, dass sich der Organismus nur durch Erzählungen, bestimmte Dinge verinnerlichen könne.[545] Es verwundert daher nicht, dass er es der Presse zuweist, eine häufige und eine der schlimmsten Ursa-

[542]Livi, Pena di morte,1875, p. 210.
[543]Livi, Pena di morte,1875, p.210.
[544]Letztlich behandelt LIVI unter dem Stichwort der Nachahmung einen Aspekt, den man im heutigen Verständnis der Psychologie zuweist und der im Grundsatz auch nicht mehr abgestritten wird.
[545]Livi, Pena di morte,1875, p.211.

chen für die Nachahmung negativer Handlungen zu sein.[546] Um seine Ergebnisse zu unterlegen, greift er etliche Beispiele heraus, die teils aus seiner eigenen Forschung stammen, teils von Kollegen. Diese Form der Darstellung durchzieht die gesamte Abhandlung.

Aber LIVI warnt darüber hinaus davor, dass die „Fähigkeit des Menschen zur Nachahmung" noch weiter gehe. Er berichtet von gewissen Nervenkrankheiten (nervosi) die durch Nachahmung entstehen könnten, fügt jedoch hinzu, dass zunächst bestimmte organische Voraussetzungen bestanden haben müssen. Eine gewisse Form einer moralischer Ansteckung des Wahnsinns (pazzia) glaubt er in den „Irrenhäusern" selbst beobachtet zu haben.[547]

3. Die Todesstrafe und Vorfragen um Verbrechen und Strafe

a. Die Verbrechereinteilung

LIVIS Verbrechereinteilung ist auf den ersten Blick sowohl einfach als auch bekannt. Er differenziert zwischen den gesunden und den kranken Verbrechern. Parallel dazu attestiert er nur den gesunden Verbrechern Besserungsfähigkeit, und mit wenigen Worten entscheidet sich LIVI für einen Typus des kranken Verbrechers, den er für nicht besserungsfähig hält.

Für das heutige Verständnis ist dabei interessant, dass diese Gruppe nicht nur aus den Geisteskranken im herkömmlichen Sinn besteht. Vielmehr umfassen LIVIS kranke Verbrecher neben den organisch Kranken (delinquenti per male organamento cerebrale) auch eine Gruppe der sog. moralisch Schwachsinnigen (delinquenti per malvagita morale). Kann man die ersteren in die Gruppe der Geisteskrankheiten eingliedern, liegt der Fall bei den sog. moralisch Schwachsinnigen (der sog. moral insanity)[548] anders.

Diese Fallgruppe taucht allgemein im letzten Drittel des 19. Jahrhunderts auf. Ihre Konturen sind verschwommen. Letztlich handelt es sich nach heutigem Verständnis

[546]Es folgt eine lange Auseinandersetzung über den Selbstmord und den Mord aus Gründen der Nachahmung. Livi, Pena di morte,1875, p.228 – 234.

[547]Vgl. zu den einzelnen differenzierten Beurteilungen der verschiedenen Zustände des Irrseins und der physischen wie psychischen Natur des Menschen: Livi, Pena di morte,1875, p.211 – 228.

[548]Der Begriff der sog. „moral insanity" geht auf den englischen Psychiater JAMES RICHARD (1786 – 1848) zurück. Er unterscheidet zwischen zwei Formen von Geisteskrankheit bzw. Wahnsinn. Eine davon ist die sog. „moral insanity", die allein die Gefühlswelt und den Willen beeinträchtigt, ohne im übrigen von krankhaften Zuständen begleitet zu sein. Schon zuvor hat in Frankreich ein Schüler PINEL'S den Begriff „monomania" als eine einzelne krankhafte Störung in einem, im übrigen gesunden Willen geprägt. Während jedoch ursprünglich in Frankreich der Begriff der „moral insanity" allgemein für eine „emotionale Willensstörung" verwendet wird, bringt man ihn in Deutschland, wie auch in Italien mit gewalttätigem, unmoralischen und verbrecherischen Verhalten in Verbindung, man spricht vom moralischen Schwachsinn.

meist um Verbrecher mit starken psychischen Defiziten, ohne dass organische Krankheitsursachen vorhanden wären. LIVI umschreibt den moralisch Schwachsinnigen dahin, dass er „ein moralisches Gefühl (legge morale) nicht hat bzw. niemals gehabt hat“, ohne auf den medizinischen Krankheitsbegriff einzugehen. Aus dem Gesamtzusammenhang zeigt sich dabei, dass er an eine Besserung dieser Rechtsbrecher nicht glaubt. Wichtig für die spätere Darstellung ist zudem, dass er sich auf der anderen Seite ausdrücklich für das Vorhandensein von „gesunden Verbrechern“ ausspricht, eine Ansicht, die von nachfolgenden Kollegen vielfach nicht mehr geteilt wird.

b. Die Grundlagen des Strafrechts

LIVI betont hier, dass nicht nur das Delikt sondern vor allem der Täter in den Mittelpunkt der Betrachtungen gestellt werden müsse. [549] Außerdem sei nicht die strafende Rache (vendetta punitiva), sondern die soziale Verteidigung Ziel des Strafrechts, denn der Vergeltungsgedanke sei ein rückständiges Element, auf das sich das Strafrecht nicht stützen könne.[550] Mit dieser Auffassung von den Grundlagen des Strafrechts steht er ganz auf der Seite der frühen Italienischen Positivisten, namentlich insbesondere ELLERO, dem sich später FERRI anschließt. Dass auch LOMBROSO selbiges propagiert, wird sich zeigen.

Welchen Zweck LIVI dann der Strafe im besonderen beimisst, erschließt sich in seiner Argumentation zur Todesstrafe. Die Strafe sei das staatliche Mittel zur moralischen Sanierung bzw. Besserung des Verbrechers (miglioramento morale). Für den gesunden Verbrecher gelte daher als einzige mögliche Rechtfertigung und Zwecksetzung der Strafe die moralischen Besserung der Verbrechers. „Das wahre Strafrechtssystem ist allein jenes, ...das darauf zielt durch Leiden und Verzicht den Verbrecher zu bessern und ihm seine Tugend zurückzugeben. Nur die moralische Besserung kann die Strafe rechtfertigen.“[551] Im Umkehrschluss kann nach LIVIS Auffassung staatliche Strafe dort nicht gerechtfertigt werden, wo moralische Besserung nicht möglich ist. [552] Damit scheidet eine strafrechtliche Verantwortlichkeit für alle Formen von Geisteskrankheit selbstverständlich aus und nur diese Auffassung könne einem „humanen Strafrecht“ zugrunde gelegt werden. LIVI stellt dazu klar: „Wenn das Strafrecht human sein wolle, so müsse eine Unterscheidung gemacht werden, ob das Delikt ein moralischer Fehltritt ist der durch ein angeborenes oder später erworbenes krankes Gehirn bedingt wird, oder ob er von einem gesunden und integren Kopf stammt...“ [553].

[549]Commemorazione di Carlo Livi, Riv. Sper. Fren., 1923, pag.661.
[550]Livi, Pena di morte,1875, p.480.
[551]Livi, Pena di morte,1875, p.480.
[552]Livi, Pena di morte,1875, p.470.
[553]Livi, Pena di morte, 1875, p.479.

LIVI spricht nicht über Willensfreiheit und Verantwortlichkeit, entscheidet sich aber für eine „moralische Freiheit“ und diese habe nur der gesunde Verbrecher. Mit dem kranken Verbrecher hingegen würde jemand bestraft werden, „...der ohne moralische Freiheit gehandelt hat, ohne das Schlechte, das er verbrochen hat, zu begreifen, der einzig aus einem automatischen Impuls heraus handelt.“[554]

Mit diesen Ansichten steht LIVI ganz an der Seite ELLEROS.[555] Dass der Besserungsgedanke im Rahmen der modernen Strafrechtsschulen später in den Hintergrund tritt und die strafrechtliche Behandlung der Geisteskranken auch anders beurteilt werden kann, beweist schon FERRIS Ansicht und wird noch eingehend dargelegt.

c. Die Todesstrafe als Rache ohne Strafcharakter

LIVI zieht aus seinen Vorstellungen von den Grundlagen des Strafrechts dann auch die entsprechende Konsequenz für die Todesstrafe und stellt fest: „Per il reo, la pena di morte non è una pena.“[556] Dieses Ergebnis wird von zwei unabhängigen Argumenten getragen. Einmal ergibt sich schon zwingend, wenn einziger Zweck der Strafe die moralische Besserung des Verbrechers sein dürfe, dass dann auch die Todesstrafe keine Strafe sein könne, „denn hier gehe es schließlich nur um die Vernichtung des Verbrechers“ und nicht um dessen Besserung, eine Konsequenz, die auch ELLERO aus dem Besserungsgedanken als Grundlage des Strafrechts zieht.

Aber auch aus dem Vergleich der Todesstrafe mit den Eigenschaften der Strafe ergebe sich, dass der Strafcharakter der Todesstrafe verneint werden müsse. Um Strafe zu sein, müsse sie etwas körperlich Fühlbares in sich tragen und diese körperliche Fühlbarkeit fehle der Todesstrafe. LIVI argumentiert weiter, dass natürlich die Zeit vor Vollstreckung zu schrecklichen Qualen führe, aber hierbei handle es sich schließlich nicht um die verhängte Strafe. Und die Tötung selbst erscheine ausschließlich als Tötung, nicht hingegen als Strafe. Er schließt seine Argumentation mit folgender Zusammenfassung: „Folglich vollzieht Ihr die Tötung, wenn der Schuldige die Strafe bereits gefühlt hat, ihr vollstreckt die Todesstrafe nicht mehr um zu bestrafen, sondern um euch gegen diesen Menschen zu erheben...Ihr beendet zunächst eine Bestrafung und schließt eine Rache an: zusammengenommen wandelt ihr die Strafe in eine Angelegenheit der Genugtuung und sozialen Bequemlichkeit um.“[557] Daher sei die Todes-

[554]Livi, Pena di morte, 1875, p.479.

[555]Vgl. zu ELLERO schon oben Teil 1 B I 2, E III 2. Am Rande sei dabei angemerkt, dass LIVIS Nähe zu ELLERO nicht nur inhaltlicher Natur ist. Beide Wissenschaftler lehren in Bologna, beide kämpfen zeitgleich um die Abschaffung der Todesstrafe und LIVI beteiligt sich mit Beiträgen an ELLEROS "Giornale per l´abolizione della pena di morte".

[556]„Die Todesstrafe ist für den Verurteilten keine Strafe“, Livi, Pena di morte,1875, p.470.

[557]Livi, Pena di morte,1875, p.470.

strafe für die Regierung gemacht, die sich aus Unfähigkeit und Geiz nicht anders gegen den Verbrecher sichern kann.[558]
Diese Argumentation um den fehlenden Strafcharakter der Todesstrafe, ist in der psychiatrischen Diskussion um diese Strafart nicht einzigartig. In Deutschland tritt in den 30er Jahren des 20. Jahrhunderts der Psychiater HOCHE hervor, der ebenfalls die These vertritt, die Todesstrafe sei keine Strafe. Jedoch führt ihn seine Argumentation nicht zur Ablehnung derselben. Seine Ansicht wird am Ende des 3. Teils dargestellt.

d. Die Bedeutung der Verbrechergruppen für die Frage der Todesstrafe

Nach dem Dargestellten ergibt sich für LIVIS Trennung von gesunden und geisteskranken Verbrechern für erstere schon aus seiner Straftheorie ein Widerspruch, wenn er als einzig mögliche Rechtfertigung der Strafe die moralischen Besserung des Verbrechers gelten lässt. Aber für die Gruppe der organisch Kranken und sog. moralisch Schwachsinnigen komme die Todesstrafe noch weniger in Frage, denn in Ermangelung der Besserungsmöglichkeiten wie bei gesunden Verbrechern, könne überhaupt keine Form von Strafe gerechtfertigt werden und in keinem Fall daher die Todesstrafe. LIVI macht nochmals deutlich: „...wenn die humane Justiz (umana giustizia) ihn zum Tode zu verurteilt, macht sie sich einer großen Grausamkeit und Geschmacklosigkeit schuldig, die man in anderen Zeiten noch mit der allgemeinen Ignoranz hätte entschuldigen können, was man heute nicht mehr kann, wo die Wissenschaft beginnt, sich dieser schrecklichen Zweifel anzunehmen,...Wenn ihr nicht glauben wollt, wenn ihr es nicht überdenken wollt, so lernt wenigstens zu zweifeln.“[559]

Und er unterlässt es nicht, an dieser Stelle darauf hinzuweisen, dass gerade die grausamsten und mit Todesstrafe belegten Delikte von jenen begangen werden, denen es an diesem moralischen Gefühl fehlt und er schreibt weiter, diese Wesen trügen „genauso viel Schuld am begangenen Delikt, wie der Verkrüppelte an seiner Buckeligkeit oder der Epileptiker an seiner Spastik.“[560] Damit entzieht LIVI jeden kranken Verbrecher, egal ob moralisch oder physisch krank, dem Strafrecht. Wie bereits dargelegt, vertritt auch FERRI in seinem ganz frühen Werk die Auffassung, bestimmte Verbrechertypen ganz aus dem Strafrechts auszunehmen (den geborenen Verbrecher), ohne dass ihm dabei aber die übrigen Verbrecher als gesund erscheinen.
Mit dem Appell an eine „humane Justiz“ steht LIVI in seiner Zeit nicht allein. Interessant ist dabei, dass später die gesamte medizinische Bewegung, die sich mit der Veränderung des Strafrechts auseinandersetzt, gegen den Vorwurf kämpft, die Fragen von Verbrechen und Strafe unter zu humanen, milden Gesichtspunkten zu betrachten. Dabei geht es jedoch nur LIVI darum, die Strafmittel quantitativ zu mildern, wie es auch

[558] Livi, Pena di morte, 1875, p.471.
[559] Livi, Pena di morte,1875, p.479.
[560] Livi, Pena di morte,1875, p.480.

den allgemeinen Reformbestrebungen seiner Zeit entspricht, die dann im italienischen Strafgesetzbuch von 1889 ihren Ausdruck finden. Dass sich die Bestrebungen seiner Kollegen, die zeitlich etwas später einsetzen, in eine andere Richtung bewegen, wird sich zeigen.

e. Die Todesstrafe und die Strafzwecke, insbesondere die Abschreckungswirkung

LIVI betrachtet die Todesstrafe aber nicht nur unter dem Strafzweck der Besserung des Rechtsbrechers, sondern untersucht auch darüber hinausgehende Strafwirkungen. Dabei steht auch für ihn außer Frage, dass die Gesellschaft vor manchen Individuen geschützt werden müsse,[561] die Todesstrafe komme hierfür aber keinesfalls in Frage. Es sei allein Unfähigkeit und Geiz des Staates, wenn die Todesstrafe auf Sicherheitsaspekte gestützt werde.[562]

Sein besonderes Interesse gilt dann der Untersuchung der abschreckenden Wirkung und der Wirkung der Todesstrafe überhaupt. Da er in der Abschreckungswirkung das tragende Argument seitens der Befürworter der Todesstrafe erkennt, glaubt er durch seine Gegenargumente die Abschaffungsgegner zu bekehren. Zunächst wirft er ihnen vor, sie hätten diese Wirkung nie ausprobiert.[563] Außerdem geht er, basierend auf seinen eigenen Beobachtungen und Schlussfolgerungen, davon aus, diese Wirkung verneinen zu können.[564] Er stellt hier fest, es sei weniger Erfurcht als vielmehr Schaulust, welche die Hinrichtung begleiten. Außerdem spreche die zunehmende nicht öffentliche Vollziehung dafür, dass auch die Verteidiger derselben nicht recht an den erzieherischen Anblick glauben wollen. Zudem widerlege statistisches Material, und hier verweist LIVI auf insbesondere auf die Statistik MITTERMAIERS, die abschreckende Wirkung. Aber für das beste Argument hält er die Feststellung, wie viele zum Tode Verurteilte in Ihrem Leben bereits an Hinrichtungen teilgenommen haben. Er verweist dazu auf die Studie eines französischen Pfarrers aus dem Jahr 1845, die ergibt, dass dies nur auf drei von 167 zum Tode Verurteilten zugetroffen habe.

Weiter versucht LIVI den Beweis zu erbringen, dass die Todesstrafe sogar stimulierend wirke. Er schreibt: „dass das Exempel, das ihr, Verteidiger des Scharfrichters den Bösewichten statuiert, ein sehr schlechtes Beispiel ist, aufs Schlimmste verderbenbringend und gefährlich für die physische und psychische Gesundheit des Volkes.“[565] Erst

---

[561] Livi, Pena di morte,1875, p.480.
[562] Livi, Pena di morte,1875, p.471.
[563] Livi, Pena di morte, 1875, p.471.
[564] Livi, Pena di morte, 1875, p.469.
[565] Livi Pena di morte,1875, p.469 und an anderer Stelle stellt er nochmals anschaulich klar, dass er nicht theoretisch sondern mit Fakten beweisen wolle, „dass die Todesstrafe ein schlechtes Beispiel abgibt, dass die Bösewichte zum Verbrechen treibe, dass das Gewissen der Massen negativ beeinflusst und pervertiert, es ist ein schamloses und schreckliches Spektakel, auslösendes Moment für schwere und unheilbare Krankheiten und den

hier schließt er den Kreis zu seinen Ausführungen über die Natur des Menschen. So lautet sein wissenschaftliches Ergebnis, dass schon der Anblick der Exekution zum auslösenden Moment für Geisteskrankheiten werden könne. LIVI betont dabei, dass diese Wirkung in der Physiologie und Pathologie gesichertes Wissen sei.[566] Zudem fördere der Anblick der Todesstrafe die Begehung von Tötungshandlungen, sei es bei Geisteskranken aber auch bei jenen, bei denen es an einer offenkundigen Geisteskrankheit gefehlt habe und könne einen Blutrausch verursachen.[567] Auch die Begehung von Selbstmorden steige. Er weist nochmals auf die physische Natur des Menschen hin und wiederholt, jetzt konkretisiert auf die Hinrichtung, dass diese Wirkungen nicht nur durch den Anblick, sondern auch schon die Berichterstattung hervorrufen werden können. Damit erweitert er die Diskussion um die Todesstrafe in einen Bereich, der den Gedanken der Generalprävention praktisch negiert, indem er nachzuweisen sucht, dass bei Anwendung der Todesstrafe die schweren Verbrechen sogar zunehmen müssen.

LIVI schließt mit der Feststellung: „Keine andere Strafe dieser Welt habe das traurige Privileg die Menschen krank zu machen, die Todesstrafe schon." [568] Und an anderer Stelle schreibt er: „Diese bekannte Theorie der Abschreckung, ist also falsch, dumm, barbarisch...Der Mensch, das vernünftige Lebewesen und der instinktive Nachahmer, darf kein anderes Exempel vorgesetzt bekommen als das Gute, das Ware und das Schöne, wenn ihr seine moralische und intellektuelle Vollkommenheit bezweckt...."[569] Statt dessen werde ihm ein schlechtes Exempel vorgesetzt. „Also handelt ihr gegen euer eigenes Ziel, um zu bestrafen und die Verbrechen zu verringern lasst ihr einen Kopf rollen und statt dessen erreicht ihr dass sich weitere Delikte ereignen."[570]

LIVIS zieht aus seinen Untersuchungen folgende Schlüsse: „In dieser umfassenden Untersuchung hat sich gezeigt, dass die Todesstrafe als Schrecken ineffektiv ist, als Rache eine Unsittlichkeit bedeutet und als Strafe eine Ungerechtigkeit und Widersprüchlichkeit darstellt."[571] Interessant ist dabei, dass das Argument der künstlichen Auslese, ein Aspekt, den FERRI 1880 betont, genauso wie später GAROFALO gerade in Hinblick auf die Schaffung des italienischen Strafgesetzbuches von 1890, und der auch bei LOMBROSO und anderen Medizinern eine bedeutende Stellung einnimmt, von LIVI, der die Argumentation um die Todesstrafe nahezu abschließend würdigt, nicht einmal er-

---

schlimmsten Formen des Wahnsinns, Verrücktheit. Es wird sichtbar werden, was sie wirklich ist, eine unnützliche und brutale Zerfleischung des Menschen, eine Freveltat der humanen Gerechtigkeit, ein Verbrechen des Rechts." p.210

[566] Livi, Pena di morte,1875, p.210
[567] Livi, Pena di morte,1875, p.464, 465
[568] Livi, Pena di morte,1875, p.464,465
[569] Livi, Pena di morte,1875, p.479.
[570] Livi, Pena di morte,1875, p.479.
[571] Livi, Pena di morte,1875, p.481-482.

wähnt wird. Warum er diesen Gedanken nicht aufgreift bleibt unklar und lässt die Bewertung zu, dass er diese Argumentation nicht für wichtig hält oder sie die Diskussion 1875 noch kaum bestimmt.

Der Gedanke der abschreckenden Wirkung hingegen, den schon LIVI ausführlich und ablehnend behandelt, wird von einem weiteren medizinischen Kollegen, ANGELUCCI mitgetragen. Auch er verwirft die Todesstrafe als unzweckmäßig, wobei er dies mit Bewertungen der italienischen Kriminalstatistik belegt.[572] Zudem unterlässt dieser nicht den Hinweis, dass die Forschung, namentlich der Mediziner LOMBROSOS, MORSELLIS und TAMASSIAS, aber auch DESPINE und THOMPSON gezeigt habe, wie eng die Beziehung zwischen Delikt und Geisteskrankheit sei und man von einer Strafe wenig erwarten könne, die gerade auf Individuen angewendet werde, die „pathologisch missgebildet", „ohne moralisches Gefühl", „die nicht widerstehen können". Daneben verweist er auf die Gefahr der Verurteilung Unschuldiger.[573]

Interessant ist in diesem Zusammenhang auch die Argumentation des Psychiaters BEER[574]. Nahezu zeitgleich formuliert dieser eine ähnliche Fragestellung, wie sie für LIVI eingangs dargelegt wurde. Er schreibt: „...so tritt noch immer an die Psychiatrie die Frage heran, was sie von der Abschaffung der Todesstrafe überhaupt denkt oder mit anderen Worten: gibt es psychologische Gründe, welche für die Abschaffung dieser Strafe sprechen?"[575] BEER formuliert seinen Standpunkt noch radikaler und geht davon aus, dass die Psychiatrie in der Frage der Todesstrafe überhaupt die entscheidende Rolle spielen müsse.[576] Der Grund für diese Wertung liegt in einer doppelten

[572]Bei Bewertung der Statistik kommt ANGELUCCI zu dem Schluss, dass die statistischen Daten nur nochmals demonstrieren würden, dass die Todesstrafe gerade zu dem Zweck (Abschreckung) unnütz sei, wegen dem sie von manchen beibehalten werden solle. Angelucci, Gli omicidi di fronte all' esecuzione, Riv. Sper. Fren., 1876, p. 692 – 693.

[573]Angelucci, Gli omicidi di fronte all' esecuzione, Riv. Sper. Fren., 1876, p.695.

[574]BEER (1798 – 1873) ist außerordentlicher Professor für gerichtliche Medizin und Psychologie an der Universität in Wien. Seit 1844 liest er als außerordentlicher Professor über gerichtliche Medizin und Psychologie an der Juristischen Fakultät der Universität Wien. 1869 hält Professor Dr. Beer einen Vortrag auf der Jahresversammlung der psychiatrischen Vereinigung in Wien mit dem Titel: „Die Todesstrafe vor dem Forum der Psychiatrie".

[575]BEER geht davon aus, dass die Psychiatrie in der Frage der Todesstrafe überhaupt die entscheidende Rolle spielen müsse. Der Grund für diese Wertung liegt in einer doppelten Annahme: Einmal ist es die der Straffähigkeit zugrundeliegende Voraussetzung der Zurechnungsfähigkeit, die ihn zu dieser Annahme veranlasst, hier wird sich später zeigen, dass es in der Psychiatrie die Tendenz gibt, diese Unterscheidung so nicht mehr zu treffen. Darüber hinaus geht BEER davon aus, dass die Frage der Zweckmäßigkeit die Frage der Todesstrafe entscheiden müsse. Beer, Die Todesstrafe vor dem Forum der Psychiatrie, Allg. Wiener med. Ztg., 1869, S.198, 211

[576]BEER sieht die große Bedeutung der Psychiatrie aber auch schon in der Geschichte der Todesstrafe begründet. So seien es die Fortschritte in der Psychiatrie gewesen, die schon zur Abschaffung vieler Todesstrafen geführt haben. Gemeint sind hier das Verschwinden der dämonischen Krankheiten und die Abschaffung der Hexenprozesse. Aber auch die Todesstrafen für Brandstiftung, Kindesmord und Päderastie seien im Zuge der psychiatrischen Forschung abgeschafft worden. Abgesehen hiervon lehre die Geschichte der Strafrechtspflege, dass viele des Mordes Angeklagte gewiss ein Opfer der Justiz geworden wären, wenn nicht eine tiefe Erforschung ihres Geisteszustandes ihre Zurechnungsunfähigkeit nachgewiesen hätte. „Und wie manches Opfer ist, trotz der Fortschritte in der Psychiatrie, dennoch selbst in unserer Zeit gefallen, weil man die Begutachtung des Seelenzustan-

Annahme, denn einmal sei schon die der Straffähigkeit zugrundeliegende Voraussetzung der Zurechnungsfähigkeit von der Psychiatrie zu beurteilen. Darüber hinaus geht er, wie auch LIVI, davon aus, dass die Frage der Zweckmäßigkeit die Frage der Todesstrafe entscheiden müsse. „Es gibt... Aufgaben zu lösen, die ohne ein tiefes Studium der Anthropologie und ohne Benützung der Erfahrungen der Psychiater gar nicht gelöst werden könne und zu diesen gehöre die über die Zweckmäßigkeit der Todesstrafe."

BEER erklärt es zum Auftrag der Psychiatrie, die Studien durchzuführen und die Fakten zu schaffen, die sowohl die Determiniertheit menschlichen Handelns deutlich machen, aber auch die Auswirkungen der Todesstrafe auf die Bevölkerung darlegen. Da er jedoch einräumt, dass viele Studien noch zu machen seien, ruft er die Psychiatrie auf, weiter an der Beweisführung gegen die Todesstrafe zu arbeiten. Es sei aufzuzeigen... „dass sie mit den Gesetzen der geistigen Natur des Menschen in Widerspruch stehe, dass sie nicht nur vor ähnlichen Verbrechen nicht abschreckt, sondern die Rohheit gewisser Menschenklassen vermehrt, dass das Schauspiel öffentlicher Exekutionen zur Nachahmung hinreist, dass mancher Melancholiker oder religiöse Schwärmer zum Morde seine Zuflucht nimmt, um nicht durch Selbstmord seinem Dasein ein Ende zu machen und dass noch andere diesfällige Momente vorkommen, welche Justizmorde begünstigen." Inwieweit die Psychiatrie dann diesem Aufruf nachkommt wird sich zeigen.

IV. Die Vorbeugung des Verbrechens

Um LIVIS Argumentation zu vervollständigen, ist zuletzt darauf hinzuweisen, dass er seine Ausführungen auch auf den Gedanken der Verbrechensvorbeugung ausdehnt. Er betont nochmals, dass die Abschaffung der Todesstrafe dem Verbrechen vorbeugen könne und stellt darüber hinaus fest, es müssten „all jener Dinge, die der menschlichen Perversionen einen Ansporn bieten können: der Alkoholmissbrauch, das Spiel, das Elend, die Übertragung der schlechten Beispiele, die Publikation der Delikte und Kriminalprozesse..."[577] abgeschafft oder eingeschränkt werden, letzteres wieder unter dem Aspekt seiner Theorie der „Nachahmung". LIVIS Betonung der verbrechensfördernden Wirkung des Alkohols wird von seinen Kollegen geteilt. Nahezu alle Psychiater und Neurologen des dargestellten Zeitraumes sind entschiedene Gegner des Alkohols.

---

des des Angeklagten entweder schon gar nicht eingeholt, oder die selbige nicht berücksichtigt hat." Beer, Die Todesstrafe vor dem Forum der Psychiatrie, Allg. Wiener med. Ztg., 1869, S.198, 211

[577]Livi, Pena di morte,1875, p.481-482.

V. Gesamtbewertung

Schon LIVIS Straftheorie, die er auf eine allein vom Besserungsgedanken getragene Spezialprävention stützt, führt seiner Ansicht nach zwingend zur Ablehnung der Todesstrafe. Aber er geht weiter und versucht insbesondere die abschreckende Wirkung mit Fakten aus dem Bereich der frühen Psychologie und Pathologie, zu widerlegen. Sein diesbezügliches Ergebnis ergibt die Unzweckmäßigkeit der Todesstrafe.

LIVIS Auseinandersetzungen zeigen damit den Versuch, die Frage der Todesstrafe auf eine naturwissenschaftlich-empirisch fundierte Grundlage zu stellen. Alle Untersuchungen werden mit zahlreichen Beispielen belegt, die er aus der eigenen Forschung und Beobachtung, aber auch von inländischen wie ausländischen Kollegen wie auch von Juristen, übernimmt. Mit dieser Methode soll der Nachweis erbracht werden, dass die Anwendung der Todesstrafe keine positiven, abschreckenden, d.h. verbrechensverhütenden Auswirkungen auf die Gesellschaft hat, sondern vielmehr im Gegenteil sogar den Anstieg von Gewaltverbrechen bedingt, eine Annahme, die auch BEER betont. LIVI zeigt dazu auf, wie stark Eindrücke geeignet sind, den Menschen negativ zu beeinflussen, bis hin zur Nachahmung des Erlebten.

Soweit er an anderer Stelle mit dem Besserungsgedanken als Zweck und Rechtfertigung der Strafe argumentiert, verlässt er den rein naturwissenschaftlich-medizinisch-empirischen Ansatz, denn die Besserungsfähigkeit wird in keiner Weise hinterfragt. Offen bleibt auch, wie viele Verbrecher nun als „gesunde Verbrecher" und wie viele als „Kranke", und damit schon nicht straffähig, anzusehen sind. Eine Frage die natürlich in der Auseinandersetzung um die Todesstrafe insoweit nicht problematisch ist, da LIVI davon ausgeht, dass der „gesunde" gleich „besserungsfähige" Verbrecher zwar gestraft werden dürfe, aber die Todesstrafe dem rechtfertigenden Strafzweck der Besserung widerspreche und es der Todesstrafe zudem auch an den Charaktereigenschaften der Strafe mangle. Der „kranke" Verbrecher hingegen unterfällt schon nicht dem Strafrecht und damit erscheint für LIVI seine Tötung völlig abwegig. Zur gleichen Aussage gelangt auch BEER hinsichtlich der Frage der Unzurechnungsfähigkeit. Dass dieser Standpunkt jedoch nicht selbstverständlich ist, wird LOMBROSO beweisen. Bei FERRI hat sich schon gezeigt, wie das Strafrecht mit anderen staatlichen Reaktionen, insbesondere gegen geisteskranke Verbrecher, zu einem umfassenden Schutzrecht verschmelzen soll. LIVI liegt dieser Ansatz fern, der dann die Auffassungen späterer Vertreter der Psychiatrie prägt.

Auch wenn im Ergebnis nicht zu bezweifeln ist, dass viele Thesen LIVIS sich kaum aus dem Bereich des spekulativen lösen und ihm die Mittel, die einzelnen psychopathologischen Zusammenhänge zu erklären nicht zur Verfügung stehen, darf man ihm den Verdienst zurechnen, die Frage der Todesstrafe durch die Erforschung der

Natur des Menschen zu klären, eine Forderung die auch BEER postuliert. Soweit LIVI mit der Gefahr der „Nachahmung" argumentiert, ist diese Schlussfolgerung bei der Begründung von Amokläufen, gerade bei jugendlichen Tätern, auch heute immer wieder in der Diskussion. Erstaunlich ist seine Argumentation hier auch insoweit, als seine Kollegen diesen Aspekt gar nicht oder nur am Rande berücksichtigen.

Ist der Verdienst der „Scuola Positiva" in Italien, wie bei FERRI aufgezeigt, die Methode, erst das Verbrecher und den Verbrecher zu studieren, um dann die Schlussfolgerungen für das Strafrecht zu ziehen, so zeigen schon die untersuchten Ausschnitte aus LIVIS Werk, dass er nicht zu Unrecht als Pionier[578] derselben bezeichnet wird.

B. CESARE LOMBROSO (1835-1909) – Die Theorie vom geborenen Verbrecher

I. Zu Person und Lebenswerk

LOMBROSO wird 1835 in Verona geboren. Verona steht zu dieser Zeit unter der Kontrolle des Hauses Habsburg. Daher kann er ungeachtet seiner jüdischen Abstammung das Gymnasium besuchen. Im Jahr 1852 beginnt er das Studium der Medizin in Pavia, dann weiter in Padua und in Wien. In seiner Promotion beschäftigt sich LOMBROSO mit der Degeneration in Form des Kretinismus. Das Interesse für Degeneration und Geisteskrankheiten bestimmen die Anfänge seiner Forschung. Um mehr über Geisteskrankheiten zu lernen, betreut er von 1863 – 1872 die Geisteskranken in den Krankenhäusern von Pavia, Pesaro und Reggio Emilia. Nach seiner Habilitation beginnt er im Jahr 1876 die Lehrtätigkeit für Rechtsmedizin an der Universität von Turin, zu der später Professuren in Psychiatrie (1896) und in Kriminalanthropologie (1906) hinzutreten. 1880 kommt FERRI nach Turin, um von ihm zu lernen. Noch im selben Jahr gründet er dann, unterstützt durch FERRI und GAROFALO, das ARCHIVIO DI PSICHIATRIA E ANTROPOLOGIA CRIMINALE[579]. Zudem ist er Mitherausgeber der 1891 von

[578] Commemorazione di Carlo Livi, Riv. Sper. Fren., 1923, p.661.

[579] Der gesamte Titel lautet: Archivio di Psichiatria, Antropologia criminale e scienze penali per servire allo studio dell' uomo alienato e delinquente. Torino e Roma. Bd.1 (1880) – Bd.55 (1935). Das Archivio setzt sich zum Ziel, zur Annäherung der Disziplinen der Psychiatrie, Kriminalanthropologie und Strafrechtswissenschaft beizutragen, um so eine Basis für ein zukünftiges Strafrecht zu schaffen, das den Grundsätzen der Psychiatrie und Kriminalanthropologie Rechnung trägt. Vgl. Lombroso, Garofalo, Programma, Archivio, 1880, p.1 –2. Inhaltlich erscheinen neben einer Vielzahl psychiatrischer Studien unter der Rubrik „Antropologie Criminale" zunächst eine Vielzahl von Beiträgen, die nach LOMBROSOS uomo delinquente und seinen körperlichen Merkmalen forschen. Von Anfang an setzt jedoch FERRI seinen dualen Ansatz der Verbrechensentstehung entgegen und bewertet LOMBROSOS Forschung mit kritischem Blick. Zunächst wird der strafrechtliche Teil überwiegend von FERRI und GAROFALO dominiert, der anthropologische Teil von Lombroso. Später treten als Juristen insbesondere BERNANDINO, ALIMENA, FERDINANDO, PUGLIA ,ALFREDO, NICEFORO, LEVI, u.a. hinzu und die anthropologischen Beiträge werden zunehmend auch von OTTOLENGHI, ANTONINI, und MARRO verfasst. Insgesamt ändern sich die Inhalte hin zu einer umfassenden Kriminalanthropologie und -psychologie. Zur Todesstrafe hingegen

FERRI gegründeten SCUOLA POSITIVA NELLA GIURISPRUDENZA CIVILE E PENALE. Dieser enge Kontakt zu den Vertretern der positiven Strafrechtsschule bleibt praktisch bis zum Ende seines Lebens erhalten.

Es fällt nicht schwer, LOMBROSO als den berühmtesten Kriminologen seiner Zeit zu bezeichnen. Auch bis heute ist seine Popularität ungebrochen,[580] auch wenn zumeist seine frühe, spektakuläre These vom geborenen Verbrecher aufgegriffen wird und seine Weiterentwicklung darüber hinaus unerwähnt bleibt.[581]

II. Fragestellungen um Verbrechen und Strafe im Werk LOMBROSOS

LOMBROSOS großes Interesse an Fragestellungen über Verbrechen und Strafe zeigt sich früh. Schon zu Beginn seiner wissenschaftlichen Laufbahn als junger Arzt, beeinflusst durch seine Forschung über Degeneration und Geisteskrankheit (insb. die Pellagra), widmet er große Teile seiner Studien der Suche nach erkennbaren körperlichen Merkmalen bei Verbrechern. LOMBROSO ordnet zu diesem Zweck sowohl geeignetes, bereits vorhandenes Material und bewertet dies, führt aber auch zahllose eigene Untersuchungen[582] durch. Dem Leser werden seine Untersuchungen und Folgerungen vor allem[583] in seinem Hauptwerk, dem „l'uomo delinquente" zugänglich gemacht, der in insgesamt fünf Auflagen[584] erscheint. Daneben erscheint 1889 „Die Ursachen und die Bekämpfung des Verbrechens."[585]

äußert sich das Archivio kaum. Der Beitrag GAROFALOS: Pena di Morte, Archivio, 1888, p.135 – 144, ist eine Ausnahme, im übrige erscheinen nur wenige Besprechungen ausländischer Literatur, die sich mit der Frage der Todesstrafe in England und Amerika auseinandersetzen.

[580]Vgl. neben den Darlegungen in den Lehrbüchern für Kriminologie aus neuerer Zeit Becker, Der Verbrecher als „monströser Typus", 1995, S.147 – 173, Gadebusch, Theorien von Lombroso in Deutschland, 1995.

[581]Ein positiv differenziertes Beispiel gibt hier Hoff, Emil Kraepelin und die Psychiatrie als klinische Wissenschaft, 1994, S.81. Vgl. auch Gadebusch, Theorien von Lombroso in Deutschland, 1995, S.49 – 51.

[582]LOMBROSO ist berühmt für seinen unersättlichen Forschertrieb. LOMBROSO beginnt seine Forschung an italienischen Soldaten in den Jahren 1859 – 1863, wo er 3000 Soldaten systematisch vermisst. 1864 folgen weitere Untersuchungen, diesmal als Arzt am Militärkrankenhaus in Turin. Aufgrund seiner Beobachtungen stellt er dann erstmals seine Behauptung auf, dass zwischen dem Äußeren eines Menschen und dessen Handlungen ein Zusammenhang bestünde. Vgl. wieder Gadebusch, Theorien von Lombroso in Deutschland, 1995, S.18 – 32.

[583]Es ist jedoch klarzustellen, dass auch schon vor Ersterscheinung des „L'uomo delinquente" 1876 viele Publikationen von LOMBROSO erscheinen und spätestens seit 1869 auch Deutschland von dem jungen Mediziner Kenntnis erlangt, da dieser 1869 in deutscher Sprache in Leipzig Statistische Studien zur Psychiatrie Physikalische, statistische Studien veröffentlicht. 1872 folgt dann in Berlin eine Veröffentlichung mit dem Titel: „Eine mittlere Hirnhautgrube am Schädel des Verbrechers."

[584]Lombroso, Cesare, L'uomo delinquente, Ersterscheinung: 1876, 252 Seiten. Der „L'uomo delinquente" fasst im wesentlichen die bisherigen Ergebnisse und Thesen LOMBROSOS zusammen. Später erscheinen weitere vier Auflagen. Die Zweitauflage, die im Jahr 1878 erscheint, nachdem der erste Band schnell vergriffen war, ist wesentlich umfangreicher, die Grundaussagen bleiben jedoch im wesentlichen erhalten. 1887 erscheinen dann eine deutsche und italienische Ausgabe. Die dritte, 1884 erscheinende Auflage, ist inhaltlich erweitert und im Vorwort äußert sich LOMBROSO dahin, dass in seinen ersten Auflagen viele Ungenauigkeiten enthalten seien. Die vierte Auflage (1889) erscheint schließlich in zwei Bänden, mit insgesamt 1.241 Seiten und wird 1890 von Fraenkel ins Deutsche übersetzt. Die letzte Auflage (1896/1897) erreicht ganze 1.903 Seiten und besteht aus 3

Sein Werk erschöpft sich dabei nicht in der Suche nach erkennbaren körperlichen Ursachen beim Verbrecher.[586] Seit der zweiten Auflage des „Verbrechers"[587] und auch in anderen Veröffentlichungen[588] treten daneben Untersuchungen der sozialen Verbrechensursachen und konkrete Vorschläge zur Verbrechensbekämpfung, insbesondere zur Änderung der geltenden Strafrechtsgrundlagen und zum Strafvollzug.

Betrachtet man die Kritik, die LOMBROSOS Schaffen entgegengebracht wird, wie sie im 1. und 2. Teil schon dargelegt wurde und von der auch im folgenden nur wenige der dargestellten Mediziner Abstand nehmen, zeigt sich, dass seine Ansichten zu strafrechtlichen Grundlagenfragen und zum Strafvollzug praktisch keine Beachtung finden. Die Kritiker sind vielmehr mit seiner frühen These des „Uomo Delinquente" beschäftigt. Natürlich darf dabei nicht verkannt werden, dass seine Beschäftigung mit der Person des Verbrechers auch immer das Hauptfeld seiner Forschung bildet. Inwieweit sich LOMBROSO mit seiner Ansicht aber auch im Bereich des Strafrechts und Strafvollzuges einschaltet, wird im folgenden gezeigt.[589]

III. Die „Verbrechertypologie"[590] bei LOMBROSO

Zunächst soll dargestellt werden, zu welcher Verbrechereinteilung LOMBROSO gelangt, wie er die Erkennbarkeit der einzelnen Verbrecherklassifizierungen beurteilt und wie sich seine Theorie der Verbrechensentstehung im einzelnen darstellt, um dann seine Schlussfolgerungen für das Strafrecht darzustellen und zu bewerten.

Bänden. Hinzu tritt noch 1899 eine für Frankreich geschaffene Abhandlung von 527 Seiten, Crime: causes et remèdes, 527 S., das 1912 dann auch in englischer Sprache erscheint.

585 Die zweite Auflage erscheint 1899 und 1902 nach Übersetzung von Kurella und Jentsch auch in deutscher Sprache.

586 HERING schreibt hierzu „Die wahre Lehre LOMBROSOS in ihren Grundzügen wiederzugeben, ist insofern schwierig, als er selbst an ihr Veränderungen vorgenommen hat. Während sie anfangs einen rein anthropologischen Charakter trug, hat er sie später allmählich in eine anthropologisch-psychiatrische, resp. –pathologische umgewandelt und zuletzt sogar noch auf das soziale Moment im Verbrechen Gewicht gelegt." Hering, Der Weg der Kriminologie, 1966, S.48.

587 Lombroso, L´uomo delinquente, 1878, p.382 – 385.

588 Vgl. insbesondere: Lombroso, Die Ursachen und Bekämpfung des Verbrechens, 1902/1899, Lombroso, Über den Ursprung, das Wesen und die Bestrebungen der neuen anthropologisch – kriminalistischen Schule in Italien, ZStW 1881, S.108 – S.129; Lombroso, Pro scuola mea, ZStW 1883, S.455 – S.470.

589 HERING stellt in diesem Gesamtzusammenhang fest: „Es ist selbstverständlich, dass der Mediziner Lombroso auf dem Gebiet des Strafrechts und Strafvollzugs nicht so befruchtend wirkte wie auf dem Gebiet der Kriminal-Ätiologie." Hering, Der Weg der Kriminologie, 1966, S.59.

590 GÖPPINGER stellt fest, dass LOMBROSOS Verbrechergruppierung an zahlreichen methodischen Mängeln leide, das Untersuchungsgut einseitig ausgewählt sei, es an Vergleichsuntersuchungen genauso wie an vorurteilsloser Feststellung von Einzeltatsachen mangle. „LOMBROSO schuf also keine Typologie sondern allenfalls Klasseneinteilungen." Göppinger, Kriminologie, 1980, S.439, vgl. ausführlich zur Begrifflichkeit schon oben Teil 1 B II a.

1. Die Verbrechereinteilung

Gerade das frühe Werk LOMBROSOS ist von einem einzigen „Tätertypus“ [591] beherrscht, dem geborenen Verbrecher, an dem sich auch die Kritik entzündet.[592] Da LOMBROSO aber im Laufe der Zeit Differenzierungen vornimmt, wird für die Betrachtung die Verbrechereinteilung seines späteren, differenzierteren Werkes zugrundegelegt. Der Darstellung liegt dabei allein der männlichen Kriminelle zugrunde.[593]

Er unterscheidet einerseits zwischen den „epileptioden“, den geborenen und den „moral insanity“[594] Verbrechern, die mit der Zeit zur Gruppe der Epileptoide verschmelzen, also den verbrecherischen Irren (criminali pazzi) und andererseits die Überzeugungs- und Leidenschaftsverbrecher wie auch die Gelegenheits- und Pseudoverbrecher (delinquenti occasionali, passionali, abituali).[595]

Die erste Gruppe ist das Ergebnis der Studien und Bewertungen LOMBROSOS über Anomalien bei Verbrechern.[596] Dabei kommt er zunächst zu dem Ergebnis, unterstützt durch vermeintliche Übereinstimmungen von Verbrecherschädeln und Gehirnen mit prähistorischen Funden und Primaten,[597] dass der Verbrecher ein atavistischer Rückschlag in der menschlichen Entwicklung sei und damit nicht auf der gleichen Entwicklungsstufe wie die anderen Menschen stehe. Der Verbrecher sei von Geburt an zum Verbrechen bestimmt, er sei eine „anthropologische Spielart des Menschengeschlechts“. Die Terminologie des geborenen Verbrechers (delinquente nato), hält sich bis zuletzt, auch wenn LOMBROSO seinen Begründungsansatz teilweise wandelt. Denn da er einige seiner Forschungsergebnisse nicht in Einklang mit seiner Atavismustheorie bringen kann, modifiziert er seine Auffassung und stellt im Zuge dieser Entwicklung fest, dass die Gruppen des Kriminellen, moralisch Irren und Epileptikers immer mehr ineinander übergehen. „Allein die Verschmelzung der Kriminalität mit der Epilepsie und dem moralischen Schwachsinn kann die rein pathologischen und die nicht-

---

[591] FERRI schreibt hierzu: „LOMBROSO hat in der ersten und zweiten Auflage seines Werkes die ganze Summe der von ihm gefundenen körperlichen und psychischen Merkmale allen Verbrecher zugeschrieben und aus dem homo delinquens einen allgemeinen Typus gemacht...“Ferri, Das Verbrechen, 1896/1892, S.68.

[592] Zur Kritik an Lombrosos Werk schon oben Teil 1 D I 2.

[593] 1896 setzt er sich dann auch mit Kriminalität bei Frauen auseinander, die er jedoch nicht in einer entsprechend detaillierten Typisierung darstellt und der ebenfalls nicht eine vergleichbare Forschung zugrunde liegt. Daher beschränkt sich die Arbeit auf die Darstellung des „uomo delinquente“. Über die Kriminalität bei Frauen: Lombroso, La donna delinquente, la prostituta e la donna normale, Torino, 1893. Weiterführend zum weiblichen Verbrecher, mit einem Überblick zu LOMBROSOS Publikationen aber auch der Beteiligung OTTOLENGHIS und FERREROS bei: Gibson, The „Female Offender“, 1982, p.155 – 165.

[594] Vgl. zu „moral insanity“ schon oben Teil 3 A III 3 b

[595] Vgl. zu dieser Einteilung den ersten und zweiten Teil des L'Uomo delinquente in der 4. Auflage.

[596] Ausführlich zu den einzelnen Verbrechermerkmalen, zu denen Lombroso auch die Tätowierung zählt, insbesondere mit zahlreichen Zitaten aus „Der Verbrecher“, Hering, Der Weg der Kriminologie, 1966, S.52 – S.54.

[597] Zu den Einzelheiten vgl. Hering, Der Weg der Kriminologie, 1966, S.51 – S.52

atavistischen Phänomene beim Verbrecher erklären."[598] An anderer Stelle spricht er von der psychopathischen Natur der organischen Gefühlsentartung.[599] Von dieser Gruppe ist jedoch der verbrecherische Irre[600] noch zu trennen, da ihre Eigenschaften in den verschiedenen klinischen Formen sich von jenen der geborenen Verbrecher unterscheiden.

SOMMER[601] schreibt über LOMBROSOS Verbrechereinteilung, diese erfolge nur nach inneren Zuständen. Das ist auch zutreffend, soweit man die Gruppe der geborenen Verbrecher und verbrecherischen Irren betrachtet. Für LOMBROSOS zweite Gruppe der Gelegenheits- Überzeugungs- und Pseudoverbrecher hat es hingegen den Anschein, als entferne sich LOMBROSO von seiner Ansicht der Maßgeblichkeit der körperlichen Konstitution und es klingen auch äußere Umstände als Begründung für die Verbrechensentstehung an. Er spricht hier beispielsweise von den „teuflischen Einflüssen" der Umgebung. Auch seine Definition verstärkt diesen Eindruck. „Die Gelegenheits- oder besser die Pseudokriminellen, d.h. diejenigen, welche die Gelegenheit zum Verbrechen nicht suchen, sondern sich davon überraschen lassen, verfallen aus unbedeutenden Anlässen dem Strafgesetz und sind die einzigen, welche mit Epilepsie und Atavismus nichts zu tun haben..."[602]

Betrachtet man diese gesamten Aufweichungen bleibt zweifelhaft, inwieweit diese Gruppe noch den kriminalanthropologischen, d.h. mit bestimmten körperlichen Merkmale ausgestatteten Verbrechertypus darstellt.[603] Vielmehr deutet einiges darauf hin, dass sich hier LOMBROSOS Gruppe einem sog. „normalen Verbrecher" annähert,[604]

598Lombroso, L'uomo delinquente, 1896/1897, p.59. Einen anschaulichen Überblick zu LOMBROSOS Aussagen zu dieser Verschmelzung, die überwiegend aus Zitaten aus „Der Verbrecher" besteht, gibt Hering, Der Weg der Kriminologie, 1966, S.54 – S.56. Vgl. darüber hinaus: Lombroso, La pazzia morale e il delinquente nato, Archivio, 1882, p.365 – 379.

599Lombroso, Pro scuola mea, ZStW 1883, S.458.

600Zu den einzelnen Formen des irren Verbrechers und den sog. Halbirren, vgl. Lombroso, Cesare, Der Verbrecher, 1894, S.57 – 262.

601Sommer, Kriminalpsychologie, 1904, S.351.

602Lombroso, Der Verbrecher, 1890, S.337. An anderer Stelle weist LOMBROSO darauf hin, dass er bei 30 – 35 Prozent der Verbrecher keine äußeren Anomalien gefunden habe. Und erkommt zu dem interessanten Schluss: „Hält man diese Zahl mit dem Umstande zusammen, dass FERRI gefunden hat, dass eben 30 – 40 Prozent der Verbrecher überhaupt aus solchen bestehen, die keine große Neigung zu Rückfällen zeigen, d.h. Gelegenheitsverbrecher und Verbrecher aus Affekt, so liegt es nahe, anzunehmen, dass die negativen Befunde sich gerade auf diese zwei Verbrecherkategorien beziehen." Lombroso, Pro scuola mea, ZStW 1883, S.457.

603Vgl. auch Hering der hierzu schreibt: „In seinem Werk „Die Ursachen und Bekämpfung des Verbrechens" (1889) verlieren sich sogar die leiblich-geistigen Eigenschaften des geborenen Verbrechers fast gänzlich unter äußeren, physikalischen, gesellschaftlichen und wirtschaftlichen Ursachen aller Art." Hering, Der Weg der Kriminologie, 1966, S.48.

604Bei objektiver Betrachtung zeigt sich, dass LOMBROSOS Verbrechergruppen der „delinquenti occasionali" und den „criminali per passioni", und in besonderem Masse der Typus des „Pseudo-Kriminellen" nahe an einen „normalen Verbrecher" ohne atavistische oder degenerative Disposition, heranrücken. Ähnlich spricht sich auch Ranieri über LOMBROSOS späte Verbrechertypologie aus: „ „Diese zahllosen Unterscheidungen der Verbrecher, bei denen die einzelnen Kategorien auf Grund der sie verbindenden Zusammenhänge in unsichere Umrisse zerso formuliert hat er dies jedoch nie. Wie FERRI scheut er das Bekenntnis, dass es Verbrecher gibt, die ganz ausschließlich durch den Umweltfaktor zu solchen werden und beharrt bis zuletzt auf dem Vorhandensein bestimmter körperlicher Ursachen auch bei seiner Gruppe der Gelegenheits-, Überzeugungs- und Pseudoverbrecher, auch wenn deren körperliche Minderwertigkeit geringer und er weniger degeneriert sei.

2. Die Erkennbarkeit

Bei LOMBROSO sollen körperliche, anthropologisch nachweisbare und seelische, psycho-physiologische Merkmale des Verbrechers Aufschluss über den Tätertyp geben. Er geht fest davon aus, diese Merkmale bezeichnen zu können. Der Schwerpunkt seiner Erkennbarkeitskriterien findet sich dabei beim Typus des geborenen Verbrechers. Gestützt auf seine Untersuchungen attestiert er diesem spezielle morphologische Stigmata,[605] die ihn als geborenen Verbrecher ausweisen und auch auf den atavistischer Rückschlag seiner Konstitution hindeuten. Bei der späteren Verbrecherklassifizierung verschwimmt dagegen diese ursprünglich trennscharfe Bild. Mal meint LOMBROSO ebenfalls eine Häufung bestimmter äußerer Merkmale zu erkennen, ein anderes mal treten jedoch organische Merkmale in den Vordergrund. Außerdem findet er ursächliche Anzeichen für Epilepsie und moralischen Irrsinn. Letztlich unterscheidet sich der Kriminelle vom Nichtkriminellen damit durch eine Vielzahl individueller, physischer und psychischer Anomalien, die atavistischen oder degenerativen Ursprungs seien und die er anhand geeigneter Untersuchungen ermitteln zu können glaubt. Ob er seiner Identifikation so weit vertraut und die weitere Konsequenz zieht, ein präventives Ausscheiden von Menschen mit bestimmten Merkmalen zu erwägen, wird noch aufgezeigt.

3. Verbrechertypologie, Unverbesserlichkeit und Krankheit

Die Frage der Besserungsfähigkeit ist für die modernen, präventiven Straftheorien ein entscheidendes, wenn auch häufig unbeantwortetes Kriterium, dass letztlich eine entscheidende Rolle in der Frage der Strafrechtsreform einnehmen muss. LOMBROSO beantwortet die Frage der Besserungsfähigkeit anhand seiner Verbrechertypologie. Für den geborenen Verbrecher gelte, dass er ob der Angeborenheit seiner Triebe einer Besserung so gut wie nicht zugänglich sei. Er schreibt: „Die Erziehung vermag zwar ein mit guter Gemütslage begabtes Kind vor dem Übergang der kindlichen Untugend

---

flossen, hatten die These LOMBROSOS schließlich unterhöhlt. Dazu trug auch die Anerkennung einer Kategorie der sogenannten Pseudokriminellen bei, die nicht aufgrund organischer Anomalien, sondern aus Unachtsamkeit...handeln." Ranieri„ v. Liszt und die positive Strafrechtsschule in Italien, ZStW 1960, S.713.

[605] Detailliert zu den verschiedenen äußeren Merkmalen, wie der Schädelform und unterschiedlicher Sensibilität, vgl. Wolfgang, Cesare Lombroso, Pioneers of Criminology, 1960, S.186 – S.187.

in gewohnheitsmäßiges Laster behüten, aber diejenigen, die mit perversen Naturtrieben geboren sind, vermag sie nicht zu ändern."

Daneben tritt die Gruppe der verbrecherischen Irren, die ebenfalls einer Besserung nicht zugänglich seien (die Gruppe der sog. incorreggibili), bei den übrigen Verbrechern sei eine Besserung nicht von vornherein ausgeschlossen (sog. correggibili).

An anderer Stelle vermischt sich die Begrifflichkeit zwischen Unverbesserlichkeit, Besserungsfähigkeit und Krankheit. Er erklärt, dass „wir es bei dem Verbrecher mit einem Menschen zu tun haben" der sich in einem „anomalen, dem Irren ähnlichen Zustand" befindet, „mit einem wirklich chronisch kranken Menschen".[606] Eine Unterscheidung zwischen Kranken und Verbrecher lasse sich nur „zur Not aufrechterhalten", soweit „die Heilung des heilbaren Kranken der bessernden oder abschreckenden Bestrafung des bestimmbaren Verbrechers" gegenübertrete: „Dort ärztliche Behandlung, hier psychische Einwirkung auf das Seelenleben." Unheilbarkeit und Unverbesserlichkeit seien dagegen nicht mehr zu unterscheiden.[607]

IV. Die Ursachen des Verbrechens

Aus der dargestellten Verbrechereinteilung LOMBROSOS ergibt sich für seine Ansicht von der Entstehung des Verbrechens folgendes: Entsprechend seiner Grundauffassung, nach der die körperliche Konstitution des Menschen maßgeblich dafür sei, ob dieser Verbrechen begehen wird oder nicht, fällt die Frage der Ursache des Verbrechens, jedenfalls in der Gruppe der geborenen Verbrecher, mit der Identifizierung des Täters als geborenen Verbrecher, bzw. als Epileptoid zusammen. Insoweit vertritt LOMBROSO eine einseitig an der „Anlage" ausgerichtete und darum häufig angegriffen „monokausale" Verbrechensentstehungstheorie.

Aber schon mit der Ausweitung seiner Verbrechereinteilung wird deutlich, dass, jedenfalls in der zweiten Gruppe, auch Umweltfaktoren eine Rolle spielen müssen. Entsprechendes ist bei der Darstellung dieser Verbrecher auch schon angeklungen, wenn LOMBROSO von den „teuflischen Einflüssen der Umgebung" spricht. Er erkennt die Möglichkeit der Beeinflussung durch äußere Umstände an und beginnt auch auf diesem Bereich sein Augenmerk zu richten. Diese Weiterentwicklung wird von vielen seiner Kritiker nicht mehr mitvollzogen.[608] So tauchen denn auch, wie eingangs ver-

---

[606] Lombroso, Der Verbrecher, 1894, S.252.
[607] Lombroso, Der Verbrecher , 1894, S.225 – 242.
[608] Man kann SCHMIDT daher nicht in vollem Umfang recht geben, wenn dieser LOMBROSOS Lehre ebenfalls mit dem „delinquente nato" gleichsetzt und feststellt: „LOMBROSO suchte das Wesen des verbrecherischen Menschen allein aus der Anlage des Verbrechens zu entwickeln..." Schmidt, Geschichte der Deutschen Strafrechtspflege, 1965, S.378.

merkt, in den späteren Auflagen des „ L' Uomo Delinquente" Darstellungen der äußeren Einflüsse auf. Hier werden zahlreiche Faktoren erörtert, denen LOMBROSO letztlich einen Einfluss auf die Kriminalität zubilligt, soweit es sich nicht um die Gruppe der geborenen Verbrecher, bzw. der Epileptoide handle. Einflussfaktoren seien[609]: Klima, Landschaft, Rasse, Kultur, Bevölkerungsdichte, Ernährung, Bildung, Religion, Erziehung, Alter, Geschlecht, gesellschaftliche und berufliche Stellung. In besonderem Maße wird wieder der Alkoholismus hervorgehoben. GINA LOMBROSO berichtet zur letzten Auffassung ihres Vaters vom geborenen Verbrecher: „Aber der „Delinquente Nato" ist nicht das Individuum, das zum Verbrechen durch anatomische, physiologische oder psychische Anomalien prädestiniert ist, sondern ein Mensch, der zur Begehung von Verbrechen durch äußere und innere Umstände, die seine Aggressionsinstinkte stimulieren, getrieben wurde."[610] Darin läge eine entgültige Abkehr vom geborenen Verbrecher, als notwendig zum Verbrechen getriebenen Individuum.

Da LOMBROSO aber eine Gefahr in der Gewichtung der Umweltfaktoren für seine Theorie der körperlichen Ursachen des Verbrechens erkennt, erklärt er in Bezug auf die äußeren Einflüsse, dass deren starke Einwirkung auf den Organismus diese dann in körperliche Ursachen des Verbrechens transformieren würden.[611] Genauso wie LOMBROSO letztlich einen Typus des normalen Verbrechers nicht anerkennen kann, lässt er sich auch, soweit er äußeren Faktoren einen bestimmten Einfluss einräumt, im Ergebnis nicht von seiner monokausalen Theorie der Verbrechensentstehung abbringen,[612] ohne jedoch zu verhindern, dass sich dem aufmerksamen Betrachter nicht die Ausweitung seiner Ansicht enthüllt.[613] Er will sich offensichtlich gerade von jenen distanzieren, die den Umweltfaktoren die größere Bedeutung bei der Verbrechensentstehung einräumen und damit vermeiden, dass seine Lehre ins Abseits gedrängt wird. Das erscheint für einen Vertreter der Medizin auch nicht ungewöhnlich, denn nur die große Bedeutung der individuellen Faktoren ermöglicht es der Medizin und Anthropologie ihre vorrangige Zuständigkeit in der Frage der Verbrechensentstehung und Bekämpfung einzufordern.

[609]Die Aufzählung ist dem Inhaltsverzeichnis der deutschen Ausgabe der letzten Auflage des uomo delinquente entnommen. Dabei tauchen innerhalb der Darstellung der einzelnen Einflüsse auch Darstellungen über Vererbung und Nachahmung auf. Man kann daher der Ansicht recht geben, die LOMBROSOS Darstellung jedenfalls eine gewisse Unordnung vorwirft. Vgl. auch Wolfgang, Lombroso, Pioneers of Criminology, 1960, p.211.
[610]Gina Lombroso, Il tipo di „delinquente nato", La Scuola Positiva, 1968, p.201.
[611]Lombroso, Crime: Ist Causes and Remedies, 1913, S.376.
[612]So auch Wolfgang, Lombroso, Pioneers of Criminology, 1960, S.212, 213, etwas abweichend hingegen Ranieri, Franz v. Liszt und die positive Strafrechtsschule in Italien, ZStW 1960, , S.712 – S.713.
[613] Ranieri betrachtet die zuletzt vertretene Theorie Lombrosos als Symbiose. Ranieri, Franz v. Liszt und die positive Strafrechtsschule in Italien, ZStW 1960, S.714.

V. Verbrechensvorbeugung und die Sterilisationsfrage

Bevor geklärt wird, zu welchen Konsequenzen LOMBROSOS Theorien in Hinblick auf strafrechtliche Grundlagenfragen und das Strafensystem führen, ist vorab zu erwähnen, dass auch er Konsequenzen aus der Anerkennung der sozialen Faktoren zieht. Er macht allgemeine Präventionsvorschläge und erwägt hier z.B., ganz den sozialen Problemen seiner Zeit entsprechend, die Verbesserung der Lebensbedingungen der Bauern, insbesondere durch Abschaffung des Großgrundbesitzes.

Interessant ist an dieser Stelle zudem, wie sich LOMBROSO zur Frage der Sterilisation als Maßnahme der Verbrechensverhinderung durch Unterbildung der Fortpflanzung und damit „künstlichen Auslese" äußert. Man könnte annehmen, dass die Unterbindung der Fortpflanzung dort besondere Anziehungskraft ausübt, wo, wie bei LOMBROSO, von einer dominanten Rolle der ererbten Faktoren ausgegangen wird. Er hingegen ist Gegner der Sterilisation. Für den Verbrecher dürfte dies schon daran liegen, dass er ohnehin in den Fällen des sog. geborenen Verbrechers eine lebenslängliche Internierung vorschlägt. Im übrigen weist er zwar ausdrücklich auf die Vorschläge seines Schülers ZUCCARELLI hin, der die Sterilisation als Mittel der künstlichen Auslese von „entarteten Familien" befürwortet, bevorzugt aber im Vorfeld der Deliktsbegehung eine andere Taktik. Individuen mit starken kriminellen Neigungen sollen mit einer für die Gesellschaft nützlichen und die kriminelle Energie „neutralisierenden" Tätigkeit beschäftigt werden.[614]

VI. Strafrecht nach den Grundsätzen der Antropologia Criminale

LOMBROSO äußert sich zu den Grundlagen des Strafrechts umfassend, wenn sich auch eine starke Ähnlichkeit zu FERRI schwer übersehen lässt. Es ist anzunehmen, dass LOMBROSOS Ansichten zur Verbrechensbekämpfung in weiten Teilen stark von seinem Schüler und Freund beeinflusst werden. Jedoch unterscheidet sich beide insoweit, als LOMBROSO, im Unterschied zu FERRI, den individuellen Verbrechensfaktoren den weit größeren Anteil an der Verbrechensentstehung zuerkennt. Daher sind im folgenden vor allem die Unterschiede zu betrachten.

1. Determinismus und Verantwortlichkeit

In der Frage der Willensfreiheit kommt LOMBROSO, wie FERRI, zwingend zum Determinismus. Aber deshalb sei eine Bestimmbarkeit durch Motive nicht ausgeschlossen. „Verständigen wir uns aber doch. Ich will nicht behaupten, dass im Normalzustande

[614] Vgl. zu LOMBROSOS Ausführungen Schüle, Zum Kampf um die Todesstrafe, Gross Archiv, 1912, S.298 – 303.

der Wille, im Sinne der Metaphysiker, frei sei, aber ich sage, die Handlungsweise ist hier durch Beweggründe und Wünsche bedingt, die dem Gemeinwohl nicht zuwiderlaufen. Die bösen Triebe werden nämlich, wenn sie sich Luft machen, gezügelt von Ruhmbegier, Furcht vor Strafe und Schande, von der Kirche, oder auch durch ererbte und noch mehr, mittels unausgesetzter geistiger Gymnastik gekräftigte gute Sitte. Alles das jedoch vermag nichts über den moralischen Irrsinnigen und dem geborenen Verbrecher - und das ist es, warum die letzteren immer wieder rückfällig werden."[615]
Auch die Frage der Verantwortlichkeit und der Zurechnungsfähigkeit verneint er, ohne jede Differenzierung zwischen seinen verschiedenen Verbrechertypen vorzunehmen. Er beruft sich auf CARRARAS Definition der Zurechnungsfähigkeit. „CARRARA präsumiert vollständige Zurechnungsfähigkeit, wo Intellekt und Wille bei der Begehung der kriminellen Handlung gleichzeitig vorhanden sind...vorausgesetzt, dass dieser Wille nicht aus physischen, intellektiven und moralischen Ursachen herabgesetzt ist....Nun haben wir gesehen, dass es kein Verbrechen gibt, in welchem solche Ursachen fehlen."[616]

Jedoch sprechen diese Feststellungen auch für LOMBROSO nicht gegen das Strafrecht. „Viele, besonders Rechtsgelehrte, erblicken in demselben die gefährliche Tendenz, das Verbrechen aller Verantwortlichkeit und Strafbarkeit zu entziehen – was freilich als ein unbegreifliches Missverständnis bezeichnet werden muss."[617] Statt dessen kommt LOMBROSO zu einer von Verantwortlichkeit und Zurechnungsfähigkeit losgelösten Straftheorie. Dabei kommt es ihm aber nicht darauf an, sich vom Strafbegriff zu lösen, eine Auseinandersetzung erfolgt hier nicht. Für LOMBROSO tritt das Verbrechen „wie eine Naturerscheinung auf, gleich der Geburt, des Todes, der Geisteskrankheit, von welcher es häufig eine traurige Abart bilde."[618] Und seine Theorie ist einfach: „Gibt es eine Notwendigkeit des Verbrechens, so gibt es auch eine Notwendigkeit der Abwehr des Verbrechens, folglich der Strafe, welche sich nach dem Grade der Besorgnis richten muss, die das Individuum einflößt." Und weiter: „Wenn es nicht in der absoluten Notwendigkeit der Dinge läge, wie könnte dann der Mensch das Recht, seinesgleichen zu richten, sich anmaßen?...Mit welchem Recht, wenn nicht mit jenem der Abwehr, schließen wir denn die Geisteskranken ein?"[619]
Und er schließt in einer Antwort auf die Angriffe der klassischen Schule: „...und trotzdem richten sich die Resultate nach den Ansichten von... Männern, die aber die Metaphysik an Stelle der Strategie setzen, und immerfort über Willensfreiheit und Theorie

---

[615]Der Verbrecher, Deutsche Fassung, 1894, S.528.
[616]Lombroso, Ursachen und Bekämpfung des Verbrechens, 1902/1899, S.339.
[617]Lombroso, Ursprung, Wesen, Bestrebungen der anthropologisch-kriminalistischen Schule, ZStW 1881, S.115.
[618]Der Verbrecher, Deutsche Fassung, 1894, S.537.
[619]Und weiter: „Ich höre sagen: wenn man die Zurechnungsfähigkeit leugnet, hat man dann ein Recht zu strafen? Man proklamiert die Unverantwortlichkeit und bestraft dabei! Welche Inkonsequenz, welche Härte! Sollen wir uns von Banditen berauben und morden lassen, weil wir nicht entscheiden können, ob sie sich des Bösen bewusst sind? "Lombroso, Ursachen und Bekämpfung des Verbrechens, 1902/1899, S.339 – 340.

des Strafrechts...nachgrübeln, aber die dringende gesellschaftliche Not außer Acht lassen...vergessen sie, die Ursachen des Verbrechens zu bekämpfen...". [620]

2. Der Zweck der Strafe, Spezialprävention

Dass der Vergeltungsgedanke nicht die Grundlage des Strafrechts bilden könne, ist für LOMBROSO ebenfalls. Wenn das Individuum durch zahlreiche körperliche Minderwertigkeiten zum Verbrecher werde, so müsse dem auch im Strafrecht Rechnung getragen werden. Der Vergeltungsgedanke werde dem nicht gerecht. Er schreibt: „Es könne angesichts der kriminalanthropologischen Ergebnisse nicht angehen, dass das Strafensystem in seiner bisherigen Form immer noch die soziale Rache (vendetta sociale) repräsentiere, anstatt die soziale Verteidigung. Grund dafür sei, dass der Straftäter immer noch als Bösewicht angesehen werde, anstatt als Kranker."[621]

LOMBROSO argumentiert pathetisch gegen den Vergeltungsgedanken. Rache und Vergeltung, die er als atavistische Triebe betrachtet, stehen für ihn auf einer Stufe.[622] „Früher war die Strafe, welche dem Verbrechen angepasst wurde und wie dieses in ihrer derartigen Form atavistischen Ursprungs war, ganz offen Vergeltung oder ein Racheakt."[623] Aufgabe der Strafe sei aber gerade nicht die Tatvergeltung, sondern die an den konkreten Verbrechertypus angepasste Reaktion der Gesellschaft und daher „...muss die Strafe natürlich ihren Charakter ändern und mehr das Wohlergehen der Gesellschaft, als ein dem Schuldige zuzufügendes Leiden erstreben, den Verbrecher und seine Opfer mehr im Auge haben, als das Verbrechen;..."[624] Dies alles, um dem Gesellschaftsschutz als oberstes Ziel zu dienen und damit sei es „...allein die Gefährlichkeit des Verbrechers, die die Reaktion bestimmt."[625]

Genauso wie LOMBROSO den Indeterminismusgedanken ablehnt, spricht er sich auch gegen die Vergeltungstheorie aus. Er vertritt, ganz wie die juristischen Vertreter der Scuola Positiva, eine Präventionstheorie, aber betont noch mehr als schon FERRI den Schutzgedanken als primären Strafzweck. Dies begründet sich aus seiner skeptischen Haltung gegenüber der Besserungsfähigkeit des Rechtsbrechers. Er schreibt: "Welche Logik ist ferner in der neuerdings wieder beliebten Theorie, nach welcher man die Strafe auf die Besserung zu begründen vermeint, während man sehr gut weiß, dass die Besserung des Schuldigen fast immer eine Ausnahme ist und nicht nur nicht bessert, sondern noch mehr verdirbt."[626] FERRIS und LOMBROSOS Skepsis dem Besserungsge-

[620] Lombroso, Ursachen und Bekämpfung des Verbrechens, 1902/1899, S.322.
[621] Lombroso, Ursachen und Bekämpfung des Verbrechens, 1902/1899, S.382.
[622] Lombroso, Pro scuola mea, ZStW 1883, S.470.
[623] Lombroso, Ursachen und Bekämpfung des Verbrechens, 1902/1899, S.382.
[624] Lombroso, Ursachen und Bekämpfung des Verbrechens, 1902/1899, S.345.
[625] Lombroso, Ursachen und Bekämpfung des Verbrechens, 1902/1899, S.382.
[626] Lombroso, Ursachen und Bekämpfung des Verbrechens, 1902/1899, S.343.

danken gegenüber unterscheidet sich in der Ursache. Während FERRI nicht grundsätzlich die meisten Verbrecher für nicht besserungsfähig hält, sondern nur bezweifelt, dass das Strafrecht und der Strafvollzug die geeigneten Mittel zur Besserung seien, klingt bei LOMBROSO zur Begründung seiner Ansicht mehr seine Grundidee von der Verbrechensentstehung durch. Für seine Ansicht kann es nur konsequent sein, dass bei angeborener und nicht oder nur schwer beeinflussbarer Delinquenz der Besserungsgedanke nicht im Mittelpunkt des Strafrechts stehen kann.

Und so lautet LOMBROSOS Antwort für die Grundlagen des „neuen Strafrechts“: „Es bietet die Theorie, welche das Recht der sozialen Verteidigung an die Stelle der theologischen Sündetheorie und die Gefährlichkeit des Verbrechers an die Stelle des freien Willens setzt, endlich eine feste Grundlage für die Philosophie des Strafrechts...“[627] LOMBROSO übernimmt hier FERRIS Kriterium der Gefährlichkeit, ohne dass eine weitere Auseinandersetzung folgt. Interessant ist auch, dass er noch nicht einmal eine Klarstellung für notwendig erachtet, wie sich das Kriterium der Gefährlichkeit zu seiner Tätertypologie verhält.

3. Verbrechertypologie und kriminalpolitische Forderungen

Weit intensiver als der Begründung der abstrakten Grundlagen für sein neues Strafrecht, widmet sich LOMBROSO der Untersuchung, welche „Bestrafung“ für seine einzelnen Verbrechergruppen geeignet sei.

a. Die „Epileptoide“

Mit welchem Anteil im Rahmen der Gesamtkriminalität bei dieser Gruppe zu rechnen ist, beantwortet LOMBROSO 1896 mit 40%[628] und später mit 33%[629].

aa. Die irrige Ansicht der Milde der anthropologischen Auffassung

LOMBROSO stellt zunächst klar, dass man einen Unterschied machen müsse, je nachdem welchen Verbrechertypus man vor sich habe, den „Delinquente Nato“ und nichts anderes gelte für die gesamte Gruppe der „Epileptoide“ oder den „Delinquenti Occasionali“ bzw. den „Criminali per Passioni“. Die Strafe müsse der Natur des Verbrechers Rechnung tragen.[630]

---

[627] Lombroso, Der Verbrecher, 1894, S.XXVII.
[628] Lombroso,L'uomo Delinquente, 1896/1897, 1.Parte, p. 68 – 69.
[629] Lombroso, Crime: Its Causes and Remedies, p.365.
[630] Wolfgang, Cesare Lombroso, Pioneers of Criminology, 1960, S.214.

Wie sich schon gezeigt hat, spricht sich LOMBROSO dafür aus, dass das neue Strafrecht den Straftäter als Kranken und nicht mehr als Bösewicht ansehen müsse. Hier meint er vor allem seine Gruppe der Epileptoide. Diese Aussage stößt auf heftige Kritik. Es handelt sich um selbige Kritik, die von den Vertretern der klassischen Schule grundsätzlich gegen die modernen Strafrechtsschulen in Deutschland und Italien erhoben wird. Es ist der Vorwurf, der Verbrecher werde zu milde behandelt und schon gar nicht könne es sein, den Verbrecher plötzlich als Kranken zu betrachten. LOMBROSO wendet sich gegen diese Kritik und macht deutlich, dass die veränderte Anschauung des Verbrechers nicht mit Milde in der Betrachtung des Verbrechensproblems gleichgesetzt werden dürfe. Auch im folgenden wird sich zeigen, dass tatsächlich von „Milde" in der LOMBROSISCHEN Theorie nicht gesprochen werden kann.[631] Zwar ist LOMBROSO der Ansicht, man müsse der Minderwertigkeit der Verbrecher in besonderem Maße Rechnung tragen. Er stellt jedoch sofort klar, dass dies nicht mit einer Herabmilderung der Strafen gleichzusetzen sei.

Unter dem Stichwort „Irrtümliche Theorien" widerlegt er dann ausdrücklich die Behauptung, „dass unsere neuen anthropologischen Auffassungen durch den Nachweis der sehr großen Häufigkeit der Geisteskrankheiten und geistigen Entwicklungsstörungen bei den Verbrechern und folglich ihrer absolut geringeren Verantwortlichkeit, unvermeidlich zur Herabmilderung der Strafe führen müsse...Sie (die Gegner) haben dabei nicht erkannt, dass die neuen anthropologischen Begriffe nur die Schande des geborenen Verbrechers herabsetzen, uns aber zwingen, gleichzeitig die Absperrung zu verlängern, denn je unverantwortlicher die Verbrecher sind, desto mehr sind sie zu fürchten, da ihre atavistisch angeborenen kriminellen Neigungen nur durch Zuchtwahl oder Absperrung neutralisiert werden können."[632]

Ein ähnlicher Ansatz findet sich auch bei dem deutschen Anatomieprofessor MAX FLETSCH.[633] Dieser macht jedoch eine Aussage, die von allen übrigen Medizinern tun-

---

[631]Kann man vielleicht bei einem LIVI noch von dem Versuch sprechen, gegen den Verbrecher Milde walten zu lassen, so finden sich bei Lombroso dies Ansätze nicht.

[632]Lombroso, Ursachen und Bekämpfung des Verbrechens, 1902/1899, 9. Kapitel, Das Verbrechen und seine Bekämpfung Wunderlichkeiten und Widersprüche in der Rechtspflege, S.314 – S.325, S.322.

[633]Soweit der Lebenslauf von MAX FLETSCH nachvollzogen werden kann, habilitiert dieser in Anatomie an der Universität in Würzburg, insgesamt von 1874 – 1882 Assistenz in Würzburg. Er wird 1882 als ordentlicher Professor an die Tierarzneischule nach Bern berufen, um 1888 in die ärztliche Praxis zurückzukehren. Interessant ist der Blick auf seine Veröffentlichungen (soweit überschaubar, aus diesen ergibt sich weiterführend, dass FLESCH auch häufig in Tageszeitungen zu aktuellen Rechtsfällen veröffentlicht hat): zwischen 1881 – 1888 setzt er sich insbesondere mit Schädelmissbildungen auseinander, insbesondere mit der Untersuchung von Verbrechergehirnen. Zu nennen sind hier stellvertretend: Über Schädelmissbildungen. In S.-B. med..Phys.Ges. Würzburg, 1874; Über Verbrechergehirne, S.-B. med. Phys. Ges. Würzburg, S.50 – 60, und S.155 (1881); Über den pathologischen Befund am Hirn von Verbrechern und Selbstmördern. In: Corr. Bl. Schweizer. Aerzte Bd. 14 Nr l (1884), Zur Causalistik anormaler Befunde an Gehirnen von Verbrechern und Selbstmördern, in: Arch. Psych. Nerv. 1885, S.689 – 697. Nach 1888 veröffentlicht FLESCH nur noch selten. Zwischen 1927 und 1929 erscheint dann drei Veröffentlichungen zur Frage der Todesstrafe: Die Todesstrafe im Lichte ärztlicher Betrachtung, in: Westdeutsche Ärztezeitung Nr.6; 1927, S.142; Gehirn und Veranlagung des Verbrechers, Beiträge zur Aufhe-

lichst vermieden wird. Er spricht aus, das diese „Kranken" nicht mehr „bestraft" werden können. Denn auch seine Forschung führt ihn zu dem Ergebnis, dass sich unter den Verbrechern ein großer Teil befinde, dem eine physiologische Minderwertigkeit infolge ererbter Anlage oder erworbener Defekte anhafte, auch wenn er deren Erkennbarkeit im frühen LOMBROSOSCHEN Sinne ablehnt: „Es gibt keinen Verbrecherschädel und kein Verbrechergehirn; beide sind aber oft atypisch, d.h. anders als Schädel und Gehirn des Durchschnittsmenschen. ... Als feststehend kann heute betrachtet werden, dass für einen großen Teil der Verbrecher eine physiologische Minderwertigkeit infolge ererbter Anlage oder erworbener Defekte nachgewiesen ist, während bei anderen der Einfluss ungünstiger sozialer Verhältnisse das Entgleisen von der normalen Bahn bewirkt hat."[634] Und für deren „Behandlung" kommt er zu der Aussage: „Aber bestrafen für seinen abnormen Zustand können wir den Kranken nicht. Wir können das unsrige dazu tun, dass wir gegen die Schädigungen, die zu abnormer angeborener oder erworbener Beschaffenheit führen, ebenso vorbeugend vorgehen, wie gegen tuperkulöse Veranlagungen...Abnorm veranlagte Individuen, bei denen die Rückführung zur Norm nicht möglich ist, müssen vor sich selbst und die Gesellschaft vor ihnen geschützt werden. Der einfachste selbstverständlichste Weg dazu ist die Isolierung aus der Gesamtheit, die Verwahrung....Leider sind wir von der Auffassung des Verbrechers als verwahrungsbedürftigen Kranken noch weit entfernt. Gegenstand der Rechtspflege, d.h. der Verhütung neuer Untaten, in Verbindung mit ausgleichender Entschädigung für den Geschädigten und erzieherische Behandlung des Verbrechers, muss der asoziale Mensch, der kranke Psychopath, der ungenügend erzogene Minderwertige, der erblich belastete Unglückliche sein."[635]

Ähnlich in der Frage der Veranlagung des Verbrechers ist auch der Standpunkt EMIL LOBEDANKS[636]: „...können wir nicht umhin, wenigstens die Wahrscheinlichkeit zu-

---

bung der Todesstrafe und zur Einführung eines Verwahrungsgesetzes, 1929, Sind Psychopathen zurechnungsfähig? Eine Frage zum Mordprozess Hopp, in: MschrKrim, Bd.20, 1927, S.732 – 734.

[634]Aus Feuilleton der Frankfurter Zeitung 1895 ,zitiert nach Abdruck in: Gehirn und Veranlagung des Verbrechers, S.67. Auch 30 Jahre später bleibt er bei dieser Aussage. Gehirn und Veranlagung des Verbrechers, Beiträge zur Aufhebung der Todesstrafe und zur Einführung eines Verwahrungsgesetzes, 1929, S.67.

[635]Gehirn und Veranlagung des Verbrechers, Beiträge zur Aufhebung der Todesstrafe und zur Einführung eines Verwahrungsgesetzes, 1929, S.132, S.148.

[636]Von EMIL LOBEDANK, Stabsarzt in Hann, erscheint 1906 eine 88 Seiten umfassende Abhandlung mit dem Titel: Rechtsschutz und Verbrecherbehandlung – Ärztlich – Naturwissenschaftliche Ausblicke auf die künftige Kriminalpolitik. Das Wesen des menschlichen Geisteslebens und das Problem der Strafe, Jur. Psy. Grenzfr., Bd. 10, 1914-19. In beiden Schriften vertritt LOBEDANK ausschließlich Ansichten, wie sie bereits bei LOMBROSO, NÄCKE, KRAEPELIN oder ASCHAFFENBURG aufgezeigt wurden. Fast man seinen Standpunkt kurz zusammen, so habe „Die medizinische Forschung...die Unhaltbarkeit des Indeterminismus und der Annahme von der Willensfreiheit bewiesen"(S.15). Die Vergeltungstheorie lehnt er ab und der Täter soll in den Fordergrund der Betrachtungen treten. Der Determinismus führe dazu „des Verbrechers mehr mit Mitleid als mit Zorn zu gedenken" Dennoch bleibe der Gesellschaftsschutz oberstes Ziel: „Wir fordern sogar für manche derselben, die wir als sozial unbrauchbar erkannt haben eine in gewissen Beziehung rücksichtslosere Behandlung, als nach dem zur Zeit geltenden Strafrecht möglich ist. Ebenso wie der Staat zweifellos das Recht hat, gegen gemeingefährliche Geisteskranke, auch gegen deren Willen einzuschreiten, obwohl diese „ohne Schuld" sind, darf er im Interesse

zugeben, dass es geborene Verbrecher gibt, d.h. Individuen, welche infolge ihrer Veranlagung der Verbrecherlaufbahn nicht entrinnen können.[637] Dass deshalb auch von „Strafe“ keine Rede sein könne, wie dies FLETSCH befürwortet, lehnt er jedoch ab, „Im übrigen wird viel darüber gestritten, ob die verbrecherisch veranlagten Individuen als Kranke zu behandeln seien oder nicht. Im übrigen dürfte nicht zu bezweifeln sein, dass... die Strafe die beste Behandlung ist.“[638]

bb. Die strafrechtliche Behandlung und präventives Ausscheiden?

Was die strafrechtliche Behandlung der Gruppe der Epileptoide betrifft, ist LOMBROSO konsequent. Da diese Gruppe nach seiner Ansicht unverbesserlich ist, könne es nur noch um effektive Gesellschaftssicherung gehen. „Wo das Verbrechen nur eine unvermeidliche Folge einer bestimmten organischen Veranlagung ist, ist es unheilbar, es ist auch durch Gefangenschaft und Unterricht nicht zu bessern; vielmehr bedingen gerade diese Maßregeln die regelmäßige Rückfälligkeit, gleichviel unter welchem Strafensystem.“[639]

Und auf die Angriffe seitens der klassischen Strafrechtsschule antwortet er, wobei er plötzlich von der Terminologie Strafe zur Maßregel wechselt, wohl um zu betonen, dass es sich nun um eine Maßnahme auf unbestimmte Dauer handle: „...was die Verbrecher von Geburt anbetrifft, so ändert sich ihre Lage nur insofern, als für dieselben zum erfolgreichen Schutze der öffentlichen Sicherheit, eine lebenslange Gefangenschaft in Anspruch genommen wird, welcher nur der Name Strafhaft fehlt. Jedenfalls sichert eine solche Maßregel viel besser das Publikum, welches durch die sofortige Befreiung...nach abgebüsster Strafe, einem theoretischen Prinzipe zuliebe freiwillig den Streichen dieser gemeinschädlichen Menschen preisgegeben wird...“[640]

Was dann LOMBROSOS Verschmelzungstheorie von epileptischen, geborenen und moralisch irren Verbrechern betrifft, „gesteht“ er anlässlich heftiger Kritik, dass er selbst vor dieser Verschmelzung zurückgeschreckt sei und formuliert seine Bedenken dahin, „... dass das Zusammenwerfen des Verbrechens und Irrsinns eine große Gefahr für die

der Gesellschaft die Rechtsverletzer bestrafen, ohne dass er gezwungen ist, den überlieferten Schuldbegriff aufrecht zu erhalten. Wenn er es für nützlich hält, darf er die unverbesserlichen Verbrecher aus der Gesellschaft aussondern und gegen die anderen Maßregeln verhängen, von welchen er sich eine vorbeugende und erzieherische Wirkung verspricht.“(S.22) Aber das Strafrecht verschwinde vom deterministischen Standpunkt aus nicht: „Wenn vielleicht jemand einwenden wollte, dass wir bei unserer deterministischen Auffassung eine vorbeugende und erzieherische Wirkung von Strafen nicht erwarten können, da ja nach unserem Dafürhalten alle Handlungen, vor allem von der jeweiligen, nicht frei erwählten Beschaffenheit des Gehirns abhängig seien, so müsste ich ihn daran erinnern, dass die Gehirnbeschaffenheit wiederum durch die Erfahrung beeinflusst wird.“(S.23).

[637] Lobedank, Verbrecherbehandlung, Grenzfr. Nerv. Seele, 1906, S.15.

[638] Lobedank, Rechts Verbrecherbehandlung, Grenzfr. Nerv. Seele, 1906, S.15.

[639] Lombroso, Pro scuola mea, ZStW, 1883, S.458.

[640] Lombroso, Pro scuola mea, ZStW, 1883, S.458.

sozialen Zustände birgt." Aber er schreibt weiter „(Es)...schwinden immer mehr die Unterschiede, die ich zwischen beiden Zuständen gefunden zu haben glaubte...Der Umstand ferner, dass die Kriminalirrenhäuser völlig den Gefahren abhelfen, welche sonst aus dieser Verschmelzung für die öffentliche Sicherheit hervorgehen könnte, hat vollständig meine Zweifel beseitigt."[641] Der moralisch irre Verbrecher, die Epileptoide, aber wie sich zeigen wird auch die (übrigen) geisteskranken Verbrecher sollen gleichermaßen in die Kriminalirrenanstalt überwiesen werden. LOMBROSOS Argumentation wird dann undurchsichtig, wenn er, wohl in der Erkenntnis, dass ansonsten viele Verbrecher aus der Gruppe der Epileptoide in die Kriminalirrenanstalt zu übergeben wären, noch vorschlägt, wenigstens die weniger Gefährlichen unter ihnen einem nützlicheren Zweck zuzuführen. Er hat keine Zweifel, dass seine Kriminalanthropologie diese Unterscheidung treffen könne.[642]

Zusammengefasst bleibt damit als Konsens jedenfalls der Vorschlag einer lebenslangen Inhaftierung. LOMBROSO spricht dies aus, während viele andere bei ihrer Gruppe der Unverbesserlichen jedenfalls die Möglichkeit der Besserungsfähigkeit während der unbestimmten Verurteilung offen lassen und eine Grenzziehung zu Geisteskrankheiten betonen. Bei LOMBROSO hingegen bricht wieder sein Glaube vom nicht heilbaren, geborenen Verbrecher durch und insoweit ist sein Ansatz auch konsequent.

Stellt man an dieser Stelle die Frage, ob sich LOMBROSO auch für ein präventives Ausscheiden seiner Epileptoide ausspricht, noch bevor diese ein Verbrechen begehen, zeigt sich, dass er sich mit dieser Idee überhaupt nicht auseinandersetzt. Dies ist umso erstaunlicher, als sich sein Gedanke der Gesellschaftssicherung so in effektivem Maße verwirklichen ließe. Das Verbrechen scheint Voraussetzung der staatlichen Reaktion zu bleiben: „Ferner muss,...für den geborenen Verbrecher das erste Verbrechen, wenn es schwer ist, zur Verurteilung zu immerwährender Haft genügen...".[643]

Insgesamt wird sich zeigen, dass sich von Seiten der betrachteten Mediziner keiner mit dem Gedanken des präventiven Ausscheidens auseinandersetzt,[644] ein Gedanke, den

---

641 Lombroso, Pro scuola mea, ZStW 1883, S.458

642 „Aber wir sollten sein endgültiges Ausscheiden nur auf der Basis der neuen anthropologischen Wissenschaft fordern, die in ihren einzelnen Ergebnissen eine große Hilfe leisten kann, die speziellen Tendenzen des Kriminellen zu erkennen, um über diesen zu verfügen und die weniger sozialfeindlichen unter ihnen noch nützlich zu machen." Crime: Ist Causes and Remedies, S.448

643 Lombroso, Ursachen und Bekämpfung des Verbrechens, 1902/1899S.373

644 Einzig LOBEDANK, der wenigstens die Wahrscheinlichkeit annimmt, dass es geborene Verbrecher gibt, teilt mit, dass ein präventives Ausscheiden undenkbar sei: „Aber wohlverstanden! Wir dürfen nie vergessen, dass wir keine sicheren Anhaltspunkte haben, um im konkreten Fall einen Menschen als geborenen Verbrecher zu bezeichnen, bevor er unzweideutig Beweise seiner verbrecherischen Eigenart gegeben hat. Damit entfällt gänzlich die Befürchtung, dass das Eindringen des Determinismus in die Rechtspflege für unbescholtene Individuen die Gefahr berge, wegen gewisser körperlicher und geistiger Eigentümlichkeiten als „Verbrecher" angesehen und prophylaktisch eingesperrt zu werden. Die prophylaktische Internierung Unbescholtener wird auch in Zukunft,

FERRI andenkt, der vom Standpunkt einer konsequenten Präventionstheorie denkbar ist und der von vielen befürchtet wird, als LOMBROSO die These vom geborenen Verbrecher verkündet.

b. Geisteskranke Verbrecher

Interessant ist noch die Stellung der geisteskranken Verbrecher in LOMBROSO System. Ihre Sicherung werde durch Überweisung in die sog. Kriminalirrenanstalt, notfalls auf Lebzeit erreicht. „Unschädlichmachen" ist das Stichwort für den gefährlichen Geisteskranken wie für den Epileptoiden.[645] Zudem sei diese Reaktion auf geisteskranke Verbrecher geeignet, allen anderen Verbrechern die Lust zu nehmen, Geisteskrankheiten zu simulieren. Zwar vermeidet es LOMBROSO, sich ausdrücklich dafür auszusprechen, dass auch die verbrecherischen Geisteskranken dem Strafrecht unterfallen sollen, er verweist jedoch zustimmend auf FERRI und GAROFALO: „Die mutigen Juristen der neuen Schule, FERRI und besonders GAROFALO waren es, die von Anfang an es erkannten, dass gewisse gefährliche Geisteskranke wie Verbrecher anzusehen seien..."[646]. Zudem zeige gerade die Möglichkeit der Verurteilung zur Verbringen in ein sog. Kriminalirrenhaus, dass keine Bedenken bestehen. Und so sollen insbesondere in die Kriminalirrenanstalt überwiesen werden, alle „Angeklagten, welche ganz ungewöhnlicher oder entsetzlicher Verbrechen beschuldigt sind, für welche sich kein Motiv auffinden lässt und in betreff deren der Verdacht des Irrsinns oder wenigstens einer schweren Hirnerkrankung nahe liegt..."[647]. Zuletzt betont LOMBROSO: „Der geisteskranke „sogenannte" Kriminelle ist ein Objekt der sozialen Abwehrmaßregeln, wie der wirklich Kriminelle."[648] Ausdrücklich für ein einheitliches Sicherungsrecht, wie es FERRI favorisiert, spricht sich LOMBROSO jedoch nicht aus.

c. Die delinquenti occasionali, delinquenti passionali, delinquenti abituali

Für die strafrechtliche Behandlung kommt LOMBROSO dann, gerade in Hinblick auf den Gelegenheitsverbrecher, bei dem weniger körperliche Minderwertigkeit und Degeneriertheit vorliege, zu der Aussage, dieser solle nach dem „herkömmlichen" Strafrecht beurteilt werden.[649] Es hat den Anschein, als biete er seinen Kritikern gerade auf juristischer Seite ein Kompromissangebot an, wie es auch schon bei V. LISZT aufge-

---

wie heute, nur ausgesprochen Geisteskranke treffen." Lobedank, Rechtsschutz und Verbrecherbehandlung Grenzfr. Nerv. Seele, 1906, S.15.

[645] LOMBROSO betont, dass es Fälle gebe, wo die Grenze zwischen Irrsein und Verbrechen so subtil sei, dass man sie nicht gut nachweisen könne, während in noch anderen dieselbe gar nicht existiere. Lombroso, Die neue anthropologische Schule in Italien, ZStW 1881, S.113.

[646] Lombroso, Cesare, Der Verbrecher, 1890, S.259.

[647] Vgl. auch zu den weiteren Anwendungsfällen: Lombroso, Ursachen und Bekämpfung des Verbrechens, 1902/1899, S.376 – S.377.

[648] Lombroso, Ursachen und Bekämpfung des Verbrechens, 1902/1899, S.375.

[649] Lombroso , Cesare, Pro scuola mea, ZStW, 1883, S.458.

zeigt wurde. Was dann aber tatsächlich unter „herkömmlichem Strafrecht" gemeint sein soll, ist nichts anderes als die revolutionäre Forderung nach unbestimmter Verurteilung[650] zu einer Inhaftierung in einem Kriminalasyl oder Gefängnis[651], wobei allein die Einzelhaft für sinnvoll erachtet wird.[652] Diese Reaktion solle nur dann nicht gelten, wenn bereits die Verpflichtung zur Wiedergutmachung des Schadens[653] ausreiche. Unter Umständen könne aber auch ganz von Strafe abgesehen werden und LOMBROSO stellt nochmals klar: „Das gleiche Delikt muss verschieden bestraft werden, je nachdem, ob es von einem geborenen Verbrecher, einem Kriminaloiden, oder einem Gelegenheitsverbrecher begangen wird, bei letzterem sogar oft straflos bleiben."[654] Mit dieser Forderung nach Straflosigkeit vertritt er ein konsequent spezialpräventiv ausgerichtetes Schutzstrafrecht. Gerechtigkeitsbedenken hat er dabei nicht und auch generalpräventive Argumente werden nicht erwogen.

An anderer Stelle befürwortet LOMBROSO noch eine Vielzahl weiterer Strafmittel, insbesondere um kurze Gefängnisstrafen zu umgehen, wie körperliche Strafen, Zwangsarbeit, Hausarrest, Verweisung und Geldbussen, sowie die „provisorische Freilas-

---

[650]Zur unbestimmten Verurteilung schreibt er, und seine Aussagen klingen hier modern und fortschrittlich: „Die Durchführung der Verurteilung sollte als die logische und natürliche Fortführung der richterlichen Arbeit betrachtet werden, als ein Element des praktischen Schutzes durch spezielle Organe. Die Kommission zur Durchführung des Urteils sollte aus Kriminalanthropologen, einer Vertretung des Richters, dem Verteidiger und dem Staatsanwalt bestehen. Diese Männer, zusammen mit den Verwaltungsangestellten, würden für humanitäre Arbeit sorgen, die nun für den Schutz der Gesellschaft gegen verfrühte Freilassung wie des Individuums gegen den Vollzug einer sich im konkreten Fall zu exzessiven Reaktion steht, nicht für das Vernachlässigen und Vergessen des Gefangenen, sobald der Urteilsspruch erfolgt ist." Lombroso, Crime: Its Causes and Remedies, p.386 – 387, vgl. auch Lombroso, Ursachen und Bekämpfung des Verbrechens, 1902/1899, S.347.

[651]„ ...die Strafdauer (muss) eine unbestimmte sein und eine gewisse Vielgestaltigkeit besitzen....sie ist verschieden zu gestalten, je nachdem ob es sich um eine Verbrechernatur, einen Leidenschafts- oder einen Gelegenheitsverbrecher handelt....soll der Richter die Absonderung auf unbestimmte Zeit aussprechen, in einer Kriminal-Irrenanstalt, in einer Anstalt für Unheilbare oder in Einrichtungen (Ackerbaukolonien oder Gefängnisse) für Gelegenheitsverbrecher..." Lombroso, Ursachen und Bekämpfung des Verbrechens, 1902/1899, S.346.

[652]LOMBROSO befürchtet, ohne Einzelhaft die Entstehung verbrecherischer Vereinigungen. Außerdem solle kein Unterricht im Lesen stattfinden. LOMBROSO hat Angst bei höherer Bildung könne der Verbrecher seine verbrecherischen Taten noch besser ausführen. Lombroso, Die neue anthropologische Schule, ZStW 1881, S.114.

[653]Bei dieser Opferentschädigung solle das Opfer einen rechtlichen Anspruch auf einen Teil des Geldes erhalte, dass der Gefangene während seiner Strafarbeit verdient. Vgl. Lombroso, Ursachen und Bekämpfung des Verbrechens, 1902/1899S.346.

[654]Lombroso, Ursachen und Bekämpfung des Verbrechens, 1902/1899, S.369. Vor allem für den wahren Leidenschaftsverbrecher plädiert er für eine äußerst geringe oder gar ein Absehen von Strafe. „Für die wahren Leidenschaftsverbrecher sind die Selbstvorwürfe schon die größte Strafe, Geldstrafe, gerichtlicher Verweis, Trennung vom Aufenthaltsort oder von den betroffenen Personen werden genügen, um die Gesellschaft vor ihnen zu schützen...." S.366. Zu den Leidenschaftsverbrechern zählen vor allem die „wahren politischen Verbrecher", die nicht von anthropologischen Anomalien, sondern von absoluten, altruistischen, edlen Gefühlen geleitet werden, wobei vielfach die Verbannung die geeignete Strafe sei, da ihre Tat nicht durch einen momentanen Fanatismus, sondern durch ihre feste Überzeugung bedingt werde. Lombroso und Laschi.: Der politische Verbrecher und die Revolution, 189, S.166 – 167; vgl. auch Lombroso e Laschi, La pena nel delitto politico, Archivio,1890, p.130 – 180

sung"[655] um eine möglichst geeignete Anpassung der Sanktion an den Rechtsbrecher zu gewährleisten.

VII. LOMBROSOS Standpunkt zur Todesstrafe

Zuletzt stellt sich nun die Frage, wie sich LOMBROSOS Einstellung zur Frage der Todesstrafe verhält. Es wird sich zeigen, dass das Dargestellte für seine Argumentation zur Todesstrafe in mehrfacher Hinsicht Auswirkungen hat, die er mehr oder weniger konsequent auch umsetzt.
Da für ihn der primärer Zweck jeglicher stattlicher Reaktion auf diese Individuen der Gesellschaftsschutz ist, bleibt er diesem Standpunkt der Gesellschaftsverteidigung auch in der Frage der Todesstrafe treu. Er vertritt ihn insoweit konsequent: Die Todesstrafe sei dort zu verhängen, wo es die soziale Verteidigung notwenig mache. Zudem gelte für die Rechtfertigung der Todesstrafe nichts anderes als für andere Strafen auch. LOMBROSO schreibt: „wenn das Recht nicht von der Notwendigkeit der Verteidigung sich herschreibt, so haben wir auch keines, sie ihrer Freiheit zu berauben..."[656].

Wenig überraschend findet er den Adressaten der Todesstrafe bei seinen geborenen Verbrechern: „Die Tatsache, dass es zum Bösen geschaffene Wesen gibt, wie die geborenen Verbrecher, rückschlägige Wiedergeburten nicht bloß der wildesten Menschen, sondern auch der reißensten Tiere, wappnet uns, weit entfernt wie man behauptet, uns nachsichtiger gegen sie zu machen, gegen jedes Mitleid, denn unsere Tierfreundlichkeit geht nicht so weit, dass wir unser Leben für sie opfern, wie die indischen Fakire."[657] Und so bleibe unter Umständen „...nur noch die äußerst traurige, aber sichere Selektion übrig, die Todesstrafe." [658] LOMBROSOS bildhafte Ausdrucksweise wird sich auch nochmals bei NÄCKE finden. Vom Verbrecher wird damit ein Bild gezeichnet, nach dem er mehr den Tieren als der menschlichen Gesellschaft anzugehören scheint und mit diesem Vergleich soll auch die Frage ihrer Tötung unter einem anderen Licht erscheinen. Ähnlich äußert sich dazu auch LOBEDANK: „Vom Standpunkt des Sühnetheoretikers ist die Todesstrafe jedenfalls durchaus angemessen. Aber auch wir Deterministen haben gegen sie keine wesentlichen Bedenken. Denn unsere Auffassung von der Schuld der Mörder hindert uns nicht, die radikale Beseitigung so gefährlicher Individuen für wünschenswert zu halten. Wir vernichten ja auch schädliche Raubtiere, auch wenn diese sicher frei vor Schuld sind."[659]

[655] Lombroso, Die neue anthropologische Schule, ZStW 1881, S.114.
[656] Lombroso, Troppo presto, in: Appunti al nuovo codice penale, p.23.
[657] Lombroso, Ursachen und Bekämpfung des Verbrechens, 1902/1899, S.387.
[658] Lombroso, Ursachen und Bekämpfung des Verbrechens, 1902/1899, S.381.
[659] Lobedank, Rechtsschutz und Verbrecherbehandlung, Grenzfr. Nerv. Seele, 1906, S.40. Vgl. auch Lobedank, Das Problem der Seele und der Willensfreiheit, ZStW, Bd. 31, 1911, S.424 – 466. Wenn LOBEDANK dann auch noch davon ausgeht, dass die Verwandten des Mörders nur einen Wunsch haben können, dass das furchtbare Vergehen ihres Familienmitglieds gesühnt werde. „Ist dies geschehen, ist die vollste Sühne eingetreten, dann

Aber LOMBROSOS Standpunkt radikalisiert sich noch weiter, wenn er, in Fortsetzung der dargelegten Verschmelzungstheorie, sich auch für die Hinrichtung gefährlicher Geisteskranker ausspricht. Zwar ist ihm bewusst, dass er mit dieser Auffassung mit allen herkömmlichen Betrachtungen bricht. Er führt jedoch aus, dass sich seine ursprünglichen Bedenken, einen geisteskranken Verbrecher aus Gründen des Gesellschaftsschutzes hinzurichten, relativiert hätten und glaubt daran, dass die „natürliche Abneigung" unter der Herrschaft der Schutztheorie abnehme und man bei der Hinrichtung nur noch die notwendige soziale Verteidigung betrachte.[660]

Selbst die radikalsten Befürworter der Todesstrafe unter den Medizinern folgen LOMBROSO hier nicht. Nicht einmal LOBEDANK, der wie noch aufgezeigt wird, die Todesstrafe gerade in Hinblick auf die „vermindert Zurechnungsfähigen" befürwortet, bezeichnet es als Justizirrtum, wenn „echt Geisteskranke" hingerichtet werden.[661] Zu notieren ist dabei aber, dass für ihn diese Gefahr gering ist und keinesfalls ein Argument gegen die Todesstrafe darstelle.

Erstaunlich erscheint an dieser Stelle, dass eine Reaktion auf diese radikale Verfolgung des Sicherungsgedankens ausbleibt, gerade in Anbetracht der Tatsache, dass auf der anderen Seite LOMBROSOS Verbrecherthesen immerwährender Kritik ausgesetzt sind. Einzig der Psychiater ANTONINI[662] stellt ohne Auseinandersetzung fest, LOMBROSO hege für seine Gruppe der sog. geborenen Verbrecher keine großen Sentimentalitäten, sondern sehe vielmehr gerade hier einen Anwendungsbereich der Todesstrafe.[663]

Wenn man die Ausführungen LOMBROSOS weiter verfolgt, schwächt sich jedoch diese radikale Position etwas ab. Er schränkt den Anwendungsbereich auf wenige Ausnahmefälle ein. Die Todesstrafe solle nur die „furchtbarsten Übeltäter" treffen. Interessent ist es, am Beispiel des Morddeliktes zu verfolgen, wie weitgehend sich LOMBROSO von jedem Vergeltungsgedanken entfernt und tatsächlich allein auf den direkten Gesellschaftsschutz fokussiert.

LOMBROSO bezieht die Todesstrafe grundsätzlich auf den Mordtatbestand, da dieser von den „furchtbarsten Übeltäter" begangen werde, aber stellt zugleich klar, dass diese

---

sind sie auch in den Augen der menschliche Gesellschaft von der tiefsten Sühne befreit" fühlt sich ein anderer Mediziner, DR. HANAUER, in der MonKrim herausgefordert, LOBEDANKS Argumentationen entgegenzutreten. Er wirft ihm „mittelalterliche Anschauungen" vor und verurteilt viele Aussagen als „lapidar". Dr. Hanauer, Neue „Argumente" für die Todesstrafe, in: MonKrim, Bd. 9, 1912/13, S.359 – 361.

[660] Lombroso und Bianchi, Misdea e la scuola penale, 1884, p.110 – p.111.

[661] Lobedank, Rechtsschutz und Verbrecherbehandlung, Grenzfr. Nerv. Seele, 1906, S.40.

[662] GIUSEPPE ANTONINI ist einer der italienischen Psychiater und Leiter der Irrenanstalt von Udine, der sich an der Entwicklung der Antropologia Criminale beteiligt. Vgl. Zu ANTONINI auch unten Teil 3 H IV.

[663] Antonini, I Principi Fondamentali della Antropologia, 1906, p.120.

Schlussfolgerung keinesfalls automatisch zutreffe. Zwar schreibt er: „Welche Verteidigung bleibt der Gesellschaft gegen den rückfälligen Mörder der seine Wächter tötete oder sie mit neuen Schandtaten bedrohte.“ Aber an anderer Stelle will er bei manchen Mördern jedenfalls von jeder schweren Strafe absehen. Dies gelte vor allem für „echte politische Verbrecher“, „für welche nicht nur die schwerste, sondern sogar jede schwere Strafe erspart bleiben muss...und zwar besonders weil viele von ihnen, wenn es keine Fanatiker sind, geisteskrank sind und ins Hospital und nicht aufs Schafott gehören, und weil, selbst wenn sie kriminell sind, ihr Altruismus sie größter Achtung würdig macht, und sie der Gesellschaft nützlich gemacht werden können, wenn ihr Fanatismus in eine andere Richtung gebracht werden kann.“[664] Die Todesstrafe sei aber auch schon deshalb abzulehnen, weil der „echte politische Verbrecher“ niemals der Typus des geborenen Verbrecher sei.[665] Generalpräventive Bedenken hegt er bei diesem Zurückdrängen der Strafe nicht. LOMBROSOS Standpunkt wird nach seinem Tod von seiner Tochter GINA LOMBROSO – FERRERO nochmals klargestellt, die sich dagegen wert, dass ihr Vater hinsichtlich der Wiedereinführung der Todesstrafe bei politischen Delikten von „zahlreichen Journalen“ als Befürworter bezeichnet wird.[666]

Unklar bleibt jedoch, ob tatsächlich seine Forderungen für den politischen Verbrecher von der Auffassung getragen sind, dass die Gesellschaft in diesem Fall nicht geschützt werden müsse, oder ob es nicht die Bewunderung ist, die er den „echten“ politischen Verbrechern entgegenbringt. Sogar der geisteskranke politische Verbrecher scheint „harmlos“ zu sein und in ein Krankenhaus und nicht in die „Kriminalirrenanstalt“ zu gehören.

Aber LOMBROSO erkennt noch einen weiteren Aspekt der Todesstrafe, die Problematik ihrer Wirkung auf die Umwelt, die bereits bei LIVI eine entscheidende Rolle gespielt hat. Während sie bei diesem jedoch entscheidend gegen die Todesstrafe spricht, kommt LOMBROSO zu einem anderen Ergebnis. Er gesteht zwar ein, dass es wahr gewesen sei, dass, wo man es mit der Grausamkeit der Strafen übertrieben habe man „die Neigung zur Verbrechensbegehung nicht unterdrückt, im Gegenteil sie verstärkt habe, genauso wie die menschliche Gewalttätigkeit in der Demonstration rechtlicher Grausamkeit eine Stimulierung findet.“[667] Dass dies generell gegen die Todesstrafe sprechen müsse, verneint er jedoch, denn man dürfe es auch in die andere Richtung nicht übertreiben, ohne dass er diesen Aspekt weiter vertieft. Eine Frage die bei LIVI unter

[664]Lombroso, Ursachen und Bekämpfung des Verbrechens, 1902/1899, S.366 – S.367, vgl. zur intensiven Auseinandersetzung LOMBROSOS mit dem politischen Verbrecher auch: Lombroso und Laschi, Der politische Verbrecher und die Revolutionen in anthropologischer, juristischer und staatsanwaltschaftlicher Beziehung, Deutsche Auflage 1891, übersetzt von Kurella.
[665]Lombroso und Laschi, Der politische Verbrecher und die Revolution, 1891, p.171.
[666]Lombroso – Ferrero, Lombroso e la pena di morte, Archivio, 1926, p.691 – 693.
[667]Lombroso, Sull'incremento del delitto, 1879, p.28.

dem Stichwort der „Nachahmung“ zu einem entscheidenden psychopathologisch Argument gegen die Todesstrafe wird.

Es bleibt damit zunächst bei der Grundaussage der Zulässigkeit der Todesstrafe als Mittel der effektiven Sicherung der Gesellschaft gegen eine geringe Zahl besonders gefährlicher Verbrecher. Aber LOMBROSO sieht noch einen weiteren Zweck mit der Todesstrafe verwirklicht: die „künstliche Selektion der Spezies“. Wie FERRI geht LOMBROSO davon aus, dass die Anwendung der Todesstrafe in der Vergangenheit zur Verminderung der Kriminalität beigetragen hat. Seine Argumentation ist hier mit FERRI identisch: „Wenn die Überlegung wahr ist, dass die Wurzel bestimmter Übel sich nicht mit der Tötung weniger Übeltäter beseitigen lässt, so entspricht es dennoch der Wahrheit, dass sich die Delikte in ihrer Intensität und Grausamkeit in den letzten Jahrhunderten vermindert haben, auch dank der Todesstrafe, die damals in großer Anzahl vollstreckt wurde, ... muss man, um weitere davon zu verhindern, radikal jeder Flucht, jeder Rückfälligkeit und jeder Vererbung der Verbrecher vorbeugen, zusammengefasst das ausführend, was die Natur mit der Selektion der Spezien durch Aussonderung der Minderwertigsten macht.“[668] Es klingt, als wolle LOMBROSO den Selektionsgedanken auch mit der Todesstrafe verfolgen. Dabei stellt er fest, dass die Todesstrafe derzeit dem Zweck der Selektion der Spezies mit ihren wenigen Vollstreckungen nicht mehr dienen könne.[669] Gleiches gelte auch für die abschreckende Wirkung.[670]

Aber die Konsequenz dahin, deshalb eine verstärkte Anwendung der Todesstrafe zu fordern, bleibt aus. In Auseinandersetzung mit FERRI distanziert sich LOMBROSO von einer Ausdehnung der Anwendung der Todesstrafe. Er verwirft dessen Ansicht, nur zahlenmäßig viele Hinrichtungen könnten der Todesstrafe zu einem Sinn verhelfen, als unrichtig und inhuman: „Man entgegne uns nicht mit FERRI, dass die Todesstrafe, um wirksam zu sein, eine wahre Schlächterei werden müsse...“[671] Es zeigt sich somit, dass LOMBROSO zwar grundsätzlich an die Möglichkeit der künstlichen Selektion durch die Todesstrafe glaubt, diesen Gedanken jedoch für die Begründung der Todesstrafe verwirft, da er sich keinesfalls zu deren extensiveren Anwendung entschließen will.

An dieser Stelle zieht er dann aber nicht die Konsequenz wie FERRI, dann gleich ganz auf die Todesstrafe zu verzichten. Welche Argumente ihm dennoch für die Todesstrafe sprechen, fasst er dann auch selbst in der Besprechung einer Mordserie zusammen. „Wenn da Verbrecher sind, auch Verrückte...dann müssen wir sie ausschalten und

[668]Lombroso, Sull' incremento del delitto, 1879, p.30.
[669]An anderer Stelle kommt es jedoch zu folgender Aussage: „Wir wollen sie nicht nur beseitigen um uns zu schützen, sondern um die Entstehung der traurigsten und schrecklichsten dieser „Lebewesen“ zu unterbinden.“ Lombroso, Sull' incremento del delitto in Italia e sul mezzi per arrestarlo, Torino, 1879, p.29.
[670]Vgl. Lombroso, Sull' incremento del delitto in Italia e sul mezzi per arrestarlo, Torino, 1879, p.79.
[671]Lombroso, Cesare, Troppo presto, Appunti al nuovo codice penale, p.27.

wenn das Gefängnis nicht genügt, dann muss man auch zur Todesstrafe greifen, welche die Ausschaltung in absoluter Form ermöglicht mit zwei Nebeneffekten: die Kosten und die Unmöglichkeit des Rückfalls; ein weiterer Vorteil ist die abschreckende Wirkung, die den Gelegenheitsverbrecher häufig zurückhält..." [672] Allgemein stellt er dabei aber nochmals klar, dass die Härte der Strafe hingegen „vor den Gefängnistoren kein Echo habe" [673].

Während LIVI und mit ihm ein Großteil der Befürworter, wie auch der Gegner der Todesstrafe, der Frage der Abschreckung eine tragende Rolle in der Diskussion beimessen, steht diese Frage für LOMBROSO nicht im Mittelpunkt und er argumentiert widersprüchlich.[674] Einmal schreibt er über die abschreckende Wirkung, diese greife zwar als willkommener Nebeneffekt für die sog. Gelegenheitsverbrecher, müsse jedoch bei den geborenen Verbrechern ob der Angeborenheit ihrer Veranlagung versagen".[675] Auf der anderen Seite solle der Abschreckungsgedanke aber auch dort zum tragen kommen, wo es für den Gefangenen keine Steigerungsmöglichkeit mehr gibt, wie etwa bei den lebenslänglich Verurteilten. Die Todesstrafe könne jene in Schach halten, die sonst nichts mehr zu verlieren hätten. „An der Todesstrafe festhalten heißt nicht, sie vervielfachen, es reicht, dass sie wie das Schwert des Damokles über dem Haupt der furchtbarsten Übeltäter schweben bleibt, welche nach lebenslanger Verurteilung noch mehrfach anderen nach dem Leben getrachtet haben. Unter diesen Umständen verschwindet der so oft betonte und seinem Grunde nach richtige Vorwurf der Irreparabelilität dieser Strafe."[676] Hier argumentiert LOMBROSO wie GAROFALO, der schließlich auch annimmt, die Todesstrafe sei gerade für die geborenen Verbrecher. Um weiter zu untermauern, dass es auf falsche Sentimentalität (falso sentimentalismo) in der Frage der Todesstrafe als Mittel der sozialen Verteidigung nicht ankommen dürfe, zieht LOMBROSO in vielen seiner Abhandlungen über die Todesstrafe einen Vergleich mit den Gefallenen im Krieg: „wir verurteilen ja Tausende von Menschen zum frühen Tod auf dem Schlachtfelde...und wir sollen uns aufhalten lassen, wenn es gilt einige wenige Verbrechernaturen auszumerzen..."[677]

Im Ergebnis zeigt sich, dass LOMBROSO die Todesstrafe für notwendig hält, dies jedoch überwiegend deshalb, weil er in das Sicherungssystem der Straf- und Kriminalirrenanstalten nicht genug Vertrauen hat. Und so entpuppt sich sein Hauptargument für die Todesstrafe letztlich dahin, dass mit dieser ein Ausbruchsrisiko besonders gefährli-

[672] Lombroso und Bianchi, Misdea e la scuola penale, Torino 1884, p.112.
[673] Lombroso und Bianchi, Misdea e la scuola penale, Torino 1884, p.112.
[674] In Auseinandersetzung mit den Argumenten der sog. Konservativen schreibt er, die neue Schule halte an der Todesstrafe nicht fest aus Gründen der Abschreckung, sondern allein aus Gründen der sozialen Verteidigung. Lombroso, Troppo presto, in: Appunti al nuovo codice penale, p.1 – p.45, p.27.
[675] Lombroso und Bianchi, Misdea e la scuola penale, Torino 1884, p. 111.
[676] Lombroso, Cesare, Troppo presto, in: Appunti al nuovo codice penale, p.1 – p.45, p.27.
[677] Lombroso, Ursachen und Bekämpfung des Verbrechens, 1902/1899, S.381.

cher Verbrecher beseitigt werden könne. Der Abschreckungsgedanke ist dabei allenfalls Nebenzweck und für die künstliche Selektion in einem für notwenig erachteten Umfang will er sich nicht entscheiden. Die Frage der Todesstrafe ist für LOMBROSO also allein eine Sicherheitsfrage im konkreten Fall.

Andere Mediziner, insbesondere sein berühmter französischer Kollege LACCASAGNE haben indes mehr Vertrauen in das Sicherheitssystem, wenn dieser anführt, die moderne Gesellschaft habe andere geeignete Mittel sich zu schützen.[678]

VIII. Gesamtbewertung

Beantwortet man nun die Frage, ob der Angriff der klassischen Schule gegen LOMBROSO zutrifft, er wolle das Strafrecht in ein Behandlungsrecht umwandeln, führe das Strafrecht auf ein Kapitel der Psychiatrie zurück, verneine die strafrechtliche Verantwortlichkeit und werfe das gesamte Straf- und Gefängniswesen über den Haufen,[679] ergibt sich bis dahin folgendes: richtig ist, dass LOMBROSO die Ursache der Verbrechensentstehung im Schwerpunkt in körperlichen Minderwertigkeiten erblickt und die strafrechtliche Verantwortlichkeit nicht auf der Frage der Willensfreiheit begründet. Er ersetzt diese durch die Notwendigkeit der sozialen Verteidigung, ohne dabei auch nur im Ansatz an FERRIS Dogmatik heranzureichen. Die Notwenigkeit des Gesellschaftsschutzes bestimmt dabei auch die Reaktion im konkreten Fall, wobei die verschiedenen Verbrechertypen, die LOMBROSO entwickelt, nachdem sich seine These von einem einzigen Verbrechertypus schnell relativiert hat, Aufschluss über die geeignete Reaktion geben sollen, ohne jedoch eine Verbrechensprävention im Vorfeld der Deliktsbegehung vorzuschlagen.

LOMBROSOS Konzept für das Strafrecht hingegen bleibt ein Fragment,[680] wobei ihm aber der Verdienst zuzuerkennen ist, weiter zur Verbreitung der wesentlichen Gedanken der positiven Strafrechtsschule in Italien beizutragen. Die Todesstrafe spielt in dieser Konzeption für ein neues Strafrecht letztlich nur eine untergeordnete Rolle. Sie

---

678 „Für geborene und unverbesserliche Verbrecher präsentiert sich die Eliminierung aus der Gesellschaft als die vernünftigste und zugleich wissenschaftlich abgesicherte Maßnahme. Aus den Erkenntnissen der Kriminalanthropologie versteht man auch, dass es Vertreter gab, die für diese Verbrecher die Todesstrafe vorgeschlagen haben, aber die modernen Gesellschaften sind wirtschaftlich so gut gestellt, dass sie sich den Luxus erlauben können, diese gefährlichen Individuen zu erhalten..."Lacassagne e Carrara, Compendio di Medicina legale, 1909, p.198 – 199.

679 Lombroso, Pro scuola mea, ZStW, 1883, S.458.

680 Das Verhältnis der Verbrecherklassifizierung zur Frage der Gefährlichkeit für die allgemeine Sicherheit wird nur angedeutet. Aber auch LOMBROSO mindert das Identifikationsproblem damit, jedenfalls bei schweren Verbrechen die unbestimmte Verurteilung zu fordern. Für die verschiedenen Verbrechergruppen werden dann Gefängnis, besondere Strafanstalten und das Kriminalirrenhaus vorgeschlagen. Im übrigen bietet er, wie auch schon FERRI, ein vielfältiges Reaktionssystem an, dass ihm vor allem zur Vermeidung kurzer Freiheitsstrafen dient.

ist für den Ausnahmefall reserviert, soweit das Sicherungsbedürfnis sie notwendig macht. LOMBROSO bleibt in seinem System konsequent, wenn er dann keine Unterscheidung mehr zwischen geisteskranken und anderen Verbrechern macht. Zwar glaubt er an die Erblichkeit des Verbrechens und die Möglichkeit dessen Verbreitung durch „künstlichen Selektion" entgegenzuwirken, verwirft dieses Argument jedoch in Bezug auf die Todesstrafe, da dazu deren häufige Anwendung notwendig wäre. LOMBROSO hat zwar keine Bedenken, seinen Typus des geborenen Verbrechers lebenslänglich in das Kriminalirrenhaus zu verbringen. Dieser Ansatz setzt sich jedoch nicht in der noch radikaleren Forderung nach Reaktion mit Todesstrafe fort.

Insgesamt deutet vieles darauf hin, dass zwar auch LOMBROSO den Anspruch hat, ein geschlossenes System der Verbrechensbekämpfung auf seine Ansichten der Verbrechensentstehung aufzubauen, ohne dabei jedoch Vollständigkeit und praktische Verwertbarkeit zu beweisen. Letztlich muss dies LOMBROSO, aber auch nicht, da FERRI, sein Freund und Schüler aber auch GAROFALO die juristische Umsetzung in umfassender Weise übernehmen.

C. EMIL KRAEPELIN (1856 – 1926) - Die Abschaffung des Strafmaßes – Besserung und Unschädlichmachung des Verbrechers im Strafvollzug auf unbestimmte Zeit

I. Zur Person und Lebenswerk

EMIL KRAEPELIN studiert bis 1878 in Würzburg und Leipzig Medizin und nimmt anschließend eine vierjährige Assistentenstelle an der Kreis-Irrenanstalt in München bei V. GUDDEN an. 1882 führt sein Weg weiter an die psychiatrische Klinik in Leipzig, wo er auch im Laboratorium von W. WUNDT forscht. 1883 erscheint dann das „Compendium der Psychiatrie", die erste Fassung seines bedeutenden Lehrbuches der Psychiatrie, von dem KRAEPELIN insgesamt neun Auflagen verfasst.[681] Bereits im Alter von 30 Jahren (1886) erhält er seinen ersten Ruf als ordentlicher Professor an die Universität Dorpat, dann 1902 nach Heidelberg um 1903 dem Ruf nach München zu folgen, wo er Direktor der Psychiatrischen Universitätsklinik in München wird und bis zu seiner Emeritierung 1922 bleibt. 1917 gründet er in München die Forschungsanstalt für Psychiatrie.

[681] Nach der Erstauflage 1883 erscheinen weitere Auflagen 1887, 1889, 1893, 1896, 1899, 1903/04. Die achte Auflage erscheint in Bd. I allgemeine Psychiatrie (1908), Bd. II – IV klinische Psychiatrie (1909/1913/1915), die neunte Auflage wird erst nach seinem Tod unter der Mitarbeit von JOHANNES LANGE 1927 herausgegeben.

Als KRAEPELIN 1926 in München stirbt, wird von vielen namhaften, gerade auch italienischen[682] Kollegen ein Nachruf verfasst, der die Achtung, Popularität und das Interesse an der Person und dem Werk KRAEPELINS widerspiegelt. Beispielhaft erwähnt seien hier nur OSWALD BUMKE, ROBERT GAUPP, JOHANNES LANGE, E. MORSELLI, VEDRANI und A. BERTOLANI. Die Literatur, die sich allein dem Schaffen KRAEPELINS auseinandersetzt, ist immens und seine eigenen Monographien und Beiträge wird man mit über 200 Werken ansetzen dürfen, die sich ganz überwiegend mit psychiatrischen Themen beschäftigen.[683]

II. Fragestellungen um Verbrechen und Strafe im Werk KRAEPELINS

In KRAEPELINS erster Publikation aus dem Jahr 1880[684], er ist zu dem Zeitpunkt 24 Jahre alt, befasst er sich mit der Unzulänglichkeit des geltenden Strafrechts. Es handelt sich zugleich um jene Schrift, mit der er auch heute noch in Strafrechts- oder Kriminologielehrbüchern zitiert wird: „Die Abschaffung des Strafmaßes“[685]. Auslöser für die Auseinandersetzung ist eine Schrift von MITTELSTÄDT über die Freiheitsstrafen, dessen Ansichten er nicht teilt. Zeitlich fällt KRAEPELINS Erstlingsschrift in die Zeit vor der Veröffentlichung des Marburger Programms und erfolgt etwa zeitgleich mit dem Erscheinen von FERRIS „I nuovi orizzonti“. Obwohl sich damit schon zu Beginn seiner Laufbahn ein großes Interesse an strafrechtlichen Fragestellungen zeigt, bleiben seine weiteren Publikationen in diesem Bereich so überschaubar, dass sich eine abschließende Wiedergabe der Aufsatzthemen anbietet.

In Italien erscheint 1883 ein Aufsatz über die Schuld und die Strafe,[686] 1885 bespricht er das Buch „Zur Psychologie des Verbrechens“ von AUGUST KRAUSS[687] und

[682]Zu Italien pflegt KRAEPELIN sein ganzes Leben eine besonders intensive Beziehung. Das Interesse ist dabei gegenseitig. Vor allem seine Arbeiten aus dem Bereich der Psychiatrie werden auch in Italien sehr geschätzt. BERTOLANI schreibt in seinem Nachruf: „Italien wurde für EMIL KRAEPELIN praktisch eine zweite Heimat...und die Wissenschaft wird einer ihrer würdevollsten, leuchtendsten und genialsten Gestalten beraubt.“ Bertolani, Emil Kraepelin, Riv. Sper. Fren., 1926, p.663 – 671, p.670. Erwähnenswert ist aber auch die Publikation: Kraepelin, Il concetto scientifico della pena, Riv. Fil. Scient., 1882/83, p.620 – 649, in der sich Kraepelin in Italien für seine Idee des Neuen Strafrechts, insbesondere die Abschaffung des Strafmasses einsetzt. Noch 1927 widmet der italienische Mediziner Vedrani KRAEPELIN und der Forderung, das Strafmass abzuschaffen, eine lange Bewertung. Vedrani, Documenti per la storia dell' opera di Kraepelin Giorn. Psich. Manic, 1927, p.301 – 312.

[683]Vgl. zu den einzelnen Veröffentlichungen, Emil Kraepelin, in: Deutschsprachige Psychiater und Neurologen, Lexikon, 1996, Bd. 2, S.762 – 766

[684]Wie KRAEPELIN in seinem Lebenslauf selbst feststellt. Abgedruckt bei Aschaffenburg, Der Einfluß Kraepelins, Arch. Psych. Nervenkr., 1929, S.87.

[685]Kraepelin, Die Abschaffung des Strafmasses, Ein Vorschlag zur Reform der heutigen Strafrechtspflege, Stuttgart, 1880.

[686]Kraepelin, Il concetto scientifico della pena, Riv. Fil. Scient., 1882/83, p. 620 – 649. Dieser wird von Garofalo besprochen, der KRAEPELINS Vorschlag hinsichtlich der Bestimmung der Straffähigkeit kritisiert, im übrigen aber den positivistischen Ansatz lobt. Garofalo, Rafaele, Il concetto di Kraepelin , Archivio, 1883, p.420 – 421.

[687]Kraepelin, Zur Psychologie des Verbrechens, in: Der Gerichtssaal, Bd. 38, 1885, S.98 – 104.

LOMBROSOS „L'uomo delinquente".[688] Erst fast 25 Jahre später, im Jahr 1904 erscheinen dann zwei Aufsätze zur strafrechtlichen Behandlung geistig Minderwertiger bzw. vermindert Zurechnungsfähiger[689] und zuletzt der Aufsatz „Das Verbrechen als soziale Krankheit" (1906/1907).[690] Über den Grund, warum KRAEPELIN trotz aller Leidenschaftlichkeit, mit der er sich für die Reform des geltenden Strafrechts ausspricht, nur so wenig in diesem Bereich publiziert, kann nur spekuliert werden. Tatsache ist jedenfalls, dass es ihn große Anstrengungen kostet, einen Verleger für sein erstes Werk zu finden und auch die Reaktion fällt relativ spärlich aus.[691] Erwähnenswert bleibt darüber hinaus, dass er neben LOMBROSO auch zu jenen gehört, die den ersten internationalen Kriminalanthropologenkongress 1885 in Rom einberufen.

Und dennoch wird sich zeigen, dass KRAEPELIN mit seinen wenigen Schriften, insbesondere mit seinem ersten Werk „Die Abschaffung des Strafmaßes" aus dem Jahr 1880 in Deutschland praktisch zum Vorreiter der Forderungen der modernen Schulen wird. Dies zwar nicht in jeder einzelnen Fragestellung, wohl aber in der großen Linie. ASCHAFFENBURG schreibt 1927 über „Die Abschaffung des Strafmaßes", diese Schrift sei „so durchdacht, dass nichts grundsätzliches Neues dazu gesagt werden konnte."[692]

Im Folgenden sollen nun die Schwerpunkte KRAEPELINS Theorien und Forderungen nachgezeichnet werden, um zuletzt zu beleuchten, welche Rolle die Todesstrafe in seinem System beansprucht.

III. Die Frage der Verbrechensursachen und die Verbrechertypologie

KRAEPELIN stellt zur Frage der Verbrechensursachen fest, es gebe zwei Bedingungen für verbrecherische Handlungen, „solche die in den allgemeinen Lebensverhältnissen und solche, die in den persönlichen Eigenschaften des einzelnen wurzeln".[693] KRAEPE-

---

[688] Kraepelin, Lombrosos „L'uomo delinquente", ZStW, 1885, S.669 – 680.

[689] Kraepelin, Die strafrechtliche Behandlung der geistig Minderwertigen, 27. Deutscher Juristentag, 1904, S.418 – 434 und Kraepelin, Zur Frage der geminderten Zurechnungsfähigkeit, MschrKrim, 1904/05, S.477 – 493.

[690] Kraepelin, Das Verbrechen als soziale Krankheit. MschrKrim 1906/07 S.257 – 279.

[691] ASCHAFFENBURG schreibt dazu: „Neben dem Kampf der Meinungen über KRAEPELINS klinische Forschungsergebnisse tritt sein Anteil an dem Kampf gegen das Verbrechertum so sehr zurück, dass manchem unserer jüngeren Fachgenossen KRAEPELINS Erstlingsschrift kaum mehr als dem Namen nach bekannt ist." Aschaffenburg, Abschaffung des Strafmaßes, Z. Neur. Psych., 1926, S.45. Während ASCHAFFENBURG hier nachweist, dass eine Besprechung der Schrift in Deutschland nur in der Zeitschrift für Psychiatrie erfolgt, ist es interessant zu notieren, dass hingegen in Italien in der ersten Ausgabe von LOMBROSOS, GAROFALOS und FERRIS Archivio eine längere Besprechung von KRAEPELINS Erstlingsschrift durch GAROFALO erfolgt. Auch wenn der Jurist GAROFALO die Ansicht über die Abschaffung des Strafmasses so nicht teilt, sondern sich dafür ausspricht, dass die moderne anthropologische Schule dazu beitragen müsse, die Willkür in der Verhängung des Strafmasses zu verhindern, ist er dennoch voller Lob für Kraepelins Schrift: „Dieses wichtige Heft...ist ein neuer Versuch der Reform des gegenwärtigen Strafrechtssystems auf der Grundlage, die die moderne Wissenschaft diesem System bietet." Garofalo, Concetto di Kraepelin, Archivio, 1880, p.510.

[692] Aschaffenburg, Abschaffung des Strafmaßes, Z. Neur. Psych., 1926, S.45.

[693] Kraepelin, Das Verbrechen als soziale Krankheit, in: MschrKrim, 1906/07, S.259.

LIN hebt dabei insbesondere den Alkoholkonsum als einen der bedeutendsten verbrechensverursachenden Faktoren hervor.[694] Mit der Anerkennung des Ineinandergreifens der Umwelt- und Anlagefaktoren vertritt auch er einen vermittelnden Ansatz. Wie sich jedoch an anderer Stelle erschließt, soll dies nicht für jeden Verbrecher gelten. Vielmehr nimmt KRAEPELIN an, es gebe bei einigen Verbrechern angeborene moralische Defekte, die zur Deliktsbegehung führen. In den späteren Auflagen[695] seines Werkes „Psychiatrie" übernimmt er dann auch die Terminologie des „geborenen Verbrechers", der einen seiner Psychopathentypen darstellt und betont, dass es nicht notwendig sei, dass sich mit diesen „ethischen Defekten" auch die Intelligenz des Individuums vermindere. So ist der geborene Verbrecher, wie ihn KRAEPELIN zu finden glaubt, nicht mit LOMBROSOS atavistisch – degenerierten Verbrechertypus identisch und bestimmte äußere Erkennungsmerkmale lehnt er entschieden ab. Aber im Ergebnis geht er dann auch davon aus, dass das Delikt zur notwendige Folge dieser moralischen Defekte werde. Wie groß jedoch der Anteil dieser geborenen Verbrecher am Verbrechensphänomen insgesamt sein soll, bleibt offen.

1915 schreibt er hierzu: „Dass es „geborene Verbrecher" gibt, die lediglich durch die Art ihrer Veranlagung zu gesellschaftsfeindlichem Handeln getrieben werden, unterliegt...keinem Zweifel. Von einer einheitlichen Kennzeichnung dieser geborenen Mörder kann allerdings keine Rede sein....Auch die von LOMBROSO...angeführten körperlichen Abweichungen sind weder regelmäßig vorhanden, noch den geborenen Verbrechern als solchen eigentümlich; sie finden sich in größerer oder geringerer Ausdehnung bei den verschiedensten Erscheinungsformen der Entartung...viel näher liegt es jedenfalls...an...Entwicklungshemmungen zu denken."[696] KRAEPELIN übernimmt insoweit die Degenerationstheorie von MOREL.[697] Die sozialen Faktoren wirken damit nur noch degenerations- und verbrechensauslösend. Auf der anderen Seite ist er sich aber auch bewusst, dass die Erklärung von Verbrechen und Geisteskrankheiten auf der Basis der Degenerationstheorie mit zahlreichen Unsicherheiten belastet ist. Er spricht von

---

[694]Kraepelin ist nahezu fanatischer Gegner des Alkoholkonsums und selbst strenger Antialkoholiker. In über zwanzig Veröffentlichungen setzt er sich mit dem schädlichen Einfluss des Alkohols auf den menschlichen Organismus auseinander.

[695]In der späteren Auflage seines Werkes spricht KRAEPELIN von vier verschiedenen Psychopatentypen, den geborenen Verbrechern, den krankhaften/pathologischen Lügnern, den Querulanten und den Triebmenschen. In der 7. Auflage 1904 ändert er den Ausdruck von „Moral Insanity" zum „Geborenen Verbrecher" und verschiebt diesen aus dem Kapitel „Angeborener Schwachsinn" in ein neues Kapitel, „psychopatische Persönlichkeiten" und in der 9. Auflage Psychopathien. KRAEPELIN erklärt diese Änderung so, dass er lange Zeit „Moral Insanity" als einen Unterfall des angeborener Schwachsinns betrachtet hätte, da er nicht erkannt habe, dass es auch eine ganze Gruppe von Individuen gebe, die allein ethische Defekte hätten, ohne dass ihre Intelligenz beeinträchtigt sei. Vgl. zur Entwicklung des Lehrbuches „Psychiatrie" Kolle, Emil Kraepelin, in: Große Nervenärzte, 1956, S.178 – 181.

[696]Kraepelin, Psychiatrie, 1915, S.2106 – 2107. Vgl. zur frühen Auseinandersetzung mit Lombroso auch Kraepelin, Lombrosos „L'uomo delinquente", in: ZStW, 1885, S.669 – 680.

[697]Vgl. ausführlich zu KRAEPELINS unkritischer Übernahme der Degenerations- und Entartungstheorie von MOREL: Hoff, Paul, Emil Kraepelin und die Psychiatrie als klinische Wissenschaft, Berlin/Heidelber/New York, 1994, S.31 – 32.

der „unsicheren und unscharfen Umgrenzung des Begriffs der Entartung“[698] und stellt in Hinblick auf MAGAN fest: „Wenn auch durch dessen Bestrebungen, die Geistesstörungen der Entarteten grundsätzlich denen der gesund Veranlagten gegenüberzustellen..., die engen Beziehungen gewisser Formen des Irrseins zur erblichen Anlage in helles Licht gesetzt wurden, hat sich doch die schroffe Trennung jener beiden Gruppen als undurchführbar erwiesen.“[699] So steht er auch der Sterilisation bei manchen psychischen Störungen skeptisch gegenüber: „Ohne Zweifel wäre die Maßregel wirksam, doch erscheint die Bestimmung darüber schwierig, bei wem sie Halt zu machen hätte.“[700] Dass aber auch KRAEPELIN vom Gedanken der Auslese beeindruckt ist, beweisen Bemerkungen wie folgende: „Die Bedürfnisse der Rassekräftigung, der geschlechtlichen Zuchtwahl unter dem Gesichtspunkte der körperlichen und geistigen Gesundheit, treten regelmäßig weit zurück hinter anderen, kurzsichtigeren Beweggründen. Auch das Eingreifen des Staates durch Eheverbote oder Forderungen von Gesundheitszeugnissen würde wenig Erfolg haben, da es zwar die Ehen, nicht aber die Kindererzeugungen einschränken könnte.“[701]Es zeigt sich damit, wie sich KRAEPELIN auf der einen Seite gerade zur Erklärung des Verbrechens auf die Degenerationsthese stützen will, wie sich noch deutlicher zeigen wird, ihm aber deren Schwächen durchaus aus eigener kritischer Auseinandersetzung bekannt sind. Diese Unstimmigkeit lässt sich letztlich nicht wissenschaftlich begründen.

Auch KRAEPELIN kombiniert die Frage der Verbrechensursachen mit einer Verbrechereinteilung. Er übernimmt ohne Auseinandersetzung die Grobeinteilung in Gelegenheitsverbrecher und Gewohnheitsverbrecher und geht ganz selbstverständlich von einem Typus des „Unverbesserliche Rechtsbrechers“ aus, ohne zu unterlassen, auf den fließenden Übergang dieser Gruppen hinzuweisen. „Das Kriterium der Unverbesserlichkeit unterscheidet zwei große Kategorien von Verbrechern, zwischen denen jedoch eine breite Zwischenzone verbleibt.“[702] Eine einhegehnde Auseinandersetzung findet sich bei KRAEPELIN indes nicht.

IV. Die Straftheorie bei KRAEPELIN

Interessant ist es dann zu sehen, wie der Mediziner KRAEPELIN seine Version der Straftheorie entwickelt. Nach seinem eigenen Bericht, entspringt deren Entwicklung mehr einem Zufall als einer Planung.[703] Er schreibt, dass er aufgrund von Schilderungen über den Strafvollzug und unter unmittelbaren Einfluss von MITTELSTÄDTS Schrift

[698] Kraepelin, Psychiatrie, 1915, S.1973.
[699] Kraepelin, Hundert Jahre Psychiatrie, 1918, S.253.
[700] Kraepelin, Psychiatrie, 1904, S.385.
[701] Kraepelin, Psychiatrie, 1904, S.386.
[702] Kraepelin, Il concetto scientifico della pena, in: Rivista di Filosofia Scientifica, vol. II, 1882/83, p.620 – p.649, p.644.
[703] Kraepelin, Die Abschaffung des Strafmasses, 1880, Vorwort S. III.

„Gegen die Freiheitsstrafen", den Strafvollzug mit den Einrichtungen und Methoden der Irrenanstalten vergleichen und die Unterschiede in der Behandlung der Geisteskranken und Verbrecher herausarbeiten wollte. Er sei dann aber von diesem Ziel abgekommen. „Vielmehr führte mich eine eingehende Betrachtung meines Gegenstandes, vom Standpunkt naturwissenschaftlicher Forschung aus betrachtet, zu der Forderung, auch den Verbrechern gegenüber die alte, aus dem Grundgedanken der Privatrache hervorgegangene Vergeltungstheorie fallen zu lassen und an ihre Stelle den Schutz und die Besserungstheorie zu setzen, wie sie bei den Geisteskranken schon längst unbedingte Anerkennung gefunden hat. Mit anderen Worten, ich erkannte, dass nicht die Abmessung der Strafe nach einer bestimmten Taxe sondern nur die Besserung eines Verbrechers durch diese, der wahre Endzweck einer rationellen Strafgesetzgebung sein könne."[704] Damit ist KRAEPELINS Ansicht zu den Grundlagen des Strafrechts schon vorweggenommen. Er legt jedoch ein detailliertes Konzept vor, warum die Vergeltungstheorie nicht mehr die Grundlage des Strafrechts sein könne und vor allem welche Konsequenzen aus seiner Schutz- und Besserungstheorie folgen.

1. Ablehnung der Vergeltungstheorie

Den Angriff auf die Vergeltungstheorie beginnt KRAEPELIN mit einer Kritik und Neubegründung des Begriffs der Moral, auf der die Vergeltungstheorie fuße und entwickelt, wie auch V. LISZT, eine Evolutionstheorie, die ihn zu dem Ergebnis führt, dass der Vergeltungsgedanke einer früheren geschichtlichen Entwicklungsstufe entspringt, die überwunden werden müsse.[705] Er stellt weiter fest, die Vergeltungstheorie sei von einer Moral als etwas in sich selbst berechtigtes und über jeder menschlichen Ordnung stehendes getragen.[706] Als weitere Grundlagen der Vergeltungstheorie nennt er das Dogma der Willensfreiheit und die Frage der Einsichts- bzw. Zurechnungsfähigkeit.[707] Und KRAEPELINS Urteil gegen diese Grundlagen fällt schnell: Die Moral sei weder stabil, noch auf übermenschlichen Ursprung zurückzuführen, und damit keine geeignete Grundlage für das Rechtssystem.[708] Ebenso sei die Frage der Willensfreiheit unter

[704] Kraepelin, Die Abschaffung des Strafmasses, 1880, Vorwort S. III.

[705] Kraepelin klärt die Entwicklungsstufen der Strafe angelehnt an die historische Moralvorstellungen des Volkes, die ihn zuletzt zu dem Ergebnis führen: „die Macht der kulturhistorischen Notwenigkeit hat unsere Entwicklung in andere Bahnen gelenkt und klar den Weg vorgezeichnet, den wir in Zukunft gehen werden müssen." Und dieser Weg geht für ihn dahin, von einem historisch begründeten Vergeltungsgedanken Abstand zu nehmen und sich der Zwecksetzung der Strafe zuzuwenden. Kraepelin, Die Abschaffung des Strafmasses, Stuttgart 1880, S.5 – 9.

[706] Kraepelin, Die Abschaffung des Strafmasses, 1880, S.9.

[707] Kraepelin, Die Abschaffung des Strafmasses, 1880, S.4.

[708] Weiter schreibt er, dass die Prinzipien der Sittlichkeit nichts Absolutes, außerhalb der menschlichen Gesellschaft bestehendes sind, sondern Erkenntnisse, deren Gültigkeit eng an die Existenz der menschlichen Gesellschaft gebunden ist. Kraepelin, Emil, Die Abschaffung des Strafmasses, 1880, S.27.

den Fortschritten moderner philosophischer und naturwissenschaftlicher Erkenntnis nicht mehr haltbar.[709]

Er unterlässt es auch nicht, darauf hinzuweisen, dass bereits derzeit Durchbrechungen einer reinen Tatvergeltung bestehen, wie die Strafverschärfung bei Rückfälligen und die Möglichkeit einer vorzeitigen Beurlaubung und hofft, dass dieser Fortschritt irgendwann auch die Abschaffung des Strafmaßes mit sich bringen wird,[710] auch wenn sich derzeit immer noch ein Großteil der Juristen über die Frage der „gerechten Vergeltung" Gedanken machen und mit deren Abschaffung dieses Prinzips den Niedergang des Rechts verbinden würden.[711] Aber gut 25 Jahre später muss er immer noch ähnliches feststellen „Wenn sich aber schon jetzt die Vergeltungstheorie im herrschenden Strafrechte nur durch Duldung völlig fremdartiger Bestandteile noch einigermaßen behaupten konnte, so erweist sie sich weiterhin als völlig unfähig, sich den Fortschritten unserer Erkenntnis irgendwie anzupassen."[712]

2. Die Besserungs- und Schutztheorie nach KRAEPELIN

Mit dem Fall der Vergeltungstheorie ist das Strafrecht, nach KRAEPELINS Ansicht, nun auf die Basis einer Besserungs- und Schutztheorie zu stellen. Während der Vergeltungsansatz zu zahlreichen praktisch bedenklichen, und der Bekämpfung der Verbrechens wenig zuträglichen, Konsequenzen führe,[713] glaubt KRAEPELIN, auf der Basis der Besserungs- und Schutztheorie eine geeignete strafrechtliche Grundlage im Kampf gegen das Verbrechen gefunden zu haben. Er schreibt über die Schutz- und Besserungstheorie: „Wenn der Begriff der Unsittlichkeit, wie er der transzendenten Anschauung entsprungen ist, umgebildet wird in denjenigen der Gemeinschädlichkeit, so wird auch die Strafe nicht mehr die Sühne des vergangenen Verbrechens sein können, sie wird nicht mehr von der Verletzung der bestehenden Verbote um jener selbst willen abschrecken wollen, sondern sie bedeutet nichts mehr und nichts weniger, als die Reaktion der menschlichen Gemeinschaft gegen die Exzedenten, welche ihren Bestand und ihre Glückseligkeit gefährden. Zunächst wird daher die Strafe von diesem Standpunkt aus einfach als ein Schutzmittel gegen gemeingefährliche Belleitäten zu dienen haben, insofern sie diejenigen unschädlich macht, von deren Ausschreitungen der Gesamtheit...ein Nachteil droht."[714]

---

709 Kraepelin, Die Abschaffung des Strafmasses, 1880, S.16.
710 Kraepelin, Die Abschaffung des Strafmasses, 1880, S.22.
711 Kraepelin, Il concetto scientifico della pena, Riv. Fil. Scient. ,1882/83, p.649.
712 Kraepelin, Das Verbrechen als soziale Krankheit. MschrKrim, 1906/07, S.270.
713 Kraepelin, Das Verbrechen als soziale Krankheit. MschrKrim 1906/07 S.258.
714 Kraepelin, Die Abschaffung des Strafmasses, 1880, S.4.

Kraepelins Straftheorie ist somit zunächst eine reine Schutztheorie. Dabei solle jedoch auch dem Besserungsgedanken zu bestmöglicher Geltung verholfen werden. Er glaubt dabei, wie sich in folgenden noch näher zeigen wird, an die erzieherische Wirkung der Strafe, insbesondere der zeitlich unbestimmten Freiheitsstrafe und weist an anderer Stelle auf die doppelte Nützlichkeit hin, dass nämlich einmal künftiger Delinquenz vorgebeugt werde und außerdem die Gesellschaft ein nützliches Glied zurückerhalte. [715] Deutlich tritt wieder der Gesellschaftsbezug hinter den Individualinteressen zutage. So wandelt sich auch der Begriff des Verbrechens in den der „gemeinschädlichen Tat“. [716] Nur auf diese sei zu reagieren.

Kraepelin weiß, dass das Kriterium der Gemeinschädlichkeit dann auch auf Handlungen ohne Zurechnungsfähigkeit zutrifft, insbesondere die Handlung eines Geisteskranken. Aber er findet keine Schwierigkeit, auch den Geisteskranken in sein Schutzrecht zu integrieren. Es scheint ihm vielmehr entgegenzukommen, wenn man sieht, dass er sehr kritisch urteilt, soweit es darum geht, die Frage der Zurechnungsfähigkeit oder einer sog. verminderten Zurechnungsfähigkeit im Prozess zu klären.[717] Vom rein gesellschaftsschützenden Standpunkt aus gesehen, muss er sich, bei konsequenter Betrachtung, dieser Problematik auch nicht mehr stellen. Verdeutlichend schreibt er: „Es ist sicherlich für die Beurteilung einer gemeinschädlichen Tat nichts weniger als gleichgültig, ob dieselbe von einem Kinde, einem Geisteskranken oder von einem gesunden Erwachsenen begangen worden ist, aber sie bleibt von unserem Standpunkte aus, die wir zunächst nur die menschliche Gesellschaft ins Auge fassen, in jedem Falle doch immer gemeinschädlich und erhält nie den spezifischen Charakter des Verbrecherischen, wie wir ihn in unseren heutigen strafrechtlichen Anschauungen vorfinden...In jedem der drei Fälle ist das, als Handlung perfekt gewordene Resultat des vorausgegangenen psychologischen Vorganges, vom Standpunkt der geschädigten Gesellschaft genau das gleiche, so verschieden auch die Individualitäten der Täter gewesen sein mögen.“ [718]

Und aus der Gemeinschädlichkeit einzelner Individuen leite sich dann ein, aus sich selbst heraus gerechtfertigtes Schutzrecht für die Gesellschaft ab: „Die Gesellschaft wird daher zunächst auch in gleicher Weise gegen die Urheber der gemeinschädlichen Tat reagieren, sie wird sich vor denselben zu schützen suchen. Der Begriff der Strafe

[715]Kraepelin, Il concetto scientifico della pena, Riv. Fil. Scient., 1882/83, p. 644.
[716]Kraepelin, Die Abschaffung des Strafmasses, 1880, S.28.
[717]„Ich will gar nicht davon reden, dass dem ärztlichen Sachverständigen, der schon die Grenze zwischen Zurechnungsfähigkeit und Unzurechnungsfähigkeit so häufig nicht zu ziehen vermag, seine Aufgabe durch die Einführung einer sog. Zwischenstufe sicherlich nicht erleichtern wird...“ Kraepelin, Emil, Zur Frage der geminderten Zurechnungsfähigkeit, in: MschrKrim, 1904/05, S.477 – 493, S.485.
[718]Kraepelin, Die Abschaffung des Strafmasses, 1880, S.28.

wird sich demnach von unserem Gesichtspunkte aus in den eines Schutzmittels umwandeln. Die Idee der Vergeltung fällt hier selbstverständlich fort."[719]

Die gemeinschädliche Tat wird zum einzigen auslösenden Moment für die staatliche Reaktion, KRAEPELIN spricht hier von Maßregel. Er schreibt: „Man sieht leicht, dass dieses Verfahren allen dem vom Strafgesetze statuierten prinzipiellen Unterschieden zwischen zurechnungsfähigen und unzurechnungsfähigen, zwischen geisteskranken und geistesgesunden Individuen ihre rechtliche Tragweite völlig nimmt und die Differenzen in den psychologischen Zuständen der Einzelnen nur als Grundlage für eine möglichst eingehende Individualisierung derselben in Berücksichtigung zieht. Dabei bleibt stets das Bestreben, die gemeingefährlichen Gefangenen in kürzester Zeit wieder zu freien, nutzbringenden und tüchtigen Gliedern der menschlichen Gemeinschaft umzuwandeln, der leitende Gesichtspunkt für jede einzuschlagende Maßregel."[720] Bei diesem Ansatz eines Strafrechts, erinnert viel an FERRIS Ausführungen, wenn KRAEPELIN auf der Tatbestandsseite ein einheitliches Schutzrecht fordert, um auf der Rechtsfolgenseite dann wieder den individuellen Zustand des handelnden Individuums zu berücksichtigen. Insbesondere auch deshalb, da KRAEPELIN dabei auch den Besserungsgedanken zu berücksichtigen.

KRAEPELIN klingt ähnlich wie die Aussage von BEER, wenn sich dieser optimistisch zeigt, dass die gesamte Entwicklung, wie die Abschaffung der Folter, der Hexenprozesse, die Eindämmung der Todesstrafe, ihm darauf hindeute, „dass wir die eine, vielleicht größere Hälfte des Weges, der uns von der unbestrittenen Herrschaft rohester Vergeltung bis zur Anerkennung der Besserung als des wesentlichsten und nächsten Zwecks der Strafe führt, bereits zurückgelegt haben."[721] Wenn BEER sich für die Todesstrafe ausspricht, und dafür der Psychiatrie die entscheidende Rolle zukomme lassen will, ist schwer zu verkennen, dass KRAEPELIN der Psychiatrie eine entscheidende Rolle für das gesamte Strafrecht zuerkennt.

Und er schließt mit dem Gedanken: „Wenn wir trotzdem bis heute ein Strafgesetz ertragen haben, das geflissentlich als obersten Grundsatz die Vergeltung, nicht die Bekämpfung des Verbrechens aufstellt, so ist dies nur deshalb möglich gewesen, weil auch die Vergeltung...durch Abschreckung, erziehliche Beeinflussung und zeitweilige Ausmerzung gesellschaftsfeindlicher Persönlichkeiten tatsächlich, wenn auch nicht zielbewusst, die Rechtssicherheit gefördert hat."[722]

---

[719]Kraepelin, Die Abschaffung des Strafmasses, 1880, S.28/29.
[720]Kraepelin, Die Abschaffung des Strafmasses, 1880, S.34.
[721]Kraepelin, Die Abschaffung des Strafmasses, 1880, Vorwort S. Verbrechen und noch ausführlicher Kraepelin, Il concetto della pena, Riv. Fil. Scient.,1882/83, p. 648 – 649.
[722]Kraepelin, Das Verbrechen als soziale Krankheit, MschrKrim 1906/07, S.258.

3. Die Frage der Zurechnungsfähigkeit als „Todesstoß" für die Vergeltungstheorie

KRAEPELIN hält die Unterscheidung zwischen Zurechnungsfähigkeit und Unzurechnungsfähigkeit, nicht nur auf dem Boden seiner Schutztheorie für hinfällig, er hält sie auch nach dem geltenden Gesetz für unmöglich. Er als Psychiater beurteilt den Umstand sehr skeptisch, inwieweit die Psychiatrie der Forderung der Unterscheidung der Geisteskranken und der gesunden Verbrecher bewerkstelligen könne.[723] Auch die Einführung einer sog. verminderten Zurechnungsfähigkeit löst seiner Ansicht nach dieses Problem nicht.[724] „Die scharfe Formulierung des Gesetzes fordert eine präzise Beantwortung der gestellten Fragen, und die Kriminalpsychologie bemüht sich vergebens, ihr lebendiges, widerstrebendes Material in die vorgeschriebenen spanischen Stiefel zu schnüren."[725]

Damit folgert er für das Strafrecht: „Eine Strafrechtspflege, die auf den tönernen Füßen der grundsätzlichen Scheidung zwischen geistiger Gesundheit und Krankheit steht, muss notwendigerweise in sich zusammenbrechen, sobald die Erkenntnis von der Unzuverlässigkeit dieser Stützen aus den engen Kreisen der irrenärztlichen Sachverständigen in das Bewusstsein der Gebildeten und namentlich der Richter selbst übergegangen ist."[726] Und weiter als Argument gegen den Vergeltungsgedanken, da gegen Geisteskranke eine Schuldvergeltung in keinem Fall denkbar sei und auch nie befürwortet wird: „Die jedem Irrenarzt geläufige Tatsache, dass es unmöglich ist, geistige Krankheit und Gesundheit irgendwie scharf auseinanderzutrennen, muss der Vergeltungstheorie den Todesstoß versetzen."[727] Aus keinem anderen Grunde sei daher auch die Tendenz begründet, immer mehr die Berücksichtigung von Übergangszuständen durch das Gesetz zu fordern, die wiederum bei einer Umsetzung eine der großen praktischen

---

[723] Hinzu trete eine „höchst unglückliche Fassung" des Gesetzeswortlautes, der bei zahlreichen Fällen versage, in denen die Straftat durch krankhafte Störungen wesentlich beeinflusst sei. Kraepelin, Zur Frage der geminderten Zurechnungsfähigkeit, MschrKrim, 1904/05, S.477 – 478.

[724] Und zur Frage der Berücksichtigung einer sog. verminderten Zurechnungsfähigkeit im Gesetz schreibt er (S.267): „Erkennen wir an, dass es eine geminderte Zurechnungsfähigkeit gibt, so geraten wir damit auf eine schiefe Ebene, die uns nirgends festen Halt gewährt." Und an anderer Stelle: „Der Begriff der verminderten Zurechnungsfähigkeit ist für die Lösung neuer Aufgaben gänzlich unbrauchbar." Kraepelin, Emil, Zur Frage der geminderten Zurechnungsfähigkeit, MschrKrim, 1904/05, S.485.

[725] Kraepelin, Die Abschaffung des Strafmasses, 1880, S.15. Er betont, dass eine Grenzziehung zwischen geistiger Krankheit und Gesundheit unmöglich sei und schreibt 1907 über den Stand der Psychiatrie: „Heute aber wissen wir, dass all unser Mühen vergeblich ist, und jeder Fortschritt unserer Erkenntnis zeigt uns nur immer deutlicher, dass die Lösung der uns gestellten Aufgabe nun und nimmer gelingen kann." Kraepelin, Das Verbrechen als soziale Krankheit, MschrKrim 1906/07, S.264.

[726] Kraepelin, Das Verbrechen als soziale Krankheit, MschrKrim 1906/07 S.259.

[727] Kraepelin, Das Verbrechen als soziale Krankheit. MschrKrim 1906/07 S.264.

Gefahren der Vergeltungstheorie mit sich bringe, wenn eine verminderte Zurechnungsfähigkeit eine quantitativ verminderte Reaktion mit sich bringe.[728]

KRAEPELINS Formulierung deuten wieder an, welche überragende Bedeutung der Psychiatrie seiner Ansicht nach in den Fragestellungen des Strafrechts zukommen muss. Jedenfalls für einen Teil der Verbrecher kommt er zu dem Ergebnis, dass eine krankhafte, notwendige Veranlagung zum Verbrechen bestehe. Auf der anderer Seite verwert er sich gegen die Annahme, eine Grenzziehung zwischen geistiger Gesundheit und Krankheit überhaupt ziehen zu können. Damit erscheint das Verbrechensphänomen, jedenfalls in einem großen Teil, als psychiatrisches Problem und die der Psychiatrie zur Verfügung stehenden Lösungsmöglichkeiten sind keinesfalls mit dem geltenden Recht zu vereinbaren, vielmehr müsse nach den Erkenntnissen der Psychiatrie ein neues System geschaffen werden.

Spätere Bestrebungen der Einführung einer Zwischenstufe, der sog. verminderten Zurechnungsfähigkeit und Sicherungsmaßregeln, um die mildere Bestrafung zu ergänzen, bewertet KRAEPELIN dann zumindest als ersten Erfolg in die richtige Richtung[729], ohne jedoch den Hinweis zu unterlassen, dass die Vergeltungstheorie dieses Vorgehen nicht mehr trage. „Es ist lehrreich, zu sehen, wie angesichts der Gefahr der Vergeltungsgedanke eine sehr merkwürdige Verbindung mit dem Sicherungszwecke der Strafe eingegangen ist.“[730] Aber er billigt das zweispurige System nur als Zwischenstufe und verwert sich gegen die Bestrebung, die „eigentliche Strafe“ durch bestimmte Maßnahmen zu kennzeichnen, wie Disziplin, Energie des Arbeitsaufwandes und Kleidung.[731] Denn dies widerspricht für ihn den Erkenntnissen seiner Wissenschaft. Und er schreibt weiter über die Einführung eines zweispurigen Systems für die Behandlung

---

[728] Kraepelin, Das Verbrechen als soziale Krankheit. MschrKrim 1906/07 S.265, vgl. zur gesamten Problematik der Berücksichtigung einer Zwischenstufe, wie sie KRAEPELIN beurteilt, Zur Frage der geminderten Zurechnungsfähigkeit, in: MschrKrim, 1904/05, S.477 – 493.

[729] „Ich kann es nicht unterlassen, darauf hinzuweisen, dass sich die hier in die Strafrechtspflege eindringenden neuen Gesichtspunkte als richtunggebend für eine spätere tiefgreifende Umgestaltung des ganzen Gebietes erweisen dürften.“ Und zuletzt schreibt KRAEPELIN über die Behandlung der vermindert Zurechnungsfähigen: „Für sie wenigstens werden sich daher vielleicht in absehbarer Zeit allmählich die Forderungen durchsetzen lassen, die mir als die leitenden Grundsätze für eine Umgestaltung der gesamten Strafrechtspflege vorschweben: bürgerlich-rechtliche Haftung für allen angerichteten Schaden in weitestem Umfange, bedingte Verurteilung der nicht dauernd Gemeingefährlichen, Versorgung der Aufsichtsbedürftigen, ärztliche Behandlung der Kranken, Entmündigung der Geschäftsunfähigen, Erziehung der Besserungsfähigen, Verwahrung der Gefährlichen und Unverbesserlichen.“ Kraepelin, Zur Frage der geminderten Zurechnungsfähigkeit, MschrKrim, 1904/05, S.490, 493.

[730] Kraepelin, Zur Frage der geminderten Zurechnungsfähigkeit, MschrKrim, 1904/05, S.480/481.

[731] So KRAEPELIN a.a.O. unter Hinweis auf V. KAHL. Er gibt in diesem Zusammenhang eine Definition, was für ihn „eigentliche Strafe“ bedeutet. „Gerade (die Freiheitsbeschränkung) ist aber kein wesentliches Merkmal der Strafe, da wir ihr auch bei anderen staatlichen Maßnahmen zur Aufrechterhaltung der öffentlichen Sicherheit wieder begegnen, bei der Untersuchungshaft, der Quarantäne, der Absperrung Geisteskranker. Der Strafe eigentümlich ist dagegen die strenge Zucht und der Ausschluss aller persönlichen Rücksichtname einerseits, die zeitliche Begrenzung durch Richterspruch andererseits;....“ Kraepelin, Zur Frage der geminderten Zurechnungsfähigkeit, MschrKrim, 1904/0, S.480 – 481.

der sog. vermindert Zurechnungsfähigen: „Der Rückzug des Sühnezwecks der Strafe soll noch durch die Markierung der Strafe, die in Wirklichkeit nur Sicherung ist, verdeckt werden. Wer psychopathische Persönlichkeiten kennt, wird sich mit einem derartigen Verfahren schwerlich befreunden können. Entweder bedürfen sie einer besonderen Behandlung, und dann ist es doch nur vernünftig, sie ihnen von vornherein angedeihen zu lassen, statt vorher an ihnen eine Art Scheinstrafe zu vollziehen."[732] Zuletzt erfolgt der Hinweis, dass bei Schaffung eines zweispurigen Systems für die Behandlung der vermindert Zurechnungsfähigen, auch für die Zurechnungsfähigen nichts anderes mehr gelten könne: „Mag man sich noch so sehr um reinliche Abgrenzung zwischen voller und verminderter Zurechnungsfähigkeit bemühen, so wird man doch nie verständlich machen können, warum von zwei gemeingefährlichen Menschen der eine nach verbüßter Strafe weiter eingesperrt werden darf, der andere nicht."[733]

Damit soll die Strafe ihre herkömmlichen Eigenschaften, dies seien strenge Zucht und zeitliche Begrenzung,[734] verlieren. Die führende Bedeutung der Psychiatrie bringt er dabei in Hinblick auf einen Teil der „vermindert Zurechnungsfähigen" deutlich zum Ausdruck: „Soll die Strafe hier dem Täter und damit auch der Gesellschaft wirklichen Nutzen bringen, so wird sie sich von einer regelrechten ärztlichen Behandlung nicht viel mehr unterscheiden dürfen, als durch den Umstand, dass dieselbe nicht auf den Wunsch der Kranken, sondern auf staatliche Anordnung durchgeführt wird und solange dauert, bis die Gefahr verschwunden, oder doch wesentlich abgeschwächt ist."[735]

V. Die Abschaffung des Strafmasses

1. Als Hauptinstrumentarium der Sicherungs- und Besserungstheorie

Die Forderung nach der Abschaffung des Strafmasses ist dann für KRAEPELIN die konsequente Folge aus seiner Sicherungs- und Besserungstheorie. „Der Begriff des Verbrechen und der Strafe, wie sie die Vergeltungstheorie erzeugt hat, müssen durchaus verschwinden, denn auf ihnen basiert die unsägliche Idee des Strafmasses, die in unauflöslichem Widerspruch zu der Besserungstendenz steht."[736]

Während die Strafe auf den Gelegenheitsverbrecher nahezu vernichtend wirken könne, sei sie für den Gewohnheitsverbrecher meist völlig nutzlos und viel zu kurz. Dabei schreibt er schon 1880 polemisch über diesen Rechtszustand: „So lange wird der Un-

---

[732] Kraepelin, Zur Frage der geminderten Zurechnungsfähigkeit, MschrKrim, 1904/05, S.481.
[733] Kraepelin, Zur Frage der geminderten Zurechnungsfähigkeit, MschrKrim, 1904/05, S.481.
[734] Vgl. dazu schon Fn.206.
[735] Kraepelin, Zur Frage der geminderten Zurechnungsfähigkeit, in: MschrKrim, 1904/05, S.486. Die einzelnen Behandlungsvorschläge finden sich in S.485 – 488, insbesondere solle jenen, die unter chronischen Vergiftungen gehandelt haben wie der „Alkoholtrinker" eine staatlich angeordnete Heilbehandlung die Strafe ersetzen.
[736] Kraepelin, Die Abschaffung des Strafmasses, S.31.

glückliche, der in der jähen Aufwallung des Augenblicks, unter dem Druck des Elends und der Not gefehlt hat, zusammenbrechen unter der Last des Spruches, der ihm unwiederbringlich die Blütejahre seines Lebens raubt, um ihn als gebrochenen freud- und freundlosen Mann wieder in den Kampf ums Dasein hinauszustoßen, so lange endlich wird der Gewohnheitsverbrecher frohlockend die Tage zählen, bis sich ihm die Kertüren öffnen müssen, um ihn nach kurzem, aber inhaltsreichen Genusse seiner Freiheit von neuem aufzunehmen." [737]

Da KRAEPELIN grundsätzlich an die bessernde und erziehende Wirkung der Strafe glaubt, können nur solche Strafmittel geeignet sein, denen diese Wirkung zukommt und die Freiheitsstrafe stehe allem voran. „Für uns haben demnach alle Strafen nur insofern Berechtigung, als sie Erziehungsmittel sind, und von diesem Gesichtspunkte aus stehen natürlich die Freiheitsstrafen allen anderen voran, da sie die Möglichkeit einer dauernden pädagogischen Einwirkung auf den Gefangenen am besten garantieren."[738] Aber die Freiheitsstrafe habe diese Wirkung nur, soweit die Verurteilung eine unbestimmte sei. „Wir müssen daher, auch hier an die Spitze unserer Betrachtungen das Postulat der Aufhebung des Strafmasses stellen. Nur bei entgültiger Beseitigung jedes Restes der Vergeltungsidee wird sich die ganze segenreiche Wirkung der Besserungsbestrebungen frei entfalten können."[739] KRAEPELIN kennt die Kritik, die von Praktikern der Besserung des Rechtsbrechers entgegengesetzt wird,[740] aber er glaubt fest, dass ein auf neue Grundlagen gestelltes Strafrecht und ein umgestalteter Strafvollzug den Rechtsbrecher bessern können.[741]

Er schreibt weiter über den Erziehungseffekt der unbestimmten Freiheitsstrafe: „Die erziehlichen Einflüsse können nur dann ihre volle Wirkung entfalten, wenn die Rückkehr in die Freiheit nicht an einem vorausbestimmten Tage erfolgt, sondern durchaus von dem Fortschreiten der sittlichen Besserung abhängig ist, und die Möglichkeit der vorzeitigen Entlassung, die schon jetzt den Vergeltungsgrundsatz durchbricht, ist nur ein äußerst unvollkommener Ersatz für die Unbestimmtheit der Strafdauer." [742] Und da der Gefangene bei der unbestimmten Verurteilung wisse, dass von seiner Bemühung der Zeitpunkt seiner Entlassung abhänge, meint KRAEPELIN, würde „er sich in Folge gerne geneigt zeigen, sich der Autorität (der Strafanstalt) unterzuordnen, und freudig die Mittel ergreifen, die ihm zur Herstellung seiner sittlichen Energie dargeboten wer-

[737]Kraepelin, Die Abschaffung des Strafmasses, 1880, S.20, Und an anderer Stelle „Auf der anderen Seite lassen wir die gefährlichsten Verbrecher nach dem Ablauf ihrer Strafzeit immer von neuem auf ihre Mitmenschen los, ein wahrer Hohn auf den Satz, dass unser Vergeltungsstrafrecht Staat und Rechtsordnung kräftig schütze." Kraepelin, Das Verbrechen als soziale Krankheit, in: MschrKrim, 1906/07, S.274.
[738]Kraepelin, Die Abschaffung des Strafmasses, 1880, S.54.
[739]Kraepelin, Die Abschaffung des Strafmasses, 1880, S.56.
[740]Kraepelin, Die Abschaffung des Strafmasses, 1880, S.30.
[741]Kraepelin, Die Abschaffung des Strafmasses, 1880, S.31.
[742]Kraepelin, Das Verbrechen als soziale Krankheit, MschrKrim, 1906/07, S.274.

den." Eines davon wäre sinnvolle Arbeit. „Der Drang nach persönlicher Freiheit ist eine überaus mächtige Triebfeder."[743]

Aber auch vom Standpunkt der Schutztheorie aus betrachtet, eigne sich die Abschaffung des Strafmasses ohne Zweifel. „Die Hauptrolle werden daher als Schutzmittel jedenfalls die Freiheitsentziehungen zu übernehmen haben...und zwar hätte diese genauso lange aber auch nur so lange zu dauern, als von dem entsprechenden Individuum noch irgendwelche Gefahr drohte,"[744] was erst während der Gefangenschaft ermittelt werden könne.

Und KRAEPELIN betont auch nochmals an dieser Stelle die Inkonsequenz der Vergeltungstheorie, wie er es auch in Hinblick auf die Forderungen für die Behandlung der vermindert Zurechnungsfähigen getan hat: „In der Tat kann die Vergeltungstheorie, wenn sie einmal die unbestreitbare Tatsache anerkennt, dass ein großer Teil gerade der gefährlichsten Verbrecher den Stempel der Entartung trägt, der Einführung von Maßregeln in der Strafrechtspflege nicht ausweichen, die mit der Strafe in ihrem Sinn nichts mehr gemein haben."[745]

2. Die praktische Umsetzung

a. Die zukünftige Funktion des Richters

Die unbestimmte Verurteilung als Reaktion auf die gemeinschädliche Tat hat zunächst erhebliche Auswirkungen auf das Strafverfahren und die Aufgabe des Strafrichters. „Die Aufgabe eine Größenbeziehung zwischen Verschuldung und Strafdauer herzustellen, legt das Strafmaß in die Hände des Richters der Tat. Die Schutzstrafe ist an die Grenzen nicht gebunden, die sich die Vergeltungsstrafe selber steckt..."[746] So geht die Forderung nach der Abschaffung des Strafmasses mit einer erheblichen Beschränkung des Richteramtes einher. Ganz in diesem Sinne schreibt er „Sobald man nämlich die Besserung als den Endzweck der Strafe hinstellt, kann dem Richter weder die Art der „Strafverbüßung" noch die Dauer derselben zu bestimmen überlassen bleiben. Wie die Gestaltung der speziellen Umgebung des Verbrechers muss auch der Zeitpunkt seiner Entlassung der Individualität des Einzelnen angepasst werden und demnach dem Gutachten desjenigen überlassen bleiben, unter dessen Augen sich eventuell die durch die Strafe erstrebte Charakteränderung vollzieht."[747] Später jedoch erweitert er die richterliche Aufgabe dahin, dass er auch später noch an der Vollziehung der staatlichen Re-

---

[743] Kraepelin, Die Abschaffung des Strafmasses, 1880, S.59.
[744] Kraepelin, Die Abschaffung des Strafmasses, 1880, S.29.
[745] Kraepelin, Das Verbrechen als soziale Krankheit, MschrKrim, 1906/07, S.266.
[746] Kraepelin, Das Verbrechen als soziale Krankheit., MschrKrim, 1906/07, S.274.
[747] Kraepelin, Die Abschaffung des Strafmasses, 1880, S.45 – 46.

aktion mitzuwirken habe. „Die Aufgabe des Richters bestände lediglich in der Feststellung der Täterschaft und weiterhin in der Entscheidung darüber, ob bedingte Verurteilung oder Entziehung der Freiheit einzutreten hat; allenfalls hätte er auch eine Frist zu begrenzen, nach der frühestens die Frage der Entlassung durch die Sicherheitsbehörde zu prüfen wäre. Dieser Behörde sollte der verurteilende Richter aber auch selbst angehören, um damit Kenntnis der weiteren Schicksale der Verurteilten und Einfluss auf dieselben zu gewinnen."[748] Auch wenn KRAEPELIN es nicht ausspricht, ist offensichtlich, mit welcher Aufwertung für seine eigene Wissenschaft diese Umgestaltung des Strafverfahrens verbunden ist.

b. Zielsetzung und Ausgestaltung des Strafvollzuges

Das Ziel der neuen Strafrechtspflege sei Individualisierung und eine möglichst humane Behandlung. Die Eignung der derzeitigen Ausgestaltung des Strafvollzuges beurteilt KRAEPELIN jedoch vernichtend. „Das Leben in den Strafanstalten vermag nichts weniger als schwache Menschen zum Gebrauch der Freiheit zu erziehen."[749] Und so müsse in Zukunft „die Behandlung... eine durchaus wohlwollende und liebevolle, der Geist der Anstalt derjenige der Humanität, der erzieherischen Menschenliebe sein....Auf der anderen Seite muss im Notfall äußerste Strenge ergriffen werden können..."[750] Es erscheint in gewisser Weise widersprüchlich, wenn KRAEPELIN hier nach individueller, humaner Behandlung strebt, auf der anderen Seite aber mit der Degenerationstheorie und seinen Begrifflichkeiten „entartet" „minderwertig" und „krankhafte Veranlagung"

[748]Und weiter: „Selbstverständlich kann diese Bestimmung nicht mehr in der Hand des Richters liegen, sondern es muss eine Behörde geschaffen werden, der mit weit größerer Sicherheit die Beurteilung der verbrecherischen Persönlichkeit und ihres voraussichtlichen Verhaltens in Freiheit möglich ist." Kraepelin, Das Verbrechen als soziale Krankheit, MschrKrim, 1906/07, S.275. In seiner Erstlingsschrift will KRAEPELIN noch die Entscheidung über Irren-, Erziehungs-, oder Strafanstalt noch dem Richter allein überlassen. „Der Richter wird demnach nur noch Schuld und Unschuld des Gefangenen zu ermitteln, d.h. lediglich die Täterschaft zu konstatieren und dann, eventuell unter Hinzuziehung von Sachverständigen, die Verbringung in eine Irren-, Erziehungs-, oder Strafanstalt anzuordnen haben." Kraepelin, Die Abschaffung des Strafmasses, 1880, S.62.

[749]Kraepelin, Das Verbrechen als soziale Krankheit, MschrKrim 1906/07, S.276.

[750]Weiter schreibt KRAEPELIN pathetisch über den Strafvollzug, so werde der Verbrecher „herausgerissen aus der Not und dem Elend seines Daseins..., und steht nunmehr inmitten eines großartigen Mechanismus, der in selber in seinem Getriebe zu einem gerechten, tätigen Leben fortreist und ihm das Gefühl einer mächtigen, über ihm waltenden Autorität lebendig zum Bewusstsein bringt." Kraepelin, Die Abschaffung des Strafmasses, 1880, S.59, 61. Blickt man kurz darauf, wie sich KRAEPELIN die Ausgestaltung des Strafvollzuges vorstellt, so ist dieser von der Idee beherrscht, „...den Strafvollzug der persönlichen Eigenart des Täters in vernünftiger Weise anzupassen...". Zunächst sei ein Charakterbild des Verbrechers zu entwerfen, dann solle er in eine für ihn geeignete Umgebung bei weiterer Beobachtung verbracht werden, wobei dies nur in bestimmten Fällen, nie automatisch in Betracht käme. KRAEPELIN fordert sog. Beobachtungsabteilungen, in denen nach einer bestimmten Frist anhand der gemachten Beobachtungen über das weitere Vorgehen, insbesondere die Verbringung des Verurteilten in eine sog. Straferziehungsanstalt beschlossen werden solle. „Insbesondere hätte durch diese Rechtseinrichtung, die sich auch für Geisteskranke in entsprechender Weise verwerten ließe, die Erklärung der Gemeingefährlichkeit zu geschehen. Selbstverständlich wäre sie mit bestimmten Sicherungen auszustatten, die sowohl dem Rechtsbrecher selber wie seinen Angehörigen und dem Staatsanwalt die Möglichkeit einer Anfechtung der Entscheidung sofort oder für einen späteren Zeitpunkt erlaubten." Kraepelin, Zur Frage der geminderten Zurechnungsfähigkeit, MschrKrim, 1904/05, S.485, S.492, S.490.

sich eher individualisierungsfeindlich verhält. Und so spricht er sich auch dafür aus: „Wir werden daher zu erwarten haben, dass sich unter den Bewohnern der Gefängnisse ein, vielleicht ziemlich erheblicher, Rest von Individuen ausscheiden wird, welche wegen ihrer perversen Charakteranlage jedem Besserungsversuche widerstehen, oder bei denen die Verwahrlosung ihres bisherigen Lebens bereits so verheerend eingewirkt hat, dass eine Wiederherstellung ihres sittlichen Bewusstseins unmöglich geworden ist".[751] Und hier greife die Schutztheorie, sobald der Verbrecher nicht zu bessern sei, was schließlich Voraussetzung seiner Entlassung ist. Die unbestimmte Verurteilung werde so zu einer entgültigen.

Wer dann nach unbestimmter Verurteilung den Entlassungstermin zu bestimmen habe, beurteilt KRAEPELIN im Laufe der Zeit unterschiedlich. Hier zeigt sich, wie sein anfänglicher Idealismus und Optimismus mit der Zeit einem Bedürfnis nach Schaffung von Rechtssicherheit weicht. Zunächst geht er davon aus, die Bestimmung des Entlassungstermins läge allein bei einem psychologisch, psychiatrisch, strafrechtlich und pädagogisch gebildeten Anstaltsdirektor[752] und hält diese Anforderungen auch ausdrücklich für erfüllbar „...wie auch die Psychiatrie geeignete Chefärzte der Irrenanstalten hervorgebracht habe..." [753], fordert später aber die Schaffung einer Sicherheitsbehörde, der auch der Richter angehören solle[754] und für die sog. vermindert Zurechnungsfähigen läge die Beurteilung beim Strafanstaltsbeamten und ihren Beigeordneten.[755] KRAEPELIN erkennt später die Forderung der Entscheidungsverlagerung in den Strafvollzug und seine Organe zugleich als den wunden Punkt aller Bestrebungen.[756] So ist auch zu erklären, dass jetzt auch der Richter, wie bereits angesprochen, wieder in das Entscheidungsorgan einbezogen werden soll.

---

[751]Kraepelin, Die Abschaffung des Strafmasses, 1880, S.68. Auch 25 Jahre später wiederholt er diese Feststellung dahin, man habe es „gerade bei der großen Masse der immer wieder rückfällig werdenden Verbrecher mit Erzeugnissen der Entartung zu tun, mag auch ihre anthropologische und psychologische Kennzeichnung im einzelnen zurzeit noch so unsicher und verbesserungsbedürftig sein. Jedenfalls haben wir auch mit einer gewaltigen Schar von Verbrechern zu rechnen, die als grundsätzlich unverbesserlich angesehen werden müssen, weil jeder Anknüpfungspunkt für bessere Einwirkung vollständig fehlt." Kraepelin, Das Verbrechen als soziale Krankheit., MschrKrim 1906/07, S.266.

[752]Kraepelin, Die Abschaffung des Strafmasses, 1880, S.62.

[753]Kraepelin, Die Abschaffung des Strafmasses, 1880, S.64.

[754]Kraepelin, Das Verbrechen als soziale Krankheit. MschrKrim, 1906/07, S.275.

[755]Kraepelin, Zur Frage der geminderten Zurechnungsfähigkeit, MschrKrim, 1904/05, S.484.

[756]KRAEPELIN gesteht ein „...nicht ohne Berechtigung ist vielfach gegen die grundsätzliche Beseitigung der richterlichen Strafzumessung geltend gemacht worden, dass die Strafrechtspflege das durchaus notwendige Vertrauen des Volkes verlieren werde, wenn eines ihrer wichtigsten Befugnisse aus der bewehrten Hand des ordentlichen Richters in diejenige von Beamten übergehen solle, deren Tätigkeit sich der öffentlichen Überwachung entziehe, und deren Vorbildung in keiner Weise der ihnen zugewiesenen, überaus verantwortlichen Aufgabe entspreche...". Kraepelin, Zur Frage der geminderten Zurechnungsfähigkeit, MschrKrim, 1904/05, S.484.

VI. Die Todesstrafe

KRAEPELIN misst die Strafmittel grundsätzlich an ihrer Wirksamkeit für die Besserung und die Sicherung.[757] In diesem Sinne behandelt er auch die Frage der Todesstrafe, wobei schon Umfang und Frontstellung der Argumentation deutlich machen, dass er der Frage eine größere Bedeutung beimisst. Dabei übertrifft seine italienische Auseinandersetzung die deutsche Behandlung bei weitem, besonders an Emotionalität. KRAEPELIN leistet hier seinen Beitrag in der regen Debatte um die Verankerung der Todesstrafe im Strafgesetzbuch von 1889 und betont, dass allem voran mit erziehenden und pädagogischen Mitteln versucht werden müsse, den Verbrecher zu bessern und nur als ultima ratio an den „letzten Zweck“, die Sicherung gedacht werden dürfe. Dann stellt er klar: „Die Mittel können nur drei sein: die Todesstrafe (pena di morte), der Ausschluss aus der sozialen Gesellschaft (consorzio sociale) und die lebenslängliche Gefangenschaft. Von diesen drei Möglichkeiten ist die ökonomischste und zugleich radikalste die Todesstrafe.“[758]

Das Kostenargument sei jedoch abzulehnen. KRAEPELIN belegt dies mit dem Hinweis, dass dieses Argument auch auf andere Individuen angewendet werden könne, wie zum Beispiel auf Geisteskranke und führt den Gedanken dahin weiter:„...wer würde einem garantieren, dass sein Kopf immer die Kosten ihn zu erhalten wert sein würde?” [759] Wenn dann 1920 von seinem Kollegen HOCHE die Tötung von „Ballastexistenzen“ gefordert wird, erhebt KRAEPELIN aber keinen offenen Einspruch.

KRAEPELINS Argumentation zur Todesstrafe weiter betrachtet, dient ihm der Entwicklungsgedanke dazu, aus der Zurückdrängung dieser Strafe seit dem Mittelalter zu folgern, dass ihre Abschaffung der geschichtlichen Entwicklung entspreche. Man würde die Augen vor dem Lauf der Geschichte verschließen, schreibt er, wenn man an eine

---

[757]Wie dargelegt liegt der Schwerpunkt dabei auf der unbestimmten Freiheitsstrafe. Interessant ist bei den übrigen Strafmitteln sein Bemühen, immer wieder die Verknüpfung von Täterpersönlichkeit und Besserungszweck hervorzuheben. Zur Deportation schreibt er beispielsweise, es „gebietet die Rücksicht auf den Besserungszweck, nur solche Individuen zu deportieren, für welche man von dieser Maßregel einen heilsamen Einfluss erwarten darf...nur bei jungen und lebenskräftigen Naturen wird man im Allgemeinen eine günstige Wirkung auf die Charakterentwicklung voraussetzen können.“ Dabei bejaht er die Deportation grundsätzlich als Strafmittel, weißt jedoch auf ihren für Deutschland eher theoretischen Charakter hin. Aber auch hier wird die Aufgabe des Richterstandes verneint. Der Richter könne diese „gedeihliche Wirkung“ nicht handhaben, sondern es wäre Aufgabe der Strafanstalten, diejenigen Menschen herauszusuchen, für welche die Kolonie das geeignete Mittel ist. Und das mit dem Ziel, „...sie wiederum zu brauchbaren Mitgliedern der menschlichen Gesellschaft zu machen.“ Die Prügelstrafe lehnt er hingegen ab, genauso wie die Ehrenstrafen, da die eine nicht bessern und die andere nur die Rehabilitation des entlassenen Gefangenen hindern und den Rückfall begünstigen würde. In gewissem Umfang bejaht er hingegen die Geldstrafe, wobei die Höhe von der erstrebten Wirkung abhänge „bei gewissen leichteren...Delikten, bei denen es mehr darauf ankommt, dass die Gesellschaft...reagiert, als auf die Form, in der dies geschieht...nämlich dort, wo eine disziplinarische Wirkung derselben zu erwarten steht.“ Kraepelin, Die Abschaffung des Strafmasses, 1880, S.45 – 47.

[758]Kraepelin, Il concetto scientifico, Riv. Fil. Scient., 1882/83, p.645.

[759]Kraepelin, Il concetto scientifico, Riv. Fil. Scient., 1882/83, p.645.

ausgedehnte Anwendung der Todesstrafe in der Zukunft glauben und von ihr ein Heilmittel gegen die Kriminalität erwarten würde.[760]

Weniger pathetisch wird dann in seiner deutschen Veröffentlichung die Schutztheorie, mit ihrer Gleichstellung von unzurechnungsfähigen, geisteskranken und anderen Rechtsbrechern, mit der Todesstrafe konfrontiert. KRAEPELIN stellt klar, dass man bei Beibehaltung der Todesstrafe dieselbe auf alle gefährlichen Individuen ausdehnen müsse: „Niemand wird nämlich behaupten wollen, dass der Begriff der Gefährlichkeit eines Individuums von demjenigen seiner Zurechnungsfähigkeit abhängig sei. Wir würden demnach, wenn wir die Todesstrafe als ein Schutzmittel gegen besonders gemeingefährliche Menschen empfehlen wollten, notwendig dahin gelangen, ebenso gut gegen Geisteskranke, wie gegen Gesunde mit derselben vorzugehen, zumal erstere häufig genug noch weit gefährlicher sind, als letztere...". Eine Konsequenz, die LOMBROSO dann auch tatsächlich für die Todesstrafe zieht. KRAEPELIN hingegen meint, ein entscheidendes Argument gegen die Todesstrafe zu präsentieren. „...ich glaube nicht, dass selbst die Fanatiker der Todesstrafe die Konsequenz, die sich aufgrund der Schutztheorie verteidigen ließen, aufrecht zu erhalten Lust verspüren." [761]

Als weiteres Argument gegen die Todesstrafe stellt er das Offensichtliche fest, wenn er schreibt, dass man diese nicht ernsthaft in Bezug auf den Besserungsgedanken des Verbrechers rechtfertigen könne. Erstaunlich jedoch, dass er dennoch lange Ausführungen macht. Die abschreckende Wirkung, ob sie „wegen ihrer Schrecken eine erzieherische Wirkung auf die unbeteiligten Zuschauer ausüben könnte"[762] verneint er kurz, insbesondere unter Hinweis auf die Inquisition, aber gibt zu, dass man der Todesstrafe in Hinblick auf den Schutzgedanken eine gewisse Berechtigung nicht absprechen könne.

Zuletzt kommt KRAEPELIN, wie viele Vertreter der Sicherungstheorie in der Frage der Todesstrafe zu dem Schluss, dass sich in Friedenszeiten auch andere Mittel fänden, die Sicherheit der menschlichen Gesellschaft zu gewährleisten, wie die Deportation und die lebenslängliche Internierung. Auch FLETSCH betont diesen Gedanken: „...gerade wenn man vom ärztlichen Standpunkt aus das Wesen der Strafe im Schutz der Gesellschaft sieht, könnte man die Sicherung dieses Schutzes in der Todesstrafe am besten gewahrt, in ihr also das technisch am meisten zu erstrebende Ziel sehen. Gibt sich der Staat oder die Gesellschaft das Armutszeugnis, nur durch die bewusste vorsätzliche Tötung eines Menschen auf dem Weg der Hinrichtung jene Sicherung schaffen zu können, so ist die Todesstrafe unentbehrlich."[763]

---

[760]Kraepelin, Il concetto scientifico, Riv. Fil. Scient., 1882/83, p.646 – 647.
[761]Kraepelin, Die Abschaffung des Strafmasses, 1880, S.69 – 70.
[762]Kraepelin, Die Abschaffung des Strafmasses, 1880, S.43.
[763]Fletsch, Gehirn und Veranlagung des Verbrechers, Beiträge zur Aufhebung der Todesstrafe, 1929, S.212

VII. Gesamtbewertung

Betrachtet man KRAEPELINS Auseinandersetzung mit den Grundlagen des Strafrechts und seine konkreten Vorschläge, so ist schwerlich die maßgebliche Rolle zu verkennen, die er der Psychiatrie in diesen Umsetzungen zudenkt. Das Strafrechts soll umgestaltet und der Psychiatrie eine entscheidende Bedeutung im Strafverfahren und im Strafvollzug eingeräumt werden. Diese Forderung geht mit der Feststellung einher, dass sich bei einer Vielzahl der Verbrecher eine minderwertige Anlage feststellen lasse. Diese Feststellung ist letztlich wieder dazu geeignet, die neue Rolle der Psychiatrie wissenschaftlich zu unterlegen, da deren Fachkenntnisse dann als unentbehrlich und maßgeblich für das gesamte Strafrechtssystem erscheinen.
Seine Vorschläge für die künftigen Strafrechtsgrundlagen erweitern dann nochmals die Bedeutung der Psychiatrie. Er spricht sich für ein umfassendes Schutzrecht aus, das auf jede Form sozialschädlichen Verhaltens reagieren solle, hält aber immerhin an der Normierung bestimmter Tatbestände im Gesetz fest. Die Frage der Zurechungsfähigkeit entfällt damit ebenso, wie auch die Tatbegehung nur noch auslösendes Moment der „Bestrafung" ist. Erst auf der Ebene von Strafzumessung und Strafvollzug soll dann die Individualität des Täters berücksichtigt und entschieden werden, welche Maßnahme geeignet ist. Besondere Hoffnung liegt bei der unbestimmten Verurteilung. Zwar geht er davon aus, dass Besserung bei einer Vielzahl von Individuen mit „perverser Charakteranlage" nicht möglich sei, aber seine Ausführungen zeigen, dass er nicht daran glaubt, eine sichere Prognose abgeben zu können. „Unverbesserlichkeit" wird damit zur Frage der Unerziehbarkeit im Strafvollzug.
In der Betonung des Besserungsgedankens dürfte einer der Gründe für KRAEPELINS ablehnende Haltung gegenüber der Todesstrafe zu sehen sein. Zu erkennen ist auch eine gewisse Sensibilität, mit der Anerkennung der Todesstrafe auf der Basis eines Schutzstrafrechts deren Ausdehnung auf alle gefährlichen Individuen zu erzielen. Diese absolute Form des Gesellschaftsschutzes, insbesondere auch gegenüber Geisteskranken, wird ausdrücklich abgelehnt. Auch das Kostenargument verneint er gerade in Hinblick auf die dann sich ergebende Allgemeingültigkeit für alle Individuen.

Insgesamt kommen KRAEPELIN an keiner Stelle Bedenken, die Individualinteressen den Allgemeininteressen unterzuordnen. Sein Ansatz ist ein interessantes Zusammenspiel zwischen dem Gauben an Degeneration, dem Versuch die Zuständigkeit der Psychiatrie zu vergrößern und dann der Betonung von milder, individueller Behandlung und dem Versuch, den Verbrecher dann zu bessern.

D. PAUL NÄCKE (1851 - 1913) – Die sozialen Ursachen des Verbrechens und die „künstliche Auslese“

I. Zu Person und Lebenswerk

NÄCKE, geboren 1851 studiert in Leipzig und Würzburg Medizin. Nach seiner Promotion 1873 arbeitet er an verschiedenen Krankenhäusern und ab 1880 als Anstaltsarzt in den Anstalten Colditz und Hubertus. 1901 erfolgt dann seine Ernennung zum Medizinalrat. Erst im Jahre 1909 wird er dann zum Professor und zum Mitglied der Societé de Psychiatrie de Paris ernannt und kurz vor seinem Tod erfolgt schließlich die Ernennung zum Leiter der Anstalt Colditz und zum Obermedizinalrat. Seit 1891 erscheinen von NÄCKE eine Vielzahl von Veröffentlichungen, mit deren Anzahl er alle der vorgestellten Mediziner übertrifft.[764]

II. Fragestellungen um Verbrechen und Strafe im Werk NÄCKES

NÄCKES Auseinandersetzung mit Fragen aus dem Bereich der Kriminalanthropologie beginnen erst in den 90er Jahren des 19. Jahrhunderts, weshalb inhaltlich die Darstellung nach KRAEPELIN erfolgt. Seit dieser Zeit wendet sich NÄCKE mit großem Interesse Fragestellungen im Bereich um Verbrechen und Strafe und auch der Frage nach dem Zusammenhang zwischen Verbrechen und Wahnsinn zu. Inhaltlich entwickelt er sich zum wohl leidenschaftlichsten Kritiker LOMBROSOS in Deutschland. Mit der Gründung des ARCHIVS FÜR KRIMINALANTHROPOLOGIE UND KRIMINALISTIK[765] im Jahr 1898 durch den österreichischen Juristen und Kriminologen GROSS,[766] bietet sich

---

[764]NÄCKE beginnt von wenigen Ausnahmen abgesehen, erst 1891 mit der Veröffentlichung zahlreicher Aufsätze, die bis zu seinem Tod eine Anzahl von 250 erreichen, vgl. dazu Paul Näcke, in: Deutschsprachige Psychiater und Neurologen, Lexikon, 1996, Bd. 2, S.1007 – 1012.

[765]Der Begründer, der Jurist HANS GROSS übernimmt die Bezeichnung Kriminalanthropologie, obwohl er selbst die Theorie LOMBROSOS vom geborenen Verbrecher ablehnt. Für den Inhalt des Archivs kann das Vorwort von HANS GROSS zur ersten Auflage zitiert werden. Danach sollen die Kriminalanthropologie und Kriminalistik „als Hilfswissenschaften“ sich dem Strafrecht dienstbar machen. GROSS erblickt in diesen beiden Disziplinen die Zulieferer der Strafrechtswissenschaft und eine Mitbedingung für die zukünftige Strafrechtsreformarbeit. „Sowohl im kriminalanthropologischen Teile, als auf dem Gebiet der Kriminalistik soll die Arbeit lediglich im Beobachten, Sammeln und Gruppieren bestehen, wobei nur erörtert werden darf, ob und in welche Richtung das Gefundene für das Strafrecht verwertet werden könnte.“ Die Kriminalanthropologie müsse weit verstanden werden. Sie beschäftige sich mit den „geistigen und körperlichen Erscheinungen am Menschen in Beziehung auf das Verbrechen“. Dabei solle sich die Kriminalistik in psychologischer Hinsicht mit dem Verhältnis von Staatsanwaltschaft, Gericht und Polizei zu den Beschuldigten, Zeugen, Sachverständigen und Geschworenen befassen. Inhaltlich behandeln dann die Publikationen Themen, die einem viel weiteren Bereich um Verbrechen und Strafe angehören. Neben Artikeln aus der forensischen Psychiatrie, Kriminalpsychologie sind inhaltlich insbesondere Fragen zur Strafrechtsreform, innerhalb dessen besonders zur verminderten Zurechnungsfähigkeit und zur Rolle des psychiatrischen Sachverständigen behandelt. Gross, in: Gross Archiv, 1899, Vorwort, S.1 – 4. Später tritt neben das Gross Archiv, die Monatsschrift für Kriminalpsychologie und Strafrechtsreform, die gerade bei Juristen eine weit größere Akzeptanz findet.

[766]Einzelheiten zu HANS GROSS, seinen persönlichen Daten und seiner kriminologischen Forschung bei: Grassberger, Hans Gross, Pioneers in Criminology, 1960, S.241 – 253.

ein geeignetes Publikationsmedium, in dem NÄCKE mit seinen Veröffentlichungen den gesamten Bereich der Kriminalanthropologie bzw. Kriminalpsychologie abgedeckt.[767] Daneben erfolgen Veröffentlichungen in psychiatrischen Fachzeitschriften, insbesondere zur Frage der physischen und psychischen Konstitution des Verbrechers, der Frage, ob es die sog. „moral insanity" gibt und die Rolle der Degenerationszeichen im Verhältnis zum Verbrechen.[768]

III. Die Frage der Verbrechensursachen und der Kampf gegen LOMBROSO

NÄCKE lehnt einen anhand äußerer Merkmale erkennbaren Verbrechertypus ab. Er kommt aufgrund seiner eigenen Untersuchungen zu dem Ergebnis: „An einen Verbrechertypus im anthropologischen Sinne, an eine spezifische Varietät, ist absolut nicht zu denken, und weder LOMBROSO und seine Schule noch KURELLA[769] neuerdings haben Beweise dafür erbracht; weder gibt es irgend eine Bildung am Schädel oder sonst wo am Körper, die nur beim Verbrecher vorkäme, noch eine Mehrheit solcher, die nur hier sich fänden." [770]

NÄCKE zeigt sich darüber hinaus sensibel hinsichtlich des Umstandes, einen anthropologischen Typus an einem sich wandelnden Verbrechensbegriff fest zu machen. Er stellt fest: „Jedes Volk setzt also nach dem derzeitig bei ihm geltenden Moralkodex den Begriff „Verbrechen" fest; er liegt somit nicht im Menschen physiologisch begründet, sondern ist...ein rein soziologischer. Es ist demnach eigentlich ein Nonsens, nach anthropologischen Merkmalen für einen soziologischen Typus zu fahnden."[771] Er

[767] Aus den vielen Veröffentlichungen in Gross Archiv können als besonders interessant hervorgehoben werden: Degeneration, Degenerationszeichen und Atavismus, Bd. 1, 1899, S.200 – 221; Drei kriminalanthropologische Themen, Bd. 6, 1901, S.261 – S.271; Die Hauptergebnisse der kriminalanthropologischen Forschung im Jahr 1901, Bd. 9, 1902, S.141 – 156; Gedanken eines Mediziners über die Todesstrafe, Bd. 9, 1902, S.316 – 326; Sind wir dem anatomischen Sitz der Verbrecherneigung wirklich näher gekommen, wie Lombroso glaubt, Bd. 12, 1903, S.218; Rasse und Verbrechen, Bd. 25, S.64 – 73; Die neue Definition der Zurechnungsfähigkeit, Bd. 43, 1911, S.345; Die Überbleibsel der Lombroso'schen kriminal – anthropologischen Theorien, Bd. 50, 1912, S.326 – 339. 1894 (Bd.15) und 1896 (Bd.17) erscheinen auch zwei Aufsätze über Kriminalpsychologie und Kriminalanthropologie in v. Liszts ZStW.

[768] Seine Auseinandersetzung beginnen mit einem Referat über den 3. Internationalen Kriminalanthropologenkongress, Allg. Z. Psych., 1893; in der Folge können hervorgehoben werden: Verbrechen und Wahnsinn beim Weibe. Allg. Z. Psych., 1893; Untersuchungen von 16 Frauenschädeln, Arch. Psychiat. Nervenkr., 1893, und eine umfassende Auseinandersetzung und Zusammenfassung, die auch als Grundlage der folgenden Darstellung dient: Näcke, Verbrechen und Wahnsinn beim Weibe mit Ausblicken auf die Kriminalanthropologie überhaupt, 1894. Mit Fragen der „moral insanitiy" und der Frage von Degenerationszeichen, Zustände die jeweils dazu benützt werden, um die Frage nach bestimmten Verbrecherneigungen zu stellen, werden von Näcke in diversen Fachzeitschriften diskutiert. Vgl. allgemein zur „moral insanity" schon oben Teil 3 A III 3 b. Vgl. stellvertretend: Über die sogenannte moral insanity, Grenzfr. Nerv. Seele; Einige Punkte aus der Lehre der sog. „moral insanity", psychiatr. neurol. Wschr., 1906, Über sog. Degenerationszeichen, Allg. Z. Psych. 1901; Sind die Degenerationszeichen wirklich wertlos, Vjschr. gerichtl. Med., 1906.

[769] Vgl. zu dem Nervenarzt HANS KURELLA Teil 1 D I 2.

[770] Näcke, Verbrechen und Wahnsinn , 1894, S.153 – 154.

[771] Näcke, Verbrechen und Wahnsinn, 1894, S.96.

argumentiert weiter, dass auch nicht jede, der Moral widersprechende Handlung zugleich zwingend in einem Gesetze gefasst ist und so könne man „...eigentlich nicht von Verbrechern und ehrlichen Leuten, sondern nur von Bestraften und Unbestraften sprechen..." [772] NÄCKE ist nicht der einzige, der diese Problematik erkennt. So versucht insbesondere auch FERRI in einer Auseinandersetzung aufzuzeigen, dass, jedenfalls bei bestimmten Delikten, eine praktisch übergesetzliche Widerrechtlichkeit bestehe[773] und aus gleichem Grund entwickelt GAROFALO eine Form des „natürlichen Verbrechens"[774]. Aber NÄCKE zieht ungeachtet seiner Kritik selbst keine Konsequenz für die Darstellung des Verbrechensphänomens. Weiter ist vom Verbrecher die Rede und es ist jener, der eine nach dem Strafgesetz strafbare Handlung begeht.

Untersucht man nun die Frage, in welchen Faktoren die Ursache des Verbrechens zu erblicken ist, spricht sich auch NÄCKE für ein Zusammenspiel individueller und sozialer Gründe aus. Beachtlich ist jedoch die Betonung der sozialen Faktoren, die hier, wie bei keinem anderen Mediziner in den Fordergrund gestellt werden. Ein Grund für diese Gewichtung ist dabei in seiner zurückhaltenden Ansicht zu Degeneration und Vererbung beim Verbrecher zu sehen. „Nun gibt es sicher eine ganze Anzahl von Daten, die direkt für die Vererblichkeit des Verbrechens zu plädieren scheinen...trotzdem spricht, wie ich glaube, dies alles noch nicht für direkte Vererbung von Verbrechen, sondern für Einwirkung der Verhältnisse neben dem individuellen Faktor (aber nie kann die Anlage zum Verbrechen als solche ererbt sein!)..." Er geht also davon aus, dass manche Menschen mit einer minderwertigen Anlage geboren werden[775] und dies sei die einzig erbliche Belastung. Aber dies bedinge grundsätzlich weder einen Geisteskranken noch einen Verbrecher, auch wenn beiden letztlich eine gemeinsame, minderwertige Anlage zugrunde liege.[776] Gegen LOMBROSO gerichtet, den er in seinen gesamten Begründungsansätzen angreift,[777] schreibt er in diesem Zusammenhang: „So aber konstituierte er unnötigerweise einen tipo criminale, der nichts weiter ist, als ein gewöhnlicher Degenerationstypus, der nur bei Irren und Verbrechern häufiger als bei

[772]Näcke, Verbrechen und Wahnsinn, 1894, S.97.
[773]FERRI schreibt zum Forschungsgegenstand der Kriminalanthropologie: „Die Kriminalanthropologie hat bisher die Urheber von Handlungen untersucht, welche, wie die Tötung, der Diebstahl, die Notzucht, die Fälschung, die Körperverletzung, für Verbrechen gelten auch außerhalb allen Strafrechts, wo überhaupt zivilisierte Menschen beieinander leben." Ferri, Das Verbrechen als soziale Erscheinung, 1896, S.41/42.
[774]Vgl. zu GAROFALOS Standpunkt vom natürlichen Verbrechen schon oben bei der Beschreibung von GAROFALOS Criminologia in der Fußnote zu Teil 1 D II.
[775]Näcke, Degeneration, Degenerationszeichen und Atavismus, Gross Archiv, 1899, S.221.
[776]Näcke, Verbrechen und Wahnsinn, 1894, S.174 – 175.
[777]Aber NÄCKE bleibt hier nicht stehen, sondern greift LOMBROSOS Lehre in allen Darstellungen an. Er wendet sich gegen, das Verbrechertum auf epileptischer Basis, wie es von LOMBROSO vertreten wird und bezeichnet sie als „geradezu zersetzend", sie „verflüchtigt den Begriff der Epilepsie in ein Nichts". Aber genauso wendet er sich gegen die Verschmelzungstheorie von „moral insanity" und Epilepsie. Jedoch ist auch bei NÄCKE zu betonen, dass er auf den großen Verdienst LOMBROSOS verweist, denn er habe, sosehr er auch der Korrektur bedürfe, neue Forschungsgebiete eröffnet, alte erweitert und Reformen angestoßen. Näcke, Verbrechen und Wahnsinn, 1894, S.165 – 166, 188.

Normalen ist und dieses Vorgehen musste natürlich angegriffen werden."[778] NÄCKE kommt zu dem Ergebnis, soweit nicht einer der seltenen Fälle vorliege, in denen bereits die Anlage genüge „aus sich heraus den „Verbrecher" oder „Geisteskranken" als Progression der Minderwertigkeit zu entwickeln..."[779], sei vielmehr der soziale Faktor ausschlaggebend. Dabei unterlässt er den Hinweis nicht, dass gerade „die großen Kriminalisten" TARDE, V. LISZT und VAN HAMEL diese „Wahrheit" ebenfalls erkannt hätten.[780] Er spricht sich dafür aus: „Meist muss zu der angeborenen, individuellen Anlage zum Ausbruche von Psychose im engeren Sinne oder Verbrechertum noch ein Zweites hinzutreten, und das sind die sozialen Verhältnisse, die als entscheidende Ursache gelten müssen. Bleiben diese aus, so kann der Mensch sein Leben äußerlich ohne abnorme Symptome verbringen..."[781] Und an anderer Stelle: „Das Milieu scheint mir aber hier, wie sonst, das Hauptsächlichste zu sein. Wenn in einer verbrecherischen Familie die Kinder gleich von klein auf nur in dieser dumpfen Atmosphäre, diesem Milieu leben müssen, so ist es nur zu erklärlich, dass die Frucht nicht weit vom Baume fallen wird, besonders wenn schon irgend eine „Disposition" vorhanden war... "[782]

Nicht die individuelle Veranlagung sondern die sozialen Umstände, in denen der Verbrecher aufwachse, werden damit entscheidend. NÄCKE bekundet sein völliges Einverständnis mit BEAR, wenn dieser schreibt: „In den meisten Fällen dieser Art (der scheinbare Vererbung nämlich) wird das verbrecherische Leben der Nachkommenschaft anerzogen und kein Mittel in Anwendung gebracht, um die auch mit Hilfe der Nachahmung früherworbene Neigungen zum Verschwinden zu bringen."[783] Und er stellt weiter fest, dass die meisten Gewohnheitsverbrecher sicher mehr durch das Milieu geschwächt und korrumpiert worden seien, als durch individuelle Faktoren.[784]

In Konsequenz der Erkenntnis, dass der Verbrecher nicht durch bestimmte Merkmale erkennbar sei, kommt er bei der Frage nach der Unverbesserlichkeit zu der Aussage, dass sich diese nur nachträglich feststellen lasse: „Nur a posteriori lässt sich dieselbe feststellen, d.h. wenn alle Besserungsversuche scheitern. Während hier überwiegend geistig Minderwertige zu finden sein werden, bestehe für das Gros der Verbrecher, für die Verwahrlosten, sehr viel Hoffnung auf Besserung."[785]

[778]Näcke, Verbrechen und Wahnsinn, 1894, S.153.
[779]Näcke, Verbrechen und Wahnsinn, 1894, S.174 – 175.
[780]Näcke, Verbrechen und Wahnsinn, 1894, S.174 – 175.
[781]Näcke, Verbrechen und Wahnsinn, 1894, S.175.
[782]Und an anderer Stelle zählt er insbesondere auf: Die fehlerhafte Erziehung, schlechtes Vorbild im Elternhaus, schlechter Umgang, die tausenderlei Verführungen des Lebens, der immer schwieriger sich gestaltende Existenzkampf, die oft unzureichenden Geistesgaben, ungenügende Ernährung, Krankheiten etc. Näcke, Verbrechen und Wahnsinn, 1894, S.158.
[783]ADOLF BEAR (1834 – 1908), Anstaltsarzt und geheimer Medizinalrat, zitiert nach Näcke, Verbrechen und Wahnsinn, 1894, S.159.
[784]Näcke, Macht des persönlichen Faktors, Gross Archiv, 1902, S.365.
[785]Näcke, Verbrechen und Wahnsinn, 1894, S.204.

Fest steht an dieser Stelle nun, dass NÄCKE wie kaum ein anderer Mediziner Anhänger einer Milieutheorie ist, bei der die individuellen Faktoren der Verbrechensentstehung in den Hintergrund treten. Daher rührt dann auch zunächst seine allgemeine Forderung die hygienischen und sozialen Ursachen für das Verbrechen zu beseitigen,[786] eine Forderung, die gerade von juristischer Seite von V. LISZT und FERRI in ihrem „soziologischen Ansatz" in besonderem Maße betont wird. Schließlich wendet aber auch er sich der Frage zu, in welcher Form das Strafrecht der Verbrechensbekämpfung Rechnung tragen könne.

IV. Die Straftheorie

1. Die Frage der Willensfreiheit

Für die Strafrechtsgrundlagen fordert NÄCKE eine sog. relative Willensfreiheit, die ihm dazu dient, Geisteskranke aus dem Anwendungsbereich des Strafrechts auszunehmen. Es zeigt sich, dass er nicht den Weg eines umfassenden einzigen Schutzrechtes propagiert, sondern weiterhin das Strafrecht von der Reaktion gegen Geisteskranke trennen will. Der Gedanke des Gesellschaftsschutzes wird damit nicht vollumfänglich durch das Strafrecht verwirklicht. Er stellt für seine Auffassung klar: „Vorwürfe und Strafe können den Verbrecher nur dann treffen, wenn er bei „normalem" Gehirn selbst einem ungünstigen Milieu gegenüber Widerstand leisten kann, d.h. Willensfreiheit genug dazu besitzt." [787] Einen absolut freien Willen hingegen lehnt er ab[788] und geht weiter davon aus, dass diesem relativ freien Willen die verminderte Zurechnungsfähigkeit korrespondiert.

Diese Ansicht führt ihn zu einer Dreiteilung hinsichtlich der Strafbarkeit der Verbrecher. NÄCKE hat dabei, im Gegensatz zu den meisten seiner Kollegen, keine Bedenken, die Frage nach der Zurechnungsfähigkeit zu stellen und auch eine Gruppe der vermindert Zurechnungsfähigen in das Gesetz aufzunehmen. Zunächst spricht er sich nicht gegen die Zurechnungsfähigkeit im rechtlichen Sinne aus. „...die Zahl derer unter den Gewohnheitsverbrechern, bei denen die Verkommenheit nicht mehr weniger individuell mitbedingt, sondern allein durch die sozialen Verhältnisse mitbedingt erscheint, sind als zurechnungsfähig anzusehen, wenngleich auch hier Milderungsgründe geltend zu machen sind..." Auf die große Klasse der geistig defekten Verbrecher sei

[786] Näcke empfiehlt eine Reihe von Maßnahmen, insbesondere den Kampf gegen den Alkoholismus, gegen schlechte Ernährung gerade im Säuglingsalter, gegen unhygienische Lebensverhältnisse und für eine bessere Erziehung. Für die besonders Geschädigten, die der Erziehung nicht zugänglich seien, müsse die staatliche Fürsorge ausgebaut werden. Näcke, Verbrechen und Wahnsinn, 1894, S.192 – 201.
[787] Näcke, Verbrechen und Wahnsinn, 1894, S.184.
[788] Näcke, Verbrechen und Wahnsinn, 1894, S.184.

der Begriff der verminderten Zurechnungsfähigkeit anwendbar, absolut unzurechnungsfähig seien nur wenige.[789]

2. Die Grundlagen des Strafrechts

NÄCKE schließt sich dann in den Vorstellungen für die Grundlagen des Strafrechts, wie er selbst sagt, der „neuen Juristenschule" an und schreibt: „...wir betrachten...die Strafe nicht mehr...als Rache, sondern nur als Schutz der Gesellschaft – die difesa sociale, défense sociale – gegenüber den Übeltätern und auch als Besserungsmittel, wo wirklich Besserung noch zu erzielen ist...Es handelt sich aber weiter...nicht mehr um das Verbrechen, sondern um den Verbrecher; und an dritter Stelle ist Strafrechtspflege und Strafvollzug nicht voneinander zu trennen, daher ist die Art und die Dauer der Strafe von ihrem Erfolg abhängig zu machen."[790]

3. Die Reformforderungen

Dass die Strafe weiterhin ein Mittel darstelle, der Bekämpfung des Verbrechens zu begegnen, wird von NÄCKE nicht in Frage gestellt, aber auch nicht weiter diskutiert, wobei es nach seiner Ansicht mancher Reform in Detail bedürfe.[791] Er spricht sich für die „Notwendigkeit einer strengen Individualisierung"[792] aus, für welche die unbestimmte Verurteilung geeignet sei.[793] Der geisteskranke Verbrecher hingegen unterfällt, anders als bei LOMBROSO und FERRI, nach NÄCKE nicht dem Strafrecht und sei möglichst in einer an die Strafanstalten angrenzenden Anstalt unterzubringen, aber auch gegen eine Unterbringung in den großen Irrenanstalten sei mit Ausnahme der besonders gefährlichen Fälle nichts einzuwenden.[794]

---

[789] Näcke, Verbrechen und Wahnsinn, 1894, S.190.

[790] Näcke, Verbrechen und Wahnsinn, 1894, S.203.

[791] NÄCKE befürwortet die Abschaffung der Geschworenengerichte, die Verbesserung der Juristenausbildung, die Heraufsetzung der Strafmündigkeit bei Eintreten einer (Zwangs-)Erziehung und die Reform des Gefängniswesens. Näcke, Verbrechen und Wahnsinn, 1894, S.204 – 207.

[792] „Man wird genau die Person und ihre Geschichte studieren müssen, um entscheiden zu können, ob es sich um eine bloße sittliche Verwahrlosung oder einen sittlich Blödsinnigen handelt, und ich halte diesen Nachweis für einen recht schwierigen. Nur im letzteren Falle haben wir einen Geisteskranken (im weiteren Sinne), nicht Zurechnungsfähigen, nicht zu Bestrafenden vor uns, im ersteren dagegen – und dazu gehört die Mehrzahl – liegt kein Grund vor, den Arm des Richters aufzuhalten, obgleich das Milieu gewiss meist mildernde Umstände und die so oft vorhandene Intelligenzschwäche eine „verminderte Zurechnungsfähigkeit" bedingt, wie wir alsbald sehen werden." Näcke, Verbrechen und Wahnsinn, 1894, S.174.

[793] Näcke, Verbrechen und Wahnsinn, 1894, S.203 – 204.

[794] NÄCKE setzt sich in seinem eigenen Werk eingehend mit der Unterbringung des geisteskranken Verbrechers auseinander. Näcke, Die Unterbringung geisteskranker Verbrecher, Halle, 1902.

V. Prävention durch Unterbindung der Fortpflanzung

Erstaunlich und symptomatisch zugleich ist dann die Forderung, durch Unterbindung der Fortpflanzung das Verbrechen zu bekämpfen. Erstaunlich deshalb, weil NÄCKE, wie gezeigt, vor allem die sozialen Faktoren als die maßgebliche Verbrechensursache bewertet und zudem die direkte Erblichkeit einer verbrecherischen Anlage verneint. Symptomatisch, da in Zukunft die Entwicklung der Erblichkeitsfrage und der Frage der Fortpflanzungsverhinderung, gerade unter den Medizinern, eine besondere Rolle in der Kriminalitätsbekämpfung einnehmen wird.

Anzunehmen ist, dass die Ursache dieser Entwicklung zunächst in der allgemeinen Annahme liegt, die sozialen Faktoren jedenfalls derzeit nur schwer ändern zu können.[795] Bereits 1900 fordert er daher „Die Kastration bei gewissen Klassen von Degenerierten als einen wirksamen sozialer Schutz"[796] um einen „Krebsschadens in unserem Volkskörper"[797] zu beseitigen. Ihre Rechtfertigung finde diese Maßnahme im Gedanken der Gattungsmoral. Denn NÄCKE nimmt an, dass eine Entwicklungsethik bestehe und man hier vom Stadium der Individualmoral über die derzeit bestehende Nächstenmoral zum Stadium der Gattungsmoral gelange. „...worin als oberster Grundsatz das Wohl der Gattung, des Ganzen, geschrieben steht, und dabei muss selbstverständlich vieles in der „Nächstenmoral" Gültige fallen und so manches, was heute als „moralisch" angesehen wird, muss umgewertet werden." [798] Mit der Folge, „dass in Zukunft das Wort Sittlichkeit, noch mehr als jetzt den Begriff: Nutzen, und zwar: für die Gemeinschaft, haben wird." [799] Und so verlange die Gattungsmoral weiter, gewisse Klassen von Entarteten am Kinderzeugen zu hindern. [800] NÄCKE will durch die Verhinderung der Fortpflanzung sozialen Missständen begegnen, insbesondere aber der Vermehrung des Verbrechens vorbeugen. Dazu fordert er die Sterilisation bestimmter Verbrechergruppen. Objekt dieser Maßnahme seien Gewohnheitsverbrecher, ausgenommen jene, die aus ihrer sozialen Not heraus Verbrechen begehen, „Verbrecher aus impulsivem Triebe", ausgeprägt verbrecherische Naturen und Sittlichkeitswiederho-

---

[795] Näcke, Verbrechen und Wahnsinn, 1894, S.192.

[796] Näcke, Die Kastration bei gewissen Klassen von Degenerierten, Gross Archiv, 1899, S.58 – 84. Die Zeitschriftenanalyse zeigt, dass NÄCKES Aufsatz zunächst völlig unbeachtet bleibt. Erst anlässlich der Einführung eines Sterilisationsgesetzes in den USA, im Staat Indiana erscheint ein Artikel in der ZStW: Lederer, Die Kastration als sichernde Maßnahme, ZStW, 1908, 446-448 und ein Kommentar von v. LISZT auf S.560, Ziertmann, Die Unfruchtbarmachung sozial Minderwertiger, MschrKrim. 1909, S.734 – 742 und wieder NÄCKE: Näcke, Über Kastration bei gewissen Entarteten, Gross Archiv, 1908, S.174 – 176, Die erste Kastration aus sozialen Gründen auf europäischem Boden, Gross Archiv, 1909, S.343 – 344. Im Jahre 1913 fordert dann GROSS eine umfassende Anwendung der Sterilisation und warnt vor übertriebener Sentimentalität, vielmehr sei der Gesellschaftsschutz in den Fordergrund zu stellen. Gross, Zur Frage der Kastration und Sterilisation, Gross Archiv, 1913, S 316 – 325.

[797] Näcke, Die Kastration als ein wirksamer sozialer Schutz, Gross Archiv, 1899, S.84.

[798] Näcke, Gedanken eines Mediziners über die Todesstrafe, Gross Archiv, 1902, S.318.

[799] Näcke, Gedanken eines Mediziners über die Todesstrafe, Gross Archiv, 1902, S.320.

[800] Und an anderer Stelle weißt Näcke darauf hin: „Denn schließlich ist die Qualität der Menschen doch wichtiger als die Quantität." Näcke, Gedanken eines Mediziners über die Todesstrafe, Gross Archiv, 1902, S.319.

lungstäter aber auch Nichtverbrecher,[801] wie Wahnsinnige, Epileptiker und „unheilbare Gewohnheitstrinker".[802] Aber dies immer nur Männer, da für Frauen keine geeignete, ungefährliche Methode zur Verfügung stehe.[803]

Die Kastration ist dabei keine Strafe, sondern solle neben die Strafe als eigene Maßnahme treten.[804] NÄCKE führt den Gedanken nicht aus, dass auch eine Verurteilung auf Lebenszeit diesem Zweck genügen könnte, es scheint, als glaube er nicht an die Durchsetzbarkeit dieser Reformforderung. Zudem strebt er schließlich, wenn auch nicht von Anfang an, die Ausdehnung dieser Maßnahme auch auf für die Gesellschaft gefährliche Nichtverbrecher an.

Dieser Ansatz ist umso erstaunlicher, als NÄCKE sich ausdrücklich gegen die Vererbung des Verbrechens ausspricht. Es bleibt daher unklar, warum er dennoch für die Kastration einer Großzahl von Verbrechern und anderer Individuen eintritt und damit sogar zu einem Pionier dieser radikalen Forderung wird. Ein möglicher Erklärungsansatz ist, dass es ihm weniger auf die Vererbung bestimmter Anlagen selbst ankommt, sondern das Heranwachsen von Kindern in einem sie letztlich zum Verbrechen hinleitenden Milieu zu unterbinden sucht.

VI. Die Todesstrafe

Nachdem bisher gezeigt wurde, wie NÄCKE in seiner Auseinandersetzung mit dem Verbrechen die Milieutheorie betont, aber dennoch den Eingriff der Kastration als ein besonders geeignetes Mittel der Verbrechensbekämpfung vorschlägt, ist fraglich, ob sich die Radikalität seiner Forderung bei der Frage der Todesstrafe fortsetzt. Dass mit der Todesstrafe sowohl das Ziel der entgültigen Sicherung als auch die Ausschaltung aus der Fortpflanzung zu erreichen wäre, bedarf keiner Erläuterung.

NÄCKE bekundet sein besonderes Interesse an der Frage der Todesstrafe, in dem er ihr zwei eigene Abhandlung widmet: „Gedanken eines Mediziners zur Todesstrafe"[805]. Er

[801] „Um die ganze Sache nicht zu diskreditieren" möchte sich NÄCKE aber zunächst auf die Insassen der Gefängnisse und der Irrenanstalten beschränken und die „Entarteten der freien Bevölkerung" noch nicht einbeziehen. Näcke, Die Kastration als ein wirksamer sozialer Schutz, Gross Archiv, 1899, S.80.

[802] Näcke, Die Kastration als ein wirksamer sozialer Schutz, Gross Archiv, 1899, S.77 – 80.

[803] Für Männer schlägt Näcke die Kastration auch nur im Alter zwischen 25-30 und 55 vor, „da zuvor der Schaden zu groß sei" und danach ohnehin Zeugungsunfähigkeit eintrete. Näcke, Die Kastration bei gewissen Klassen von Degenerierten, Gross Archiv, 1899, S.58 – 84, S.77 – 78.

[804] In diesem Zusammenhang schreibt er: „Ob nämlich ein Diebstahl, Betrug, etc. – vom Mord sehe ich natürlich ab – sich eventuell nach kurzer Detention des Täters schneller wiederholt als nach längerer, hat, sozial gesprochen nicht soviel auf sich, als wenn der Gewohnheitsverbrecher Kinder zeugt, die später ein Kreuz für die Mitwelt und für die Staatssäckel werden." Näcke, Die Kastration bei gewissen Klassen von Degenerierten, Gross Archiv, 1899, S.58 – 84, S.77 – 78.

[805] Näcke, Gedanken eines Mediziners über die Todesstrafe, Gross Archiv, 1902, Näcke, Nochmals: Pro und contra Todesstrafe, Gross Archiv, 1903.

ist damit der einzige deutscher Mediziner, der eine Abhandlung allein zum Thema der Todesstrafe verfasst.

Seine Ausführungen beginnen mit dem Anspruch, er wolle sich vom medizinischen Standpunkt mit der Frage der Todesstrafe auseinandersetzen, eine Aussage, wie sie auch schon LIVI im Vorfeld seiner Auseinandersetzung mit der Todesstrafe macht. „Auf den theo-, teleo- und philosophischen Standpunkt, will ich hier nicht eingehen, ebenso wenig auf den rein juristischen, den LOHSING ja hinreichend beleuchtet hat.[806] Noch fehlt aber der medizinische, auf den ich heute den Leser mich zu begleiten bitte....und gedenke nur als Mediziner und Psychiater einige Punkte besonders zu besprechen.“ [807]

Seine Ansichten zur Gattungsmoral führen NÄCKE in der Frage der Todesstrafe dann zu folgender Aussage: „Auch die Todesstrafe, die jetzt vielen als unmoralisch gilt, wird dann durch die „Gattungsmoral“ wieder rehabilitiert werden, vorausgesetzt natürlich, dass sie sich noch wirklich nötig macht.“ [808] Hier argumentiert NÄCKE zunächst vom Standpunkt des „sozialen Schutzes“, den er wie gesehen, als Grundlage des Strafrechts betont und bejaht die Todesstrafe. Er beschränkt sie aber ausdrücklich auf die „großen Ausnahmefälle“ eine „verschwindende Anzahl“. Wieder ist von einem „Typus des wahren Unmenschen“, einer „menschliche Bestie“ die Rede, gegen welche die Todesstrafe eine Handhabe, sei „um in Fällen von tierischer Brutalität, wo von Reue und Besserung nicht mehr die Rede sein kann, die aber für die Gesellschaft eine stete Gefahr bilden, kurzen Prozess zu machen.“ NÄCKES Worte gleichen hier jenen des an anderer Stelle so bekämpften LOMBROSO und er unterlässt es auch nicht, hier zustimmend auf den italienischen Kollegen hinzuweisen. [809]

Hinsichtlich der Differenzierung sind „von den wirklichen Bestien in Menschengestalt 1. die Irrsinnigen und 2. die Primitiven abzutrennen.“ [810] Später geht er detaillierter auf die geistige Veranlagung des Verbrechers ein.[811] NÄCKE erkennt anlässlich der neuen Forschungsergebnisse über die körperliche und geistige Konstitution des Verbrechers, dass die Grenze zur Geisteskrankheit gerade bei den schwersten Gewalt-

---

[806]Vgl. Losing, Abschaffung der Todesstrafe, Gross Archiv, 1902, S.1 – 15. In diesem Zusammenhang verweist er darauf, LOSING habe sich ein schwerwiegendes Argument gegen die Todesstrafe entgehen lassen. Gemeint ist die Nutzlosigkeit der sog. Abschreckungstheorie. Erwähnenswert erscheint auch die Anmerkung von GROSS (S.15 – 16), der darauf hinweist, dass eine große Gefahr in der Abschaffung der Todesstrafe liege, da sie dann auch bei einer Änderung der Verhältnisse, die ihm selbst derzeit die Todesstrafe entbehrlich machen, nicht wieder schnell eingeführt werden könne. Daher plädiert er für eine Ermächtigungsklausel an die Regierung, um die Todesstrafe im Bedarfsfalle wieder schnell einführen zu können.
[807]Näcke, Gedanken eines Mediziners über die Todesstrafe, Gross Archiv, 1902, S.317.
[808]Näcke, Gedanken eines Mediziners über die Todesstrafe, Gross Archiv, 1902, S.321.
[809]Näcke, Gedanken eines Mediziners über die Todesstrafe, Gross Archiv, 1902, S.321 – 323.
[810]Näcke, Gedanken eines Mediziners über die Todesstrafe, Gross Archiv, 1902, S.324.
[811] Näcke, Nochmals: Pro und contra Todesstrafe, Gross Archiv, 1903, S.264.

verbrechen häufig überschritten werde. Daher kommen ihm Zweifel, wie es tatsächlich um den körperlichen und geistigen Zustand jener Schwerverbrecher bestellt ist, für die er ursprünglich die Todesstrafe gefordert hat. Die Forschung habe ergehen, dass „zwar nichts Spezifisches sich vorfindet, wohl aber viel mehr Anomalien aller Art ....Wenn aber jene abnormen Verhältnisse bei schweren Verbrechern so überaus häufig scheinen, so folgt daraus, dass auch die Disposition zum Verbrechen mehr oder minder angeboren sein muss, ohne dass man deshalb LOMBROSOS geborene Verbrecher anzunehmen brauche. Denn selbst bei der größten Disposition ist ein Verbrecher – sein – müssen nicht ohne weiteres zuzugeben."[812] Und im Gegensatz zu LOMBROSO, der „wenig Mitleid für seine geborenen Verbrecher hege" verhält sich NÄCKE jedenfalls ambivalent: „Ist nun, wie ich glaube, bei den schwersten Verbrechern eine mehr oder minder große Anlage zum Verbrechertum vorhanden, so würde daraus logisch – auch wenn es sich nicht um eine eigentliche Psychose handelt – ein neues Argument gegen die Todesstrafe angegeben. Dafür würde dann nur der größere sichere soziale Schutz reden."[813] NÄCKE bleibt aber die Antwort schuldig, ob er dennoch dem Gesellschaftsschutz den Vorrang einräumen will.

Weitere Argumente der Todesstrafendiskussion, wie die Frage der Abschreckung und die Gefahr der Verrohung der Menschen, erwähnt er nur am Rande, wobei er erstere bezweifelt und letztere nicht befürchtet.[814] Auch ein Hinweis auf die Kostenersparnis erfolgt.[815]

Wenn er dann schließlich das Argument der sozialen Auslese für die Todesstrafe anführt, erscheint der Gedanke nicht fern, dass er in der Todesstrafe ein geeignetes Mittel der Verhinderung der Fortpflanzung erblickt, gerade wenn man seinen radikalen und seiner Zeit vorauseilenden Ansatz hinsichtlich der Kastration von Verbrechern einbezieht. Er führt insoweit zur Todesstrafe aus: „Ein nicht zu unterschätzender Nebenvorteil ist der, dass diese Menschen keine entartete, verbrecherische Nachkommenschaft mehr in die Welt setzen können."[816]

Was sich schon 1902 als der Beginn einer entgültigen Unschädlichmachung von Verbrechern aus Gründen der sozialen Hygiene darstellt, beschränkt NÄCKE dann jedoch ausdrücklich auf den großen Ausnahmefall.[817] Hier steht er ausnahmsweise in grund-

---

[812] Näcke, Nochmals: Pro und contra Todesstrafe, Gross Archiv, 1903, S.264.

[813] Näcke, Nochmals: Pro und contra Todesstrafe, Gross Archiv, 1903, S.264.

[814] Zur Verrohung der Menge führt er aus, anlässlich der seltenen und nicht öffentlichen Hinrichtungen könne von einer Verrohung keine Rede sein. Dies wird auch an späterer Stelle nochmals betont. Näcke, Nochmals: Pro und contra Todesstrafe, Gross Archiv, 1903, S.263 - S.266.

[815] „Von den durch die jahrelange Haft bei lebenslänglicher Internierung entstehenden Kosten spreche ich natürlich nicht. Auch ist wohl kaum je von einer wahren Besserung eines solchen Unmenschen die Rede...".Näcke, Gedanken eines Mediziners über die Todesstrafe, Gross Archiv, 1902, S.321.

[816] Näcke, Gedanken eines Mediziners über die Todesstrafe, Gross Archiv, 1902, S.322.

[817] Wenn NÄCKE auch nicht die Beseitigung „gewisser Klassen von Menschen" fordert, so zeigt sein Ansatz doch wenig Mitleid. Während z.B. KRAEPELIN sich dafür einsetzt, eine möglichst humane und perfekte Irrenfürsorge

sätzlichem Einklang mit den Äußerungen seines italienischen Kollegen LOMBROSO, mit der Ausnahme, dass NÄCKE den Anwendungsbereich des Schutzstrafrechts nicht auf Geisteskranke erstrecken will. Hierzu stellt er dann auch fest: „Denn ein Justizmord findet nicht nur dann statt, wenn ein der Tat Unschuldiger leiden muss sondern auch, wenn ein Irrsinniger, der Verbrecher war..." und die Hinrichtung eines Geisteskranken sei sehr grausam. Aber er relativiert seinen Standpunkt: „Freilich wäre es im Interesse des sozialen Schutzes auch erwünscht, die schwersten irrsinnigen Verbrecher, die auf Grund ihrer Krankheitsform ähnliche Delikte stets wieder ausführen können, zu beseitigen...Doch dazu wird niemand die Hand reichen wollen, selbst nicht im Stadium der Gattungsmoral, da es unsere innersten Gefühle der Gerechtigkeit zu sehr verletzen würde."[818]

Die Möglichkeit eines Justizirrtums spricht nach seiner Ansicht jedoch nicht, wie später bei WILMANNS, insgesamt gegen die Todesstrafe. Er betont nur die Notwendigkeit einer psychiatrischen Untersuchung des Delinquenten vor Verhängung der Todesstrafe. An der Unfehlbarkeit des psychiatrischen Gutachtens kommen ihm dabei keine Zweifel. Über die Gefahr des Justizmordes im allgemeinen schreibt NÄCKE weiter, dass diese bedauerlich, aber wohl gering wären, angesichts der ohnehin verschwindenden Anzahl der Hinrichtungen und entscheidend sei, „ob der Schaden größer gewesen sei als der Nutzen. Ich glaube sicher das letztere annehmen zu dürfen. Es sind dadurch wenigstens eine Reihe menschlicher Bestien aus der Welt geschafft worden, welche eine stete Gefahr für Alle bildeten. Das wiegt sicher das Unrecht an einigen wenigen Unschuldigen auf."[819]

Als einziger der vorgestellten Mediziner[820] interessiert sich NÄCKE vom medizinischen Standpunkt aus dann auch für die Hinrichtungsformen. Er stellt fest, bei Einsatz der Guillotine könne von Grausamkeit nicht gesprochen werden. Grausam sei nur die Kenntnis des genauen Hinrichtungszeitpunkts, den man daher besser verschweigen solle.[821] Sie sei nicht nur das einfachste, sondern auch das schnellste und schmerzlo-

---

auszubauen, verkehrt sich NÄCKES Ansatz in das Gegenteil. Er schreibt: Während bei uns tausend kräftige Arme und leistungsfähige Gehirne täglich nach Brot schreien, baut unsere Humanitätsduselei für alle Arten von unproductiver und zum Teil unheilbar Armer, Unglücklicher oft wahre Paläste...Sicher haben wir die Pflicht, allen jenen beizustehen, und auch die Gattungsmoral wird nie soweit gehen...gewisse Klassen von Menschen einfach zu beseitigen. Sie wird aber vernünftiger Weise verbieten, dafür mehr als absolut nötig ist, zu tun, indem dadurch die übrigen leistungsfähigen Menschen nach jeder Hinsicht beeinträchtigt werden." Näcke, Paul, Gedanken eines Mediziners über die Todesstrafe, in: Gross Archiv, Bd.9/10, 1902, S.316 – S.326, S.319 – 320.

[818]Näcke, Gedanken eines Mediziners über die Todesstrafe, Gross Archiv, 1902, S.324.

[819]Näcke, Gedanken eines Mediziners über die Todesstrafe, Gross Archiv, 1902, S.323.

[820]Im übrigen setzen sich einige Mediziner allein mit der Frage der Art des Vollzugs der Todesstrafe auseinander und diskutieren die schmerzfreieste Form der Hinrichtung, ohne dass sie sich mit der Frage der Todesstrafe im allgemeinen beschäftigen. Vgl. ALBIN HABERDA, Professor der gerichtlichen Medizin, Haberda. Über die Art des Vollzuges der Todesstrafe, Gross Archiv, Bd.9/10, 1902, S.230 – 262.

[821]„Was bei der Todesstrafe aber in der Tat furchtbar und grausam ist, das ist weniger die Exekution, als der Umstand, dass der Verbrecher ein oder mehrere Tage vorher weiß, wann er hingerichtet wird.... dadurch begeg-

seste Verfahren, das wir bisher kannten. Ein Konkurrent scheint neuerdings in der Elektro - Execution entstanden zu sein. Und weiter „In Hinblick auf diese überaus schnelle und fast absolut sichere Eintreten des Todes fragt es sich, was wirklich schrecklicher ist: die Todesstrafe zu erleiden oder lebenslang gefangen zu sitzen.“[822]

VII. Gesamtbewertung

Obwohl NÄCKE auf die entscheidende Bedeutung der sozialen Faktoren für die Frage der Verbrechenentstehung aufmerksam macht, wendet er sich in seinen Studien, ganz seiner Profession entsprechend, überwiegend der Erforschung des Verbrechers zu. Er steht dabei der Abänderbarkeit der sozialen Faktoren skeptisch gegenüber. Dies ermöglicht eine Begründung des Umstandes, dass er trotz der Annahme, dass das Verbrechen überwiegend sozial bedingt sei, seine große Aufmerksamkeit auf die Erforschung der individuellen Zustände des Verbrechers und denkbarer Reaktionsmöglichkeiten richtet. NÄCKE befürwortet Eingriffe „fakultativer Sterilität“, tritt für die Hinderung gewissen Klassen von Entarteten am Kinderzeugen ein und widerspricht einer „Humanitätsduselei bei der Pflege unproduktiver und zum großen Teile unheilbarer Kranker“. Aber er radikalisiert seinen Standpunkt nicht weiter. Hinsichtlich der Todesstrafe fordert er nicht deren entschiedenen Gebrauch; die soziale Auslese bleibt in der Frage der Todesstrafe allein willkommener Nebeneffekt. Eine Erfassung von Geisteskranken für eine Tötung von Staats wegen ist für NÄCKE undenkbar.

E. ROBERT SOMMER (1864-1937) – Der psychologische Ansatz

I. Zu Person, Lebenswerk und Fragestellungen um Verbrechen und Strafe

1864 geboren, studiert und promoviert SOMMER bis 1888 Philosophie und Medizin in Berlin, habilitiert dann 1892 in Würzburg und wird 1895 als Ordinarius für Psychiatrie und Neurologie nach Gießen berufen, wo er bis zu seiner Emeritierung 1933 bleibt. 1911 erfolgt die Ernennung zum geheimen Medizinalrat und ab 1915 zum Rektor der Universität Gießen. Von SOMMER werden zwei Zeitschriften herausgegeben, einmal übernimmt er seit 1893 die Leitung des „CENTRALBLATTES FÜR NERVENHEILKUNDE UND PSYCHIATRIE“ und später erscheint unter seiner Leitung die „KLINIK FÜR PSYCHISCHE UND NERVÖSE KRANKHEITEN“.

---

nen, dass man dem Delinquenten den Zeitpunkt der Hinrichtung verschweigt und ihn mit der Exekution selbst überrascht. Das allein wäre human. Zeit zur Absolution und Treue hat er ja vorher genug gehabt.“ Näcke, Gedanken eines Mediziners über die Todesstrafe, Gross Archiv, 1902, S.325.

[822] Näcke, Gedanken eines Mediziners über die Todesstrafe, Gross Archiv, 1902, S.325.

SOMMERS Veröffentlichungen[823] zeigen einen Schwerpunkt im Bereich der Vererbungslehre,[824] aber auch ein großes Interesse im Bereich der „Kriminalpsychologie"[825], deren Hauptaufgabe nach seiner Ansicht darin bestehe, die psycho – physiologische Beschaffenheit des rechtsbrechenden Menschen zu erforschen. Sein umfangreichstes und bedeutendstes Werk in diesem Bereich ist die „Kriminalpsychologie und strafrechtliche Psychopathologie auf naturwissenschaftlicher Grundlage".[826] 1911 veranstaltet er mit ASCHAFFENBURG und KURELLA den VII. internationalen Kriminalanthropologenkongress in Köln.

II. Die Ursachen des Verbrechens, insb. die „angeborenen kriminellen Neigungen"

SOMMER erklärt die Ursachen des Verbrechens als Zusammenspiel mehrerer Faktoren. Er hebt hervor, dass sowohl für die Bestimmung der einzelnen Verbrechergruppen, als auch für die Beurteilung der verbrecherischen Handlung die individuellen wie sozialen Faktoren gleichmäßig nebeneinander berücksichtig werden müssten und bezeichnet diese als endogene und exogene Faktoren.[827]

Was hingegen seine Auffassung hinsichtlich der Existenz des geborenen Verbrechers betrifft, lehnt er wie schon KRAEPELIN, jedenfalls die Terminologie „geborener Verbrecher" nicht ab sondern stellt klar, dass man unterscheiden müsse: „1. Ob es geborene Verbrecher gibt, 2. ob diese angeborene moralische Abnormalität sich in signifikanten morphologischen Kennzeichen ausdrückt."[828] Er bejaht die erste Aussage, verneint aber die zweite entschieden. SOMMER geht davon aus, dass „... das Vorhandensein an-

---

[823]SOMMERS Veröffentlichungen belaufen sich auf mehr als 150. Vgl. dazu Sommer, in: Deutschsprachige Psychiater und Neurologen, 1996, Bd.3, S.1373 – 1376.

[824]Beispielhaft können hier genannt werden: Familienforschung und Vererbungslehre, 1907, 1922, 1927. Psychologie, Psychopathologie und Kriminalpsychologie vom Standpunkt der Vererbungslehre, Bibliothek, 1910, Genealogie und Vererbungslehre, Med. Wschr. 1911; Veranlagung und Vererbung, Natur und Geisteswelt, 1919; Psychiatrische Erblichkeitsforschung und psychische Hygiene; psychische Hygiene, 1929; Familienforschung und psychische Hygiene, psychische Hygiene, 1933.

[825]Sommer, Criminalpsychologie, Allg. Z. Psych., 1895, S.782 – 798. Daneben erscheinen einige Veröffentlichungen zur Psychologie der gerichtlichen Zeugenaussage: Psychologie der Aussage, Jur. psych. Grenzfr., 1905; Zur Psychologie der Zeugenaussage, MschrKrim, 1907/1908, S.181 – 182.

[826]Sommer, Kriminalpsychologie und strafrechtliche Psychopathologie auf naturwissenschaftlicher Grundlage, Leipzig 1904; ins italienische übersetzt von M. Tovo, Psicologia criminale e Psicopatologia penale sulla base delle scienze naturali, Unione tipogr. Edit. Torinese, 1909: im folgenden: Kriminalpsychologie. Vgl. auch Sommer, Der Stand der Kriminalpsychologie, in: Aschaffenburg – Partenheimer, Bericht, 1912, S.265 – 276. Bei seiner Zielsetzung seiner Kriminalpsychologie verweist SOMMER auf HANS GROSS: „Die Beziehungen der kriminalpsychologischen Begriffe zu den Lehren der allgemeinen Psychologie ist in dem inhaltsreichen Werk von HANS GROSS eingehend dargestellt, dass ich mich ...in diesen Punkten kurz fassen konnte. Die Richtung des vorliegenden Buches ist also in erster Linie eine diagnostische, entsprechend meinen bisherigen Bestrebungen, wobei ich gerade mit der von HANS GROSS vertretenen Richtung gemeinsame Ziele habe." Vgl. dazu Gross, Kriminalpsychologie, Graz, 1898.

[827]Sommer, Kriminalpsychologie, 1904, S.352.

[828]Sommer, Kriminalpsychologie, 1904, S.311.

geborener moralischer Defekte und krimineller Neigungen nicht zu bestreiten..."[829] sei und sie seien deshalb endogene Verbrechernaturen, auch wenn man nicht einen bestimmten anatomischen Verbrechertypus bestimmen könne.[830] Bestimmte äußerlich erkennbare Merkmale gebe es hingegen nicht.

Im Gegensatz zu LOMBROSO, bei dem die Grenze zwischen den Geisteskranken und den geborenen Verbrechern im Laufe seines Werkes verschwimmt, unterscheidet SOMMER jedoch streng zwischen beiden. „Menschen mit angeborenen kriminellen Trieben bei guter Intelligenz sind nicht eo ipso krank, speziell geisteskrank..."[831] und verneint an anderer Stelle die Frage „...ob diese angeborener weise Abnormen Kranke sind und deshalb in psychiatrische Anstalten gehören oder nicht."[832]

III. Aufgabe Kriminalpsychologie und Verbrechereinteilung

SOMMER schreibt, dass die Hauptaufgabe der Kriminalpsychologie darin bestehe, die psycho – physiologische Beschaffenheit des rechtsbrechenden Menschen[833] zu erforschen und weist den gesamten Bereich der Erforschung des Rechtsbrechers dem Gebiet der Kriminalpsychologie zu, während die Psychopathologie nur einen Ausschnitt, nämlich die Erforschung der Geistesstörungen betrifft.[834] Die Methode dieser Kriminalpsychologie müsse wissenschaftlich sein: „Nicht durch die unkritische Erweiterung des Krankheitsbegriffes, sondern auf dem Wege methodischer Analyse wird die Wissenschaft das Gebiet der Kriminalpsychologie gewinnen, ebenso wie sie die Psychologie und Psychopathologie immer mehr mit ihrem Geist zu durchdringen sucht." [835] Sein Anliegen ist es dabei, die Methode der Psychiatrie bei der Untersuchung von Geisteskrankheiten auf die Erkenntnis des ganzen Geisteszustandes auszudehnen,[836] denn es komme immer auf eine unbefangene Analyse aller in Betracht kommender körperlicher und psychischer Elemente an, „gleichgültig ob sich diese unter den Begriff des Krankhaften bringen lassen oder nicht."[837]

Um diese Analyse in der Strafrechtspraxis zu bewerkstelligen entwickelt er eine Anleitung zur methodischen Untersuchung in Form eines 11 Punkte umfassenden Programms. Über die persönlichen Verhältnisse und dem objektivem Hergang, den äußeren und subjektiven Bedingungen der Tat, fordert er die Klärung des geistigen Zustan-

[829]Sommer, Kriminalpsychologie, 1904, S.326.
[830]Sommer, Criminalpsychologie, Allg. Z. Psych., 1895, S.782.
[831]Sommer, Kriminalpsychologie, 1904, S.321.
[832]Sommer, Kriminalpsychologie, 1904, S.316.
[833]Aber er weist ergänzend darauf hin, dass im Prozess ebenfalls die Zeugen, der „Angeber" (Antragssteller) und die Polizei zu betrachten seien. Sommer, Kriminalpsychologie, 1904, 352 – 253.
[834]Sommer, Kriminalpsychologie, 1904, S.1 – 2.
[835]Sommer, Kriminalpsychologie, 1904, S.377.
[836]Sommer, Kriminalpsychologie, 1904, S.3.
[837]Sommer, Kriminalpsychologie, 1904, S.4 – 5.

des des Täters (Gedächtnis, Rechenvermögen, Willenseigenschaften...), die Feststellung der körperlichen Ursachen mit Berücksichtigung eventueller Änderungen nach der Tat (morphologische Erscheinung, Zustand der Organe, Gewicht, Krankheiten), sowie die Klärung der Abstammungs- und Familienverhältnisse. Die Liste schließt mit den Beobachtungen im Strafvollzug, einem Gesamturteil und einer Prognose bei der Entlassung.

Ganz im Sinne einer individuellen Gesamtbetrachtung propagiert SOMMER dann auch keine Verbrechereinteilung. Bei der Analyse der Einteilungen von ASCHAFFENBURG und LOMBROSO stellt er fest: „Alle diese Einteilungen haben nur den Wert einer vorläufigen Orientierung über den Gesamtbestand von verbrecherischen Menschen. Als wesentliche Aufgabe erscheint mir, bei den einzelnen verbrecherischen Handlungen wie bei der Gruppierung der Verbrecher die inneren (endogenen) Momente der Anlage und die äußeren (exogenen) der Umgebung im weitesten Sinne, deren Zusammenwirken die gemeinschädliche Handlung bedingt, gleichmäßig zu berücksichtigen.“ [838] SOMMER betont die Individualisierung des Verbrechers und lehnt den Schluss vom Rückfall auf die Unverbesserlichkeit, wie er z.B. von V. LISZT gezogen wird, ab. Er stellt dazu klar: „Der Begriff des Rückfalls besagt zunächst nichts, als dass ein einmal kriminell Gewordener bzw. Bestrafter von neuem kriminell wird. Dabei bleibt völlig offen, ob der Rückfall mit innerer Notwendigkeit infolge eines angeborenen Moments geschieht, oder ob von neuem eine bestimmte Konstellation der äußeren Umstände die Straftat bedingt...Ich stehe also auf dem Standpunkt, dass die Tatsache des Rückfalls strafrechtlich nicht generell eine Schärfung der Strafe zur Folge haben sollte...“[839]

IV. Die Konsequenzen der Kriminalpsychologie für die Grundlagen des Strafrechts – Der beschränkte Anwendungsbereich der Strafe

SOMMER bekennt sich in seinen Arbeiten zum Determinismus. „Unterdessen liegt eine mühevolle Zeit methodischer Bestrebungen im Gebiet der Psychopathologie hinter mir....Zugleich bestärken mich diese methodischen Studien immer mehr in der deterministischen und naturwissenschaftlichen Grundauffassung.“[840] Dieses Determinismusbekenntnis beschränke zwar das Strafrecht, führe aber nicht zu dessen Aufhebung. Die Beschränkung liegt darin, dass „im weiten Gebiete des Determinismus“ zunächst die psychopathologischen, d.h. geisteskranken Erscheinungen herausfallen. Für die übrigen Individuen stellt er fest: „Nun geht aus der deterministischen Idee der allgemeinen Bedingtheit zunächst nur hervor, dass jede Form von Rache im Sinne der Wiedervergeltung bei der Behandlung von Straftaten von vornherein auszuschließen ist. Es

[838]Sommer, Kriminalpsychologie, 1904, S.322.
[839]Sommer, Der Stand der Kriminalpsychologie, Aschaffenburg – Partenheimer, Bericht, 1912, S.272.
[840]Sommer, Kriminalpsychologie, 1904, Vorwort, S. VIII.

folgt daraus aber keineswegs, dass die Strafe im Sinne einer individual- und sozialpädagogischen Maßregel zu verwerfen wäre."[841]

Aber SOMMER beschränkt den Anwendungsbereich der Strafe nochmals, da allein dort, wo spezialpräventive bessernde und abschreckende Zwecke verfolgt werden, von Strafe gesprochen werden könne. Eine Strafe (im Sinne eines individual- und sozialpädagogischen Mittels) „... ist psychologisch nur dann richtig, wenn in der Person des zu Bestrafenden eine Beeinflussbarkeit durch das Strafmittel vorhanden ist. In den Fällen, wo diese völlig fehlt, wie dies bei einer Gruppe von Personen mit angeborenen antisozialen Trieben vorliegt, handelt es sich lediglich darum, die menschliche Gesellschaft vor der Äußerung des antisozialen Triebes durch Detention zu schützen."[842] SOMMERS Argumentation erinnert an LIVI, der ebenfalls das Wesen der Strafe an die Möglichkeit der Besserung bindet. Die reine Sicherung sei niemals Strafe. Aber SOMMER glaubt nicht, von vornherein und damit im präventiven Sinne, bei bestimmten Individuen Unverbesserlichkeit bzw. Unbeeinflussbarkeit erkennen zu können. Vielmehr müsse sich diese erst durch das Fehlschlagen der Strafe manifestieren, erst dann dürfe reine Sicherung als ultima ratio erwogen werden. Er warnt diesbezüglich wieder vor dogmatischer Auffassung und Generalisierung und stellt klar, dass aus der Tatsache der Existenz angeborener krimineller Neigungen keinesfalls folge, dass die Strafe generell abzuschaffen sei: „Es ist daher wissenschaftlich unhaltbar, aus der Lehre vom geborenen Verbrecher, wenn sich diese an die Tatsachen hält, prinzipiell die Abschaffung der Strafe im Sinne eines individual- und sozialpädagogischen Mittels herzuleiten. Diese Forderung trifft nur für die Fälle zu, bei denen sich angeborene kriminelle Neigungen durch Strafmittel, auch bei psychologisch richtiger Durchführung der Strafe, als völlig unbeeinflussbar erweisen."[843] Und dies sei keinesfalls bei allen Menschen mit angeborenen kriminellen Neigungen er Fall.
Für die strafrechtliche Praxis stellt er dann klar, dass die einfache Rechnung, bei mehrfacher Rückfälligkeit den „geborenen Verbrecher" mit der entsprechenden strafrechtlichen Reaktion anzunehmen, keinesfalls automatisch möglich sei. SOMMERS Betrachtung ist hier weit differenzierter, als sie V. LISZT oder auch ASCHAFFENBURG, mit ihrem einfachen Anknüpfen an die Rückfälligkeit vorlegen. Er betont dazu: „Die Wirkungslosigkeit der Strafen ist häufig nicht allein durch die Beschaffenheit des Individuums bedingt, sondern durch die mangelhafte Beschaffenheit des Strafmittels, welches bei seiner Verwendung mehr schadet als nützt."[844] Weiter warnt er, die Entscheidung der Sicherung in die Hände der Verwaltungsbehörden zu legen, dem er selbst vorbeugt, wenn er, wie gleich gezeigt wird, die unbestimmte Verurteilung für diese Individuen fordert.

[841]Sommer, Kriminalpsychologie, 1904, S.322.
[842]Sommer, Kriminalpsychologie, 1904, S.326.
[843]Sommer, Kriminalpsychologie, 1904, S.321.
[844]Sommer, Kriminalpsychologie, 1904, S.321.

In diesem Zusammenhang ist noch darauf hinzuweisen, dass auch SOMMER die Einführung einer Regelung der sog. verminderten Zurechungsfähigkeit[845] fordert, und wieder solle nicht quantitativ milder, sondern qualitativ anders bestraft werden.[846]

V. Die Konsequenzen der Kriminalpsychologie für die Strafmittel

SOMMERS Stellungnahme zu den geeigneten Strafmitteln ist kein Reformkonzept, sondern er beschränkt sich darauf, die Freiheitsstrafe und die Todesstrafe auf ihre kriminalpsychologische Wirksamkeit hin zu untersuchen.

1. Detention als ultima ratio

SOMMER ist einer der wenigen Mediziner, der die vielfach geforderte unbestimmte Verurteilung, man denke nur an seine Kollegen LOMBROSO, KRAEPELIN, NÄCKE und vorgreifend auch ASCHAFFENBURG, kritisch beurteilt und in ihr die Gefahr einer übermäßigen staatlichen Reaktion erkennt. Er stellt fest: „Aufhebung des Strafmaßes ist die Parole der dogmatischen Vertreter dieser Richtung, welche also in Bezug auf Einsperrung die Anhänger der alten Schule trotz des scheinbar liberalen Charakters ihrer Bestrebungen praktisch eher überbieten würden. Denn dass ein Mensch, der als geborener Verbrecher auf unbestimmte Zeit detiniert, in absehbarer Zeit wieder herauskommen würde, ist bei der großen Verantwortlichkeit der Entlassung sehr zweifelhaft."[847] Und so lautet seine Forderung, das Strafmaß nur als ultima ratio aufzuheben und zwar dann, wenn sich die Unverbesserlichkeit des Verbrechers bereits gezeigt habe. „Eine gründliche Prüfung der Frage, wieweit die vorhandenen Strafmittel ihren Zweck erfüllen, ist die Voraussetzung dazu, um bei mehrfacher Rückfälligkeit den Begriff des geborenen Verbrecher anzuwenden und im speziellen Falle das Strafmaß aufzuheben." [848]

Die unbestimmte Verurteilung trägt für SOMMER nicht mehr den Charakter der Strafe, sondern ist die Reaktion auf Unverbesserlichkeit. Im Vordergrund steht nach seiner Ansicht deshalb der Sicherungsgedanke. Er erwägt zur Vollstreckung dieser „Strafe" die Errichtung von „Detentionsanstalten".[849] Wenn sich der Verbrecher erst auf unbestimmte Zeit im Strafvollzug befände, glaubt SOMMER nicht, dass dieser in absehbarer

---

[845] Allerdings bevorzugt er den Begriff der „geistigen Schwäche". Sommer, Kriminalpsychologie, 1904, S.286.
[846] Statt automatischer Verminderung des Strafmasses solle, ganz im Sinne seiner kriminalpsychologischen Lehre „auf Grund der tatsächlichen Feststellungen unter Berücksichtigung des Sachverständigengutachtens im einzelnen Falle in dem Urteil auszusprechen (sein), was zur Vermeidung gemeinschädlicher bei den einzelnen Personen mit geminderter Zurechnungsfähigkeit geschehen soll." Er weist auf die Überweisung des Betreffenden in eine Anstalt zur Behandlung hin, weitere Hinweise, an welche Entscheidungsalternativen er denkt, erfolgen nicht. Sommer, Kriminalpsychologie, 1904, S.286.
[847] Sommer, Kriminalpsychologie, 1904, S.328.
[848] Sommer, Kriminalpsychologie, 1904, S.321.
[849] Sommer, Die Criminalpsychologie, Allg. Z. Psych., 1895, S.798.

Zeit wieder die Freiheit erblicken werde. Als einer der wenigen Mediziner beschäftigt ihn hier die Frage, wie ein für den Verbrecher sicheres Verfahren gewährleistet werden könne und stellt fest, es müsse „durch richterliches Urteil auf Grund eines kriminalpsychologischen Gutachtens das Vorhandensein angeborener krimineller Triebe mit gemeinschädlicher Äußerung festgestellt, die bisher angewendeten Strafen genannt und die Gründe zur Aufhebung des Strafmasses angegeben werden."[850]

Was schließlich die Wahl des Strafmittels anbelangt, solle geklärt werden, bei welchen Individuen welche Form des Strafvollzuges dem individual- und sozialpädagogischen Zweck der Strafe dienlich sei.[851]

2. SOMMERS Standpunkt zur Todesstrafe

In SOMMERS individual-psychologisch geprägten Strafensystem findet die Todesstrafe keinen Platz. Er wendet sich der Frage der Todesstrafe ebenfalls allein unter Zweckmäßigkeitserwägungen zu, stellt das Entfallen der individual-pädagogische Wirkung fest, hält aber auch eine sozialpädagogische Wirkung zumindest für zweifelhaft. SOMMER unterscheidet hier zwischen einer positiven Beeinflussung des allgemeinen Rechtsempfindens, das er unter Hinweis auf eine verrohende Wirkung ablehnt, und einer negativen Abschreckung potentieller Straftäter. Wie alle bislang betrachteten Mediziner zweifelt er an einer abschreckenden Wirkung und erläutert, dass es, wenn man die Verbrecher betrachte, die wirklich ein mit Todesstrafe bedrohtes Verbrechen begehen, bei den meisten die Beeinflussung durch eine eventuell zu erwartenden Todesstrafe unwahrscheinlich, wenn nicht wegen ihres psychischen Zustand sogar unmöglich sei.[852]

Dass dies jedoch nicht ein einheitlicher Standpunkt unter den Medizinern ist, beweist schließlich LOBEDANK, der meint, ebenfalls mit gesichertem medizinischen Wissen zu argumentieren und der in seinen Ausführungen GAROFALO gleicht: „Viele Menschen...bedürfen erst einer durch die Furcht vor Strafe dargestellten stärkeren Hemmung, um vor einem Verbrechen bewahrt zu bleiben."[853] LOBEDANK nimmt an, gerade

[850]Sommer, Kriminalpsychologie, 1904, S.322.
[851]SOMMER erläutert die psychische Wirkung der Einzelhaft und kommt zu dem Ergebnis „Es ist jedenfalls ersichtlich, dass schon psychiatrische Erfahrungen durchaus nicht generell gegen die Einzelhaft sprechen. Dazu kommen noch andere psychologische Gründe" S.334. Daneben bejaht er die bedingte Verurteilung, schon um Jugendliche vor den schädlichen Folge des Strafvollzuges zu bewahren. „Prinzipiell kann ...nur eine Strafe anerkannt werden, die zur Erreichung des Zieles zweckmäßig ist und die Unterdrückung oder Einschränkung bestimmter gemeinschädlicher Handlungen tatsächlich bewirkt und dabei nicht mehr schadet als nützt. Hierher gehören vor allem die Schädigungen der Gesamtpersönlichkeit, die bei der Bestrafung von Jugendlichen...öfter erfolgen..." Sommer, Kriminalpsychologie, 1904, S.325.
[852]Sommer, Kriminalpsychologie, 1904, S.327. Als zusätzliches Argument der fehlenden abschreckenden Wirkung verweist er noch auf die belgische Statistik, aus der sich eine solche nicht entnehmen lasse.
[853]Lobedank, Rechtsschutz und Verbrecherbehandlung, Grenzfr. Nerv. Seele, 1906, S.1 – 88, S.15.

geistig Minderwertige bedürften besonders eindrucksvoller Strafen.[854] Er geht dabei davon aus, die Aussicht auf die mildere Strafe würde manchen nicht vom Mord zurückhalten, der es sich bei ernster Gefahr doch anders überlegen würde und schon deshalb sei die Milderung der Strafe bei den sog. vermindert Zurechnungsfähigen abzulehnen. In der Frage der Todesstrafe geht er noch weiter und fordert, die fakultative Strafmilderung bei Verbrechen, für welche die Todesstrafe angedroht ist, auszuschließen. Durch einen derartigen Zusatz würde vermieden, dass solche Individuen, die gerade wegen ihrer besonderen Art von geistiger Minderwertigkeit besonders starker Hemmung bedürfen, durch die Aussicht auf gesetzlich verbürgte mildere Bestrafung noch widerstandsunfähiger gegen den Anreiz zum Verbrechen würden.[855] Die Möglichkeit der Abschreckung beruhe auf einer Einwirkungsmöglichkeit im Gehirn: „dass äußere Faktoren, wie z.B. Erziehung und Erfahrung, also auch die Kenntnis der Strafbarkeit der Handlung, sich als Spuren in das Gehirn eindrücken, die das Handeln beeinflussen.“[856] Daher könne sich die Todesstrafe auch dort rechtfertigen, wo sie vom „rein deterministischen Standpunkt“ entbehrlich ist, dann wenn Wiederholungsgefahr nicht besteht. LOBEDANK ergänzt hier einen spezialpräventiven Ansatz durch generalpräventive Elemente.

Weder sein Determinismusbekenntnis noch die minderwertige Veranlagung vieler Verbrecher widerspricht nach seiner Auffassung der Todesstrafe. LOBEDANK äußert sich dahin „Alle Handlungen erfolgen aus den gegebenen Bedingungen, sowohl die der geistig Normalen, als auch die der Geisteskranken und der geistig Minderwertigen. Und wenn bei den letzten eben die geistige Minderwertigkeit zu den kausalen Bedingungen eines Mordes gehört, so haben wir als Deterministen, die wir nicht ängstlich nach dem Grade der Schuld fragen, keinen Grund, die radikale Beseitigung so gesellschaftsfeindlicher Elemente zu verhindern.“[857] Zuletzt verweist er darauf, dass im geltenden Recht diese Zwischenstufe schon gar nicht berücksichtigt und damit wohl mancher geistig minderwertige Mörder hingerichtet werde. Im Zusammenhang sei dabei noch auf LOBEDANKS Standpunkt zur Problematik es Justizirrtums hingewiesen: „Ernste Bedenken wären gegen die Ausdehnung der Todesstrafe auf die oben bezeichneten moralisch Entarteten unter den geistig Minderwertigen nur unter dem Gesichtspunkt zu erheben, dass der Sachverständige sich in seiner Diagnose irren und einen

---

[854] LOBEDANK befürwortet die Verschärfung der Strafe um den Abschreckungseffekt zu verbessern. „Und wenn man die Strafen von diesem Standpunkt aus noch für einen Faktor hält, der das Wollen der geistig Minderwertigen zu beeinflussen imstande ist, so scheue man sich nicht, diesen Faktor nötigenfalls auch für sie recht bedeutungsvoll zu gestalten. Das heißt: Man verhänge recht hohe Strafen, wenn es gilt, die durch sie gegebene Hemmung besonders wirksam zu machen....Man hüte sich aber vor einem Rückfall in die Vergeltungstheorie, der schließlich, wie der Gegenentwurf zeigt, dazu führt, die schwersten Strafen den geistig Minderwertigen zu ersparen.“ Lobedank,, Rechtsschutz und Verbrecherbehandlung, Grenzfr. Nerv. Seele 1906, S.75 – 78.

[855] Lobedank, Rechtsschutz und Verbrecherbehandlung, Grenzfr. Nerv. Seele, 1906, S.77/78

[856] Lobedank, Rechtsschutz und Verbrecherbehandlung, Grenzfr. Nerv. Seele, 1906, S.15

[857] Lobedank, Rechtsschutz und Verbrecherbehandlung, Grenzfr. Nerv. Seele, 1906, S.76

wirklich Geisteskranken lediglich als geistig minderwertig begutachten könnte."[858] Diese Gefahr bestünde bei erfahrenen Psychiatern indes nicht. „Selbstverständlich wären in den Fällen, in denen Todesstrafe in Betracht kommt, nur die erfahrensten Sachverständigen von anerkannter Bedeutung heranzuziehen."

Kommt man wieder zu SOMMERS Standpunkt zurück, hat sich bislang keine neue Argumentation[859] in der Frage der Todesstrafe ergeben. Besonders interessant sind hingegen seine Aussagen zur Frage der „sozialen Auslese", die schon bei LOMBROSO und FERRI angeklungen sind. Für NÄCKE ist es sogar die entscheidende Frage in der Kriminalitätsbekämpfung überhaupt.[860] Die Todesstrafe wird hier unter dem Aspekt diskutiert, durch ihre Anwendung den Rechtsbrecher entgültig aus der Fortpflanzungskette auszuschließen. SOMMERS Standpunkt ist dabei umso interessanter, als er gerade auf dem Gebiet der Erblichkeitsforschung eine Koryphäe ist.

SOMMER begegnet dieser Argumentation für die Todesstrafe mit rein wissenschaftlicher Argumentation. 1902 liest man von ihm folgende Aussage: „Abgesehen davon, dass dieser Zweck (Ausschaltung aus der Fortpflanzung) auch lediglich durch Kastration erreicht werden könnte, so dass das Mittel ebenfalls in methodischer Beziehung über das Ziel hinausschießt, enthält diese Theorie ein grobe Unkenntnis der Vererbungstatsachen, da sich bestimmte Anlagen häufig nicht in gerader Linie vererben sondern in Seitenlinien. Man müsste also konsequenterweise gleichzeitig die ganze Blutsverwandtschaft des Verbrechers ausrotten, wenn dieser Versuch einer Selektion der menschlichen Gesellschaft Aussicht auf Erfolg haben sollte."[861] Viele Jahre später dominiert dann die Vererbungsfrage die medizinische Diskussion und der Jurist VON HENTIG fordert, das oberste Ziel des Strafrechts in der sozialen Auslese zu sehen. Ob sich diese neue Ansicht auf den wissenschaftlichen Fortschritt stützt, wird im Zusammenhang bei der Besprechung ASCHAFFENBURGS dargestellt.

---

[858] Lobedank, Rechtsschutz und Verbrecherbehandlung, Grenzfr. Nerv. Seele, 1906, S.77

[859] Erwähnenswert ist noch, dass auch SOMMER, wie schon KRAEPELIN, das volkswirtschaftliche Argument der geringeren Kosten aufgreift und den Gedanken dahin weiterführt: „Dieser Gedanke kann jedoch ohne weiteres folgerichtig auch auf nicht kriminelle Gemeinschädliche ausgedehnt werden und führt zu einem Vernichtungskampf gegen alles, was der Gesellschaft eine Verpflichtung zur Unterbringung ohne Aussicht auf Erfolg auferlegt, z.B. zur Beseitigung der unheilbar Geisteskranken." Sommer ist dabei der festen Ansicht, allein durch diese Weiterführung des Kostenarguments, dessen Unhaltbarkeit aufgezeigt zu haben. Anders beurteilt dies indes sein Kollege HOCHE, ebenfalls Professor der Psychiatrie, der seit 1904 zusammen mit Aschaffenburg und anderen das Handbuch der gerichtlichen Psychiatrie herausgibt. Von Ihm erscheint 1923 die Schrift „Die Vernichtung lebensunwethen Lebens" in der er gerade auch aus Kostengründen für die Tötung Geisteskranker eintritt.

[860] NÄCKE kommt aber dennoch nicht zu einer Bejahung der Todesstrafe unter diesem Aspekt. Vgl. oben Teil 3 D VI.

[861] Sommer, Kriminalpsychologie, 1904, S.328. Später schreibt er dann, dass sich sehr häufig pathologische und kriminelle Analogieerscheinungen zu dem einzelnen „Produkt des Stammbaumes" klar herausstellen und betont die Erblichkeit degenerativer oder endogener Züge innerhalb der Familien. Eine Radikalisierung seines Standpunkts in der Frage der Kriminalitätsbekämpfung zeichnet sich dabei nicht ab. Sommer, Der Stand der Kriminalpsychologie, in: Aschaffenburg – Partenheimer, Bericht, 1912, S.271, vgl. dann auch Sommer, Familienforschung, Vererbungs- und Rassenlehre, 1927.

SOMMER schließt zusammenfassend: „Ich kann daher bisher vom Standpunkt des wissenschaftlichen Determinismus, der die Strafe prinzipiell als individual- und sozialpädagogische Methode anerkennt, einen genügenden Grund zur Aufrechterhaltung der Todesstrafe nicht finden."[862]

VI. Gesamtbetrachtung:

SOMMER kommt es bei seinen gesamten Veröffentlichungen nicht darauf an, ein umfassendes Konzept von Verbrechen und Verbrechensbekämpfung zu entwerfen. Vielmehr sieht er es als seine Aufgabe, die Wichtigkeit der Erforschung der psycho – physiologischen Beschaffenheit des rechtsbrechenden Menschen aufzuzeigen. Er zählt dabei neben NÄCKE zu den wenigen deutschen Medizinern, die sich nicht völlig von LOMBROSOS Aussagen distanzieren. SOMMER erkennt bei einem Teil der Verbrecher „angeborene kriminelle Veranlagungen" die ihn unter Umständen sogar zum „geborenen Verbrecher"[863] machen. Die Intensität der staatlichen Reaktion bleibt dabei ungewöhnlich zurückhaltend hinter seinen Kollegen zurück. „Detention" sei nur als ultima ratio und die Todesstrafe in keinem Fall zu rechtfertigen.

F. GUSTAV ASCHAFFENBURG (1866 – 1944) – Die umfassende Erfassung des Verbrechensphänomens

I. Zu Person und Lebenswerk

ASCHAFFENBURG studiert u.a. in Heidelberg und Wien, dort bei PROF. KRAFFT – EBING, Medizin, wird anschließend Assistent bei KRAEPELIN in Heidelberg und habilitiert in dieser Zeit (1895). 1899 wechseln er als außerordentlicher Professor nach Heidelberg. In der Folge tritt ASCHAFFENBURG eine ordentliche Professor für Psychiatrie in Köln an, zunächst 1904 und wieder nach der Neugründung der Universität im Jahr 1919. Im Jahre 1926 erhält er den Ehrendoktortitel der Rechte der Juristischen Fakultät der Universität Heidelberg. 1938 emigriert ASCHAFFENBURG zunächst in die Schweiz und später nach in die USA, wo er bis zu seinem Tod lebt.

---

[862]Sommer, Kriminalpsychologie, 1904 S.328.

[863]Sommer bezeichnet den Verbrecher erst als geborenen Verbrecher, wenn auch nach mehrfacher Bestrafung und einem individuell zugeschnittenen Strafvollzug sich dessen „entgültige" Unbeeinflussbarkeit durch Strafe herausgestellt habe.

II. Fragestellungen um Verbrechen und Strafe im Werk ASCHAFFENBURGS

ASCHAFFENBURG widmet große Teile seines Werkes der Erforschung der Verbrechensursachen und dem Kampf gegen die aufgedeckten Defizite des bestehenden Strafrechts. Besonderen Einfluss auf diese Forschung ist seiner Tätigkeit als leitender Arzt der Abteilung für geisteskranke Verbrecher am Strafgefängnis Halle/Saale, aber auch seinem Kontakt zu KRAEPELIN beizumessen. Er publiziert viel und seine Beiträge in Zeitschriften sind mit 150 nicht zu gering beziffert, die überwiegend im Bereich Psychiatrie, Kriminologie und Gerichtsmedizin angesiedelt sind.[864] Daneben verfasst er mit seinem Kollegen ALFRED HOCHE ein Handbuch für Psychiatrie und ihm wird auch der Verdienst zugerechnet, mit seinem Werk „Die Ursachen und Bekämpfung des Verbrechens“[865] Veröffentlichung 1903, praktisch ein Lehrbuch der Kriminologie vorgelegt zu haben.[866] 1902 begründet er zudem die MONATSSCHRIFT FÜR KRIMINALPSYCHOLOGIE UND STRAFRECHTSREFORM[867], die ihm auch für eigene Publikationen dient und bei deren Herausgabe er insbesondere von V. LISZT und später von HANS VON HENTIG, als Mitarbeiter und Freund unterstützt wird.

Mit ASCHAFFENBURG gewinnt die juristische Reformbewegung in Deutschland einen weiteren engagierten Mitstreiter aus den Reihen der Psychiatrie. Sein erklärtes Ziel ist es, „die Psychologie des Verbrechens und des Verbrechers wissenschaftlich zu erforschen...“[868] Wenn V. LISZT für die neue Richtung in der Strafrechtswissenschaft for-

---

[864] Vgl. auch Gustav Aschaffenburg, in: Deutschsprachige Psychiater und Neurologen, Bd. 1, 1996, S.46 – 49

[865] Aschaffenburg, Das Verbrechen und seine Bekämpfung, Kriminalpsychologie für Mediziner, Juristen und Soziologen, ein Beitrag zur Reform der Strafgesetzgebung. 1. Auflage Heidelberg 1903. 2. Auflage 1906, 3. Auflage 1923, ins englische übersetzt: Bosten 1913 und New York 1968, im folgenden: Das Verbrechen. Den folgenden Darstellungen sind alle drei Auflagen zugrundegelegt, um gegebenenfalls einen Wandel in seiner Darstellung und seinen Ansichten mit zu vollziehen.

[866] Vgl. Göppinger, Kriminologie, 1996, S.25.

[867] Im Gegensatz zu HANS GROSS und seinem Archiv für Kriminalanthropologie und Kriminalistik, distanziert sich ASCHAFFENBURG mit der MschrKrim schon formal von der Kriminalanthropologie und damit von jeglicher Assoziation mit LOMBROSO. In dem monatlichen Periodikum erscheinen insbesondere Beiträge aus dem Bereich Kriminalanthropologie, -psychologie, -soziologie und Kriminalstatistik. Erklärtes Ziel der Zeitschrift ist es, „die Psychologie des Verbrechens und des Verbrechers wissenschaftlich zu erforschen... So kommen wir durch die Kriminalanthropologie zur Strafrechtsreform.“ Aschaffenburg, Kriminalpsychologie und Strafrechtsreform, MschrKrim, 1904/05; S.4 – 7. Die MschrKrim begleitet mit kritischen Beiträgen die gesamte Strafrechtsreform. Publiziert wird überwiegend von Juristen und Medizinern über Fragestellungen um Verbrechen und Strafe. Daneben erscheinen Berichte aus dem Bereich der Gerichtsmedizin und insbesondere, im psychiatrischen Interesse stehende Reformvorschläge wie die Bestimmungen zur Verminderten Zurechnungsfähigkeit, die Behandlung der geisteskranken Verbrecher bzw. verbrecherischen Geisteskranken. Daneben erfolgt eine umfassende international ausgerichtete Besprechung interessanter Literatur. 1936 erfolgt die Umbenennung in Monatsschrift für Kriminalbiologie und Strafrechtsreform (und nach 1945 in Kriminologie). 1936 wird Aschaffenburg abgelöst von Exner, Sieverts, und Lange, denen er wohl schon 1934 die Redaktion der MschrKrim übertragen hat, nachdem ihm die nationalsozialistische Rassegesetzgebung eine weitere Schriftleitung verbietet. Vgl. zu weiteren aufschlussreichen Einzelheiten über ASCHAFFENBURG nach 1933, Gruhle, Sievert, Zum Geleit, MschrKrim 1953, S.3 – 4. Interessant ist für die Zeit vor 1933, dass in der MschrKrim über 30 Abhandlungen und Anmerkungen zur Thematik der Todesstrafe erscheinen.

[868] Aschaffenburg, Kriminalpsychologie und Strafrechtsreform, MschrKrim,1904/05; S.4.

dert, die „kriminalistische" Forschung voranzutreiben, so ist es insbesondere ASCHAFFENBURG, der es sich zur Aufgabe setzt, sich dem Phänomen Verbrechen und Strafe in umfassender Weise und mit wissenschaftlicher Methode zu nähern. Dieser Ausschnitt aus seinem Gesamtwerk bildet die Grundlage für die folgende Darstellung.

III. Die Ursachen des Verbrechens

Ausgangspunkt von ASCHAFFENBURGS Betrachtungen des Verbrechensphänomens sind seine Ausführungen zur Verbrechensentstehung, in denen er den Wissensstand seiner Zeit einer kritischen Betrachtung unterzieht.

1. Untersuchungsgegenstand und Forschungsmethode

ASCHAFFENBURG macht sich zunächst Gedanken, worin eigentlich der Untersuchungsgegenstand bei der Erforschung des Verbrechens liege und definiert ihn über das geltende Recht. Verbrechen im Sinne des geltenden Rechts sei dabei jede Handlung, die durch die geltende Rechtsordnung mit einer Strafe bedroht ist[869]. Zwar kommen auch ihm, wie auch schon NÄCKE Bedenken, die Erforschung des Verbrechensphänomens allein von der Normierung im Strafgesetzbuch abhängig zu machen. ASCHAFFENBURG kritisiert zwar diesen Umstand,[870] ohne dass aber eine weitergehende Auseinandersetzung folgt.

Interessant ist es dann, wenn ASCHAFFENBURG vorstellt, mit welcher Methode er sich der Erforschung des Verbrechens nähern wolle. Er ist sehr bemüht, ein allgemeingültiges Konzept dem Leser zugänglich zu machen. Es verwundert nicht, dass die Methode aus der Medizin abgeleitet werden soll. So schafft sein theoretischer Ansatz eine Übertragung der medizinischen Forschungsmethode[871] und eines durch Fakten bestimmten naturwissenschaftlichen Ansatzes[872] in den Bereich der Verbrechenserforschung und

[869] S.1 mit dem Hinweis darauf, dass der Vereinfachung wegen auch dort von Verbrechen die Rede sei, wo nach der Dreiteilung des StGBs nur ein Vergehen oder eine Übertretung vorliege.

[870] „...Mit anderen Worten, ein Handlung, die nach der zur Zeit bestehenden Rechtsordnung ein Verbrechen ist, hört auf ein solches zu sein, sobald der sie betreffende Paragraph des StGB aufgehoben wird." Aschaffenburg , Das Verbrechen, 1923, S.1

[871] „Als erste Frage wird in der Medizin die nach der Ursache und Entstehung der Erkrankung behandelt, die Ätiologie, dann die nach den Erscheinungen, die Symptomatologie; daraus ergibt sich die Diagnose, die Abscheidung von anderen Krankheiten und endlich die Therapie." 3. Auflage S.3.

[872] In diesem Sinne schreibt er im Vorwort seines Lehrbuches: „Der anderen Richtung ist der Kampf gegen das Verbrechen alles, die einzelne Strafbestimmung brauchbar, soweit sie diesem Zweck dienen kann. Es kann gar keinem Zweifel unterliegen, dass diese Richtung in engster Beziehung zur naturwissenschaftlichen Denk- und Forschungsweise steht, die auch hier ihre belebende und befruchtende Wirkung ausgeübt hat. Sie beobachtet das Verbrechen und den Verbrecher und sucht dann die Mittel zur Bekämpfung." Aschaffenburg, Das Verbrechen, 1903, Vorwort S. V.

kommt zu dem Ergebnis, ohne inhaltlich von FERRIS Postulat[873] abzuweichen: „Wir würden dementsprechend zunächst die Ursachen der Kriminalität zu erforschen suchen; dann die verschiedenen Formen, unter denen das Verbrechen erscheint. Die Differenzialdiagnose deckt sich mit der Einteilung der Verbrecher, der Erfassung seiner Persönlichkeit und Abgrenzung von Andersgearteten." Und wenn dieses Ziel erreicht sei, dann schreibt ASCHAFFENBURG weiter: „Wenn wir endlich nach dieser Richtung feste Gesichtspunkte gewonnen haben, wenn wir das Wesen des Verbrechens und seine Ursachen, soweit möglich, überblicken, dann wird die praktisch wichtigste Frage aufgeworfen werden müssen: wie behandeln wir diese Wunde am Körper der menschlichen Gesellschaft? Wir werden die bestehenden Maßregeln zu betrachten und zu beurteilen haben und – wenn sich die Unzulänglichkeit der bisherigen Behandlungsmethode herausstellen sollte – ins klare zu kommen suchen, was geschehen kann: eine ebenso bedeutsame wie fesselnde Aufgabe."[874]

Tatsächlich ist ASCHAFFENBURG dann in der Folge bemüht, nur empirisch belegte Ergebnisse zu formulieren. Die Beobachtung sei dabei der Ausgangspunkt jeder Aussage über das Verbrechen. Aber er warnt vor der Generalisierung von Einzelfallbetrachtungen.[875] Man darf ASCHAFFENBURG hier zugute halten, dass er nicht blind ist gegen die Gefahren, die statistische Materialien in sich bergen.[876] Er weist auf die Verfälschungsgefahr bei der Sammlung aber auch bei der Bewertung hin[877] und schließt: „Es lässt sich gar nicht verkennen, dass die Statistik noch manchen Wunsch offen lässt..."[878] Dieser zurückhaltenden und kritischen Standpunkt durchzieht sein ganzes Werk und er betont, dass die Wissenschaft von der Psychologie des Verbrechens noch

[873]FERRI fordert„...um Regelungen zu formulieren, die die Verbrechen, die Strafen und die Verbrecher betreffen, ist es erst notwendig...die Verbrecher und die Gefängnisse zu studieren, um den Theorien Fakten vorauszuschicken." Ferri, Polemica in difesa della scuola criminale positiva, 1886, in: Studi sulla criminalità, 1926, p. 173.
[874]Aschaffenburg, Das Verbrechen, 1923, S.3.
[875]„Bei dem einzelnen Falle, mag er psychologisch auch noch so fesseln sein, trübt eben die Eigenart des Individuums den Einblick in die allgemeingültigen Ursachen, und Zufälligkeiten lassen sich nicht von den gesetzmäßigen Erscheinungen trennen. Wir werden uns deshalb, ohne uns gegen die Wichtigkeit der Einzelfallbeobachtung zu verschließen, im weiteren ganz überwiegend an die großen Zahlen zu halten haben, die uns die Kriminalstatistik darbietet." Aschaffenburg, Das Verbrechen, 1923, S.7.
[876]Dennoch gelingt es ihm nicht, die meisten seiner Darstellungen und Thesen, soweit er nicht selbstverständliches in Worte fasst, aus dem Bereich des Spekulativen zu lösen, was nicht zuletzt mit der Unzulänglichkeit des statistischen Materials zusammenhängt. Dies wird von ihm aber auch nicht behauptet. Vielmehr verweist er darauf, dass die Wissenschaft von der Psychologie des Verbrechens noch in den Anfängen steht und auch bei bereits bestehenden, verwertbaren Ergebnissen, wie sie sich z.B. aus Statistiken ergeben, Vorsicht vor eiligen Schlüssen geboten sei.
[877]Aschaffenburg, Das Verbrechen, 1906, S.6 Am besten scheint ihm bei der Kriminalstatistik die Verurteiltenstatistik brauchbare Aussagen zu liefern. Er bemängelt jedoch, die Statistik gehe von einer falschen Gruppenbildung aus und erschwere so kriminalpsychologische Erkenntnisse. Außerdem warnt er vor voreiligen Schlüssen. „...nur dann auf einen inneren Zusammenhang zu schließen, wenn wir immer wieder die gleichen Beziehungen äußerer Umstände, die wir für die Ursachen einer Handlung zu halten geneigt sind, zu diesen Handlungen beobachten." Aschaffenburg, Das Verbrechen,1906, S.11.
[878]Aschaffenburg, Das Verbrechen, 1906, S.10.

in den Anfängen stehe: „Denn darüber kann kein Zweifel bestehen, die Psychologie des Verbrechens ist keine abgeschlossene Wissenschaft.[879]

In diesem Sinne schreibt auch NÄCKE anlässlich der Erstauflage von „Das Verbrechen und seine Bekämpfung“: „Dieses relativ kleine, sehr vornehm ausgestattete Werk, steht turmhoch über dem gleichen, dickleibigen Buch von LOMBROSO. Es ist ein Meisterwerk deutscher Gründlichkeit und scharfer Kritik. Mit größter Vorsicht wird vorgegangen und lieber ein non-liquet ausgesprochen, statt in uferlose Hypothesen sich zu ergehen....“[880]

2. Die Verbrechensursachen und Distanz zu LOMBROSO

In ASCHAFFENBURGS Erklärungsmodell der Verbrechensursachen greifen individuell – biologische und soziale Erklärung untrennbar ineinander.[881] Das Verbrechen sei das Zusammenspiel beider Faktoren. Aus seinen Untersuchungen zieht er den Schluss: „Daraus folgt, das Verbrechen ist in erster Linie ein soziales Phänomen; jede Zeit hat die Verbrechen, die sie selbst hervorbringt. Aber nicht jeder wird zum Verbrecher. Es gehört dazu zweifellos noch eine individuelle Veranlagung, oder wie SOMMER sich ausdrückt, endogene Veranlagung......Jeder Verbrecher ist das Produkt der Veranlagung und Erziehung (Entwicklung)[882], des individuellen Faktors einerseits und der sozialen Verhältnisse andrerseits.“[883] Die allgemeinen Ursachen sind dabei Jahreszeit, Rasse, Religion, Wohnort, Beruf, Alkohol, wirtschaftliche Lage, die ihn zu plausiblen Erklärungen für geographisch und zeitlich unterschiedliche Entwicklungen der Verbrechensstatistik führen; die individuellen Ursachen sind seiner Ansicht nach Abstammung, Erziehung, Bildung, Alter, Geschlecht und Familienstand.[884]
Von LOMBROSOS Auffassung, jedenfalls bei einem Teil der Verbrecher handle es sich um einen „Typus des sog. geborenen Verbrechers“, distanziert sich ASCHAFFENBURG früh[885] und behält den ablehnenden Standpunkt bei. Er tritt damit in Opposition zu

[879]Aschaffenburg, Das Verbrechen, 1903, S.10.
[880]Näcke, Buchbesprechung, Gross Archiv, 1903, S.227.
[881]Aschaffenburg, Das Verbrechen, 1906, S.12.
[882]So dann in Aschaffenburg , Das Verbrechen, 1923.
[883]Aschaffenburg, Das Verbrechen, 1903, S.165.
[884]Vgl. Aschaffenburg Inhaltsangabe S. II-IV. Zu den allgemeinen und individuellen Ursachen des Verbrechens bei Aschaffenburg ausführlich: Seifert, Gustav Aschaffenburg, 1981, S.66 – 134.
[885]Den Grund für seine ablehnende Haltung kann man in zwei Ursachen sehen. Einmal kommt die intensive internationale Forschung nicht zu einem, LOMBROSOS Aussagen stützenden Ergebnis. Aber dies allein kann nicht erklären, warum Aschaffenburg nahezu in jeder seiner Abhandlungen größere Passagen darauf verwendet, sich von LOMBROSO zu distanzieren. Vgl. Aschaffenburg, Das Verbrechen und seine Bekämpfung, 1903, S.160 – 16. Es ist vielmehr, wie es auch für V. LISZT dargelegt wurde, auch ein taktischer Gedanke[885]. ASCHAFFENBURG kämpft um die Anerkennung seiner Forschung als Wissenschaft. Daher ist eine deutliche Distanzierung von LOMBROSO angebracht, der gerade von juristischer Seite mit seinen Thesen mehr als Skepsis erntet und Anfang des 20. Jahrhunderts auch unter den Medizinern kaum noch Befürworter fand. Gegen Ende seiner Forschungstätigkeit in Deutschland, bringt er diese „notwendige Opposition“ auch indirekt zu Ausdruck: „Andererseits hatte LOMBROSOS genialer Blick, der die Verbrecherpersönlichkeit in den Fordergrund rückte, durch Über-

KRAEPELIN und SOMMER. Selbst dort, wo er von Veranlagung spricht, handle es sich nicht um eine Folge angeborener krimineller Neigung, „sondern nur" um „die Unfähigkeit, bei einer vielfach unzulänglichen Veranlagung und Erziehung, unter den heutigen sozialen Verhältnissen ohne Übergriffe in die Rechtssphäre anderer zu leben."[886] Die bestehende Veranlagung führt damit nicht automatisch zum Verbrechen sondern begünstig dieses nur. ASCHAFFENBURG bekräftigt seine Auffassung nochmals in Hinblick auf sog. „Verbrecherfamilien", wo er nochmals auf die große Bedeutung der sozialen Faktoren aufmerksam macht. Hier wirke sich nicht die Folge der Vererbung einer kriminellen Neigung, sondern vielmehr das verbrecherische Milieu aus, in dem die Nachkommen aufwachsen, eine Schlussfolgerung, wie sie schon NÄCKE vertreten hat.[887]

1923 schreibt ASCHAFFENBURG dann: „So bleibt von LOMBROSOS Lehre nur ein Teil bestehen, aber ein äußerst wichtiger: Wir müssen mit einer großen Zahl von gesellschaftsfeindlichen Menschen rechnen, deren psychische Eigenart mit den bisherigen Mitteln des Strafrechts nur sehr unvollkommen bekämpft werden kann. Sie sind nicht, wie LOMBROSO geglaubt hat als Verbrecher geboren, sondern zum Verbrecher, und dass dem so ist, beruht auf dem Missverhältnis ihrer Wesensart gegenüber den Anforderungen des Lebens, dass sie zu führen gezwungen sind. Scheinbar klein und dürftig ist dieses Ergebnis, und doch ist es der Wendepunkt in der Geschichte der Verbrechensbekämpfung; den Dank dafür dem Namen LOMBROSOS abzustatten, ist die Menschheit dem genialen Bahnbrecher schuldig."[888]

Wo LOMBROSO in einer Gruppe von Verbrechern einen andersartigen Menschen sieht, findet ASCHAFFENBURG den minderwertigen Verbrecher als eine graduelle Abweichung vom Durchschnittsmenschen. Und er stellt fest: „Beides, Verbrechertum und geistige Störung, sind zwei Pflanzen, die aus demselben Boden ihre Nahrung saugen, aus dem Boden der körperlichen und geistigen Entartung."[889]

Während er damit zu Anfang noch in besonderem Maße die große Bedeutung auch der sozialen Faktoren hervorhebt, zeigt sich, dass diese im Laufe der Zeit in den Hintergrund der Betrachtung treten. 1931 stellt ASCHAFFENBURG dann fest: „Wir haben lange Jahre hindurch uns gegen die Auffassung verwert, dass die Anlage der wichtigste und ausschlaggebende Faktor für die gesellschaftlichen Gebarung des Menschen sei...Wir wissen aber heute, dass wir die Bedeutung der Anlage unterschätzt haben;

---

treibungen und Überschätzungen unsicherer Einzelheiten eine Abwehrfront ins Leben gerufen, die in der Ablehnung dieser Schönheitsfehler den bequemsten Weg zu finden glaubte, dem Einbruch neuer Gedanken Einhalt tun zu können." Aschaffenburg, Rückblick und Ausblick, MschrKrim 1935, S.532.

[886] Aschaffenburg, Das Verbrechen, 1906, S.261.

[887] Aschaffenburg, Das Verbrechen, 1903, S.101 – 103.

[888] Aschaffenburg, Das Verbrechen, 1923, S.226.

[889] Aschaffenburg, Das Verbrechen, 1923, S.219.

indessen ist das noch kein Grund zu pessimistischem Verzicht (auf Besserung/Erziehung).“[890] Er glaubt dabei zwar, dass die Veranlagung häufig nicht bekämpft werden kann, hofft aber wenigstens dort Einhalt zu gebieten, wo Verbrechen Folge der äußeren Herkunft sei.[891]

In ASCHAFFENBURGS Entwicklung lässt sich damit der Wandel von der Betonung der sozialen Ursachen, hin zu der Betonung der individuellen Veranlagung erkennen. Er fügt sich damit in das Entwicklungsbild, wie es für die Verbrechensursachenforschung durch Mediziner bereits im 1. Teil dargestellt wurde. Wichtig ist jedoch, dass A-SCHAFFENBURG dabei nicht zur Annahme der direkten Erblichkeit einer Verbrechensdisposition gelangt. Er stellt selbst klar, dass die Frage der Abstammung und Vererbung in der Frage der Kriminalität ein denkbarer Faktor sei, aber eben nur ein mittelbarer. Die Vererbung einer kriminellen Disposition, ohne das Hinzutreten weiterer Faktoren lehnt er hingegen entschieden ab.

IV. Die Beurteilung des Verbrechers –Verbrecherklassifizierung und verbrecherische Tat

Obwohl der Rechtsbrecher als Individuum im Fordergrund der Betrachtung stehen soll,[892] sucht ASCHAFFENBURG nach einem Weg, die Orientierung in der Praxis zu erleichtern und ihm scheint hierzu eine Verbrechereinteilung notwendig und hilfreich, jedoch abermals unter Hinweis auf gewisse generelle Bedenken: „Jede Gruppenbildung hat etwas Rohes, Erzwungenes, Gekünsteltes; der Reichtum der Natur sträubt sich gegen die Einordnung in ein Schema.“[893]. Im Rahmen seiner Verbrechereinteilung unterscheidet er dann zwischen Vorbedachts-, Rückfalls-, Gewohnheits-, Berufs-, Zufalls-, Affekts-, und Gelegenheitsverbrechern.[894]

Seine erste Gruppe erklärt er dann dahin, dass ihnen zunächst die Planmäßigkeit der Ausführung gemeinsam sei, wobei bei Rückfalls-, Gewohnheits-, und Berufsverbrechern eine wiederholte, wenigstens ähnlichen psychologischen Motiven entspringende Deliktsbegehung hinzutrete. Wo dann der Unterschied zwischen dem Rückfalls- und Gewohnheitsverbrecher liegen soll, bleibt aber unklar.[895] Die Unterteilung Gewohn-

[890] Aschaffenburg, Einheitlichkeit der Sicherungsmaßnahmen, MschrKrim 1931, S.263.
[891] Aschaffenburg, Das Verbrechen, 1923, S.158 – 159.
[892] „Der Kampf gegen das Verbrechertum kann mit Aussicht auf Erfolg nur gegen die Person des Rechtsbrechers gerichtet werden. Von seiner Individualität muss die Auswahl des richtigen Gegenmittels abhängig gemacht werden“ Aschaffenburg, Das Verbrechen, 1923, S.227.
[893] Aschaffenburg, Das Verbrechen, 1923, S.227.
[894] Aschaffenburg, Das Verbrechen, 1923, S.231.
[895] In diesem Sinne kommentiert auch SOMMER ASCHAFFENBURGS Verbrechertypisierung: „Wenn ich auch der Hervorhebung des Rückfalls als einer gesonderten Gruppe nicht beistimmen kann, da ich hierin einen allgemeinen Begriff sehe...bin ich doch mit der wesentlichen Absicht der obigen Einteilung die auf psychophysiologische Differenzierung ausgeht, einverstanden.“ Sommer, Kriminalpsychologie, 1904, S.352.

heits- und Berufsverbrecher hingegen liege darin, dass erstere mehr der Unfähigkeit unterlägen, sich redlich durchzuschlagen und meist mit körperlicher und geistiger Minderwertigkeit belastet seinen, während letztere gerade wegen seines zielbewussten Vorgehens, seiner Freude über seine Lebensaufgabe von vornherein einen größeren inneren Widerstand jeglicher Änderung entgegensetzen würden, der wenig Hoffnung ließe. An anderer Stelle unterscheidet ASCHAFFENBURG diesbezüglich zudem in aktive und passive Persönlichkeiten.[896]

Der Einteilung liegt die Idee zugrunde, dass für die Bestrafung die Veranlagung des Verbrechers und nicht die „oft durch den Zufall bestimmten objektiven Schwere der Tat"[897] entscheidend sein soll. Die unterschiedliche Veranlagung fände in den verschiedenen Gruppen einen „gewissen" Ausdruck. Daneben sei aber die konkrete Tat für die Zuordnung des Verbrechers von besonderem Interesse. Auch ASCHAFFENBURG geht damit davon aus, dass die verbrecherische Tat ein wichtiger Bewertungsfaktor in der Beurteilung des Verbrechers bleibe. So soll von der Tat auf die mehr oder weniger bedenklichen Charaktereigenschaften des Verbrechers geschlossen werden. Er klärt diesen Ansatz später dahin, dass die Tat „symptomatisch wichtig" sei und vielfach die Einzelheiten der Tat wichtige Schlüsse auf die Persönlichkeit des Täters zulassen, aber man das verletzte Rechtsgut nicht überbewerten dürfe.[898] Das Verbrechen wird so zu einem Indikator für die Veranlagung des Verbrechers, ein Umstand auf den schon FERRI bei der Beurteilung der Gefährlichkeit des Verbrechers hinweist. Später kommt ASCHAFFENBURG sogar dahin, dass es bei den vorsätzlichen Rechtsbrüchen nach den Begleitumständen relativ leicht sei, die Persönlichkeit des Täters einzuschätzen.[899]

ASCHAFFENBURG hat das Ziel seiner Verbrechereinteilung an sich klar vor Augen: nur soweit die Trennung der „Harmlosen von den sozial Gefährlichen" gelingt, können auch geeignete Methoden im Kampf gegen das Verbrechen gewählt werden. Ohne es auszusprechen, wird deutlich, dass hier die Grenze nur zwischen den Vorbedachts-, Rückfalls-, Gewohnheits-, Berufsverbrechern auf der einen Seite und den Zufalls-, Affekts- und Gelegenheitsverbrechern auf der anderen Seite liegen kann. Eine klare

---

[896] Aschaffenburg, Gutachten Rückfall, gewohnheitsmäßigem und gewerbsmäßigem Verbrechertum, Verhandlungen des 28. Juristentages, 1906, S.3 – 20. 1933 entwickelt Aschaffenburg noch eine psychologische Einteilung, die an die Unterscheidung in aktive und passive Persönlichkeiten anknüpft, in Widerstandsfähige, Affekt und Triebverbrecher, entgleisungsbereite Haltlose und Aktive, die neben seine grundsätzliche siebenteilige Einteilung tritt. Aschaffenburg, Gustav, Kriminalanthropologie und Kriminalbiologie (Überblick), Handwörterbuch für Kriminologie, 1933, S.837 – 838.

[897] Aschaffenburg, Das Verbrechen, 1906, S.177, dass dabei auch die klassische Schule nicht auf allein auf die objektive Tatschwere abstellt, wurde bereits geklärt.

[898] So klarstellend: Aschaffenburg, Das Verbrechen, 1923, S.228.

[899] „Wer planmäßig alle sich bietenden Vorteile ausnützt, wer die Gelegenheit sorgsam auskundschaftet, wer durch Mitnahme von Waffen zeigt, dass er unter Umständen auch seine verbrecherische Absicht mit rücksichtsloser Gewalt durchzuführen gesonnen ist, wer sich mit anderen zu Zwecke gemeinsamen Handelns verbündet, beweist damit einen großen Grad an Allgemeingefährlichkeit." Aschaffenburg, Das Verbrechen, 1923, S.23.

Zuweisung verschiedener Gefährlichkeitsstufen, wie sie gerade Ferri vornimmt, erfolgt bei ASCHAFFENBURG nicht. Aber er will seine Verbrechereinteilung auch nur als „Leitfaden" verstanden wissen.[900] In Auseinandersetzung mit FERRIS gesetzlicher Lösung im Entwurf 1921 für ein italienisches Strafgesetzbuch zweifelt ASCHAFFENBURG daran, bereits auf Gesetzes- und Strafverfahrensebene die Täterpersönlichkeit zu fassen. In diesem Sinne äußert er auch: „Selbst die sorgsamste Untersuchung der Umstände, unter denen die Tat begangen worden ist, wird nie restlos zur Persönlichkeit vordringen können. Diese offenbart sich erst in der langen Zeit der Strafverbüßung und erst hier kann die eigentliche Aussonderung der gefährlichen Verbrecher mit einiger Sicherheit erfolgen."[901] Wie sich zeigen wird, ist es dann auch die Abschaffung des Strafmasses, die auf der Vollzugsebene die Anpassung der Reaktion an die Täterpersönlichkeit ermöglichen soll. ASCHAFFENBURGS Ansatz fokussiert damit im Schwerpunkt auf die schwereren Fälle der Kriminalität, ein Ansatz, der auch bei den anderen Psychiatern festzustellen ist. Auf der anderen Seite betont er jedoch, dass Schadloshaltung und bedingte Verurteilung die Reaktionen auf den Zufalls- und Gelegenheitsverbrecher sein werden. So erhält die Verbrechereinteilung ihre Bedeutung bei der Strafzumessung.

V. Die Vorbeugung und Bekämpfung des Verbrechens und die Grundlagen das „neue" Strafrecht

Auch ASCHAFFENBURG zieht aus der Erkenntnis der Bedeutung der Umweltfaktoren in der Frage der Verbrechensbekämpfung Konsequenzen und stellt die beliebte Forderung auf, dass die sozialen Umstände verbessert werden sollen, um auf diese Weise dem Verbrechen vorzubeugen.[902] Als seine Aufgabe sieht er die Bekämpfung der sozialen Missstände jedoch nicht und er wendet sich der Betrachtung der Reaktion den Verbrecher zu. Hier ist für ihn das Strafrecht „die wesentlichste Methode der Verbrechensbekämpfung"[903]. Da jedoch das Strafrecht bisher in der Frage der Verbrechensbekämpfung viel zu wenig geleistet habe, gelte es die Ursachen des Verbrechens zu erforschen und die Wirksamkeit der Strafen zu erkennen, um auf der neuen Grundlage

[900]Auch an anderer Stelle kenn man, im Gegensatz zu vielen seiner Kollegen, aus seinen Worten einen gewissen Pessimismus heraushören, wenn er sich wie folgt äußert: „Aber es dürfte wohl bei sorgfältiger Erwägung aller Ursachen eines Verbrechens und bei genügender Vertiefung in den Charakter des Täters stets gelingen, festzustellen, welcher Gruppe er sich am meisten nähert" Aschaffenburg, Das Verbrechen, 1903, S.171, 1906, S.177.

[901]Aschaffenburg, Das Verbrechen, 1923, S.230 und an anderer Stelle schreibt er: „Es ist ja wohl selbstverständlich, dass eine länger dauernde Beobachtung eine bessere Auffassung von der Persönlichkeit ermöglicht als die Voruntersuchung und die Verhandlung, während derer die Unsicherheit über das Kommende, der verzweifelte Kampf um den Schuldnachweis und die Strafhöhe auch einen alten Veteranen der Strafkammer in Erregung versetzen kann." Aschaffenburg, Abschaffung des Strafmaßes, Z. Neur. Psych., 1926, S.53.

[902]Unter dem Stichwort „soziale Hygiene" schlägt ASCHAFFENBURG insbesondere Maßnahmen gegen den Alkoholmissbrauch vor und hofft auf die Beseitigung wirtschaftlicher Missstände, um so das Verbrechertum zu reduzieren. Vgl. Aschaffenburg, Das Verbrechen, S.77 – 96, und S.253 – S.272.

[903]Aschaffenburg, Rückblick und Ausblick, MschrKrim 1935, S.535.

ein „neues Strafrecht" aufzubauen, „das mehr als das jetzige die Gesellschaft schützt und den einzelnen vor den Angriffen des Verbrechers sichert."[904]
Dabei erschließen sich aus ASCHAFFENBURGS Vorschlägen zu den Strafrechtsgrundlagen zunächst keine neuen Erkenntnisse.

1. Determinismus und Verantwortlichkeit

ASCHAFFENBURG erklärt, er müsse vom Standpunkt der Naturwissenschaften „daran festhalten, dass nur dann eine Wirkung eintreten kann, wenn ihr eine Ursache vorausgeht. Infolgedessen muss auch den Erscheinungen die wir Willenshandlungen nennen, eine verursachende Tätigkeit vorausgehen. Ein „freier Wille", der ursachelos ist...besteht nicht...Jede Handlung ist das notwendige Endergebnis der Einwirkung einer Reihe von Motiven auf einen bestimmten Charakter."[905] Da jedoch die einzelne Reaktion vom individuellen Charakter abhänge, klärt ASCHAFFENBURG in einem zweiten Schritt, dass auch der Charakter kein Produkt eines freien Willens ist, sondern bedingt durch zahlreiche Faktoren, von denen der Veranlagung eine große Bedeutung zufällt. Die verbrecherische Handlung erfolge dann durchaus notwendig, aus der Einwirkung der äußeren und inneren Motive auf den bestehenden Charakter. Die Lösung, warum dennoch bestraft werden könne, sieht er dann in der Differenzierung zwischen der Determiniertheit des Willens und der Verantwortlichkeit. Die Verantwortlichkeit zerfalle in eine moralische und eine gesellschaftliche Komponente.[906] ASCHAFFENBURG meint, dass mit seinem deterministischen Standpunkt, allein die moralische Verantwortlichkeit nicht zu vereinbaren sei.

Die Strafe bleibe daher auf der Grundlage gesellschaftlicher Verantwortlichkeit als staatliche Gegenwehr erhalten. Sie knüpft an die gesellschaftliche Verantwortlichkeit an und bedürfe dazu keiner Willensfreiheit. ASCHAFFENBURG macht dann aber doch eine Einschränkung. Notwendig sei zudem ein Verantwortlichkeitsgefühl, dass der Mensch nur habe, wenn er „zur normalen Majorität" gehöre und verweist insoweit auf die Studien seines Kollegen HOCHE[907]. Damit weicht ASCHAFFENBURG vor der letzten Konsequenz der Schutztheorie zurück, auch den Geisteskranken dem Strafrecht zu unterstellen und fordert statt dessen bestimmte außerstrafrechtliche Sicherung gegen den „gefährlichen Geisteskranken" .[908] Später hält er es dann für zweckmäßig, ein

[904] Aschaffenburg, Das Verbrechen, 1903, S.4, 1923, S.5.
[905] Aschaffenburg, Das Verbrechen, 1906, S.209 – 210.
[906] Aschaffenburg, Das Verbrechen, 1923, S.278, bis zu dieser Auflage spricht ASCHAFFENBURG von sozialer Verantwortlichkeit.
[907] Vgl. Hoche, Die Freiheit des Willens vom Standpunkt der Psychopathologie, 1902.
[908] Aschaffenburg beantwortet die Frage, gegen wen sich der Kampf um die Rechtssicherheit richten müsse dahin, dass nicht jeder geisteskranke Verbrecher, nicht jeder verbrecherische Geisteskranke, sondern nur der gemeingefährliche Geisteskranke Ziel spezieller Abwehrmaßnahmen sei. Maßstab sei dann die geistige Erkrankung und keinesfalls die Schwere des Angriffs. Aschaffenburg, Sicherung der Gesellschaft, 1912, S.271.

einheitliches Sicherungsgesetz zu erlassen. Das Gesetz solle „von ganz großer Warte aus die Sicherung der Gesellschaft anstreben“[909] und gelte für Süchtige, gemeingefährliche Kranke, aber auch für dauerverwahrungsbedürftige Gewohnheitsverbrecher gleichermaßen.[910]
Zuletzt stellt ASCHAFFENBURG klar, was sich aufgrund der Erkenntnis der Determiniertheit menschlichen Handelns ändern müsse, nämliche die Einstellung zum Straftäter. „Nur das müssen wir zugeben, wenn wir den Charakter nicht mehr als unseres Willens Werk betrachten dürfen, dass mehr die Empfindung des Mitleids mit den Missratenen als das der moralischen Entrüstung am Platze ist,...“[911] Eine Milderung der Strafe bedeute dies indes nicht, denn „,...dieses Mitleid darf nie in Schwäche ausarten.“[912]

2. Die Ablehnung des Vergeltungsgedankens

Sein Urteil über den Vergeltungsgedanken im Strafrecht ist dann auch vernichtend[913]: „Die Sühne aber als Zweck der Strafe und die gerechte Vergeltung als Ziel des Strafübels lehne ich als unmöglich ab.“[914] Wie schon FERRI stellt ASCHAFFENBURG die Frage, was überhaupt „gerechten Vergeltung“[915] sei und wem die Strafe eine gerechte Vergeltung sein solle, dem Rechtsbrecher oder der Allgemeinheit. Zudem sei diese Ansicht praxisfern, da die richterliche Strafzumessung zu einem guten Teil „Willkür, Laune, Zufall! sei. „Und doch „gerechte“ Vergeltung?“[916] Und an einem müsse die „gerechte Vergeltung“ in jedem Fall scheitern, der Unmöglichkeit, die Strafwirkung vorauszusehen.[917]

---

[909]Aschaffenburg, Einheitlichkeit der Sicherungsmaßnahmen, MschrKrim 1931, S.262.
[910]Aschaffenburg, Einheitlichkeit der Sicherungsmaßnahmen, MschrKrim 1931, S.265.
[911]Aschaffenburg, Das Verbrechen, 1906, S.214, 1923, S.280.
[912]Um dies zu veranschaulichen, zieht Aschaffenburg die Parallele zu den Geisteskranken: „Die Notwendigkeit des Schutzes der Gesellschaft hat aber auch da den Staat zum Einschreiten veranlasst, wo das Mitleid mit einer psychischen Erkrankung jede Empfindung der Missbilligung unterdrückt.“ Aschaffenburg, Das Verbrechen, 1906, S.215.
[913]Unter Verweis auf BIRKMEYER stellt er fest, dass aber auch eine moderne Vergeltungstheorie auf die Berücksichtigung der subjektiven Schuld nicht verzichten könne. Aschaffenburg, Das Verbrechen, 1906, S.216 Vgl. auch die umfassenden Beispiele Aschaffenburg, Abschaffung des Strafmaßes, Z. Neur. Psych., 1926, S.50 – 55
[914]Aschaffenburg, Das Verbrechen, 1923, S.290.
[915]So zuletzt in Aschaffenburg, Gustav, Neue Horizonte, MschrKrim 1933, S161.
[916]Aschaffenburg, Abschaffung des Strafmaßes, Z. Neur. Psych., 1926, S.53.
[917]ASCHAFFENBURG schreibt hier „Wichtiger und nicht mit der nötigen Sicherheit vorauszusehen ist der Einfluss der Strafhaft auf den Gefangenen“. „Dieselbe Strafzeit vernichtet den einen, indem sie ihm selbst später in der Erinnerung noch jede Spannkraft lähmt und ertötet, macht den anderen zu einem verbissenen Feind der Gesellschaft, lässt den dritten, durch die Erfahrung seiner schlaueren Genossen bereichert, doppelt gefährlich in die Freiheit zurück.“ Aschaffenburg, Abschaffung des Strafmaßes, Z. Neur. Psych., 1926, S.45.

3. Die Theorie des Gesellschaftsschutzes

Mit der Ablehnung der Vergeltungswirkung der Strafe, wird die Gesellschaftssicherung von ASCHAFFENBURG zur Aufgabe des Strafrechts und die gesellschaftliche Verantwortlichkeit zur Voraussetzung der Strafbarkeit erklärt.[918] „Von diesem Standpunkt aus, der im Verbrechen nur die Schädigung der Gesellschaft, in der Strafe nur die für die Gesellschaft notwendige Reaktion auf diese Schädigung erblickt, soll der Kampf gegen die Verbrecher geführt werden."[919] Dabei müssen die Individualinteressen hinter den Gemeininteressen zurücktreten, ein Auffassung, die offensichtlich nach den bisherigen Darstellungen von seinen Kollegen geteilt wird, die jedoch ASCHAFFENBURG besonders deutlich zum Ausdruck bringt. Er widerspricht sogar V. LISZTS Ansatz, der wenigstens im Strafgesetzbuch die Magna Charta des Verbrechers erblicken will, denn dieses sei vielmehr die Magna Charta des friedlichen und redlichen Staatsbürgers.[920] Die Richtigkeit dieses Ansatzes wird dann noch mit einem Hinweis auf die Psychiatrie untermauert, denn auch hier bestehe die Pflicht, „die Interessen der Kranken mit denen der Öffentlichkeit tunlichst zu vereinen. Wo das aber nicht möglich ist, müssen eben die Interessen des Kranken hinter denen des Gemeinwohls zurücktreten."[921]

4. Der Zweck der Strafe und die Untersuchung der Strafzwecke

Nachdem es ASCHAFFENBURG an sich nicht als „die Aufgabe eines Mediziners" betrachtet „Grund und Wesen der Strafe" zu erläutern,[922] stellt er jedoch später fest: „Und doch wäre es, wenn schon der Strafgrund sich nicht einheitlich fassen lässt, doch mindestens erforderlich, den Zweck der Strafe, oder besser gesagt, den Zweck, den wir mit der Strafe erreichen wollen, zu klären."[923] Er hält dann die Besserung oder Sicherung des Rechtsbrechers für den primären Zweck der Strafe, betont daneben aber auch die positive Wirkung der Generalprävention: „So wirkt die Generalprävention mehr im stillen, langsam und eindringlich schärfend auf das Rechtsbewusstsein und macht sich durch eine allgemeine Hebung der Empfindlichkeit für Recht und Un-

[918] ASCHAFFENBURG vertritt mit dem Anknüpfen an eine gesellschaftliche Verantwortlichkeit den gleichen Standpunkt wie FERRI, ohne jedoch zu einer vergleichbar deutlichen Darlegung seines Ansicht zu gelangen. Auch seine Ausführungen laufen im Ergebnis darauf hinaus, die Tatbegehung zur einzigen Voraussetzung für die Strafe zu erklären. Letztlich leite sich aus der Notwendigkeit des Gesellschaftsschutzes die Notwendigkeit der staatlichen Gegenwehr ab. Anschaulich weist er dabei darauf hin, dass sich die Psychiatrie bei Geisteskranken auch nicht anders verhalte. Aschaffenburg, Das Verbrechen, 1923, S.278.
[919] Aschaffenburg, Das Verbrechen, 1906, S.213.
[920] Aschaffenburg, Neue Horizonte, MschrKrim., 1933, S.161.
[921] Aschaffenburg, Neue Horizonte, MschrKrim., 1933, S.159.
[922] Aschaffenburg, Das Verbrechen, 1903, S.4.
[923] Aschaffenburg, Das Verbrechen, 1923, S.282.

recht geltend, mehr erziehend als unmittelbar abschreckend."[924] Während ASCHAFFENBURG an die Besserung[925] und Sicherung in einem neu gestalteten Strafrecht glaubt, zweifelt er daran, dass man den einzelnen Rechtsbrechers abschrecken könne[926], genauso wie die negativ generalpräventive Wirkung der Strafe nur äußerst gering sei.[927] Es sei das höchste Betreben, den Rechtsbrecher dadurch unschädlich zu machen, dass man ihn bessert und wo dies wegen der Veranlagung des Verbrechers nicht möglich sei, bleibe auch vom Standpunkt der Besserungstheorie nur die Unschädlichmachung.[928]

Während ASCHAFFENBURGS zunächst noch ganz im Stile V. LISZTS radikal die Unschädlichmachung der Unverbesserlichen fordert, betont er später, dies dürfe aber immer nur ultima ratio nach einer Erschöpfung aller anderen Mittel sein,[929] eine Zu-

---

[924]Aschaffenburg, Das Verbrechen, 1923, 1906, S.225. Interessant ist in diesem Zusammenhang auch der Hinweis ASCHAFFENBURGS dass die Strafe, wolle sie ihre generalpräventive Wirkung nicht verlieren, zwingend dort, wo Strafe ausschiede, Sicherungsmaßregeln verlangen müsse. Aschaffenburg, Sicherung der Gesellschaft, 1912, S.271.

[925]ASCHAFFENBURG glaubt an die erzieherische Wirkung der Strafe, sobald die Gesetze geändert und das Strafverfahren und der Strafvollzug verbessert sind. „Dass diese Mittel einer Verbesserung und Vertiefung bedürfen, ist selbstverständlich, dass sie verbesserungsfähig sind, unsere Hoffnung." Aschaffenburg, Das Verbrechen, 1923, S.296.

[926]ASCHAFFENBURG stellt fest, die Statistik ergebe eindeutig, dass sie im derzeitigen System völlig versage. Der Grund liege einmal im Strafvollzug, der aus der Nähe viel von seinem Schrecken eingebüßt habe, aber Aschaffenburg stellt sofort ergänzend klar „...dass ich nicht daran denke, durch Verschärfung des Strafvollzuges die Erinnerung lebendiger zu erhalten." Problematisch sei jedoch das psychologische Phänomen, dass die Erinnerung an Leid und Schmerzen sehr schnell verblassen würden. Aber die vielfach in diesem Zusammenhang gezogene Konsequenz, dass der Strafvollzug wieder abschreckender gestaltet werden müsse, lehnt Aschaffenburg vehement ab. Eine nahezu verlockende Wirkung, wie von manch anderem behauptet, sehe er hingegen nicht. 3. Auflage S.294. Der zweite Grund liege in den Gesetzen. Die Strafgesetzgebung fasse als Rückfall die Wiederholung desselben Delikts nach der Verbüßung der früheren Strafe auf. Das sei psychologisch viel zu eng. Aschaffenburg weißt darauf hin, dass sich die Strafen mit jeder Wiederholung empfindlich erhöhen müssten, aber steht selbst dann einer (präventiv) abschreckenden Wirkung skeptisch gegenüber. Für die Gruppe der Gewohnheits- und Berufsverbrecher ist diese Ansicht auch nur konsequent, da er ihnen eine Beeinflussbarkeit gerade abspricht. Ohne es explizit auszusprechen, meint er insbesondere diese Gruppe, wenn er sagt: „Da wo also eine Abschreckung nicht möglich ist, werden andere Maßnahmen ergriffen werden müssen." Aschaffenburg, Das Verbrechen, 1906, S.227.

[927]Über die Generalprävention urteilt er„...die Generalprävention, gehört zu den Dingen, deren Einfluss sich nicht in Zahlen wiedergeben lässt." Aschaffenburg, Das Verbrechen, 1906, S.223. Was den Strafvollzug angehe, komme ihm keine generalpräventive Relevanz zu, da von der Strafvollstreckung nichts erlebt werde, und anderes gelte auch nicht im Falle einer öffentlichen Hinrichtung. Aschaffenburg, Das Verbrechen, 1923, S.291. Aber auch die Abschreckung durch die Strafdrohung entspräche nicht den hochgespannten Erwartungen, die an sie geknüpft würden. Aschaffenburg, Neue Horizonte, MschrKrim, 1933, S.159. Denn aus der Zunahme der Erstbestrafungen müsse man schließen, dass die abschreckende Wirkung jedenfalls nicht groß genug gegenüber der sozialen Gefährdung sei und es entspräche auch der allgemeinen Erfahrung, dass ein mögliches aber nicht sicheres zukünftiges Übel letztlich wenig Einfluss ausübe. Aschaffenburg, Das Verbrechen, 1923, S.292. Beachtenswert ist der Aspekt, dass das Ausbleiben der erhofften Abschreckung auch zum Teil auf eine allzu reichliche Anwendung der Strafe zurückgeführt werden müsse. Gemeint sind damit die Strafdrohungen für „harmlose Vergehen", sie würden dem Ernst der Strafe Abbruch tun, „weniger wäre in diesem Fall mehr" Aschaffenburg, Das Verbrechen,1906, S.224. Konsequent fordert ASCHAFFENBURG daher auch im Abschnitt Strafmittel die Abschaffung der kurzen Freiheitsstrafen, S.245ff.

[928]Aschaffenburg, Das Verbrechen, 1906, S.228, 1923, S.296.

[929]So klarstellend in: Aschaffenburg, Das Verbrechen, 1923, S.296.

rückhaltung wie sie auch schon bei SOMMER festgestellt werden konnte. Der Grund für ASCHAFFENBURGS restriktive Haltung liegt in seiner Bewertung der Unverbesserlichkeit. Noch 1930 betont er, dass es derzeit unmöglich sei, nach kriminalpsychologisch und biologischen Methoden zwischen Besserungsfähigen und Unverbesserlichen zu differenzieren.[930] Obwohl er dabei grundsätzlich an das Vorhandensein von „Unverbesserlichen" glaubt, hofft er aber bei jedem Verbrecher auf die heilende Wirkung des Strafvollzuges, was umso mehr einleuchtet, soweit die sozialen Faktoren als Verbrechensursachen betont werden. „Ich wage es sogar, noch eine Hoffnung auszusprechen, die scheinbar der Ansicht von der Unverbesserlichkeit vieler Rechtsbrecher, die ich selbst ja auch vertrete, widerspricht. Ich glaube, dass ein solches Strafsystem vielleicht doch noch manchen retten wird, der jetzt unfehlbar zugrunde geht."[931] Die Frage der Unverbesserlichkeit wird damit, wie schon bei KRAEPELIN, auf die Ebene des Strafvollzuges übertragen und zur Frage der Unerziehbarkeit.
In der letzten Auflage von „Das Verbrechen und seine Bekämpfung" 1923 tritt noch eine weitere Zwecksetzung für die Strafe[932] bzw. die Sicherungsmaßnahme hinzu. ASCHAFFENBURG betont nun den Gedanken der künstlichen Auslese. Durch die Freiheitsstrafe könne der Verbrecher gehindert werden, „die Keime seiner Minderwertigkeit fortzupflanzen."[933] 1923 schreibt er über die „Unschädlichmachung" nicht zu bessernder Rechtsbrecher: „Bevor wir aber dieses letzte Mittel staatlicher Notwehr, das allerdings in sich die besondere, für die Gesundung unserer gesellschaftlichen Verhältnisse so überaus wichtige Aufgabe eines für die ferne Zukunft bedeutsamen Ausleseprozesses in sich schließt, anwenden, müssen vorher alle anderen Mittel erschöpft sein."[934] Später werden seine Aussagen radikaler du richten sich an alle „minderwertigen Individuen" in der Gesellschaft: „Wir sind auf dem besten Weg zu einer völlig negativen Auslese. Schon allein die außerordentlich große Verkürzung der Freiheitsstrafen bringt es mit sich, dass sich unsere Verbrecherwelt, die sich in der Kindererzeugung keine Schranken auferlegt, stärker fortpflanzen kann, als dies früher möglich war. ...In der gleichen Richtung endlich liegt eine der größten Gefahren, die künstliche Erhaltung und die doch meist nur unvollkommene Resozialisierung der zahlreichen körperlich und geistig Unzulänglichen. Auch hier meist hemmungslose

[930]Aschaffenburg, Kriminalanthropologie und Kriminalbiologie, 1933, S.825, 828, 840.
[931]Aschaffenburg, Das Verbrechen, 1906, S.261. Was ASCHAFFENBURG an dieser Stelle nochmals betont, ist, dass er die Unverbesserlichkeit nicht als die Folge einer angeborenen kriminellen Neigung sieht, sondern „ als nur die Unfähigkeit, bei einer vielfach unzulänglichen Veranlagung und Erziehung, unter den heutigen sozialen Verhältnissen ohne Übergriffe in die Rechtssphäre anderer zu leben."
[932]ASCHAFFENBURG wechselt in der Begrifflichkeit vom „Zweck der Strafe" zur „Aufgabe der Strafe".
[933]Aschaffenburg, Das Verbrechen, 1923, S.322.
[934]Aschaffenburg, Das Verbrechen, 1923, S.296. ASCHAFFENBURG argumentiert hier wie der junge HANS V.HENTIG und an anderer Stelle weist er darauf hin, dass die Sicherungsmaßnahmen eine höchst bedeutsame und erfreuliche Nebenwirkung hätten, die zeitweise Verhinderung gesellschaftsschädlicher und gefährdender Elemente an der Fortpflanzung. Aschaffenburg, Einheitlichkeit der Sicherungsmaßnahmen, MschrKrim 1931, S.257.

Fortpflanzung, deren Produkte nach den Gesetzen der Vererbung höchst trübe Aussichten für die Zukunft eröffnen."[935]

Parallel zum Auslesegedanken, als Zweck der Strafe, ist dabei kurz auch die Ansicht in der Medizin zur Frage der Sterilisation der Verbrecher darzustellen. Während sich ASCHAFFENBURG 1912 auf dem 7. Internationalen Kongress für Kriminalanthropologie bei der Frage der Sterilisation minderwertiger Verbrecher aus eugenischen Gründen gegen dieselbe ausspricht,[936] da die Gesetze der Vererbung noch zu wenig geklärt seien, scheint es, als hätte sich seine Ansicht der Vererbungsgesetze geändert. 1923 schreibt er dann: „Der Gedanke, die Zeugung durch Kastration oder Sterilisation zu verhindern, ist so naheliegend, dass er einer eingehenden Würdigung bedarf..."[937]

Betrachtet man diesen, seit 1923 von ASCHAFFENBURG betonten Aspekt der „Auslese", der sich letztlich nur mit der Annahme bestimmter Vererbungsgesetze erklären lässt, lohnt es sich kurz der Frage nachzugehen, ob sich ASCHAFFENBURG mit seiner Feststellung über die Fortpflanzung bestimmter Gruppen, „deren Produkte nach den Gesetzen der Vererbung höchst trübe Aussichten für die Zukunft eröffnen" dem Stand der Vererbungswissenschaft anschließt.

Einig sind sich die Forscher[938] dabei in er Annahme, und davon geht auch ASCHAFFENBURG aus, dass es einen direkt ererbten kriminellen Charakter, eine zum Verbrechen disponierende ererbte kriminelle Veranlagung nicht gibt. GRUHLE (1880 – 1955)[939] schreibt 1932 über die Vererbung verbrecherischer Neigungen: „Die Annahme eines einheitlichen verbrecherischen Charakters, erst recht die Annahme der Ererbtheit dieses Charakters entspricht einem sachunkundigen Dilettantismus."[940] Wobei er klarstellt, dass deshalb nicht im Einzelfall die gelegentliche Ererbtheit von Charakterzügen geleugnet werden soll, die zum Verbrechen disponieren, aber gesetzmäßige Regeln bestehen nicht. Und die Erkenntnis der großen Schwierigkeiten im Bereich der

---

935 Aschaffenburg, Einheitlichkeit der Sicherungsmaßnahmen, MschrKrim 1931, S.257 – 265.

936 Was ASCHAFFENBURG hingegen befürwortet, ist die Kastration von Sexualverbrechern, um ihre Entlassung in die Freiheit zu ermöglichen, wobei er deren Einverständnis wünscht. Aschaffenburg, Gustav – Partenheimer, Bericht über den VII. Internationalen Kongress für Kriminalanthropologie, 1912, S.392 – 293. Später ist er von der verbrechensverhütenden Wirkung der „Entmannung" nicht mehr überzeugt und fordert daher dennoch Sicherungsmaßregeln auch neben der Entmannung anzuordnen. ASCHAFFENBURGS Bedenken hinsichtlich der Nützlichkeit der Kastration von Sexualverbrechern werden von seinem Kollegen GRUHLE geteilt. Gruhle, Schwachsinn, Verbrechen, Sterilisation, ZStW 1932, S.431 – 432.

937 Aschaffenburg, Das Verbrechen, 1923, S.260.

938 An der Vererbungsforschung beteiligen sich seit dem ersten Weltkrieg insbesondere LANGE, BIRNBAUM, GRUHLE, SCHNEIDER, LUXENBURGER. Vgl. zur Suche nach genetischen Faktoren in der Weimarer Zeit und zu den ersten Zwillingsstudien, Wetzell, Inventing the Criminal, 2000, p.153 – 168.

939 Der berühmte Psychiater HANS GRUHLE promoviert bei KRAEPELIN und arbeitet später unter WILMANNS. Seine Berufung als Professor der Psychiatrie nach Bonn wird von den Nationalsozialisten unterbunden und er erhält diesen erst 1946.

940 Gruhle, Aufgaben der Kriminalpsychologie, ZStW, 1930-31, S.476

Genetik führt ihn zu der Forderung, die Forschung auf den Charakter des Verbrecher zu konzentrieren.[941]

Allgemein ist der Konsens der Erblichkeitsforscher darin zu erblicken, dass die Erblichkeit von „Minderwertigkeit" und „Psychopathie" angenommen wird und da diesen Faktoren eine große Rolle bei den Ursachen der Kriminalität zukommen soll, spricht man von der indirekten Rolle der Vererbung. Diesem Ansatz schließt sich ASCHAFFENBURG an. Zu welchen Schlussfolgerungen die Mediziner dann gelangen, zeigt die Sterilisationsdiskussion in der Zeit vor 1933.[942] Die Frage der Sterilisation von Verbrechern gilt hier der gleichen Zielsetzung, wie die Zwecksetzung des Strafrechts, nämlich eine künstliche Auslese zu betreiben.

Während überwiegend die Sterilisation gewisser Geisteskranker befürwortet wird, da hier die Vererblichkeit weitgehend geklärt sei, herrscht bei Verbrechern große Zurückhaltung, die Zusammenhänge seien zu komplex. GRUHLE antwortet entschieden: „Die Sterilisation irgendwelcher Verbrecher als solcher...ist in keiner Weise zu verantworten, sofern man eugenische Gesichtspunkte heranzieht."[943] Weniger skeptisch beurteilt hingegen ERNST RÜDIN (1874 – 1952)[944] die Ergebnisse der Genetik, der zwar darauf hinweist, dass die Forschung noch nicht am Ende sei aber bereits jetzt „der vorläufige Schluss gerechtfertigt erscheint, dass die geistige Schwäche, welche zur Kriminalität führt oder beiträgt, auch in erheblichem Maße erblich ist...so wird man hier in erster Linie eugenische Maßnahmen in Betracht ziehen müssen, da für diese Fälle durch Milieuverbesserungen ein befriedigender Erfolg nicht zu erwarten ist."[945] Seine radikale Politik setzt RÜDIN dann im Dritten Reich fort.

---

[941]Gruhle, Aufgaben der Kriminalpsychologie, ZStW, 1930-31, S.476 – 477. Es lohnt sich an dieser Stelle auch noch kurz die kritische Stimme GRULES in Hinblick auf die Tätertypenlehre des Dritten Reiches hervorzuheben. In der MschrKrim 1943 wendet er sich unter dem Titel „Der Täter" gegen die Unbestimmtheit, Vagheit und nachhaltige Inhaltsleere der sog. kriminologischen Tätertypen. Gruhle, Der Täter, MschrKrim, 1943, S.65 – 74. Streng schreibt hierzu: „Dass er als Psychiater den Gedanken der Tatbestandsbestimmtheit und damit immerhin mittelbar die Garantiefunktion des Gesetzes als liberale juristische Maxime gegen die Bemühungen von prominenten Strafjuristen und juristischen Kriminologen verteidigte, die diese Gedanken zugunsten eines völkischen Täterstrafrechts zu opfern bereit waren, lohnt festgehalten zu werden." Streng, Beitrag der Kriminologie im „Dritten Reich", MschrKrim, 1993, S.141 – 168. Wenn Streng in Fn.36 betont, dass sich GRUHLE „für weitgehende Maßnahmen der Sterilisation und Kastration aussprach", so kann diese Behauptung nach der hier erfolgten Recherche nicht geteilt werden, zumal die Quellenangabe in der Fußnote nicht existiert.

[942]Ebenfalls zur Sterilisationsdebatte in der Weimarer Zeit und der Fortentwicklung bis Ende des Dritten Reiches, insbesondere der Debatte der Ausdehnung der Sterilisationsgesetze „Gesetz zur Verhütung erbkranken Nachwuchses" auf Kriminelle bis hin zur „Euthanasie": Wetzell, Inventing the Criminal, 2000, p.237 – 294.

[943]Gruhle, Aufgaben der Kriminalpsychologie, ZStW, 1930-31, S.476.

[944]ERNST RÜDIN arbeitet zunächst bei KRAEPELIN und habilitiert in Psychiatrie. Er wird Professor für Psychiatrie und übernimmt im Dritten Reich die Leitung der Forschungsanstalt für Genealogie und Demographie der Deutschen Forschungsanstalt für Psychiatrie.

[945] Rüdin, Wege und Ziele der biologischen Erforschung der Verbrecher, ZStW, 1931, S.131, 135.

Interessant ist aber GRUHLES Hinweis, dass unter erzieherischen und sozialen Erwägungen, eine Sterilisation theoretisch zu begründen wäre. Eine Argumentation auf die schon bei NÄCKE zur Begründung seines Standpunkts zur Kastration, trotz der kritischen Stellung zu den Vererbungsgesetzen, zurückgegriffen wurde. „Wenn man einen mehrfach rückfälligen Verbrecher, mag er aus Neigung oder Charakterschwäche oder Schwachsinn oder Trunksucht oder aus beliebigen Motiven antisozial handeln, die Fähigkeit der Familiengründung und der Erziehung abspricht und ihn deshalb sterilisieren will, so wird man in der Tat dem Verbrecherheere Rekruten entziehen."[946] Blickt man auf ASCHAFFENBURGS kritischen Standpunkt gegenüber gesicherten Ergebnissen der Vererbungsforschung und sein Leugnen einer erblichen kriminellen Disposition, so bleibt nur die Annahme, dass sich auch sein radikalisierter Standpunkt, gerade in Hinblick auf die Funktion des Strafrechts auf selbige Überlegungen stützt.

Man kann daher im Ergebnis festhalten, dass sich seit SOMMERS Argumentation gegen die Auslesewirkung der Todesstrafe aus Gründen der Vererbungslehre, der Stand der Vererbungslehre, gerade im Hinblick auf den Verbrecher zwar fortschreitet, von gesichertem Wissen jedoch nicht die Rede sein kann. Dennoch fordert ASCHAFFENBURG in zunehmendem Maße einer negativen sozialen Auslese entgegenzuwirken und erblickt darin eine, wenn auch nicht wie V. HENTIG „die" Zwecksetzung der Strafe.

VI. Die Reformforderung

1. Die Abschaffung des Strafmaßes

Zur Verbrechensbekämpfung müsse daher nach ASCHAFFENBURGS Ansicht, die praktisch alle seiner medizinischen Kollegen teilen, ein Strafrecht geschaffen werden, das „nicht gegen den Gelegenheitsverbrecher blind wütet und schwach ist gegen den Unverbesserlichen".[947] Dies bedeute insbesondere Schadloshaltung und bedingte Verurteilung als denkbare Strafen für die Zufalls- und Gelegenheitsverbrecher.[948] Im übrigen hält ASCHAFFENBURG die Freiheitsstrafe auf unbestimmte Zeit für die geeignetste

[946] GRUHLE betont jedoch weiter: „Aber man bedenke die Konsequenz...Wird es also in Zukunft allen sozialen Schichten nur des Nachweises der Erziehungsunfähigkeit bedürfen, um die Indikation zur Sterilisation freizugeben?" Gruhle, Vererbungsgesetze und Verbrechensbekämpfung, MschrKrim, 1932, S.564, 567 – 568. An anderer Stelle weißt er noch darauf hin, dass dies „ein Armutszeugnis für den Staat darstellt: er sei nicht geeignet, solche Kinder der Mutter zu nehmen und sie zu vollwertigen Staatsbürgern selbst zu erziehen." Gruhle, Schwachsinn, Verbrechen, Sterilisation, ZStW, 1932, S.430.

[947] Aschaffenburg, Das Verbrechen, 1906, S.260. Dass letztere These unter dem geltenden Recht zuträfe, verdeutlicht Aschaffenburg an vielen Stellen z.B. „Bindung des deutschen Richters an den Paragraphen" in: Rückblick und Ausblick, MschrKrim., 1935, S.159-160; Unbestimmtes Strafurteil, MschrKrim., 1933, S.358-359.

[948] Aschaffenburg, Das Verbrechen, 1923, S.322 – 335.

Strafe. Ihm ist KRAEPELINS Argumentation vertraut und er stimmt ihr zu.[949] Seine Aufgabe sei es nun, diesen „Schatz" zu heben[950] und er stellt fest: „Die Abschaffung des Strafmasses ermöglicht allein die uneingeschränkte Individualisierung. Sie erlaubt dem zufällig Gestrauchelten gegenüber, soweit nicht Schadloshaltung und bedingte Verurteilung schon genügen, eine Milde ohne Schwäche, dem Haltlosen gegenüber die kraftvolle und vernunftmäßig geleitete erziehende Einwirkung, dem Unverbesserlichen gegenüber aber den rücksichtslosen Ernst, der allein die Gesellschaft der friedlichen Menschen vor den Schädlichen schützt. So kann die Abschaffung des Strafmasses in gleicher Weise dem Gelegenheits- wie dem Gewohnheitsverbrecher gerecht werden, und an die Stelle der überlebten Sühne tritt der Erziehungsgedanke in den Fordergrund, den aufzuhalten nur weltfremde Theoretiker noch für möglich halten können."[951]

ASCHAFFENBURG glaubt an die Möglichkeit der Besserung des Verbrechers durch die unbestimmte Verurteilung, die gerade unter den gegenwärtigen Verhältnissen scheitern müsse. „Warum nimmt man dem Verfahren das stärkste psychologische Motiv der Unbestimmtheit, die nur durch die eigene Umkehr des Strafgefangenen ihr Ende erreicht. Nur dann kann sich der gesunde Gedanke, den Rechtsbrecher zum Herrn seines Schicksals zu machen, ganz auswirken, wenn der Gefangene weiß, dass es nur von ihm, seiner inneren Umkehr, seiner ganzen seelischen Einstellung abhängt, wann er entlassen wird, und dass es weder ein Hemmnis für eine baldige Entlassung noch eins für seine dauernde Zurückhaltung gibt außer seiner eigenen Lebensführung."[952] Wenn dann alle Erziehungsversuche gescheitert sind, dann bleibt als „ultima ratio" die Unschädlichmachung. „Unverbesserlichkeit" soll dabei an die wiederholte Deliktsbegehung anknüpfen. ASCHAFFENBURG differenziert hier nicht wie SOMMER, der zunächst kritisch den Strafvollzug überprüfen will, bevor er Wiederholungstätern eine Unverbesserlichkeit attestiert. Es bleibt sogar unklar, inwieweit sich überhaupt die Schwere des Delikts auf die Frage auswirkt, ob ein „dauerverwahrungsbedürftiger Gewohnheitsverbrecher" vorliegt. „Man hat die unbestimmte Strafdauer und erst recht die lebenslängliche Zurückhaltung eines Verbrechers dessen Delikte verhältnismäßig harmlos sind, als sinnlose Grausamkeit verschrien...mit Unrecht.".[953] Ein Ansatz der auch von V. LISZT betont wird.

Wieder zeigt sich bei ASCHAFFENBURGS Ausführungen, wie die Individualinteressen hinter den Gemeininteressen zurücktreten. Auch in Hinblick auf den Erziehungsge-

---

[949]Noch 45 Jahre später hält er KRAEPELINS Konzept in dessen Schrift „Die Abschaffung des Strafmasses" für „so durchdacht...dass nichts grundsätzliches neues dazu gesagt werden konnte" Aschaffenburg, Abschaffung des Strafmaßes, Z. Neur. Psych., 1926, S.45.
[950]Aschaffenburg, Das Verbrechen, 1906, S.260.
[951]Aschaffenburg, Abschaffung des Strafmaßes, Z. Neur. Psych., 1926, S.54 – 55.
[952]Aschaffenburg, Abschaffung des Strafmaßes, Z. Neur. Psych., 1926, S.54.
[953] Aschaffenburg, Das Verbrechen, 1906, S.276.

danken wird deutlich, dass es nicht nur um den einzelnen Verbrecher sondern mindestens genauso um den Schutz des Gesellschaft gehen soll. Über die Besserung schreibt er : „...nicht nur um des einzelnen Rechtsbrechers willen, obgleich mir auch das schon an und für sich ein wertvoller Gewinn für die Allgemeinheit zu sein scheint, sondern weil mit der „Heilung“ die Gefährdung des Allgemeinwohles wegfällt.“[954]

Bedenken gegen die Abschaffung des Strafmasses wegen einer „scheinbaren Rechtlosigkeit des Verbrechers“ und der Frage „ob überhaupt eine so schwerwiegende Entscheidung der menschlichen Urteilsfähigkeit überlassen werden dürfe“ teilt ASCHAFFENBURG nicht.[955] Hinsichtlich letzterer argumentiert er, dass gerade die Willkür der richterlichen Strafzumessung im Zeitpunkt der Verurteilung, durch die Vertagung der Strafbemessung auf einen Zeitpunkt, in welchem die Frage der Strafwirkung beurteilt wird, beseitigt würde.[956] Das Richteramt soll dabei nicht entmachtet werden, denn den Richterstand träfe eine neue Aufgabe: „Der Richter selbst aber müsste weiter den Strafvollzug überwachen und die Entscheidung mit zu treffen haben, was mit dem Gefangenen zu geschehen hat.“[957] Hinsichtlich der Rechte des Gefangenen gelte: „der Rechtsschutz des Gefangenen kann unschwer durch Errichtung einer Pflegschaft, durch Rechtsanspruch, auf regelmäßige Prüfung seiner Entlassungsfähigkeit, durch das Recht auf Berufung im Falle ungünstigen Entscheides gewährleistet werden.“[958]

Insgesamt kommt er daher zu dem Schluss, die Beurteilung im Strafvollzug, der somit in den Mittelpunkt des „neuen Strafrechts“[959]tritt, habe „...so unendlich viele Vorzüge, bietet so viel mehr Sicherheit, dass bei aller Anerkennung menschlicher Unzulänglichkeit der Beurteilung doch wohl kein Zweifel sein kann, wo die Gefährlichkeit unzutreffender Erfassung der Persönlichkeit größer ist.“[960]

2. Die vermindert Zurechnungsfähigen und geisteskranke Verbrecher im „neuen Strafrecht“

Bei der vieldiskutierten Reformfrage der Berücksichtigung einer sog. verminderten Zurechnungsfähigkeit im Strafgesetzbuch, erkennt ASCHAFFENBURG dann die Möglichkeit, jedenfalls in einem Teilgebiet den Erkenntnissen der Psychiatrie Rechnung zu tragen. Er fordert die Berücksichtigung einer Zwischenstufe zwischen krankhafter

---

[954] Aschaffenburg, Neue Horizonte, MschrKrim, 1933, S.161.
[955] Aschaffenburg, Das Verbrechen, 1923, S.342.
[956] Aschaffenburg, Das Verbrechen, 1923, S.342.
[957] Aschaffenburg, Das Verbrechen, 1906, S.264.
[958] Aschaffenburg, Abschaffung des Strafmaßes, Z. Neur. Psych., 1926, S.54.
[959] Aschaffenburg ist es bewusst, dass sein System mit der Organisation des Strafvollzuges steht und fällt. Vgl. Aschaffenburg, Das Verbrechen, 1906, S.265.
[960] Aschaffenburg, Abschaffung des Strafmaßes, Z. Neur. Psych., 1926, S.54

Störung der Geistestätigkeit und damit Unzurechnungsfähigkeit und Gesundheit.[961] Er hofft, dann wenigstens für diese Gruppe den Gedanken durchsetzen zu können, die Strafe und den Strafvollzug an die Person des Täters anzupassen, natürlich durch qualitativ andere und nicht durch quantitativ geringere Bestrafung.[962] Keinesfalls dürfe auf der Grundlage der Vergeltungstheorie eine Kette von der verminderten Zurechnungsfähigkeit über die verminderte Schuld zur verminderten Strafe gebildet werden, denn gerade eine erhöhte Gefährlichkeit sei der Gruppe der Vermindert Zurechnungsfähigen immanent.[963]

Wenn von WILMANNS Bedenken gegen die Erkennbarkeit der Gruppe der Vermindert Zurechnungsfähigen erhoben werden, so ist ASCHAFFENBURG zuversichtlich, sobald die sachliche Beurteilung in den Strafvollzug und hier in die Hände des Psychiaters gelegt werde.[964]

3. Die Sicherungsverwahrung als Teilerfolg und Kritik

Als später die Sicherungsverwahrung eingeführt wird, sieht ASCHAFFENBURG jedenfalls einen Teil seiner Forderung verwirklicht: „Die Sicherungsmaßnahmen bilden das Kernstück der Strafrechtsreform; ohne Sicherungsmaßnahmen ist jedes neue Strafgesetzbuch Flickwerk und hilfloses, ohnmächtiges Gestammel."[965] Seine Zustimmung finden die Sicherungsmaßregeln deshalb, weil sie im Ergebnis seiner Forderung der Gesellschaftssicherung, wegen der Gefährlichkeit des Täters, unabhängig von der Schuldfrage entsprechen. Und so schreibt er schon über den Gesetzentwurf 1919, er sehe es als großen Fortschritt an, dass das Strafrecht neben der Strafe nun auch die Erziehungs- und Sicherungsmaßregeln zu seinen Aufgaben zähle. „Und es sei wahrlich kein geringer Fortschritt, dass die Möglichkeit einer zeitlich unbeschränkten Verwahrung gefährlicher Geistesgesunder gegeben ist...Auch hier möchte ich betonen, dass dieser Fortschritt nicht zum wenigsten der Aufklärungsarbeit der Psychiater zu verdanken ist."[966].

Für die Ausgestaltung der Sicherungsverwahrung als duales System, bestehend aus einer, insbesondere im Falle der verminderten Zurechnungsfähigkeit, kurzen Strafe

---

[961]Vgl. zu dieser Forderung stellvertretend: Aschaffenburg, Verminderte Zurechnungsfähigkeit, Reichsgerichtspraxis, 1929, S. 242 – 252 und die umfassende Literaturzusammenstellung bei Seifert, Gustav Aschaffenburg, 1981.
[962]Aschaffenburg, Das Verbrechen, 1906, S. 270.
[963]Aschaffenburg, Verminderte Zurechnungsfähigkeit, Reichsgerichtspraxis, 1929, S.243.
[964]ASCHAFFENBURG weist wieder auf die herausragende Bedeutung des Psychiaters bei der Bewältigung dieser Aufgabe hin: „Selbstverständlich muss bei dieser wichtigen Aufklärung der Psychiater das Hauptwort mitzureden haben; und das kann er nur, wenn die v. Z. anerkannt wird." Aschaffenburg, Verminderte Zurechnungsfähigkeit, Reichsgerichtspraxis, 1929, S.243.
[965]Aschaffenburg, Neue Horizonte, MschrKrim 1933, S.160.
[966]Aschaffenburg, Bemerkungen zu dem Entwurf 1919, Z. Neur. Psych., 1921, S.235 – 236.

und anschließender Sicherungsverwahrung, hat ASCHAFFENBURG hingegen wenig Verständnis: „Hier ist das Nebeneinander von Strafe und Sicherungsmaßnahme aus dem Zwiespalt der Gefühle, die einerseits die Vergeltung nicht aufgeben, andererseits dem Sicherungsbedürfnis Rechnung tragen wollen,...geschaffen...Welche Bedeutung soll eine Strafe haben, die noch dazu kurz ist, wenn ihr eine jahrelange Sicherungseinsperrung folgt? Ich bin der letzte der bei den vermindert Zurechnungsfähigen auf die Strafe verzichten will, aber wenn schon eine Strafe, dann eine wirksame."[967] Und an anderer Stelle: „...wobei es vom Standpunkt der Rechtssicherheit wenig ausmacht, ob man diese Maßregel noch als Strafe bezeichnen will oder sie als Sicherungsverwahrung neben die Strafe setzt. Theoretisch ist diese Frage bedeutsam, praktisch ist sie jedoch belanglos."[968]

VII. ASCHAFFENBURGS Standpunkt zur Todesstrafe

Damit sind grundsätzlich alle hier bedeutsamen Kernpunkte des Werkes ASCHAFFENBURGS dargestellt. Ausgespart wurde bislang die Frage, wie er sich bei seinen Reformbestrebungen zur Frage der Todesstrafe stellt. An ihm kann diese Frage schon deshalb nicht vorübergegangen sein, da sich ASCHAFFENBURG wie kein anderer Psychiater an Reformbestrebungen beteiligt hat und hier, wie bereits im 1. Teil dargelegt, der Todesstrafe fortwährend Beachtung geschenkt wird. ASCHAFFENBURGS engagierte Beteiligung an den Reformbestrebungen setzt sich jedoch in Hinblick auf die Frage der Todesstrafe nicht fort. Wie sich noch zeigen wird, ist seine Beteiligung äußerst gering.

Zunächst ist festzuhalten, dass er sich der Fragestellung, in konsequenter Fortführung der Forderung nach der Zweckdienlichkeit der Strafe, allein unter Zweckmäßigkeitserwägungen nähert. Im übrigen hält er die Frage ohnehin für abschließend geklärt. Er schreibt: „Das Für und Wider der Todesstrafe ist so oft erörtert worden, dass die Gegengründe, unter denen die Möglichkeit eines Justizirrtums der schwerwiegendste ist, nicht aufgezählt werden brauchen. Dagegen bedarf es einer Erörterung, ob die Todesstrafe abschreckend wirkt."[969] An die abschreckende Wirkung der Todesstrafe kann ASCHAFFENBURG nicht so recht glauben, wie er sie den Strafen als solchen auch im übrigen kaum beimisst. Dazu verweist er mit einem Satz auf die deutsche und belgische Statistik, ohne diese einer eigenen Bewertung zu unterziehen. Außerdem weist er darauf hin, dass jedenfalls öffentliche Hinrichtungen für eine Reihe von psychopatischen Individuen geradezu als Anreiz wirken können.

Beiläufig erwähnt er dann, dass sich die Todesstrafe aber vom Standpunkt der Sicherungstheorie durchaus rechtfertigen lässt. Und später tritt, entsprechend der Betonung

[967] Aschaffenburg, Verminderte Zurechnungsfähigkeit, Reichsgerichtspraxis, 1929, S.249.
[968] Aschaffenburg, Die Abschaffung des Strafmaßes, Z. Neur. Psych., 1926, S.50.
[969] Aschaffenburg, Das Verbrechen, 1923, S.297.

des Auslesegedankens, noch die Feststellung hinzu, auch der „Ausmerzungsgedanke" sei nicht zu leugnen.[970] Zuletzt veranlasst ihn die Gefahr der Verurteilung von Geisteskranken nicht zu einer besonderen Stellungnahme, obwohl er sie sogar aus eigener Erfahrung kennt.[971]

ASCHAFFENBURGS Auseinandersetzung mit der Todesstrafe ist weder neu noch intensiv. Außerhalb seiner Behandlung im Rahmen seines Lehrbuchs bei der Diskussion um die Strafmittel, bildet die Anmerkung in der MschrKrim 1933 mit dem Titel: „Wirkt die Todesstrafe abschreckend"[972] eine seltene Ausnahme. Außerdem bezieht er bis 1923 kein einziges Mal Stellung, ob er die Todesstrafe nun befürwortet oder nicht: „Man mag über die Todesstrafe denken wie man will, ihre Beibehaltung wird ebenso wenig von bedeutendem Einfluss auf die Kriminalitätsentwicklung sein, wie ihre Abschaffung."[973] Erst als ihn die Begründung des Vorentwurfes zu einem Deutschen Strafgesetzbuch, anlässlich seiner Ausführungen in seinem Lehrbuch, zu den Befürwortern zählt, erfolgt ein Hinweis in der Fußnote, dass er dies ablehnen müsse, denn die Sicherung der Gesellschaft könne auch auf anderem Wege erreicht werden.[974]

Im Ergebnis steht damit fest, dass ASCHAFFENBURG kein größeres Interesse an der Frage der Todesstrafe zeigt,[975] was er 1923 dann auch ausspricht: „Die Leidenschaftlichkeit mit der besonders von den Anhängern der Todesstrafe für sie gekämpft wird, scheint mir nicht im Verhältnis zur Nebensächlichkeit der Frage zu stehen."[976] Er präzisiert seine Aussage dann aber doch dahingehend, „Nebensächlich in Anbetracht der Tatsache, dass die „todeswürdigen" Verbrechen nur einen ganz kleinen Raum einnehmen, und ihre Bekämpfung mit anderen Mitteln der Gesetzgebung mindestens keine geringeren Aussichten hat..."[977].

---

970 Während er in der ersten und zweiten Auflage allein feststellt, dass sich die Todesstrafe vom Sicherungsgedanken her rechtfertigen lässt, schreibt er in der dritten Auflage: „Wenn wir den Sicherungs- und vielleicht auch den Ausmerzungsgedanken beiseite lassen, so bleibt allerdings nicht viel zur Begründung der Todesstrafe." Aschaffenburg, Das Verbrechen, 1923, S.297.

971 ASCHAFFENBURG berichtet an anderer Stelle, dass selbst die Gutachten mehrerer Ärzte, die Unzurechnungsfähigkeit des Täters aufzeigen, einfach ignoriert würden. „Wir – die psychiatrischen Sachverständigen – waren über dieses Resultat (zweimalige Verurteilung zum Tode, obwohl sämtliche Sachverständige über die Unzurechnungsfähigkeit des Täters einig waren) nicht erstaunt.....war doch mir gegenüber zweimal die Äußerung gefallen, lange bevor wir unser Gutachten abgegeben und begründet hatten, die Geschworenen...sich einig, den Mann zu verurteilen." Äußerung Aschaffenburgs zum Teßnow-Prozeß, zitiert nach Liebmann, Die Todesstrafe, S.135.

972 Aschaffenburg, Wirkt die Todesstrafe abschreckend? MschrKrim, 1933, S.116 – 117.

973 Aschaffenburg, Das Verbrechen, 1902, S. 212, in fast identischem Wortlaut auch 1923, S. 299.

974 Aschaffenburg, Das Verbrechen, 1923, S.297. 1931 ist ASCHAFFENBURG dann auch einer der Unterzeichner einer Erklärung namhafter Mitglieder der Deutschen Landesgruppe der IKV, die die Todesstrafe ablehnt.

975 Diese Aussage wird nochmals unterstrichen durch die Tatsache, dass die von ihm mitherausgegebene Zeitschrift für die Gesamten Strafrechtswissenschaften die meisten Publikationen zur Todesstrafe enthält und damit ein mehr als geeignetes Publikationsforum zu seiner Verfügung steht. Vgl. dazu schon oben Teil 3 F II.

976 Aschaffenburg, Das Verbrechen, 1923, S.299.

977 So in Aschaffenburg, Das Verbrechen, 1923, S.299.

VIII. Gesamtbetrachtung:

Für ASCHAFFENBURG entsteht Verbrechen im Zusammenspiel zwischen individuellen und sozialen Ursachen, jedoch tritt die Anlage des Verbrechers als maßgebliche Verbrechensursache immer mehr in den Vordergrund. Diese versteht er aber nicht als kriminelle Disposition im eigentlichen Sinne. Auch ganz allgemein hält er die Vererbungsgesetze noch für zu ungenau, um konkrete Konsequenzen zu ziehen. Daher erstaunt es, wenn er auf der anderen Seite dennoch unbeirrt und ohne wissenschaftliche Bedenken davon ausgeht und befürchtet, die gesamte Gesellschaft entwickle sich in Richtung einer „negativen sozialen Auslese". Damit korrespondiert dann auch seine erweiterte Zwecksetzung der Strafe. Die Strafe sei ein Mittel zur „künstlichen Auslese". Betrachtet man diese Zielsetzung im Zusammenhang mit ASCHAFFENBURGS Skepsis, über den tatsächlichen Verlauf der Vererbungsgesetze, lassen sich seine Folgerungen, dennoch durch individuelle Aussonderung in den Vererbungszyklus einzugreifen, nur als irrational bezeichnen oder dahin begründen, dass er versucht, ein „verbrecherisches Milieu" einzudämmen. Interessanterweise betont er auch den Erziehungsgedanken, der nicht zwingend mit einer Erblichkeitsthese zu harmonisieren ist und dem gerade die unbestimmte Verurteilung dienstbar sein soll. Wieder zeigt er damit indirekt, seine Skepsis gegenüber der Annahme unabänderlicher erblicher Veranlagungen.

Weiter auf die Grundlagen für das neue Strafrecht geblickt, tritt er mit keinen neuen Aspekten hervor. Die verbrecherische Tat bleibt Ausgangspunkt jeder staatliche Reaktion, mit Ausnahme der Reaktion auf den Geisteskranken. Eine Andeutung wie bei FERRI, dass auch ein präventives Ausscheiden kriminalitätsgefährdeter Bürger als konsequente Fortsetzung des Sicherungsgedankens möglich werden könnte, findet sich nirgends. Offen bleibt dabei, ob ASCHAFFENBURG eine solche Reaktion nicht für möglich hält oder ob er diesen Schluss aus dem Sicherungsgedanken nie zieht. Auch eine Integration des geisteskranken Verbrechers in das Strafrechtssystem findet nicht statt. Jedoch entwickelt er später den Gedanken eines umfassenden Sicherungsrechts, das jedenfalls für den „verwahrungsbedürftigen Gewohnheitsverbrecher" und den gefährlichen Geisteskranken gleichermaßen gelten solle.

Die Todesstrafe nimmt bei der neuen Zwecksetzung keine eigene Position ein. Weder der Sicherungs- noch der Auslesezweck sollen durch die Todesstrafe verfolgt werden. Im übrigen bleiben ASCHAFFENBURGS Aussagen zur Todesstrafe spärlich und desinteressiert. Er steht mit seiner Bewertung dieser Frage ganz an der Seite V. LISZTS. Dass die Todesstrafe, bzw. die Tötung von Staats wegen, bereits 10 Jahre später alles andere als eine nebensächliche Bedeutung erlangt, muss er dann noch selbst miterleben.

G. KARL WILMANNS (1873-1945) – Doch kein unbestimmtes Strafmaß?

I. Zur Person, Lebenswerk und Fragestellungen um Verbrechen und Strafe

WILMANNS wird nach Studium und Promotion 1902 Assistent bei KRAEPELIN in Heidelberg, wo er auch habilitiert. Als KRAEPELIN 1918 nach München wechselt, erfolgt sein Ruf als dessen Nachfolger auf den Lehrstuhl für Psychiatrie und Neurologie in Heidelberg. Aus politischen Gründen muss er dieses Amt 1933 verlassen.

WILMANNS Auseinandersetzung mit strafrechtlichen Grundlagen erfolgt vor allem[978] im Rahmen eines umfassenden Werkes „Die sog. verminderte Zurechungsfähigkeit als zentrales Problem der Entwürfe zu einem Deutschen Strafgesetzbuch".[979]

II. Verbrechensursachen und Verbrechereinteilung

Auch WILMANNS vertritt die Ansicht, die Verbrechensursachen seien zumeist das Produkt aus Anlage des Täters und dem ihn umgebenden Milieu. Er stellt nochmals ausdrücklich klar, dass diese Veranlagung in den wenigsten Fällen, Geisteskrankheit im medizinischen Sinne bedeute,[980] wie dies vielfach gerade in der Vergangenheit geschehen sei.[981] „Seitdem man aber erkannte, dass das eigentliche Gebiet der vermindert Zurechnungsfähigkeit in den Psychopathien liege, dass diese nichts anderes als Variationen der Norm seien, und dass auf diesem Gebiet die Scheidung zwischen Gesundheit und Krankheit auf Bewertungen, auf subjektives Ermessen hinauslaufe begann vielerorts die Neigung aufzutreten, den Begriff des Krankhaften enger zu fassen."[982] Für die Verbrechereinteilung geht er dann ebenfalls von einer Unterscheidung in besserungsfähige und unverbesserliche Verbrecher aus, wobei er keinen Zweifel lässt, dass die Unverbesserlichkeit auch durch die sozialen Faktoren bestimmt sei.

[978]Die weiteren Veröffentlichungen WILMANNS befassen sich alle ebenfalls überwiegend mit der Problematik der verminderten Zurechnungsfähigkeit: Abschließend sind dies: Wilmanns, Verminderte Zurechnungsfähigkeit im Vorentwurf, 1914, AZP, S.691-709, Zustände verminderter Zurechnungsfähigkeit einst und jetzt, ZStW, 1924, S.89-96, Psychiatrische Bemerkungen zum Vorentwurf, Z. Neur. Psych., 1910, S.171 – 205; Die praktische Durchführbarkeit der Bestimmungen, MschrKrim, 1911/1912, S.136 – 142; Die sog. verminderte Zurechnungsfähigkeit, Z. Neur. Psych., 1914, S.691 – 709 und 1930, S.518 – 524.

[979]Wilmanns, Karl, Die sog. verminderte Zurechungsfähigkeit als zentrales Problem der Entwürfe zu einem Deutschen Strafgesetzbuch, 1927, im folgenden: Verminderte Zurechnungsfähigkeit. Dieses Werk ist überwiegend der nachfolgenden Betrachtung zugrundegelegt, insbesondere ist hier das Ergebnis früherer Arbeiten mit enthalten.

[980]Von diesen Rechtsbrechern sieht er eine große Anzahl aus dem Bereich, der als vermindert zurechnungsfähig in das Gesetzbuch aufgenommen werden soll. Und dieser Bereich ist für WILMANNS viel zu unbestimmt, als dass er in das Gesetz eingeführt werden dürfe. Vielmehr könne auch ohne deren besondere Berücksichtigung den verschiedenen krankhaften Zuständen Rechnung getragen werden.

[981]Wilmanns, Verminderte Zurechungsfähigkeit, 1927, S.332. An anderer Stelle schreibt er: „Nicht der Geisteskranke, sondern der abnorm Veranlagte ist das Objekt, für das die Reform verlangt wird." S.41.

[982]Wilmanns, Verminderte Zurechnungsfähigkeit, 1927, S.364 Zur Entwicklung vom „Minderwertigen" zur „psychopathischen Persönlichkeiten", vgl. Wetzell, Inventing the Criminal, 2000, p.144 – 153.

„Die vermindert zurechnungsfähigen, gewohnheitsmäßigen Kriminellen sind unter unseren heutigen sozialen Verhältnissen zweifellos zum allergrößten Teile unverbesserlich, ein ganz erheblicher Bruchteil von ihnen ist aber auch dauernd gemeingefährlich."[983]

III. Die vermittelnde Straftheorie bei WILMANNS

1. Die Kombinationstheorie zwischen Besserung und Vergeltung

WILMANNS stellt den Besserungsgedanken als Zweck der Strafe in den Vordergrund. Dieser mache die gesteigerte Berücksichtigung der Täterpersönlichkeit notwendig, eine Aufgabe, die der Richter im Strafverfahren nicht leisten könne. Wenn KRAEPELIN an dieser Stelle, jedenfalls für einen Großteil der Verbrecher, mit dem Verzicht auf den Vergeltungsgedanken, und damit der Relation zwischen Tat und Strafe, den Weg zur unbestimmten Verurteilung eröffnet sieht, um im Strafvollzug auf den Täter und seine Persönlichkeit einzugehen und zu reagieren, hält WILLMANNS erstaunlicherweise an der Vergeltungstheorie in bestimmten Umfang fest. Die Tat liefert ihm den Maßstab für die Strafhöhe, jedoch nur im Rahen eines breiten Strafrahmens. Er argumentiert mit generalpräventiven Aspekten: „Die Sühne als Zweck der Strafe wurzelt zu tief im Bewusstsein der breiten Masse, als das man sie gegenwärtig zu stark hinter der Besserung als Strafziel zurücktreten lassen dürfte."[984]

WILMANNS lässt keinen Zweifel an seinem Standpunkt: „... ich halte ein Gesetz, in dem die Schwere der Strafe an gewisse objektive Momente der Tat gebunden ist, für unbedingt überlegen..."[985] Er will als einziger Mediziner ausdrücklich die staatliche Reaktion an die Schwere der Tat anbinden, soweit eine krankhafte Veranlagung des Täters erkannt werde, die noch nicht eine strafbarkeitsausschließende Geisteskrankheit darstelle. Er tritt sogar für eine Ausdehnung der Strafmilderungsgründe auf alle Delikte ein, also auch in den Fällen, bei denen das geltende Recht Milderungen nicht kenne: bei Mord, Meineid, Brandstiftung usw..[986] WILMANNS Ziel ist es, einer breiten Gruppe von sog. vermindert Zurechnungsfähigen eine mildere Bestrafung zu sichern, die ausdrückliche Anerkennung einer Gruppe der vermindert Zurechnungsfähigen und deren mildere Bestrafung sei indes abzulehnen.[987] Jedenfalls aber müsse zunächst in der Fra-

[983]Wilmanns, Die praktische Durchführbarkeit der Bestimmungen, MschrKrim, 1911/1912, S.138.
[984]Wilmanns, Verminderte Zurechnungsfähigkeit, 1927, S.363 – 364.
[985]Wilmanns, Verminderte Zurechnungsfähigkeit, 1927, S.363.
[986]Wilmanns, Verminderte Zurechnungsfähigkeit, 1927, S.372.
[987]WILMANNS ist ein entschiedener Gegner der Einführung der sog. verminderten Zurechnungsfähigkeit in das Gesetz. Er meint, auch mit den geltenden Strafmilderungsbestimmungen sei den verschiedenen Zuständen des Täters Rechnung zu tragen. Da die Zustände verminderter Zurechnungsfähigkeit viel zu fließend und subjektiv seien, befürchtet er einen Prozess, der die „Verantwortlichkeit der Sachverständigen verringern und sie zur Oberflächlichkeit und Unwissenschaftlichkeit verleiten." (S.252) würde und es sei eine Verschiebung von Unzurechnungsfähigkeit zu verminderter Zurechnungsfähigkeit und damit von Freispruch zu Bestrafung zu befürchten.

ge des Wesens und der Verbreitung[988] der verminderten Zurechnungsfähigkeit zunächst noch „psychiatrisch gründlich verarbeitetes Material gesammelt werden.“[989]

Mit der milderen Bestrafung tritt WILMANNS in Widerspruch zu den übrigen anderen medizinischen Kollegen, die gerade vor einer milderen, d.h. kürzeren Bestrafung warnen. Zu beachten ist dabei aber, dass er seine Straftheorie durch eine Sicherungstheorie außerhalb des Strafrechts ergänzt. Ob er hier dann seine milderen Bestrafungen auffängt, wird sich sogleich zeigen. Interessant und ebenfalls für die Ansichten aus den Reihen der Medizin neu, ist der Kompromiss, den WILMANNS vorschlägt, da er die Berücksichtigung der Täterpersönlichkeit im Rahmen der Strafzumessung für unmöglich hält.[990] Der Richter solle im Strafprozess den Strafrahmen bestimmen und im Strafvollzug entscheide der Anstaltsbeamte über die entgültige Strafhöhe. „„Den Beamten einer solchen Anstalt könnte ohne Bedenken das Recht erteilt werden, innerhalb des weiten Rahmens der Strafe, die der Strafrichter über den Rechtsbrecher aussprach, über den Zeitpunkt seiner Entlassung selbstständig zu entscheiden“[991]. Damit ist entweder die Erreichung des Besserungszwecks der Strafe oder der Ablauf der Höchststrafe für die Entlassung entscheidend. So entfernt sich WILMANNS von der gerade von psychiatrischer Seite vielfach gestellten Forderung nach unbestimmter Verurteilung, während von juristischer Seite V. LISZT selbiges vorschlägt. Dieser in der Hoffnung auf einen Kompromiss mit der klassischen Schule.

2. Die Gesellschaftssicherung außerhalb des Strafrechts

Aber WILMANNS Straftheorie unterscheidet sich noch in einem zweiten entscheidenden Punkt von den Ansätzen der übrigen Mediziner. Es geht um die Frage der Gesellschaftssicherung. Auch ihm ist der Umstandes bewusst, dass eine bestimmte Anzahl der Rechtsbrecher einer Besserung nicht zugänglich ist. Er stellt insoweit klar, „dass bei sehr vielen Sträflingen die Aussicht auf nachhaltige Besserung ungemein gering ist.“[992] Weiter geht er zunächst davon aus, dass sich die Gesellschaft vor ihnen schüt-

---

Aber es müsse genauso mit einer Verschiebung von voller zu verminderter Zurechnungsfähigkeit gerechnet werden, wegen des „uferlosen“ und „kautschukartigen“ Begriffs der Zurechnungsfähigkeit. (S.253ff) „Willkür und Unsicherheit“ seien zu Befürchten. Gegebenenfalls wäre an eine nachträgliche Auslese im Strafvollzug und Überweisung an eine geschlossene Anstalt zu denken. Interessant ist auch seine Warnung vor „Klassenjustiz“ sobald wegen „verwaschener Grenzen“ gute Anwälte leichter Freisprüche erzielen könnten. Wilmanns, Die praktische Durchführbarkeit der Bestimmungen, MschrKrim, 1911/1912, S.139 – 140.

[988] Bereits anlässlich des Gesetzentwurfes 1909 schreibt WILMANNS über die Begründung des Entwurfes, in Hinblick auf die Frage der vermindert Zurechnungsfähigen und der Häufigkeit einer nachträgliche Sicherung: „Diese Erörterungen beruhen zweifellos auf einer Verkennung der Sachlage.“ Psychiatrische Bemerkungen zum Vorentwurf, Z. Neur. Psych., 1910, S.193.

[989] Wilmanns, Die praktische Durchführbarkeit der Bestimmungen, MschrKrim, 1911/1912, S.142.

[990] Wilmanns, Verminderte Zurechnungsfähigkeit, 1927, S.363.

[991] Wilmanns, Verminderte Zurechnungsfähigkeit, 1927, S.354.

[992] Bei den geringen Besserungsaussichten meint ASCHAFFENBURG vor allem die jene, die er der Gruppe der vermindert Zurechnungsfähigen zurechnet. „Sind demnach die Heilungsaussichten der vermindert Zurechnungs-

zen dürfe und müsse. Aber WILMANNS Antwort auf die Sicherheitsfrage ist eine andere. Er lehnt es ab, aus dem Strafrecht ein Besserungs- und Sicherungsrecht zu machen. Während seine Straftheorie die Abhängigkeit von Tat und Strafe beibehält, solle dem Sicherheitsgedanken außerhalb des Strafrechtes Rechnung getragen werden. Dieses Sicherungsrecht soll nicht mehr Bestandteil des Strafrechtes, sondern von diesem formell wie inhaltlich abzutrennen sein. Außerdem stellt er in Hinblick auf den, in Aussicht genommenen Kreis der Rechtsbrecher fest, dass dieser eng begrenzt bleiben müsse.

Was ersten Punkt betrifft, befürwortet er ein selbstständig und unabhängig neben dem Strafrecht stehendes Sicherungsrecht: „...die Sicherungsmaßregeln gehören als vorbeugende Maßnahmen auch nicht in das Strafgesetzbuch." Mit dieser Argumentation könnte man WILMANNS sogar mit den Vertretern der klassischen Schule vergleichen, denn nichts anderes wünscht auch V. BIRKMEYER, der dann aber aus Gründen der Rechtssicherheit einlenkt.[993]
Auch der Inhalt der Reaktion müsse sich von der Strafe unterscheiden: „Bei der Wahl der Sicherungsmaßregeln muss strenge Individualisierung geübt werden und, soweit das möglich ist, alles vermieden werden, was den Charakter der Strafe an sich trägt."[994] Die Frage der Sicherung stelle sich auch erst nach dem Vollzug der Strafe. Während sich WILMANNS in der Abtrennung der Sicherungsmaßregeln nur formal von seinen medizinischen Kollegen unterscheidet, engt er aber auch den Anwendungsbereich der Sicherungsmaßregeln deutlich ein. Fordert V. LISZT, jedenfalls in seinem frühen Werk noch die „Unschädlichmachung" aller Unverbesserlichen, stellt sich der Standpunkt WILMANNS viel enger dar. Der schwere Eingriff einer unbegrenzten Sicherungsverwahrung sei nur bei den „allergefährlichsten Gesellschaftsfeinden" gerechtfertigt. Und unter Anspielung auf andere Kollegen betont er für seinen Standpunkt, man wird „sich kaum entschließen können, wie viele Juristen und Psychiater... die anzunehmen geneigt sind, die Waffe der Verwahrung auf unabsehbare Dauer in dem Maße zu führen, wie es wohl im Interesse der Allgemeinheit liegen würde."[995]

Der Grund, warum ein umfassender Schutz der Gesellschaft derzeit nicht mit der Sicherungsmaßregel vollzogen werden dürfe, ist WILLMANNS Schluss aus den Ursachen der Verbrechensentstehung. Er betont in besonderem Maße die Mitverantwortung der

---

fähigen durch ärztliche Maßnahmen in Heil- und Pflegeanstalten recht gering, so gilt das gleiche von Pädagogischen Einflüssen....Man wird daher die große Masse der sicherungsbedürftigen vermindert Zurechnungsfähigen als „unheilbar" bezeichnen und die Tatsache bei allen Entscheidungen, die man über sie trifft, in Rechnung stellen müssen : die „andauernden krankhaften Zustände", die „auf angeborenen und erworbenen Defekten" beruhen, kennen keine Heilung." Wilmanns, Verminderte Zurechnungsfähigkeit, 1927, S.355, 298. Und WILMANNS weist darauf hin, dass damit grundsätzlich eine lebenslange Verwahrung bedingt sei, ein Schluss, den er, wie zu zeigen sein wird, so nicht ziehen will.

[993]Vgl. dazu schon die Feststellungen V.BIRKMEYERS oben Teil 1 B II 1 a.

[994]Wilmanns, Verminderte Zurechnungsfähigkeit, 1927, S.357.

[995]Wilmanns, Verminderte Zurechnungsfähigkeit, 1927, S.374.

Gesellschaft, daher könne nicht der bequeme Weg einer Verwahrung aller unbequemen Individuen eingeschlagen werden. Er stellt fest, dass „die meisten Rechtsbrecher das Produkt aus Anlage und Milieu sind, dass uneheliche Geburt, schlechte soziale Verhältnisse, Wohnungselend, falsche Erziehung, verderbliches Beispiel, Alkoholismus der Eltern usw. den charakterlich Schwachen erst in die Verbrecherlaufbahn geraten lassen, von der er sich aus eigener Kraft nicht mehr zu lösen vermag – dann will es mir scheinen, dass nur ein Staatswesen das sittliche Recht für sich beanspruchen darf, einen Menschen zum Schutze der Allgemeinheit seiner Freiheit zu berauben, das alles Menschenmögliche getan hat, um das Versinken des Menschen ins Verbrechertum zu verhüten...Solange jedoch die Mängel auf allen Gebieten der Verbrechensprophylaxe so offenkundig sind wie gegenwärtig...“[996] wird man sich darauf beschränken müssen, diese harte Maßregel gegen die allergefährlichsten Gesellschaftsfeinde anzuwenden. Erstmalig macht ein Psychiater deutlich, dass die Gesellschaftsinteressen die Individualinteressen nicht unhinterfragt überlagern können. Außerdem scheint WILMANNS nicht von der Sogwirkung der völlig negativen Auslese erfasst. Er hat keine Bedenken, bis auf wenige Ausnahmen, die „vermindert zurechnungsfähigen“ Verbrecher der Gesellschaft nach Vollzug der Strafe wieder zuzuführen.

IV. Die Reformforderungen

Aus diesen Feststellungen kommt WILMANNS zu entsprechenden Reformforderungen, die er selbst in drei Leitsätzen zusammenfasst: „1. Mit Rücksicht auf die Unmöglichkeit, im richterlichen Verfahren die Persönlichkeit des Rechtsbrechers zu erfassen und seiner Schuld entsprechend gerecht zu strafen: Verurteilung innerhalb eines weiten Strafrahmens. 2. Reform des Strafvollzuges. Ausbau der Strafanstaltseinrichtungen und Ausbildung des Personals als Voraussetzung zur psychologischen Erfassung der verbrecherischen Persönlichkeit und ihrer individualisierenden und gerechten Behandlung und Besserung. 3. Schaffung einer richterlichen Behörde, eines Sicherungsgerichtes, die über die Sicherungsbedürftigkeit Gemeingefährlicher entscheidet.“[997] WILLMANNS hofft darauf, durch seine klare Aufgabenteilung die Individualbehandlung des Rechtsbrechers zu fördern.[998] Und um dann im Strafvollzug den Besserungsgedanken zu bestmöglicher Realisierung zu verhelfen, schlägt er, wie ein halbes Jahrhundert vorher KRAEPELIN, eine Anlehnung an die Ausgestaltung der Irrenanstaltorganisation

[996] Wilmanns, Verminderte Zurechnungsfähigkeit, 1927, S.374.

[997] Wilmanns, Verminderte Zurechnungsfähigkeit, 1927, S.339 – 340.

[998] WILMANNS äußert sich dahin: „Die Vorzüge dieser Vorschläge liegen auf der Hand: Sie trennen scharf zwischen den Aufgaben des Strafrichters, denen die Feststellung des Tatbestandes und die Verurteilung innerhalb eines weiten Strafrahmens zufällt – den Aufgaben des Strafvollzuges, dem die psychologische Erfassung und Erziehung des Gefangenen und ihre Scheidung in Besserungsfähige und Unverbesserliche obliegt – den Aufgaben des Sicherungsgerichts, das nach der jeweiligen Individualität der unverbesserlichen Gesellschaftsfeinde die entsprechenden Sicherungsmaßnahmen gegen sie ergreift. Daneben bleibt der Ausbau der Vorbeugungsmaßregeln selbstverständliche Voraussetzung und Forderung.“ Wilmanns, Verminderte Zurechnungsfähigkeit, 1927, S.359.

vor: „Oberster Grundsatz bei dieser Organisation: jedem Kranken die Behandlung zu geben, die er bedarf, die Freiheit zu gewähren, die er verträgt, in an die Arbeit zu stellen, die er zu leisten imstande ist und die ihm Freude bereitet, und alles das mit dem geringsten Aufwand von Überwachungs- und Ärztepersonal. Läge es nicht einem, von historischen Traditionen unbelasteten Reformator eines Strafanstaltswesens ungemein nahe, diese Grundgedanken der modernen Irrenanstalt zu übernehmen und auf die Organisation und bauliche Einrichtung einer Strafanstalt zu übertragen."[999]
Zuletzt fordert er für die Durchsetzung der Sicherungsmaßregeln, und jedenfalls insoweit gehe die Diskussion um die verminderte Zurechnungsfähigkeit nicht fehl,[1000] die Schaffung eines eigenen, aus erfahrenen Richtern bestehenden Sicherungsgerichts durch das die Rechte des zu Verwahrenden gewahrt werden sollen.[1001] Wie bereits festgestellt, zeigt er sich im Bereich der Maßregeln, die nach der Strafe anschließen können,[1002] sensibel. Er erblickt in der Sicherung des Rechtsbrechers aus Gefährlichkeitsgesichtspunkten einen ungleich schwereren Eingriff, als bei der strafrechtlichen Verurteilung, auch wenn er einen „weiten" Strafrahmen fordert. Er betont, „welch ein ungeheurer Eingriff in die persönliche Freiheit des Menschen seine Einsperrung auf unabsehbare Dauer bedeutet..."[1003] Und WILMANNS ergänzt, dass daneben auch für die unzurechnungsfähigen Rechtsbrecher ein gesetzlich geregeltes Verwahrungssystem geschaffen werden müsse, mit der natürlichen Folge, dass sich die Gruppe der Unzurechnungsfähigen vor Gericht erhöhen würde.[1004]

V. Die Todesstrafe

Zuletzt ist interessant, wie WILMANNS, sich zur Frage der Todesstrafe stellt, dies gerade in Hinblick auf den Umstand, dass er wie kein anderer Mediziner, auch die Rechte des Rechtsbrechers betont. Dabei nimmt er hinsichtlich der Gruppe der vermindert Zurechnungsfähigen seine Einstellung zur Todesstrafe schon vorweg, wenn er gerade

---

[999] Wilmanns, Verminderte Zurechnungsfähigkeit, 1927, S.345.

[1000] Hinsichtlich der Reformdiskussion um die Verminderte Zurechnungsfähigkeit und die Frage der Einführung von Maßregeln, um die geringere Strafe durch ein weiteres Sicherungssystem abzufangen, fasst WILMANNS in Worte, was viele Mediziner ebenfalls als „Schritt in die richtige Richtung" bewertet und ihre Hoffnungen damit verbunden haben: „Und endlich würde die Einführung der Sicherungsmaßregeln gegen gemeingefährlich geistig Abnorme die Verwahrung des gemeingefährlich normalen Verbrechers vorbereiten, mithin der erste Schritt zu einer künftigen rationellen Behandlung des Verbrechens überhaupt sein, zur Abschaffung des Strafmasses." Wilmanns, Die praktische Durchführbarkeit der Bestimmungen, MschrKrim, 1911/1912, S.142, vgl. auch Psychiatrische Bemerkungen zum Vorentwurf, Z. Neur. Psych., 1910, S.193, 205.

[1001] WILMANNS schreibt über das Sicherungsgericht: „Die Entscheidung über die Anwendung der Sicherung (nach Ablauf der Strafe) müsste mit allen richterlichen Kautelen umgeben und in die Hände eines erfahrenen richterlichen Kollegiums, eines Sicherungsgerichts, gelegt werden, das nach Anhörung des Strafanstaltsleiters, und gegebenenfalls unter Hinzuziehung weiterer Sachverständiger, auf Grund erschöpfender Kenntnis der Persönlichkeit des Rechtsbrechers die Entscheidung zu fälle hätte." Wilmanns, Verminderte Zurechnungsfähigkeit, 1927, S.356.

[1002] Wilmanns, Verminderte Zurechnungsfähigkeit, 1927, S.373.

[1003] Wilmanns, Verminderte Zurechnungsfähigkeit, 1927, S.356.

[1004] Wilmanns, Verminderte Zurechnungsfähigkeit, 1927, S.371.

für diese Strafmilderung, insbesondere bei Mord, fordert und stellt dazu auch fest: „Praktisch würde dies die Abschaffung der Todesstrafe bedeuten, denn je nichtiger die Motive zu einem Mord, je verabscheuungswürdiger und gemeiner die Ausführung der Tat ist, um so einfühlsamer und psychopathischer pflegt im allgemeinen der Täter zu sein."[1005] Und dann ganz in dem Eindruck, den WILMANNS bereits im Rahmen seiner zurückhaltenden Straftheorie geschaffen hat, spricht er sich gegen die Todesstrafe aus: „Ich würde das begrüßen, denn mit der Moral eines modernen Staatswesens sollte die Todesstrafe nicht mehr vereinbar sein dürfen, und ein Strafgesetz, das die Besserung des Rechtsbrechers für einen wesentlichen Strafzweck erklärt, widerspricht sich selbst, wenn es an der Todesstrafe festhält."[1006]

Seine Ausführungen zur Frage der Zweckmäßigkeit der Todesstrafe bleiben dann vergleichbar kurz. Er beschreibt ihre abschreckende Wirkung zumindest als zweifelhaft und verweist für die Nichtzunahme der todeswürdigen Verbrechen trotz Abschaffung der Todesstrafe auf die „ausgezeichneten Ausführungen" LIEBMANNS auf dem Juristentag.[1007] WILMANNS argumentiert klassisch auf dem Boden der Spezialprävention, wenn er feststellt, dass Unverbesserlichkeit und Mord nicht zwingend zusammenfallen, die Todesstrafe aber allenfalls bei Kapitalverbrechern verhängt werden könne, deren Besserungsfähigkeit bestimmt verneint werden darf. Eine derart bindende Voraussage sei aber gerade nicht möglich und weiter: „Wenn wir uns jedoch außerstande erklären müssen, eine sichere Prognose über die Besserungsfähigkeit eines Menschen zu stellen, so geben wir sie damit im Bereich des Möglichen liegend zu."[1008] Auch BONNE[1009] weist auf den Irrtum hin, den Mörder schlechterdings als eine Gefahr für die Gesellschaft zu identifizieren.[1010]

Ein Hauptargument für WILMANNS wird dann die Gefahr des Justizirrtums. Er macht dabei deutlich, dass dieser gerade in der Gefahr der Hinrichtung eines Geisteskranken liege. Dass hier der Gesellschaftsschutzgedanke genauso greift, ist für ihn kein Argument, ohne dass dies inkonsequent wäre, betont er doch als einziger weiter die Rechte des Individuums und ist nicht gewillt, diese dem Gesellschaftsschutz bedingungslos unterzuordnen. Und dass Geisteskrankheiten im Zeitpunkt der Verurteilung nicht er-

---

[1005]Wilmanns, Verminderte Zurechnungsfähigkeit, 1927, S.372.
[1006]Wilmanns, Verminderte Zurechnungsfähigkeit, 1927, S.372.
[1007]Willmanns, (Zur Todesstrafe) in: Der Mörder und der Staat, S.60 – 61.
[1008]Willmanns, (Zur Todesstrafe) in: Der Mörder und der Staat, S.61.
[1009]Professor der gerichtlichen Medizin.
[1010]BOHNE, der die Todesstrafe weder aus Gründen der Verbrechensverhütung für wirksam noch für „logisch und gerecht" hält, berichtet, wie auch ein Mörder durchaus wieder ein nützliches Glied der Gesellschaft werden könne, insbesondere anhand Beobachtungen an begnadigten Mördern. „Ich habe selten einen so aufopfernden, zart empfindenden, geschickten Helfer in über 40-jähriger ärztlicher Praxis gehabt, wie diesen Vatermörder." Und dann noch auf den Ausmerzungsgedanken anspielend: „Welch wertvollen Menschen wir in unserer Unkenntnis von der Entstehung der Verbrechen und der menschlichen Psyche durch die Todesstrafe unter Umständen ausmerzen, dafür mag folgender Fall als Beweis dienen..." Bonne, Das Verbrechen als Krankheit, 1927, S.169, 171.

kannt werden, diese Gefahr beurteilt er als äußerst groß und beschreibt zur Veranschaulichung die häufig schleichende Entwicklung vieler Geisteskrankheiten. „Derartig schwere, in einer zunehmenden Gefühlskälte sich äußernde Charakterveränderungen gehen besonders dem stürmischen Ausbruch der häufigsten geistigen Störung, der Schizophrenie, auf Monate oder länger voraus. Unter dem Einfluss der Vorboten dieser Erkrankung kommt es nicht selten zu Rechtsbrüchen aller Art..."[1011] Zum gleichen Ergebnis kommt auch FLETSCH[1012] und MÖNKEMÖLLER[1013]. WILMANNS hofft, wie schon Eingangs BEER fünfzig Jahre zuvor, dass seine und weitere psychiatrische Beobachtungen eine besondere Bedeutung in der Frage der Todesstrafe erlangen würden und schließt mit der These, die auch von vielen Psychiatern als Diskussionsbeitrag hätte vermutet werden können: „Die Hinrichtung eines Kranken, der für die Tat nicht verantwortlich zu machen war, ist jedoch ein schwerer Justizirrtum, der nie wieder gutzumachen ist. Die Tatsache der schweren Erkennbarkeit einer beginnenden Geisteskrankheit drängt demnach zur Abschaffung der Todesstrafe."[1014]

Ganz anders sieht die Problematik eines Justizirrtums SCHÜLE,[1015] dessen radikaler Einsatz für die Todesstrafe bereits zum Ausdruck gebracht wurde. Er mahnt vor „sittlicher Schwäche" bei der Frage der Gefahr der Verurteilung eines Unschuldigen. Und

[1011]Und weiter berichtet WILMANNS von Fällen, wo nur ob Jugendlichkeit oder weil das Gericht Totschlag angenommen hat, die Betroffenen vor dem Henkerbeil bewahrt wurden. „Zumeist gab erst der spätere Ausbruch der sinnfälligen Geisteskrankheit den Anstoß zu genauer sachverständiger Untersuchung, durch die die schleichende hebephrene Veränderung der Persönlichkeit und der krankhafte Ursprung der Gewalttat aufgedeckt wurde." Und weiter: „Wenn es richtig ist, dass es im aller ersten Beginn der Schizophrenie zu schweren Gewalttaten kommt, deren krankhafter Ursprung von dem Gerichte nicht erkannt wird, so muss unter denen zu lebenslänglich Zuchthaus Verurteilten und Begnadigten ungewöhnlich häufig sinnfällige Schizophrenie zum Ausbruch kommen. Das ist in der Tat der Fall." Und selbst wenn einige erst später erkranken, „Die Wahrscheinlichkeit, dass viele von diesen Kranken bereits zur Zeit der Tat geisteskrank waren, bleibt unter allen Umständen bestehen." Willmanns, (Zur Todesstrafe) in: Der Mörder und der Staat, S.62/63.

[1012]Von FLETSCH erfolgt der Hinweis, dass eine eindeutige Beurteilung des Geisteszustandes im Zeitpunkt der Verurteilung nicht immer möglich sei. Die Todessstrafe sei daher schon deshalb abzulehnen, weil sie die Möglichkeit einer nachträglichen Feststellung von Geisteskrankheit abschneidet Die Todesstrafe steht einer solchen Klärung im Wege, vollends wenn, in Preußen wenigstens, nicht einmal eine anatomische Untersuchung des Hingerichteten zugelassen wird. Er berichtet in diesem Zusammenhang von Fällen, in welchen sich die Geisteskrankheit erst später zeigt. Die Schwierigkeit der Feststellung geistiger und moralischer Defekte Ist eben größer, als man gemeinhin annimmt ...-wegen der Unmöglichkeit, solche auch nur annähernd sicher ohne jahrelange Beobachtung zu erkennen..." Und er kritisiert, es könne nicht sein, dass allein der Nachweis einer zur Zeit der Tat bestehenden Geistesstörung vor dem Strafvollzug schützen könne. Vielmehr müsse im Zweifelsfall a priori von Geistesstörung ausgegangen werden. Fletsch, Gehirn und Veranlagung des Verbrechers, 1929, S.110.

[1013]MÖNKEMÖLLER (Professor der Psychiatrie) weist als Argument gegen die Todesstrafe darauf hin, dass „unter Umständen damit gerechnet werden muss, dass die Tat in einem Zeitpunkt geschehen ist in dem eine geistige Störung in den ersten Anfängen begriffen ist, so dass sie nach außen hin übersehen werden kann." was ihn jedoch nicht zu einem Gegner derselben werden lässt. Er wägt Justizirrtum, psychiatrische Fehldiagnose und den „Charakter der Todesstrafe als Überbleibsel einer barbarischen Justiz" ab gegen Gesellschaftsschutz; Abschreckung und Sühne. „Die Todesstrafe wird immer ein Notbehelf bleiben. Gelänge es, das Volk sittlich so zu heben, dass kein Mord mehr zu erwarten wäre, dann könnte man auf diese Art der Sühne verzichten. Nach menschlichem Ermessen wird das nie eintreten." Mönkemöller, (Zur Todesstrafe) in: Der Mörder und der Staat, S.57-59

[1014]Wilmanns, (Zur Todesstrafe) in: Der Mörder und der Staat, S.60 – S.63, S.63.

[1015]Professor der Gerichtlichen Medizin.

zum Irrtum des Sachverständigen merkt er an, „Justizirrtum, ärztlicher Irrtum, ich sehe keinen Unterschied... Im übrigen sei der Unterschied zwischen ungerechter Einkerkerung und Tötung nicht allzu groß."[1016]

VI. Gesamtbewertung

WILMANNS gesamte Behandlung von Verbrechen und Strafe erscheint sehr modern und weicht von seinen Kollegen entschieden ab. Der Ansatz ist dominiert von der Betonung der individuellen Rechte des Verbrechers. Zweck der Strafe ist die Besserung, wobei auch dem Gedanken der Vergeltung, durch einen an der konkreten Tat orientierten Strafrahmen, Rechnung getragen werden soll. Die Ausfüllung des Strafrahmens obliegt dann dem Strafvollzug. Aus Gründen der gesellschaftlichen Mitverantwortung kommt schließlich eine Sicherungsmaßregel nur in Ausnahmefällen, in Ergänzung der Strafe, in Betracht. Und WILMANNS beschreibt ausdrücklich die sog. „Unverbesserlichkeit" dahin, dass es keine individuelle Veranlagung sei, sondern vielmehr die gegebenen sozialen Umstände zur „Unverbesserlichkeit" führen.
Insgesamt zeigt sich am Beispiel WILMANNS, gerade im Vergleich zu vielen seiner Kollegen, wie Postulate von Unverbesserlichkeit, unbestimmter Verurteilung und Betonung der Anlageursachen des Verbrechens die Bedeutung der Psychiatrie für das Strafrecht fördern sollen, während WILMANNS die meist soziale Bedingtheit der Unverbesserlichkeit hinweist, dem Krankheitsbegriff entgegentritt und auch durch die Schaffung eines Sicherungsgerichts den psychiatrischen Einfluss nicht ausweitet. Die Berücksichtigung der Täterpersönlichkeit hält er jedoch im Strafverfahren für unmöglich und fordert daher in der Verurteilung nur einen bestimmten Strafrahmen auszusprechen, um diesen dann im Strafvollzug auszufüllen.

H. Der traditionell-kriminalanthropologische Standpunkt MARIO CARRARAS (1866 – 1937) und weiterer italienischer Psychiater

Bislang wurde die Diskussion von den Beiträgen deutscher Mediziner, überwiegend Psychiater, dominiert. Blickt man nun auf Italien und die Entwicklung seit LIVI und LOMBROSO zeigt sich, dass sich die italienischen Mediziner in der Entwicklung von umfassenden Konzepten über Verbrechen und Strafe zurückhalten. Auf die Forschung von MARRO, TAMASSIA, OTTOLENGHI, ANTONINI, CARRARA, NICEFORO, MORSELLI, VIRGILIO und BIANCHI im Gefolge LOMBROSOS aber auch von ZUCCARELLI, DEL GRECO, FERRERO, SAPORITO UND LATTES wurde dabei schon im 1. Teil hingewiesen. Alle beschränken sich jedoch auf die Auseinandersetzung mit Verbrechensursachen

[1016] Schüle, Zum Kampf um die Todesstrafe, Gross Archiv, 1912, S.298 – 303.

und vor allem der Rolle der Geisteskrankheiten dabei. Verbrechensbekämpfungskonzepte findet man weder vor dem Hintergrund, einer Auseinandersetzung mit der Strafe im allgemeinen, noch im besonderen im Zusammenhang mit der Todesstrafe. Als Grund für diese Zurückhaltung auf italienischer Seite, auch die Aufgabe der Darlegung neuer Strafrechtsgrundlagen aufzugreifen und in konkrete Reformforderungen zu transformieren, kann die gute Interaktion zwischen der Medizin und der Strafrechtswissenschaft, namentlich der Scuola Positiva gesehen werden. Wie bereits im 1. Teil angedeutet, verschwimmen in Italien die Grenzen der beiden Rechtsgebiete viel stärker. Ein Jurist wie FERRI ist nicht in Vorurteilen befangen, die Erkenntnisse der Kriminalanthropologie in seinem Strafrechtskonzept zu bestmöglicher Geltung zu bringen. Ein Beispiel dieser intensiven Zusammenarbeit ist auch die Rivista Sperimentale und die Scuola Positiva. Die Mediziner konzentrieren sich daher mehr auf die Aufgabe, die notwendigen Erkenntnisse zu liefern, die dann von Juristen rechtswissenschaftlich umgesetzt werden. Im folgenden werden nun die gefundenen Ausnahmen dargestellt.

I. Zur Person MARIO CARRARAS und anderen italienischen Psychiatern

Die bedeutendste Rolle unter den italienischen Kriminologen übernimmt nach LOMBROSO MARIO CARRARA, mit dem Anspruch, sich selbst auch in den Bereich der Strafrechtswissenschaft einzuschalten. Er setzt die kriminalanthropologische Tradition LOMBROSOS fort, wenn auch nicht so schillernd und vielbeachtet wie sein großer Vorgänger. Erwähnenswert ist dazu, dass die Verbindungen zwischen LOMBROSO und CARRARA sich nicht nur auf die Profession beschränken, denn CARRARA heiratet LOMBROSOS Tochter Paola (PAOLA LOMBROSO – CARRARA), die selbst, wie auch ihre Schwester GINA LOMBROSO (später GINA LOMBROSO – FERRERO)[1017] mitarbeitet, um die Tradition LOMBROSOS weiterzuführen. Von beiden erscheinen Veröffentlichungen zu kriminal – anthropologischen Themen.[1018]

Nach einem Ordinariat in Gerichtsmedizin in Cagliari (1898 – 1903) wird CARRARA Nachfolger seines Schwiegervaters auf dem Lehrstuhl für Gerichtsmedizin und Kriminalanthropologie in Turin, den er bis zu seinem Ausschluss 1931, wegen Verweigerung des Treueides auf das faschistische Regime verliehrt.[1019]

[1017]Auch GINA LOMBROSO heiratet einen Mitarbeiter LOMBROSO , GUGLIELMO FERRERO, der ebenfalls Professor für Gerichtliche Medizin an der Universität Turin wird.

[1018]Vgl. z.B. Lombroso, Paola, I caratteri della personalità, Torino, 1909; Gina Lombroso verwendet Teile ihrer Publikationen darauf, das Werk ihres Vaters zu verteidigen. Auf dem 6. Internationalen Kriminalanthropologenkongress wird sie von ihrem Vater vorgestellt. Vgl. zu Einzelheiten, Villa, Il Deviante, 1985, p.14 – 15.

[1019]CARRARA ist überzeugter Sozialist und lehnt es später als einziger Professor der Medizinischen Fakultät an der Universität von Turin ab, den Treueid zu leisten. Andere Ex - Sozialisten sind NICEFORO und OTTOLENGHI, die sich jedoch dem Faschismus anschließen. Villa, Il Deviante, 1985, p.14, 19.

II. CARRARAS traditionell-kriminalanthropologischer Standpunkt

1908 erscheint CARRARAS Lehrbuch Antropologia Criminale, das inhaltlich nicht über die Darstellungen seines Lehrers hinausgeht. Im Folgejahr übernimmt er die Leitung von LOMBROSOS Archivio. CARRARA kann jedoch an die große Popularität seines Schwiegervaters und Vorgängers nicht anknüpfen. Auch nach dessen Tod bleibt seine Auffassung traditionell – positiv – lombrosianisch. Dies kommt insbesondere in seinen Anmerkungen zum vorgelegten Strafgesetzbuchentwurf ROCCO zum Vorschein.[1020] CARRARA kritisiert, dass das Gesetz, immer noch am traditionellen Kriterium der (moralischen) Verantwortlichkeit/Schuld (imputabilita morale) festhalte.[1021] Obwohl er sich weiter freut, dass die Figur des „delinquente per tendenza“, die er mit der Figur LOMBROSOS des geborenen Verbrechers auf eine Ebene stellt, doch noch Eingang in das Strafgesetzbuch gefunden habe,[1022] muss er feststellen, dass sich gerade hier der Kontrast zeigt, zwischen Anerkennung dieser Rechtsfigur, als Bekenntnis zu den Ergebnissen der kriminalanthropologischen Forschung, und zugleich deren Missachtung bei der Strafdrohung, wenn für den „delinquente per tendenza“ pauschal doppelte Strafe geordert wird.[1023] Die sei „zu viel und ungerecht wenn das Gesetz selbst anerkennt, dass Einsicht und Wollen des Rechtsbrechers unter dem Einfluss vorherrschender instinktiver Triebe stehen; zu wenig, wenn das Gesetz mit doppelter Strafe einen Trieb zähmen und abschrecken will, den er selbst als instinktiv, also als unabänderlich anerkennt.“[1024] Ebenfalls ablehnend äußert sich auch LATTES.[1025]

An dieser Stelle sind auch DI TULLIO und BIANCHI zu erwähnen. Beide verhelfen LOMBROSOS Ideen zu einer Renaissance. BIANCHI kommt in seinen Studien zu dem Ergebnis, dass das Verbrechen auf körperliche und seelische Minderwertigkeiten zurückzuführen ist und immer von evolutionären Schädigungen (Vererbung, Umwelt), krankhaften Vorgängen (Neuropsychopathien), Intoxikationen (Alkohol u.a.) oder Infektionen (Syphilis u.a.) herrührt.[1026] Gleiches stellt auch DI TULLIO fest, der 1927 mit einer umfassenden Untersuchung des bisherigen Standes der Kriminalanthropologie, ergänzt durch seine eigenen Untersuchungen als Kriminalanthropologe bei der „Scuola di Polizia scientifica“ und in den Gefängnissen von Rom, hervortritt.[1027] 1930 schreibt

---

[1020] Beispielhaft seien genannt: Carrara, L' elemento antropologico nell' codice penale, Scuola Positiva, 1931, p.97 – 106, Carrara, Il delinquente per istintiva tendenza nell Progetto Rocco, e l' antropologia criminale, Scuola Positiva, 1928, p.801 – 814.

[1021] Carrara, Appunti sul progetto, Archivio, 1927, p.1028.

[1022] Carrara, Appunti sul progetto, Archivio, 1927, p.1028.

[1023] Carrara, Der Entwurf des italienischen Gesetzbuchs 1927, Z. ger. Med., 1928, S.14.

[1024] Carrara, Der Entwurf des italienischen Gesetzbuchs 1927, Z. ger. Med., 1928, S.14.

[1025] Lattes, Il „delinquente per istintiva tendenza“, Archivio, 1927, p.3 – 6.

[1026] Bianchi, Eugenica, igiene e profilassi mentale, Napoli, 1925.

[1027] Di Tullio, La costituzione delinquenza nella etiologia e terapia del delitto, Roma, 1929. V. HENTIG schreibt über DI TULLIO: „DI TULLIO gehört zu den jüngeren Kriminalanthropologen und Kriminalpsychologen Italiens, er, dass die Forschung der letzten Jahre es rechtfertige „die Grundlage für alle echten verbrecherischen Äußerungen in einem pathologischen oder degenerativen Kern zu suchen." Daneben treten die sozialen Faktoren als zweitrangig in den Hintergrund. Er stellt hierzu fest: „Wenn schon die Bedeutung (der sozialen Faktoren)...in keiner Weise mehr in Zweifel gezogen werden kann, so bleibt doch ihre Rolle immer sekundär, sie agieren als aktivierende und manifestierende Hilfskräfte, sind darauf beschränkt, die kriminelle Ansprechbarkeit, vorgegeben in konstitutioneller psycho-physischer Anomalie, wirksam in Erscheinung treten zu lassen."[1028] Seine „Therapievorschläge" konzentrieren sich dann vor allem auf Vorbeugemaßnahmen „profilassi sociale", die vor allem den Bereich der Eugenik „eugenica" und „igiene mentale" erfassen. Bei den Strafen mahnt er zur Individualisierung im Strafvollzug. Eine Auseinandersetzung mit der Frage der Todesstrafe, die in diesem Zeitraum wieder in Italien wieder eingeführt wird, erfolgt jedoch nicht.[1029]

III. Carraras Standpunkt zur Frage der Todesstrafe

CARRARA hingegen setzt sich als einziger Mediziner nach LOMBROSO und LIVI mit der Frage der Todesstrafe auseinander. Er bleibt dabei LOMBROSO und der „Antropologia Criminale" treu und spricht sich dafür aus, dass der Gesellschaftsschutz bei schwerster Kriminalität dann auch die Todesstrafe rechtfertigen könne.[1030] Wieder ist es der „delinquente nato", bei dem der Anwendungsbereich der Todesstrafe liege. Wie ANTONINI schon bei LOMBROSO feststellt, hegt auch CARRARA wenig Sentimentalität für den „delinquente nato". So stellt er zu seinem kriminalanthropologischen Standpunkt diesbezüglich fest: „Nun ist die Kriminalanthropologie nicht in Vorurteilen gegen diese Strafe befangen. Sie erkennt vielmehr an, dass wenigstens bei den schwersten Arten dieser Kriminalität, die mit einer angeborenen immanenten Entartung des Verbrechers verbunden sind, die radikale Beseitigung derartiger Elemente eine zuverlässige Vorbeugungsmaßnahme ist, wenn kein anderes therapeutisches, psychologisches oder korrektives Mittel mehr Aussicht auf Erfolg verspricht."[1031]

Trotz seiner grundlegenden Haltung zur Frage der Todesstrafe kann sich CARRARA aber dennoch nicht mit dem Vorentwurf des Italienischen Gesetzbuches anfreunden. Er meint, dass sich gerade bei der Todesstrafe wieder der verborgene Kontrast zwischen den Ergebnissen der Kriminalanthropologie und der Strafgesetzgebung zeige.[1032]

---

auf den nicht nur sein Land, sondern auch die internationale Wissenschaft mit sehr großen Erwartungen blickt." V. Hentig, MonKrim, 1930, S.248.

[1028]Di Tullio, Anlage und Kriminalität, ZStW, 1930, S.492, 494 – 496.

[1029]Vgl. letztes Kapitel (Cap. IX) bei Di Tullio, La costituzione delinquenza, 1929, aber auch später Di Tullio, Antropologia Criminale, 1940.

[1030]Carrara, Appunti sul progetto, Archivio, 1927, p.1029.

[1031]Carrara, Der Entwurf des italienischen Gesetzbuchs, Z. ger. Med., 1928, S.22.

[1032]Carrara, Appunti sul Progetto, Archivio, 1927, p.1028.

Grund für diese Aussage ist die Androhung der Todesstrafe für politische Verbrechen. Da der politische Verbrecher zumeist nicht der Unverbesserliche, der Delinquente Nato, sondern entweder der „psychisch Entgleiste", oder „Gelegenheits- bzw. Affektsverbrecher" sei,[1033] befürwortet er in keinem Fall die Todesstrafe: „Gegen diese Individuen ist die Abwehr des Staates und der Gesellschaft berechtigt, aber es muss eine Abwehr sein, die dieser episodischen Gefährlichkeit Rechung trägt und örtlich und zeitlich begrenzt ist..."[1034]

IV. Weitere Stellungnahmen italienischer Psychiater zur Todesstrafe

Der Psychiater und Direktor der Irrenanstalten von Udine und später von Turin, GIUSEPPE ANTONINI beteiligt sich 1906 mit einem eigenen Lehrbuch an der kriminalanthropologischen Diskussion. In diesem legt er die Bedeutung der Antropologia Criminale in der Frage der Zurechnungsfähigkeit dar und würdigt die bestehenden gesetzlichen Bestimmungen kritisch. Er warnt insbesondere den „delinquente nato" als unzurechnungsfähig (i.S.d. § 46 c.p.) zu bezeichnen, da jedenfalls derzeit die Irrenanstalten nicht die geeignete Sicherung für diese Verbrechergruppe bieten könnten.[1035] Zur Frage der Todesstrafe bezieht er ausdrücklich keine Stellung: „Wir wollen hier nicht untersuchen ob diese Maßnahme (misura) Strafe gegen den modernen Geist und die Gesetze der Natur verstößt oder ob sie statt dessen im Daseinskampf eine Grundlage für den Fortschritt ist..." [1036]

Seit 1926 schalten sich dann neben CARRARA, LATTES, DI TULLIO und BIANCHI auch andere Mediziner[1037] ein, um an den Strafrechtsreformverhandlungen für den neuen

[1033] M. Carrara, Der Entwurf des italienischen Gesetzbuchs 1927, Z. ger. Med., 1928, S.22. In Italien schreibt er hierzu, dass das politische Delikte häufig, er stellt aber klar, nicht immer, von psychopatischen Individuen begangen würden, auf die man die Bestimmungen über die Unzurechnungsfähigkeit wegen Mangel der Einsichtsfähigkeit (inimputabilità per vizio di mente) anwenden müsste; geistesgestört, einem Bereich geistiger Beschränkung zugehörend, fanatisch, zur Gruppe der Überzeugungstäter zählend, daher sei für sie Milde zu fordern, „die Todesstrafe ist für sie doppelt ungerecht, da grausam und nutzlos." Carrara, Appunti sul Progetto, Archivio, 1927, p.1028. Außerdem kritisiert CARRARA, dass sich bei diesem Gesetzesentwurf die Tendenz abzeichne, eine Umwertung der Beweggründe vorzunehmen, denn gerade dort, wo diese besonders ausgeprägt seien, nämlich bei den politischen Delikten, solle auf dieses Kriterium nahezu verzichtet werden. Und die Berücksichtigung der Beweggründe könne meist nur zu einer milden Strafe führen. ...diese Beweggründe sind gewöhnlich beim politischen Verbrechen nicht niedrig und egoistisch sondern im Gegenteil edel und altruistisch. Carrara, Der Entwurf des italienischen Gesetzbuchs 1927, Z. ger. Med., 1928, S.12 – 22, S.22.

[1034] Carrara, Der Entwurf des italienischen Gesetzbuchs 1927, Z. ger. Med. 1928, S.22.

[1035] Antonini, I Principi Fondamentali della Antropologia Criminale, 1906, p.20.

[1036] Antonini, I Principi Fondamentali della Antropologia Criminale, 1906, p.117.

[1037] Stellvertretend seinen dabei erwähnt: PROF. G. CANUTO, Le disposizioni dei nuovi concetto penale che interessano il medico, 1932. Der Autor schließt dabei, dass auch wenn sich der codice penale nicht immer an die medizinisch - biologischen Vorgaben hält, er dennoch eine Vorhut des modernen Kriminalrechts sei. Und was die Kenntnis der Person des Verbrechers angehe, mache er viele Anzeichen, den biologischen Interpretationen zu folgen. Prof. ANSELMO SACERDOTE schreibt über die Beziehungen des Entwurfs Rocco zur Kriminalanthropologie und äußert, dass dieser in vielen wichtigen Punkten den Ergebnissen der Kriminalanthropologie folge. Insbesondere stellt er fest: „Der „delinquente nato lombrosiano" hält Einzug in die Strafgesetzgebung." und italienischen „codice penale“ zu beteiligen. Interessant dabei ist, dass keine der Stellungnahmen eine Auseinandersetzung oder auch nur Anmerkung zur Frage der Todesstrafe enthält. Dies erstaunt umso mehr, da wie gezeigt wurde, die Todesstrafe wieder in das Strafgesetz aufgenommen werden soll. Von der alten Tradition eines LIVI ist damit 1926 nichts mehr zu spüren.

I. Der radikale Standpunkt ALFRED HOCHES (1865 – 1943)

I. Zu Person und Lebenswerk

HOCHE habilitiert sich 1891 in Strassburg, wo er bis 1898 als Oberarzt tätig ist. 1902 erfolgt dann seine Ernennung zum Leiter der Psychiatrischen und Nervenklinik an der Universität Freiburg, weitere Berufungen lehnt er ab. 1906 erfolgt seine Ernennung zum geheimen Hofrat und ebenfalls zum Dr. jur. h.c. der Universität Tübingen.

Besonders erwähnenswert ist im Rahmen seiner Tätigkeit das zusammen mit ASCHAFFENBURG und BUMKE verfasste Handbuch der gerichtlichen Psychiatrie. Sein radikaler Standpunkt enthüllt sich dann 1922 in der mit BINDING verfassten Schrift „Die Vernichtung lebensunwerten Lebens“. Vorliegend gilt die Betrachtung vor allem seinem Aufsatz „Die Todesstrafe ist keine Strafe“, der 1932 in der MschrKrim erscheint.

Mit HOCHES Argumentation in dieser Publikation schließt sich in Deutschland der Kreis zu LIVIS anfänglich dargestellter Argumentation. Beide Mediziner teilen einige Gemeinsamkeiten. Beide entbehren in ihrem Werk allgemeine umfassende Auseinandersetzungen um Verbrechen und Strafe, wie sie vor allem von LOMBROSO und ASCHAFFENBURG verfasst werden, fühlen sich aber dennoch berufen, in der Frage der Todesstrafe das Wort zu ergreifen und bleiben mit ihren Abhandlungen nicht unbeachtet.[1038] Zuletzt verneinen beide die Frage, ob die Todesstrafe überhaupt eine Strafe sei.

meint dabei die Figur des delinquente per tendenza. Zur Problematik der Todesstrafe äußert er sich hingegen nicht. Sacerdote, Progetto preliminare in rapporte all' Anthropologia Criminale, Archivio, p.857 – 860. Auch der Psychiater FILIPPO SAPORITO und SALVATORE OTTOLENGHI äußern sich und können viele Gemeinsamkeiten zwischen den Forderungen der kriminalanthropologischen Schule und dem faschistischen Reformprogramm finden. Kritik erfolgt genauso wenig wie eine Stellungnahme zur Wiedereinführung der Todesstrafe und deren Auswirkungen. Ottolenghi, La personalità del delinquente nel progetto "Rocco", Zacchia, 1927, p.139 – 146, Saporito, Il progetto Rocco dal punto di vista biologico, Scuola positiva, 1928, p.20 – 37.

1038 HOCHES Aufsatz „Die Todesstrafe ist keine Strafe“ und dessen italienische Fassung: Hoche, La pena di morte non e una pena, Riv. Dir. Penit., 1934, p. 32 – 37 bleibt nicht unbeachtet. Deutsche und italienische Juristen antworten, von seinen medizinischen Kollegen hingegen erscheint keine Stellungnahme. Jäger, Zu Hoches Auffassung: „Die Todesstrafe ist keine Strafe“, MschrKrim., 1932, S.359 – 362 und Cuboni, Veramente la morte non è una pena? Riv. Dir. Penit., 1935, p.843 – 853 und die Anmerkung bei Casalinuovo, Disciplina giuridica della Pena di morte, 1939, p.16.

Dass dann aber HOCHES Auffassungen von Strafe und die Frage der Todesstrafe in absoluten Gegensatz zu LIVIS Standpunkt stehen, wird nun aufgezeigt.

II. Die Grundlagen des Strafrechts

Gemeinsam mit seinen psychiatrischen Kollegen, wie schon bei ASCHAFFENBURG erwähnt, bekennt sich HOCHE zum Determinismus. Er urteilt: „wenn zugegeben wird, dass die abnormen Erscheinungen bei Geisteskranken gesetzmäßig bedingte Beziehungen zum materiellen Geschehen im Hirne haben, so gilt dies in genau der gleichen Weise für das geistige Geschehen überhaupt. Die Erfahrungen der Psychopathologie führen mit Notwendigkeit in der Frage der Willensfreiheit zum Determinismus."[1039] Die Strafbarkeit bleibe aber dennoch gegeben, soweit die „normale Bestimmbarkeit durch normale Motive" gegeben sei.[1040] Dass der gerichtliche Sachverständige diese Unterscheidung treffen kann, wird von HOCHE nicht angezweifelt. „Der Arzt hat sich darüber zu äußern, ob für den einzelnen Angeklagten die allgemeine Voraussetzung, dass er normal sei, zutrifft, und weiterhin, wenn er geistig nicht normal ist, ob die Abweichung so beschaffen oder so ausgedehnt ist, dass in den dem Handeln vorausgehenden seelischen Vorgängen krankhaft beeinflusste Glieder vorhanden sind, die also sein Wollen nicht frei, d.h. frei von krankhaften Momenten erscheinen lassen." [1041]

In der Frage der Strafzwecke bezieht HOCHE dann keinen eindeutigen Standpunkt. Aber alles deutet auf eine Vereinigungstheorie hin, in welcher der Gedanke der Schuldvergeltung, zusammen mit general- und spezialpräventiven Elementen als „Sinn der Strafe" erscheint. Für den einseitig spezialpräventiv – bessernden Standpunkt eines LIVIS hat HOCHE aber kein Verständnis. Er führt aus: „Der Sinn des Strafens hat seinen Niederschlag gefunden in der geschichtlichen Entwicklung der Lehre von den Strafzwecken; der älteste und für das unbefangene Denken auch heute noch am meisten einleuchtende ist die Sühne für Unrecht und die Abschreckung vor Wiederholung, der neueste, der heute die übrigen überwuchert, ist der der Erziehung und Besserung des Rechtsbrechers; dazwischen schob sich die Sicherung der Gesellschaft ein."[1042] Und den Zusammenhang zwischen Tat und Strafe beschreibt er dahin: „Der psychologische Zusammenhang zwischen Tat und Strafe ist so gedacht, dass man dem Täter ein Übel zufügen will, weil er ein Gebot übertreten hat, oder damit er es nicht wieder übertritt..."[1043] Dass HOCHE die Betonung der Besserung des Verbrechers als Zweck der Strafe wenig zusagt, erschließt sich aus seinen radikalen Ansichten und Anmerkungen.

[1039]Hoche, Freiheit des Willens, Grenzfr. Nerv. Seele, 1902, S.39.
[1040]Hoche, Die klinischen Grundlagen der gerichtlichen Psychiatrie, in: Handbuch Psychiatrie, 1934, S.237.
[1041]Hoche, Freiheit des Willens, Grenzfr. Nerv. Seele,1902, S.39.
[1042]Hoche, Die Todesstrafe ist keine Strafe, MschrKrim., 1932, S.554. Der Aufsatz basiert auf einer Rede HOCHES auf der Badener Neurologenversammlung.
[1043]Hoche, Die Todesstrafe ist keine Strafe, MschrKrim., 1932, S.554.

Er spricht davon, dass man sich „in einer sentimentalen Ära“ staatlichen Strafens befände, das „Schwert der Justiz“ sei „mit Watte umwickelt“. Seine Einstellung zu „falschen Sentimentalitäten“ kommt dann auch in seiner Befürwortung der Vernichtung lebensunwerten Lebens zum Ausdruck.[1044] Für ihn ist die Strafe ein Übel, wo LIVI von „Fühlbarkeit“ spricht. Alle Ausführungen HOCHES zur Strafe weisen dann die Richtung in der Argumentation zur Todesstrafe.

III. HOCHES neue Begrifflichkeit: endgültige Ausschaltung statt Todesstrafe

Dass HOCHE zur Todesstrafe nicht unter dem Gesichtspunkt der Besserung Stellung nehmen würde, ist nach dem bereits dargestellten zu vermuten. Der „überwuchernde Besserungsgedanke“ bleibt ohne Berücksichtigung in der Argumentation. Was HOCHE indes aufgreift, ist die Frage der abschreckenden Wirkung. Es hat sich bisher gezeigt, dass praktisch alle Mediziner, von LOBEDANK einmal abgesehen, der generalpräventiv abschreckenden Wirkung der Todesstrafe skeptisch bis ablehnend gegenüberstehen. Anders indes HOCHES Urteil.

Zunächst führt er aus, dass statistische Erhebungen gegen die Abschreckungswirkung ob der Nichtvergleichbarkeit der Verhältnisse „zu nichts führen können“. ... „Etwas sicheres und greifbares ist dagegen das, was wir im Verurteilten selbst sich abspielen sehen.“ [1045] Und hier weiß er aus eigener Erfahrung zu berichten, dass der Tod in der Regel für den Rechtsbrecher den weit größeren Schrecken bedeutet. „Als Gegenmotiv hat der Tod eine seelisch viel einschneidendere Kraft als die Freiheitsstrafe; ich habe im Laufe der Jahrzehnte mit Dutzenden von Mördern und Totschlägern zu tun gehabt und kann mit Bestimmtheit sagen, dass die Todesstrafe in der Regel für den Verbrecher, auch im Vergleich zur lebenslängliche Zuchtshausstrafe, einen weit größeren Schrecken bedeutet.“[1046] HOCHE glaubt an die Wirkung der Todesdrohung auf das Unterbewusstsein, denn dass der Täter im Zeitpunkt der Tat an die Strafe denkt, meint auch er nicht. „Kein Täter wägt ab, hier mein Vorsatz zum Töten, dort die Todesstrafe; der Vorsatz ist ihm gegenwärtig, das Bild der Tat ist fern!“[1047] HOCHE bekennt: „Ich persönlich glaube an eine abschreckende, somit erziehende Wirkung, wenn ich sie auch nicht zahlenmäßig beweisen kann.“[1048] Und stellt in Hinblick auf die Strafzwecke fest: „Von allen Strafzwecken bleibt bei der Todesstrafe nur ihre Rolle als Gegenmotiv....“[1049]

[1044]Binding, Hoche, Die Vernichtung lebensunwethen Lebens, 1923.
[1045]Hoche, (zur Todesstrafe), in: Der Mörder und der Staat, 1928, S.180.
[1046]Hoche, Die Todesstrafe ist keine Strafe, MschrKrim., 1932, S.557.
[1047]Hoche, Die Todesstrafe ist keine Strafe, MschrKrim., 1932, S.556.
[1048]Hoche, (zur Todesstrafe) in: Der Mörder und der Staat, 1928, S.180.
[1049]Hoche, Die Todesstrafe ist keine Strafe, MschrKrim., 1932, S.556.

Interessant ist in diesem Zusammenhang, dass sich HOCHE zum Argument der „künstlichen Auslese" als weitere Funktion der Todesstrafe überhaupt nicht äußert, obwohl er radikale Standpunkte an anderer Stelle nicht scheut.[1050] Dies kann im Zusammenhang mit seiner Einstellung zur Frage der direkten Vererbung von bestimmten Belastungen gesehen werden. Er beurteilt „eine irgendwie geartete Wertminderung einer Persönlichkeit, die auf missliche erbliche Einflüsse zu beziehen ist"[1051] in Hinblick auf deren Aussagekraft bei dem einzelnen Individuum äußerst kritisch. „Es folgt daraus, dass die „erbliche Belastung" nichts ist, was dem Individuum schon deswegen anhaftet, weil es Kranke unter den Ahnen hat; bei den gesund bleibenden Nachkommen ist es überhaupt nichts objektiv Greifbares; es ist nur ein Denkzusammenhang da in dem Sinne: für diesen Menschen besteht die, größere oder kleinere, Aussicht dazu, dass sein geistiges Leben nicht normal verlaufen wird."[1052]
Weiter äußert er sich dann zum Justizirrtum. Ihr Anteil ist ihm gering. „Hält man die Todesstrafe im Interesse der Gesamtheit für erwünscht, soll man nicht von prozentual verschwindend kleinen Irrtumsmöglichkeiten sentimentalen Rat nehmen."[1053]Angesicht von Kriegen und Katastrophen sind „zarte ästhetische Rücksichten gegenüber dem kalt überlegenden Mörder...eine hysterisch verstiegene Weichlichkeit." [1054]

Zuletzt stellt HOCHE dann die Frage „Ist die Todesstrafe eine Strafe?". Die Strafe ist für ihn Zufügung eines Übels. LIVI argumentiert hier, dass die Todesstrafe bereits im Zeitpunkt ihrer Vollziehung endet. HOCHE hingegen beginnt mit der Feststellung, dass allgemeine Voraussetzung der Frage der Übelszufügung sei, dass es „...besser sei zu leben als tot zu sein. Es ist dies die ganze Überzeugung jedes primitiven und im allge-

---

[1050]Binding, Hoche, Die Vernichtung lebensunwerthen Lebens, 1922.
[1051]Hoche, Die klinischen Grundlagen der gerichtlichen Psychiatrie, Handbuch Psychiatrie, 1934, S.256.
[1052]HOCHE schreibt hierzu: „Trotz unserer grundsätzlich festen Überzeugung von dem Walten bestimmter Vererbungsgesetze auch auf dem Gebiet der psychischen Erkrankungen ist der Umfang unseres gesicherten Wissens noch gering." Hoche, Die klinischen Grundlagen der gerichtlichen Psychiatrie, Handbuch Psychiatrie, 1934, S.259 – 261. Und so stützt sich HOCHES Argumentation zur „Vernichtung lebensunwerten Lebens" auch nicht auf eine eugenische Argumentation. Vielmehr schreibt er: „Gibt es Menschenleben, die so stark die Eigenschaft des Rechtsgutes eingebüsst haben, dass ihre Fortdauer für die Lebensträger wie für die Gesellschaft dauern allen Wert verloren hat." Diese Frage glaubt HOCHE vom ärztlichen Standpunkt bejahen zu dürfen. Er spricht von „Ballastexistenzen" und verweist auf „Das Bewusstsein der Bedeutungslosigkeit der Einzelexistenz, gemessen an den Interessen des Ganzen, das Gefühl einer absoluten Verpflichtung Zusammenraffung aller verfügbaren Kräfte unter Abstoßung aller unnötigen Aufgaben...." „...eine neue Zeit wird kommen, die von dem Standpunkte einer höheren Sittlichkeit aus aufhören wird, die Forderungen eines überspannten Humanitätsbegriffs und einer Überschätzung des Wertes des Individuums schlechthin mit schweren Opfern dauernd in die Tat umzusetzen." Binding, Hoche, Die Vernichtung lebensunwerthen Lebens, 2. Auflage 1922, S.51, 62. Beachtlich ist in Hinblick auf die Radikalität der Forderungen BINDINGS und HOCHES, dass eine prompte Reaktion von Medizinern und Juristen nahezu ausbleibt. Stellvertretend ist hier der kurze Artikels von JOHANNES BRESLER (1866 – 1942), Sanitätsrat, zu erwähnen, der BINDINGS Ausführungen nicht zustimmen kann, aber zu HOCHE erstaunlicherweise anmerkt, dessen Ausführungen seien „wesentlich bedachter, gründlicher und zurückhaltender". Bresler, Bindings „letzte Tat für die leidende Menschheit", Psych. Neurolog. Wschr, 1920, S. 289 – 290 und ohne Bewertung der Hinweis in: Scuola Positiva, 1921, p.604.
[1053]Hoche, (zur Todesstrafe), Der Mörder und der Staat, 1928, S.179.
[1054]Hoche, (zur Todesstrafe), Der Mörder und der Staat, 1928, S.180.

meinen auch die des normalen Menschen, dem der Drang nach Erhaltung des Lebens, nötigenfalls um jeden Preis, selbstverständlich ist. Eine allgemeine Überzeugung ist das nicht...Die These, dass Leben das Bessere sei, wird alljährlich in Deutschland von 16 – 17 000 Selbstmördern verneint, eine Zahl, zu denen in diesem Zusammenhang auch die Summe der missglückten Versuche zu rechnen wäre. ...wäre schon der Wunsch nicht mehr zu leben, ohne weiteres genügend, so würde kein sensibler Mensch alt werden, an gefühlsmäßigen Regungen, die den Tod als wünschenswert erscheinen lassen, kommt niemand vorbei."[1055] Diese Argumentation endet dann aber mit der Feststellung: „Der Staat jedenfalls geht von der Voraussetzung aus, dass das Leben das höchste Gut ist und dass seine Entziehung die schwerste Strafe bedeutet."[1056]

Wenn schon LIVI argumentiert, dass natürlich die Zeit vor der Vollstreckung zu schrecklichen Qualen führe, aber hierbei handle es sich schließlich nicht um die verhängte Strafe und die Tötung selbst erscheine als Tötung, nicht hingegen als Strafe, fügt HOCHE dieser Ansicht nichts neues hinzu. HOCHE schreibt hierzu: „Totsein aber bedeutet kein Leiden...Der Strafvollzug ist, bei nüchterner Betrachtung in dem Augenblick zu Ende, in dem er begonnen hat....Nicht einmal die Hinrichtung bedeute ein Leiden." [1057] Das Enthaupten durch die Guillotine bewertet er „vom medizinischen Standpunkt" als „vollkommen schmerzlos" gelten.[1058] Und weiter stellt er klar, dass die Todesangst gewiss ein Leiden sei, aber „die Menschen werden nicht zur Todesangst, sondern zum Tode verurteilt." [1059]
Was dann aber für LIVI zu einem der Aspekte gegen die Todesstrafe wird, nimmt in HOCHES Argumentation eine neue Gestalt an. Zunächst stellt dieser klar: „Man würde mich völlig missverstehen, wenn man aus diesen Ausführungen ableiten wollte, dass ich für die Abschaffung der Todesstrafe sei; im Gegenteil, ich halte alle gegen sie vorgebrachten Einwände teils für doktrinär, teils für sentimental." [1060] Und an anderer Stelle schreibt er: „Wer nachgewiesenermaßen in geistiger Gesundheit und Verantwortlichkeit die Voraussetzungen des menschlichen Gesellschaftslebens an seiner wichtigsten Stelle verneint, muss aus ihm ausgeschlossen werden, und zwar in einer Form, die eine Wiederkehr endgültig unmöglich macht."[1061]

[1055]Hoche, Die Todesstrafe ist keine Strafe, MschrKrim., 1933, S.553 – 558, S.555. Auch HANS V. HENTIG weißt auf dieses Argument hin: „...Dieses für manche Menschen und für viel Mörder weniger Schlimme betrachten wir nach den Maßstäben unserer Sterbensfurcht für das Schlimmste und wundern uns, dass unsere falsche Drohung oft nicht schreckt." V. Hentig, Abgeschreckt, MschrKrim., Bd.23, 1933, S.745.
[1056]Hoche, Die Todesstrafe ist keine Strafe, MschrKrim., 1933, S.555.
[1057]Hoche, Die Todesstrafe ist keine Strafe, MschrKrim., 1933, S.555.
[1058]Hoche klärt an dieser Stelle den Leser über die medizinischen Einzelheiten auf, die zeigen, dass das Bewusstsein schwinde, bevor eine Schmerzmeldung noch das Gehirn erreichen könne. Hoche, Die Todesstrafe ist keine Strafe, MschrKrim, 1933, S.555 – 556.
[1059]Hoche, Die Todesstrafe ist keine Strafe, MschrKrim., 1933, S.556.
[1060]Hoche, Die Todesstrafe ist keine Strafe, MschrKrim., 1933, S.556.
[1061]Hoche, (zur Todesstrafe), in: Der Mörder und der Staat, 1928, S.180 – 181.

An dieser Stelle zeigt sich nun der neue Standpunkt, den HOCHE in der Frage der Todesstrafe einzuschlagen gedenkt. Ohne dass HOCHE hier geläufige Begriffe wie „Unverbesserlichkeit“ und „Minderwertigkeit“ anfügt, spricht er sich dafür aus: „Der weitere Entwicklungsgang wird dahin führen, dass die der sittlichen Gefühle dauernd ermangelnden, „antisozialen“ Elemente nicht mehr „bestraft“, sondern in einer ihrer Individualität angepassten Form für die Gesellschaft unschädlich gemacht werden.“ [1062] Aus den bisherigen Feststellungen geht hervor, dass sich alle Psychiater dafür ausgesprochen haben, dass dort, wo Besserung nicht in Frage komme, nur Sicherung möglich sei. Mit der Betonung des Sicherungsgedankens tritt dann eine Zurückhaltung ein, ob man überhaupt noch von Strafe sprechen könne und auch die Reformvorschläge übernehmen mit dem Maßregelsystem eine Sicherungsmaßnahme, die keine Strafe mehr sein soll.

HOCHES Ergebnis ist ein Produkt der Weiterentwicklung des Sicherungsgedankens. Er beweist bei seiner Argumentation wenig System, aber die Richtung tritt deutlich hervor. Er fordert „Sicherung“ durch „Ausschaltung“ zu ersetzen. Während erstere die Bedürfnisse der Gesellschaft im Auge habe, gelte Ausschaltung dem Zustand oder Handeln des Täters, das ihn zur weiteren Teilnahme an der menschlichen Lebensgemeinschaft untauglich mache.[1063] Nicht die Sicherung der Gesellschaft, sondern die Untauglichkeit des Täters rechtfertigt damit die Maßnahme einer entgültigen oder zeitweisen Ausschaltung. Mit der Verlagerung von Sicherung hin zur Ausschaltung verändert er die Zielrichtung. Nicht mehr der Gesellschaftsschutz soll die Maßnahme rechtfertigen, sondern die der „Zustand oder das Handeln des Täters“. Welches Ziel HOCHE mit dieser neuen Begründung verfolgt, bleibt unklar

Neben der Umbenennung der Sicherungsmaßnahme in die Ausschaltungsmaßnahme ist der zweite neue Aspekt, die Einstufung der Tötung von Staats wegen, als eine dieser Maßnahmen. Die Diskussion in der Psychiatrie um „unverbesserliche“ bzw. „minderwertige Verbrecher“ und die Forderung nach „entgültiger Ausschaltung“ wird von HOCHE in Hinblick auf die Todesstrafe konsequent weitergeführt. Unabhängig davon, ob der Kompromiss eines zweispurigen Nebeneinander von Strafe und Sicherungsmaßregel eingegangen wird, erscheint das Ziel „entgültiger Ausschaltung“ in der psychiatrischen Diskussion nie als Strafe sondern immer als Maßnahme.

Ob HOCHE allein für Mörder diese „entgültige Ausschaltung“ durch die „Tötung von Staats“ wegen begrenzen will, bleibt zweifelhaft[1064]. Zwar verschwimmen die ver-

---

[1062] Hoche, Die Todesstrafe ist keine Strafe, MschrKrim., 1932, S.557.
[1063] Hoche, Die Todesstrafe ist keine Strafe, MschrKrim., 1932, S.557.
[1064] Der Jurist JÄGER bezieht in der Besprechung von HOCHES Aufsatz ganz selbstverständlich neben den Mördern auch „hinreichend Gemeingefährliche“ mit ein. Jäger, Zu Hoches Auffassung: „Die Todesstrafe ist keine Strafe“, MschrKrim., 1932, S.359 – 362.

schiedenen Strafbegründungen und auch der Vergeltungsgedanke wird erwähnt, der die Todesstrafe mit dem Morddelikt in Beziehung setzt. Auf der anderen Seite beweist er auch an anderer Stelle Radikalität in seinen Forderungen. Außerdem zeigen die bisherigen Darstellungen, worauf auch HOCHE hinweist, dass sich gerade in der Psychiatrie die Frage der „Unschädlichmachung" mit „Unverbesserlichkeit" und nicht mit einem bestimmten Delikt verbindet.[1065] Im Ergebnis zeigt sich damit, wie HOCHE in seiner Argumentation praktisch den radikalen Abschluss der bisher betrachteten psychiatrischen Reaktionsvorschläge auf „Unverbesserlichkeit" entwickelt.

[1065]HOCHE schreibt hierzu: „Ausschaltung in diesem Sinne ohne Tötung erstrebt die Psychiatrie seit längerer Zeit für einen bestimmten Typus habitueller Rechtsbrecher, für deren Behandlung das jetzige geltende Strafrecht keine Formel besaß...ich habe hier im Auge die konstitutionellen Psychopathen, die lebenslänglich an der Grenze der formalen Zurechnungsfähigkeit hinpendeln und mit ihren ewig wiederholten Bestrafungen und Rückfällen das Kreuz der Rechtspflege (und der Gutachter) darstellen, Fälle, die durch Freiheitsstrafe in ihrem Wesen und ihrer Reaktionsart nicht geändert werden, die allerdings nicht als geisteskrank im Laiensinne anzusehen sind, Fälle, die weder in die Strafvollzugsanstalt, noch in die Irrenanstalten gehören; für sie fehlt jetzt und voraussichtlich noch lange die Ausschaltung aus der Gesellschaft, für die eine Form erst neu zu schaffen wäre." Hoche, Die Todesstrafe ist keine Strafe, MschrKrim., 1932, S.558.

Zusammenfassung und Schluss:

Die vorangegangene Darstellung und Analyse erlaubt zuletzt zusammenzufassen, wie sich die medizinische Beteiligung an Fragestellungen um Verbrechen und Strafe verhält, welche Rolle die Todesstrafe einnimmt und ob sich spezielle interkulturelle Unterschiede ausmachen lassen.

Dabei hat vorab die Betrachtung der modernen Strafrechtsschulen in Deutschland und Italien in Hinblick auf ihre Vertreter FERRI und V. LISZT gezeigt, dass FERRI die gesamten herkömmlichen Grundlagen des Strafrechts beiseite schiebt und ein umfassendes System des Gesellschaftsschutzes entwirft, während sich V. LISZT zurückhaltender verhält. So bricht dieser nicht offensichtlich mit der Frage der Zurechnungsfähigkeit als Voraussetzung der Strafbarkeit und schafft Kompromissangebote, vor allem zur unbestimmten Verurteilung, einem der Hauptstreitpunkte der Reformbestrebungen überhaupt.

Zugrunde liegt ihren beiden Auffassungen die Forderung, das Strafrecht müsse auf Zweckmäßigkeitserwägungen aufgebaut werden. Die Ergebnisse und Entwicklungspotentiale der wissenschaftlichen Erforschung der Verbrechensursachen werden dabei unterschiedlich beurteilt. Während FERRI gerade bei der anthropologischen, psychologischen bzw. pathologischen Forschung zuversichtlich ist, dass mancher Erfolg schon errungen sei und viele noch folgen, bleibt V. LISZT skeptisch, ohne sich aber deshalb in seiner Argumentation mit Zuweisungen wie Entartung, Minderwertigkeit oder Unverbesserlichkeit zurückzuhalten. In der Beurteilung der Verbrechensursachen besteht dann wieder Konsens. Das Verbrechen erscheint als das Produkt der individuellen Faktoren einerseits und des sozialen Milieus andererseits.

Gemeinsam ist FERRI und V. LISZT aber auch die Zielsetzung ihrer Bestrebungen, der Kampf vor allem gegen die schwereren Formen der Kriminalität, für deren Personifizierung auf Bezeichnungen wie Unverbesserliche, geborene Verbrecher und Gewohnheitsverbrecher zurückgegriffen wird. Obwohl beide die große Bedeutung der sozialen Faktoren bei den Verbrechensursachen betonen und den Strafen in der Kriminalitätsbekämpfung nur eine geringe Rolle beimessen, steht dann dennoch das Strafrecht im Mittelpunkt der Auseinandersetzung. Dabei muss bei den vorgeschlagenen staatlichen Sanktionen das Individuum hinter den Gemeinschaftsinteressen vollkommen zurücktreten. Bedenken gegen die Rechtfertigung einschneidender Maßnahmen werden nicht erhoben. FERRI und V. LISZT begnügen sich letztlich mit der Begründung, dass dort, wo der Rechtsgüterschutz bzw. der Gesellschaftsschutz Unschädlichmachung notwendig mache, sie dieser zugleich rechtfertige. Unschädlichmachung meint dabei die endgültige Ausschaltung aus der Gesellschaft. Primär soll dieses Ziel durch lebensängliche Einsperrung erreicht werden. Wie sich dann aber weiter zeigt, wird in Hinblick auf eine Gruppe besonders gefährlicher Verbrecher die Todesstrafe in Erwägung gezogen. Schon die Begrenzung auf besonders gefährliche Verbrecher beweist dabei, dass die Todesstrafe nicht das Mittel gegen die Unverbesserlichen schlechthin sein soll. Einig sind sich beide, dass Zweckmäßigkeitserwägungen die Todesstrafe zwar rechtfertigen, aber sich der Staat jedenfalls unter normalen Umständen auch anders vor diesen Verbrechern schützen könne. FERRI hält die Todesstrafe für die schwerste Strafe und lehnt sie daher ab, da sich der moderne Staat durch lebenslängliche Internierung vor dem Verbrecher schützen könne und solle. Daneben denkt er zwar auch über eine Anwendung unter Auslesegesichtspunkten nach, warnt jedoch vor weiterführenden Konsequenzen und verwahrt sich gegen eine verstärkte Anwendung. Anders äußert sich V. LISZT in der Frage der Todesstrafe als Sicherungsmaßnahme, obwohl er jedenfalls in einem neuen Strafvollzug keine Sicherheitsbedenken hat. Ihm kommen aber an dieser Stelle Bedenken, ob nicht die lebenslängliche Einsperrung als „bürgerlicher Tod" vielleicht die viel schwerere Strafe darstelle. Im übrigen signalisiert er sein Desinteresse.

Betrachtet man nun die parallele Entwicklung in der Medizin, zeigt sich, dass hier in disziplinübergreifender Auseinandersetzung überwiegend Psychiater hervortreten, die über die Auseinandersetzung mit der Person des Verbrechers hinaus, ganze Strafkonzepte entwickeln.

In der Beurteilung der Frage der Grundlagen für das Strafrecht und einzelnen Umsetzungsvorschlägen erweist sich dabei für die Mediziner die Beurteilung der Verbrechensursachen als richtungsweisend. In Italien dominiert deutlich der Einfluss LOMBROSOS, der von einer ursprünglich monokausalen, anlagebedingten Verbrechensbeurteilung im Laufe seines Lebenswerkes abweicht und das Zusammenwirken von sozialen und individuellen Verbrechensursachen anerkennt, während von den betrachteten deutschen Psychiatern von Anfang an dieses Zusammenspiel aus Anlage und Umwelt der Verbrechensbetrachtung zugrundegelegt wird. Obwohl damit keiner die Relevanz sozialer Faktoren leugnet, gilt das Interesse weniger der Bekämpfung der sozialen Faktoren, sondern das verbrecherische Individuum und die staatliche Reaktion treten in den Mittelpunkt des Interesses. Die Betonung der individuellen vielfach als erblich bewerteten Faktoren schafft nicht nur einen wesentlichen Forschungsauftrag in der Frage der Kriminalitätsentwicklung, sondern auch die Prävention wird zur neuen Aufgabe erklärt. Die Psychiatrie erkennt hier offensichtlich die Möglichkeit, über die Erkundung der individuellen Verbrechensursachen ihre Zuständigkeit für die Verbrechensbekämpfung überhaupt zu erklären. Als Mittel der Verbrechensbekämpfung werden mit unterschiedlicher Vorsicht und unterschiedlicher Begründung eugenische Maßnahmen und daneben vor allem strafrechtliche Reaktionen erwogen.

Hinsichtlich der Beantwortung der strafrechtlichen Grundlagenfragen besteht dann ein überwiegender Konsens unter den Medizinern, der sich der Argumentation der modernen Strafrechtsschulen FERRIS und V. LISZTS annähert. An die Stelle einer gerechten Vergeltung, so lautet die Hauptforderung, müsse die am Gesellschaftsschutz orientierte Schutzstrafe treten. Der Gesellschaftsschutz rechtfertige dann Strafe unabhängig von Willensfreiheit und Schuld. Da sich die vorgeschlagenen Strafbarkeitsvoraussetzungen von den herkömmlichen klassischen Grundlagen so weit entfernen, erscheint es dann insbesondere ASCHAFFENBURG zweifelhaft, ob man überhaupt den alten Begriff Strafe beibehalten solle. Tatsächlich mischen sich auch die Begriffe Strafe, Maßnahme, Maßregel und Sanktion. LIVI, SOMMER und WILMANNS hingegen wollen differenzieren und nur da von Strafe sprechen, wo es um Besserung und nicht allein um die Unschädlichmachung des Verbrechers gehe. Neben dieses Besserungsstrafrecht soll dann ein Schutzrecht treten. Zugleich verneinen sie die Straffähigkeit von Geisteskranken und Unverbesserlichen. Ganz anders wiederum LOMBROSO und KRAEPELIN, die gerade die Integration den geisteskranken Verbrecher in ein neues umfassendes Schutzstrafrecht befürworten und hier deutliche Parallelen zu FERRIS Strafrechtskonzeption zeigen.

Neben der Frage der Straffähigkeit wird auch die Frage der Besserungsfähigkeit der Verbrecher unterschiedlich beurteilt. Häufig gehen dabei in der Bewertung mit der Attestierung von „Entartung“ und „Minderwertigkeit“ eine besondere Gefährlichkeit und zugleich die sog. Unverbesserlichkeit einher. „Unverbesserlichkeit“ steht in direktem Zusammenhang mit der Annahme, dass bei vielen Verbrechern angeborene minderwertige Anlagen bestehen. Diese Betrachtung hat dann Auswirkung auf die Strafzwecke. Der Besserungs- und Abschreckungsgedanke verliert automatisch an Bedeutung. Es hat sich gezeigt, dass LOMBROSO die Ausnahme bildet, wenn er eine direkte Verbindung zwischen Verbrechen und Veranlagung anerkennt und jedenfalls lange Zeit von der Unausweichlichkeit der Deliktsbegehung ausgeht. NÄCKE und ASCHAFFENBURG hingegen sehen nur eine indirekte Verbindung allein durch ererbte, das Verbrechen begünstigende, Minderwertigkeit, nicht durch konkrete verbrecherische Anlage. Jedoch besteht ein großer Pessimismus, dieser Minderwertigkeit im Strafvollzug entgegenzuwirken.

Zuletzt gibt der Gesellschaftsschutz dann den Weg frei für ein radikales Vorgehen gegen Verbrecher, die mit „Unverbesserlichkeit“ umschrieben oder als „Gewohnheitsverbrecher“ oder „Geborene Verbrecher“ bezeichnet werden. Zwei Wege kompensieren dabei den Umstand, dass letztlich keine naturwissenschaftliche Definition für „Unverbesserlichkeit“ entwickelt werden kann. Entweder die wiederholte Tatbegehung wird mehr oder weniger unwiderleglich zu Unverbesserlichkeit transformiert oder die unbestimmte Verurteilung soll eine Prüfung der Besserungsfähigkeit im Strafvollzug ermöglichen. Die Unerziehbarkeit bedeutet demnach zugleich Unverbesserlichkeit. Nur SOMMER weist darauf hin, dass diese Unerziehbarkeit weniger eine Veranlagung des Verbrechers sei, sondern vielmehr ihren Ursprung in einem schlechten Strafvollzug habe. Gerechtigkeitsbedenken gegenüber einer lebenslangen Internierung entstehen dabei grundsätzlich nicht. Dass die Rechte des Individuums hinter den Rechten der Gesellschaft zurücktreten müssen, ist für die Mediziner unzweifelhaft. In diesem Zusammenhang wird die Parallele zur Zwangsbehandlung in der Psychiatrie gezogen. Insgesamt ist die Sensibilität gegenüber den Rechten des Individuums bei den Medizinern genauso herabgesetzt, wie sich dies auch schon bei FERRI und V. LISZT gezeigt hat.

Als Ausnahme ist WILMANNS hervorzuheben. Als Einziger zieht er aus der Erkenntnis des Ineinandergreifens individueller und sozialer Verbrechensursachen den Schluss, dass bei der Frage der strafrechtlichen Reaktion auch die Frage der Mitverantwortlichkeit der Gesellschaft berücksichtigt werden müsse. WILMANNS erkennt dabei sehr wohl einen Unterschied zwischen der Reaktion auf die begangene Tat und der Reaktion auf Gefährlichkeit, allein aus Gründen des Gesellschaftsschutzes. Während er gegen erstere keine Bedenken hat, und eine abgeänderte Vergeltungsstrafe durch Verurteilung innerhalb eines bestimmten Strafrahmens fordert, komme eine Sicherung nur im Ausnahmefall in Betracht.

Wirft man zuletzt die eingangs gestellte Frage auf, welche Gewichtung von medizinisch – psychiatrischer Seite der Frage der Todesstrafe beigelegt wird, ist einmal festzustellen, dass die Bedeutung der Frage der Todesstrafe, vor allem ihrer Beibehaltung, Einführung oder Abschaffung, völlig unterschiedlich beurteilt wird. Wie parallel in der juristischen Diskussion festzustellen war, geht auch hier die Behandlung der Frage von intensiver Auseinandersetzung bis zu deren völliger Ignorierung.

Dass insgesamt keine quantitativ umfängliche Beteiligung an der Frage der Todesstrafe stattfindet, beweist die Zeitschriftenanalyse. Dies gilt für den gesamten Zeitraum und für Italien wie Deutschland gleichermaßen. Stellungnahmen zur Todesstrafe erfolgen praktisch ausschließlich, aber ebenfalls nicht zwingend, von jenen Medizinern, die sich auch mit der Umgestaltung des Strafrechts schlechthin auseinandersetzen. Der medizinisch – psychiatrische Standpunkt entwickelt sich dabei allein aus Zweckmäßigkeitserwägungen heraus. Vordergründig hat kaum ein Psychiater Bedenken gegen die Anwendung der Todesstrafe, sollte diese aus Gründen des Gesellschaftsschutzes zweckmäßig sein. Dies wird aber überwiegend abgelehnt. Dafür sind vor allem zwei Gründe entscheidend. Einmal zweifeln bis auf HOCHE praktisch alle Mediziner die abschreckende Wirkung der Todesstrafe an und äußern zudem Bedenken, die Gesellschaft könnte negativ beeinflusst werden. Außerdem könne der Verbrecher auch auf anderem Wege „unschädlich“ gemacht werden.

Allgemein bewegt sich dabei die Argumentation um die Unschädlichmachung auf zwei Stufen. Zunächst soll die Gesellschaft vor dem gemeingefährlichen Individuen auf Dauer geschützt werden, es geht um direkten Schutz. Auf zweiter Stufe ist es aber auch der Gedanke der „künstlichen Selektion", der besondere Bedeutung gewinnt. Es soll einer „negativen Auslese" entgegengewirkt werden. Diese Zielsetzung bestimmt die Zweckbestimmung der Strafe und die der Todesstrafe im besonderen. Obwohl sich aber die gesamte Diskussion um die „Unschädlichmachung" Minderwertiger durch ein radikales Vorgehen im „Kampf gegen das Verbrechen" kennzeichnet, lässt sich die Aussage treffen, dass sich dieser rigorose Ansatz in der Frage der Todesstrafe, der nahezu unbestritten radikalsten Strafart, nicht fortsetzt. Während die unbestimmte, tendenziell lebenslängliche Verurteilung bei den wenigsten Medizinern auf Bedenken stößt, wird vom Vorschlag der Todesstrafe als Reaktion gegen Unverbesserlichkeit abgesehen. Obwohl daneben die Nützlichkeit unter Auslesegesichtspunkten zumeist bejaht wird, kann sich kaum ein Mediziner für den Einsatz der Todesstrafe zu diesem Zweck entscheiden. LOMBROSO erwägt die Todesstrafe nur in Hinblick auf vereinzelt besonders gefährliche Verbrecher, dem sich CARRARA anschließt, NÄCKE äußert sich mehrdeutig, ob er überhaupt an der Todesstrafe festhalten will, während sie LIVI, SOMMER und WILMANNS entschieden ablehnen. ASCHAFFENBURG lehnt sie ebenfalls ab, signalisiert dabei aber, dass er sie nicht „für eine der brennendsten" Fragen halten kann.

Eine Sonderstellung kann jedoch bei HOCHE und SCHÜLE festgestellt werden. Es sind die einzigen Mediziner, die der Todesstrafe eine abschreckende Wirkung beimessen wollen und ihre Beibehaltung offensichtlich unterstützen. HOCHES weiterer Standpunkt zeigt dann eine Konsequenz, welche die Forderung nach Unschädlichmachung nach sich ziehen kann, soweit sie mit der Todesstrafe verbunden wird. Dass die Unschädlichmachung aus Gründen des Gesellschaftsschutzes, die an die Gefährlichkeit des Täters anknüpft, mit den klassischen Grundlagen der Strafe, nichts mehr, oder wie ASCHAFFENBURG richtig feststellt, allenfalls den Namen gemein hat, wurde aufgezeigt. Löst sich damit der Strafbegriff völlig von den Grundlagen schuldproportionaler Vergeltung und wird das Strafrecht zum reinen Abwehrrecht, entsteht unter gleichem Namen eine neue Form der staatlichen Reaktion. Der vermittelnde Weg ist das zweispurige System, das Miteinander von Strafe und sichernder Maßnahme, ein Kompromiss, der überwiegend von den Medizinern nur als Zwischenstufe betrachtet wird. Wenn die Todesstrafe demnach nur der Unschädlichmachung aus Sicherheitsgründen dienen soll, so ist HOCHES Ansatz in sich konsequent, wenn er sie aus dem Strafensystem in das Maßregelrecht überführen will.

Criminalia

Herausgegeben von Klaus Volk

Band 25 Marc Tully: Poena sine Culpa? *Strict-Liability*-Sanktionen und Europäisches Gemeinschaftsrecht. 2000.

Band 26 Susanne Götting: Beweisverwertungsverbote in Fällen gesetzlich nicht geregelter Ermittlungstätigkeit. Durch V-Leute, Scheinaufkäufer und Privatleute. 2001.

Band 27 Christiane Hölscher: Der Rechtsschutz und die Mitteilungspflichten bei heimlichen strafprozessualen Zwangsmaßnahmen. 2001.

Band 28 Tobias Windhorst: Der Rechtsbegriff der „schweren Gesundheitsschädigung". Zugleich ein Beitrag zum 6. StrRG. 2001.

Band 29 Andrea Schmucker: Die "Dogmatik" einer strafrechtlichen Produktverantwortung. Das fahrlässige Unterlassen als Institut der Produktkriminalität. 2001.

Band 30 Stephan Beukelmann: Prävention von Computerkriminalität. Sicherheit in der Informationstechnologie. 2001.

Band 31 Markus B. Alder: Die Strafzumessungsrichtlinie der USA in ihrem Kontext mit Plea Bargaining. 2001.

Band 32 Tobias Brandis: Beweisverbote als Belastungsverbote aus Sicht des Beschuldigten? 2001.

Band 33 Britta Wolff: Begünstigung, Strafvereitelung und Hehlerei. Geschichtliche Entwicklung und Abgrenzung zur Beihilfe. 2002.

Band 34 Angelika Laitenberger: Die Strafbarkeit der Verbreitung rassistischer, rechtsextremistischer und neonazistischer Inhalte. Unter besonderer Berücksichtigung der Verbreitung über Netzwerke. Ein Rechtsvergleich. 2003.

Band 35 Antonia Seitz: *Die Todesstrafe ist keine Strafe.* Von der Beteiligung bedeutender Mediziner an Fragestellungen um Verbrechen und Strafe, unter besonderer Berücksichtigung der Todesstrafe 1865 bis 1933 im deutsch-italienischen Vergleich. 2003.

FSC
www.fsc.org
MIX
Papier | Fördert gute Waldnutzung
FSC® C083411

Kolibri 360 GmbH
Ferdinand-Jühlke-Straße 7
99095 Erfurt, Deutschland
produktsicherheit@kolibri360.de

Druck:
CPI Druckdienstleistungen GmbH
im Auftrag der
Kolibri 360 GmbH
Ferdinand-Jühlke-Str. 7
99095 Erfurt